联合国教科文组织文化遗产保护日本信托基金

UNESCO-Japan Funds-in-Trust Cultural Heritage Conservation Project

库木吐喇千佛洞保护修复工程报告

Technical Report on the Conservation and Restoration of Kumtura Thousand Buddha Caves

联合国教科文组织驻华代表处

UNESCO Beijing Office

新疆维吾尔自治区文物局

Cultural Relics Bureau of Xinjiang Uygur Autonomous Region

United Nations
Educational, Scientific and
Cultural Organization
联合国教育、
科学及文化组织

JAPAN
Official Development Assistance

文物出版社

责任印制　张　丽
责任编辑　贾东营

图书在版编目（CIP）数据

库木吐喇千佛洞保护修复工程报告/联合国教科文
组织驻华代表处，新疆维吾尔自治区文物局编. −北
京：文物出版社，2011.11
　ISBN 978−7−5010−3343−0

Ⅰ.①库… Ⅱ.①联… ②新… Ⅲ.①库木吐喇石
窟−文物修整−文集②库木吐喇石窟−文物保护−
文集 Ⅳ.①K879.25−53

中国版本图书馆CIP数据核字（2011）第235568号

库木吐喇千佛洞保护修复工程报告

联合国教科文组织驻华代表处
新 疆 维 吾 尔 自 治 区 文 物 局　编著
*
文 物 出 版 社 出 版 发 行
（北京市东直门内北小街2号楼）
http://www.wenwu.com
E−mail：web@wenwu.com
北 京 盛 天 行 健 印 刷 有 限 公 司
新 华 书 店 经 销
889×1194　1/16　印张：30.25
2011年11月第1版　2011年11月第1次印刷
ISBN 978−7−5010−3343−0　定价：230.00元

目 录

序〔一〕···单霁翔 1

序〔二〕···宫本雄二 5

序〔三〕···辛格 9

修复工程概述

库木吐喇千佛洞保护修复工程概述····························· 1

库木吐喇千佛洞保护修复工程项目概要···················甲斐章子 49

クムトラ千仏洞保存修復プロジェクトの概要···········甲斐章子 66

关于联合国教科文组织援助新疆大遗址保护项目的情况·········盛春寿 76

特殊的环境，真诚的贡献

 ——评述库木吐喇千佛洞新1、2窟的修复经历··········黄克忠 79

关于联合国教科文组织文化遗产保护项目

 ——新疆库木吐喇千佛洞保护修复工程竣工后的几点思考······马家郁 87

联合国教科文组织在文化遗产保护方面的国际合作策略：

 以中国新疆库木吐喇千佛洞保护修复工程为例···········杜晓帆 90

库木吐喇千佛洞保护带来的启示···························王瑟 108

春秋六载——库木吐喇千佛洞························王建林 111

做好文物保护中外合作项目的几点体会

 ——记联合国教科文组织援助库木吐喇千佛洞保护维修工程····乌布里·买买提艾力 120

库木吐喇石窟文物保护工作回顾与展望····················王卫东 124

调查报告

新疆库木吐喇千佛洞工程地质水文地质勘察报告···············陆清有 129

近景摄影测量技术及信息管理系统在库木吐喇千佛洞文物保护工程中的应用研究···郑书民 周建波 187

库木吐喇石窟寺窟群区第10～17窟考古调查报告···········新疆龟兹石窟研究所 208

库木吐喇石窟的考古研究综述····························郭梦源 250

库木吐喇石窟病害调查……………………………………何林 彭啸江 刘勇 吾机 吴丽红 257

库木吐喇石窟档案记录经验总结……………………………………………………彭啸江 269

库木吐喇石窟自动气象站的建立…………………………………………………吾机·艾合买提 271

库木吐喇千佛洞稳定性分析及锚固计算……………………方云 王金华 乌布里·买买提艾力 275

保护规划

库木吐喇千佛洞文物保护规划…………………………………………………………沈阳 299

新疆库木吐喇千佛洞修复保护工程试验及设计………………………………………王金华 305

项目研究与展望

有关库木土喇千佛洞之未尽课题……………………………………………………矢野和之 339

クムトラ千佛洞のこれからの課題…………………………………………………矢野和之 343

古墓壁画的保存环境和库木吐喇千佛洞的颜料

………泽田正昭 肥塚隆保 高妻洋成 降旗顺子 辻本与志一 胁谷草一郎 李丽 杜晓帆 347

古墳壁画の保存環境とクムトラ千仏洞の顔料

………沢田正昭 肥塚隆保 高妻洋成 降旗順子 辻本与志一 脇谷草一郎 李麗 杜晓帆 359

東京国立博物館保管壁画仏坐像を通して見た

クムトラ石窟第45窟壁画の諸問題……………………………………………中野 照男 372

遺跡保存のための地盤技術………………………………………………………中澤重一 387

库木吐喇千佛洞危岩体稳定性三维有限元仿真

模拟研究………………马淑芝 方云 乌布里·买买提艾力 杨文 王建林 叶梅 412

龟兹石窟壁画晕染法探微——以库木吐喇石窟为中心………………………………赵丽娅 442

库木吐喇石窟揭取壁画原因及保存情况……………………………………吾机·艾合买提 457

后记………………………………………………………………………………………461

CONTENTS

Preface Ⅰ ....Shan Jixiang 3

Preface Ⅱ .... Miyamoto Yuji 7

Preface Ⅲ ....Abhimanyu Singh 11

General Issues of the Conservation Work

Brief Introduction to the Project on the Conservation and Restoration of Kumtura Thousand Buddha Caves 24

The Project Summary of the Conservation and Restoration of Kumtura Thousand Buddha Caves ...... Kai Akiko 57

Situations on the Xinjiang Great Ruins Protection Project Aid by UNESCO............................ Sheng Chunshou 76

Reflections on the Restoration of Kumtura Grottoes New Cave Ⅰ and Ⅱ .... Huang Kezhong 82

Challenges and Solutions in the UNESCO Cultural Heritage Protection Projects................................ Ma Jiayu 87

UNESCO Strategy for International Cooperation in Cultural Heritage Conservation:

A Case Study of the Kumtura Thousand Buddha Grottoes in Xinjiang, China .... Du Xiaofan 99

Lessons Learnt in the Conservation of Kumtura Thousand Buddha Caves ....Wang Se 108

Six Years in Kumtura Thousand Buddha Caves..Wang Jianlin 119

Experience on International Cooperation in Cultural Relics Cooperation ....Wubuli Ma mat Ali 123

Retrospect and Prospect of the Conservation and Restoration of Cultural Relics at

Kumtura Grottoes...Wang Weidong 124

Survey Findings

Report on Engineering Geological and Hydro-geological Survey of Kumtura Thousand

Buddha Caves ....Lu Qingyou 129

Application of Close Range Photogrammetry and Geographic Information System for the Preservation of Kumtura

Thousand Buddha Caves...Zheng Shumin, Zhou Jianbo 187

The Archaeological Surveys of Cave 10-17 of Kuqun Region of Kumutura Grottoes

....Kuqa Caves Reserch Institute 249

An Overview of Archaeological Research on Kumutura Caves .... Guo Mengyuan 256

Survey Report on Diseases at Kumtura Thousand

Buddha Caves ....He Lin, Peng Xiaojiang, Liu Yong, Wu Ji, Wu Lihong 257

Experience on Documentation in Kumtura Thousand Buddha Caves... Peng Xiaojiang 269

The Establishment of Automatic Weather Station at Kumtura Thousand

Buddha Caves .... Aihemaiti Wuji 271

Stability Analysis and Anchoring Force Calculation of Kumtura

Thousand Buddha Caves... Fang Yun, Wang Jinhua, Wubuli Maimaitiaili 298

Conservation Planning

Conservation Master Plan of Kumtura Thousand Buddha Caves .... Shen Yang 304

Programme Guidelines for the Conservation and Restoration of

Kumtura Thousand Buddha Caves .... Wang Jinhua 305

Reflection on and Future Action for the Conservation of Kumtura Thousand Buddha Caves

Unsolved Problems in the Conservation of Kumtura Thousand Buddha Caves .... Yano Kazuyuki 339

Preserving Environment of Ancient Tomb Paintings and Pigments of Kumtura Thousand Buddha Caves

...... Sawada Masaaki, Koezuka Takayasu, Kouzuma Yosei,Furihata Junko, Tsujimoto Atashi,Wakiya Soichiro, Li Li, Du Xiaofan 347

The Conservation of the Paintings in Grottoes 45 at Kumtura Using the Experience of the Conservation of the

Painting of Sitting Buddha Statue Collected in Tokyo State Museum .... Nakano Teru 372

Technology for the Relics Ground Clinging..Nakazawa Juichi 387

Research on 3D FEM Simulation of Stability of Dangerous Rock Mass at Kumtura Thousand Buddha

Caves...................................... Ma Shuzhi, Fang Yun, Wubuli Maimaitiaili, Yang Wen, Wang Jianlin, Ye Mei 412

The Study of Sfumato Technique of Western Region,Focused on Kumutura Grottoes ....Zhao Liya 456

Reasons of Taking off Murals at Kumtura Thousand Buddha Caves and the

Conservation Status .... Aihemaiti Wuji 459

Epilogue 461

序 〔一〕

库木吐喇千佛洞作为古代丝绸之路的重要文化遗产，是古代龟兹人民汲取东西方多种艺术精华而开创的龟兹文化的代表作，以其独特的历史、科学和艺术价值闻名于世。中国政府高度重视库木吐喇千佛洞的保护工作。早在1961年，库木吐喇千佛洞就被中国国务院公布为第一批全国重点文物保护单位，2006年又被列入丝绸之路跨国申报世界文化遗产的预备名单。

作为全人类共同的珍贵文化遗产，库木吐喇千佛洞的保护工作得到了国际社会的关注和支持。从2001年起，联合国教科文组织和中国、日本两国政府联合开展了库木吐喇千佛洞文物保护修复工程，针对威胁石窟的突出病害开展研究和治理，以促进遗产的长久保存。

在有关方面的密切合作下，保护工程综合运用勘查测绘、水文地质、岩土加固、环境监测、规划编制、摄影记录、壁画保护等方面的先进技术手段，对库木吐喇千佛洞文物本体及其周边环境的保存状况、水文、地质、气候条件和病害种类等进行了系统的调查研究，实施完成了79窟岩体加固、五连洞支护加固、修筑防洪坝、新1、2窟壁画保护等项目，并于2008年如期结项。

该工程引进了国际先进的文化遗产保护理念和技术手段，产生了大量高水平的研究成果，全面改善了库木吐喇千佛洞的保护状况，为中国石窟寺保护修复工作积累了重要的实践经验，并在实际工作中培养造就了一批具有国际视野的石窟保护领域的优秀中青年人才，取得了显著成效。

该工程也是在库木吐喇千佛洞开展的第一个大型国际合作文物保护项目。在工程实施的8年间，联合国教科文组织和日本的专家与中国专家、技术人员一起，十多次进入库木吐喇千佛洞现场开展调研和保护工作，以对文化遗产保护的真挚感情和执著精神，相互尊重，坦诚交流，在艰苦的环境中克服了重重困难，结下了深厚的情谊。

    库木吐喇千佛洞是古代文化交流的产物，见证了文化的交融和历史的变迁，也见证了今天国际文化遗产保护合作新的辉煌篇章。在此，我谨代表中国国家文物局向库木吐喇千佛洞文物保护修复工程取得圆满成功表示衷心的祝贺！向联合国教科文组织、日本政府，以及参与此项工作的中外专家、相关单位致以诚挚的感谢！我相信，在国际组织、有关国家和国内外各界友好人士的关心和支持下，库木吐喇千佛洞将得到更加妥善的保护，绽放出更加夺目的光彩！

中国国家文物局局长

Preface I

The Kumtura Thousand Buddha Caves represent an important cultural heritage site of the Silk Road, evidencing the artwork of Kuqa culture, and demonstrating influences from other Central Asian countries. The caves are famous for their unique history and scientific and aesthetic value, providing important evidence of cultural integration and historical fluctuations in ancient times. In 1961 the Kumtura caves became one of the first sites to be recognized by the State Council of China for its National Cultural Heritage and since that time the Chinese government has paid a high level of attention to the conservation of the site. The caves were listed on the World Heritage Tentative List in 2006.

Due to the significant cultural heritage of this site to mankind, the conservation work at Kumtura has received international attention and support. Since 2001, UNESCO has been coordinating a joint project between the Chinese and Japanese governments entitled the "Conservation and Restoration of Kumtura Thousand Buddha Caves". This project focuses on developing solutions to the threats facing Kumtura.

Through close cooperation, the project achieved outstanding results. The project has not only contributed to the stabilisation of some important cave structures and their murals, it has also led to the accumulation of highly detailed, technical information about the site. This information will be essential to the successful ongoing conservation and restoration of the site.

This project is the first large-scale international cooperation project at Kumtura. During the eight-year implementation period, UNESCO, Chinese and Japanese experts and technicians carried out in-depth research and conservation work at the site. Despite facing particularly challenging circumstances, these experts and technicians established a deep friendship, showed dedication towards heritage protection, maintained mutual respect and communication with each other, and worked together to overcome difficulties.

I would like to sincerely congratulate UNESCO, the Japanese government, and the Chinese and international experts and institutions for the accomplishments they have jointly achieved through this project. I believe that with the concern and support from international organizations, national and international friends, the Kumtura site will now receive even better protection and be properly conserved for future generations to enjoy!

Shan Jixiang

Director, China State Administration of Cultural Heritage

序〔二〕

值此联合国教科文组织文化遗产保护日本信托基金项目——库木吐喇千佛洞保护修复工程报告出版之际，我谨向国家文物局、联合国教科文组织驻华代表处以及日中两国的专家等为本项目实施付出努力的相关人士表示由衷的敬意。

文化遗产是其中浓缩所在国和所在地域历史传统精华的象征性存在，对所在国的人们来说具有无法替代的特殊意义。同时，优秀的文化遗产具有普遍价值，可以超越国境，赋予人们感动，所以保护文化遗产是全世界共同的心愿。

基于这种观点，我国倾注力量将文化遗产保护方面的国际合作作为外交政策的一大支柱。其中一环就是于1989年设立联合国教科文组织文化遗产保护日本信托基金，通过信托基金进行捐款，积极协助世界各国的文化遗产保护。尤其是于2006年制定了《文化遗产国际合作推进法》，将从事海外文化遗产保护国际合作的官方、民间等各种机构整合起来，集中力量推动进一步合作。

截止2008年度，日本政府已向联合国教科文组织文化遗产保护日本信托基金投放了5340万美元。到目前为止，该基金已在26个国家实施了33个项目。在中国，继1993至1998年交河故城、1995至2003年大明宫含元殿的保存修护项目之后，该基金自2001年开始实施库木吐喇千佛洞和龙门石窟两个项目。这两个项目从地质勘测、病害记录开始，制定了综合性保护计划，并依照计划进行试验洞窟保护修复工作。

这次成果报告会将从多角度对以上项目成果进行探讨，我认为报告会的意义非常重大。在联合国教科文组织这一代表"地球"的大舞台上，日中共同对作为人类共同财产的优秀文化遗产进行保护，这一姿态正是对日中"战略互惠关系"的体现。这一举动还体现了不同文化间对优秀文化的相互尊重，并将有助于形成实现稳定日中关系所不可或缺的基础。在日中两国携手合作的这两个项目成果之上，我坚信该领域的合作将日益发展，进而对世界文化遗产保护活动作出贡献。在此，衷心希望通过本次会议文化遗产保护方面的努力进一步得到加强，并传承至下一代。

日本国驻中华人民共和国特命全权大使　宫本雄二

Preface II

On the occasion of the completion of the "UNESCO–Japan Funds-in-Trust for Preservation of the World Cultural Heritage – Kumtura Thousand Buddha Caves" project, I would like to show my sincere respect to the Chinese State Administration of Cultural Heritage, UNESCO Office Beijing, Japanese and Chinese experts, as well as the people who devoted their efforts towards the implementation of this project.

Cultural heritage encompasses the history and traditional essence of a country and has irreplaceable emotional significance for its people. Outstanding cultural heritage has universal value that transcends national borders and conserving cultural heritage is a common desire among the people of the world. Japan regards international cooperation on cultural heritage conservation as one of its main diplomatic policies. To this end, one of Japan's actions has been to establish and fund a UNESCO–Japan Funds-in-Trust Project that actively assists cultural heritage conservation internationally. Furthermore, in accordance with the 2006 Japanese government policy, "Act on the Promotion of International Cooperation for Protection of Cultural Heritage Abroad", we are actively supporting international cooperation among authorities, institutions and organizations that work on cultural heritage conservation.

Up until 2008, the Japanese Government contributed US$53,400,000 towards UNESCO–Japan Funds-in-Trust projects, supporting 33 projects in 26 countries. In China this funding has been used to support conservation projects in the Ancient City of Jiaohe (1993-1998), the

Hanyuan Hall in the Daming Palace (1995-2003), and the Longmen Grottos and Kumtura Thousand Buddha Caves (2001-2009).

The Kumtura project has provided an important platform for successful cooperation and exchange between Japan and China, not only contributing to the conservation and restoration of a site that has significant cultural value to both societies, but also assisting to establish a more stable relationship between the two countries.

Based upon the results achieved in this Kumtura project, I believe that cooperation between Japan and China in the field of cultural heritage conservation will continue to develop and make a valuable contribution to the conservation of world heritage. I sincerely wish that cultural heritage conservation will be enhanced through our efforts and be passed on to future generations.

H.E. Mr. Miyamoto Yuji

Ambassador Extraordinary and Plenipotentiary of Japan to China

序 〔三〕

联合国教科文组织文化遗产保护日本信托基金项目——库木吐喇千佛洞保护修复工程是联合国教科文组织在支持开展丝绸之路文化遗产保护方面的重要工作。

库木吐喇石窟被联合国教科文组织定为极其重要的文化遗址。最早的石窟可以追溯到1500年前。石窟体现了多种文化相互交融，具有重要的文物考古价值。遗憾的是，经过几个世纪，石窟已饱受忽视破坏及腐蚀。

有鉴于此，在2001年9月，联合国教科文组织与中国及日本政府携手正式启动了此信托基金项目以确保库木吐喇石窟的长期保护。此项目分为两期：一期工程于2001年启动2005年完成。第一阶段在地形测绘、数据收集、地质勘探和试验及其他相关活动方面取得显著成就。在一期工程取得的经验基础上，成功起草与执行了库木吐喇千佛洞保护总体规划和库木吐喇千佛洞二期工程的保护和修复指南。二期工程于2005年启动2009年完成。

库木吐喇保护修复工程是一个相当具有难度的项目。库木吐喇不仅因为地理条件而相对陷于孤立，其复杂的结构同样也给项目专家带来巨大挑战。尽管如此，专家们经过8年的艰苦努力，终于成功地奠定了未来在库木吐喇保护和修复工作上的坚实基础。这一成果的取得关键在于项目专家对项目的先见和奉献，中国当局特别是中国国家文物局和新疆维吾尔自治区文物局的大力支持，以及来自日本政府慷慨的财政和技术援助。

保护文化遗产是我们的共同责任。我们期望通过教科文组织此项目中取得的成果和经验更进一步推进中国文化遗产的保护。库木

吐喇石窟在2006年已被列入为世界遗产预备名录。我相信此项目的
实施大大推进了库木吐喇石窟加入世界遗产名录的进程。

联合国教科文组织驻华代表处代表　辛格

Preface III

The "Conservation and Restoration of Kumtura Thousand Buddha Caves" UNESCO-Japan Funds-in-Trust Project highlights the important work UNESCO is undertaking to support the preservation of cultural heritage on China's Silk Road.

UNESCO recognizes the Kumtura caves as a particularly important cultural heritage site. The Kumtura caves date back more than 1,500 years and provide primary archaeological evidence from several distinct civilizations. Unfortunately, over the centuries, the caves have suffered from a high degree of abuse, neglect and natural decay.

To this end, in September 2001, UNESCO, in cooperation with the Japanese and Chinese governments, officially launched this Funds-in-Trust Project with the goal of ensuring the long-term conservation of the caves. The project was divided into two Phases. Phase I of the project was carried out from 2001 to 2005 and made significant achievements in mapping, data collection, geological exploration and experimentation, and other related activities. The knowledge and experience gained in Phase I of the project led to successful drafting and implementation of the Kumtura Thousand Buddha Caves Conservation Master Plan and Kumtura Thousand Buddha Caves Conservation and Restoration Guidelines for Phase II of the project. Phase II began in 2005 and concluded in 2009.

Kumtura represented a particularly difficult project site. Kumtura is not only isolated, its complex structure also presented major challenges for the project experts. However, after eight years of hard work and despite these challenges, the project succeeded in laying a solid foundation for future conservation and restoration work at Kumtura. This success was made possible because of the vision and commitment of project experts, substantial support from Chinese authorities, particularly the Chinese State Administration of Cultural Heritage and the Cultural Heritage Bureau of the Xinjiang Uygur Autonomous Region, and generous financial and technical assistance from the Japanese government.

Protecting cultural heritage is our common responsibility. It is our desire that the success and experience achieved through this UNESCO project will lead to greater efforts to protect China's precious cultural heritage. The Kumtura caves were added to the World Heritage Tentative List in 2006 and I am confident that this project has significantly advanced Kumtura's prospects for progressing to the World Heritage List.

Mr. Abhimanyu Singh

Director and Representative, UNESCO Office Beijing

·修复工程概述·

库木吐喇千佛洞保护修复工程概述

1. 简 介

库木吐喇千佛洞位于中国新疆维吾尔自治区库车县城的西南部山区，距县城约23千米。地理坐标为东经82°40′50″，北纬41°47′75″。主要石窟开凿于天山山脉南麓的却格塔格山的西坡，分布在渭干河下游的东岸。

库木吐喇千佛洞开凿于公元5世纪，截止于公元11世纪，延续600余年，最早的洞窟具有1500年的历史，是古代丝绸之路上的重要遗址。现存石窟112个，保存有丰富、独特的石窟建筑、壁画、塑像、题记等。洞窟内大量的龟兹文、汉文、回鹘文题记是研究西域文明的第一手资料。开凿洞窟的不仅有龟兹人，而且有突厥人、汉人、回鹘人和吐番人。整个石窟集东西方文化于一体，是古代龟兹

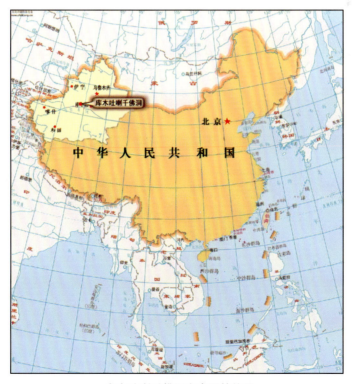

库木吐喇千佛洞在中国的位置

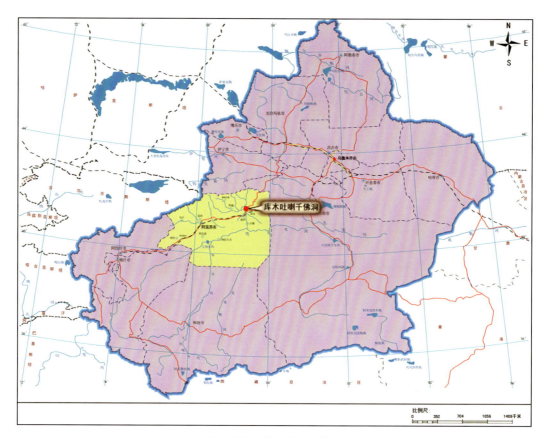

库木吐喇千佛洞在新疆的位置

渭干河

与中原地区密切的文化交流的见证，其独特的历史、科学和艺术价值为中外学者所关注，在国际上有相当的影响。1961年被国务院公布为第一批为全国重点文物保护单位。2006年被列入申报世界文化遗产预备清单。

2．项目背景

库木吐喇千佛洞开凿建造一千多年来，遭到了人为和自然的影响：公元9世纪伊斯兰教传入西域，取代佛教造成此地的严重破坏。在接下来的几个世纪中，石窟受到冷落，又被牧人游客用于临时住所。20世纪70年代在石窟下游修建水电站引发了河水上涨，这又对石窟、壁画造成了严重损害。此外，自然的因素像地震、雨水冲刷、洪水侵蚀等等最终导致岩体开裂垮塌。

因为其历史上所具有的重要价值，抢救保护这一文化遗产，不但对中国，而且对世界意义重大。

1998年11月，中华人民共和国国家主席江泽民访日期间与日本首相小渊惠三举行了会谈，双方就进行中国丝绸之路地域现存的古代文化遗产保护事业达成了协议。基于该协议，日本政府为保护丝绸之路地区文化遗产，向联合国教科文组织的"文化遗产保护日本信托基金"提供了项目经费。1999年7月日本首相小渊惠三访华之际，选定库木吐喇千佛洞、龙门石窟作为丝绸之路地域文化遗产保护对象。2000年4月，中日政府代表、中日专家和联合国教科文组织代表组成的库木吐喇千佛洞保护项目考察团，现场讨论、确定了库木吐喇千佛洞保护工作计划和时间表。

新1、2号窟外景

五连洞远眺

3．项目目标

库木吐喇千佛洞保护修复工程力求利用成熟的技术、经验和管理方法，针对威胁库木吐喇千佛洞安

项目专家组现场讨论地质问题

55号窟下部岩体开裂垮塌　　　　　　　　新2号窟壁画剥落

全保存的岩体开裂、垮塌；珍贵壁画的剥落、垮塌破坏；洪水侵蚀破坏；重要石窟的残破等病害，进行抢救性加固保护，确保库木吐喇千佛洞的安全保存。

为长期保护库木吐喇千佛洞制定保护方法和技术。

通过加强此遗产地的保护和管理来提高公众的鉴赏力及其教育。

4．项目组织

4.1 组织和结构

库木吐喇千佛洞保护修复工程作为一项国际合作项目，具有条件艰苦、病害复杂、损坏严重、涉及面广等特点。如何协调好多边关系，充分发挥各方的积极性是该项目顺利实施的保障。

在整个项目中，中日双方专家一直密切合作。在中国国家文物局的指导和支持下，新疆文物局具体负责了项目的实施和推进，联合国教科文组织北京办事处承担了项目的协调工作。

此项目分为两个阶段进行：第一阶段从2001年9月至2005年3月，第二阶段从2005年9月至2009年3月。

联合国教科文组织，日本大使馆员现场考察

项目经理介绍工作进展情况

4.2 专家会议和三方会谈

建立相互平等、相互信任和相互学习的管理运作机制，充分发挥专家作用是该项目顺利实施的有力保障。专家会议和三方会议定　期在遗产地或北京召开，以确保项目受益者、合作方以及专家等能够彼此共享信息和成果。定期参加会议的成员包括中日方专家、国家文物局代表、新疆文物局代表、日本外务省代表、联合国教科文组织北京办事处代表，以及负责调查、设计和建设单位的代表。这些会议不仅提供了连续不断的活动监控和技术标准，而且还方便交换必要的信息和文件，例如技术报告和进度报告。

2002年8月，库木吐喇千佛洞保护工程论证会议

项目专家组现场讨论保护工程方案

5．项目活动

项目分为两个阶段。第一阶段：基础调查、档案资料整理、实验室试验、基本设计以及总体保护规划的完成等。第二阶段：起草具体的保护修复施工设计方案并付诸实施。

石窟编号	具体问题	插图
69-73 （五连洞）	岩体的开裂和移位；风化/洪水冲蚀；壁画的破坏	
79，80	岩石的松散和垮塌	
63，78	壁画的侵蚀	
新1，2	岩体垮塌、壁画空鼓脱落	

项目活动

5.1. 第一阶段　考察，检测，数据收集和策划

针对具体保护的挑战问题，例如：
　　　　岩体的开裂和脱落
　　　　壁画的腐蚀，包括开裂和垮塌
　　　　洪水的冲蚀

	开展的活动		取得的成果
A.背景学习和研究	1.地形测绘与航空摄影测量	培训和能力建设	地形图：石窟山体崖壁立面图 石窟平面图 石窟壁面、壁画、顶板测绘图
	2.编制石窟档案资料		建立：具体文件 数据库
	3.建立气象站		监测和记录:地面温度和湿度 风速和方向 空气和地面温度 降雨量
	4.地质勘查及水文地质调查		调查：土质、地质分析（水平钻孔分析） 地表水水位
	5.岩体测量		一系列测试结果
B.保护计划	6.新疆库木吐喇千佛洞文物保护规划		文物保护规划： 处理拱形区域，例如保护措施和管理问题 处理关于此遗产地的细节问题和技术信息 两个都包含了技术条件的地图和图表

5.2. 第二阶段：保护工作　库木吐喇千佛洞保护修复工程方案设计及详细设计的批准

　　测试第一阶段的方法论和保护方法
　　通过保护工作抢救岩体和壁画

	开展的活动		取得的成果
A.库木吐喇千佛洞保护修复工程方案设计及详细设计的计划	保护修复工程方案设计及详细设计的制订	培训和能力建设	保护修复工程方案设计及详细设计
B.库木吐喇千佛洞保护修复工程方案设计及详细设计的实施	在69~73窟和79~80窟试验保护工作		在79、80窟加固松散岩体 在69~73窟加固开裂、位移的岩体，并处理被风蚀及洪水引起的损坏 处理所有石窟中由季节性洪水冲蚀，水位变化引起的损坏
	在新1、2窟，63、78窟的试验性保护工作		在新1、2窟加固壁画和被冲蚀的崖壁岩体 在63、78窟加固壁画 处理由季节性洪水冲蚀，水位变化引起的损坏

*在1、2窟，21、22窟，63、78窟的工作由甘肃铁道科学院自然灾害预防工程公司来完成，其辅助资金由中国政府（国家文物局）提供。

5.1 第一阶段：基础调查与保护规划的设计

A．基础调查和试验

5.1.1 地形测绘与航空摄影测量

为了掌握石窟的分布及其周边形态，通过地形测绘与航空摄影测量制作了1：200，1：2000和1：5000的地形图，建立了基础的地形资料。

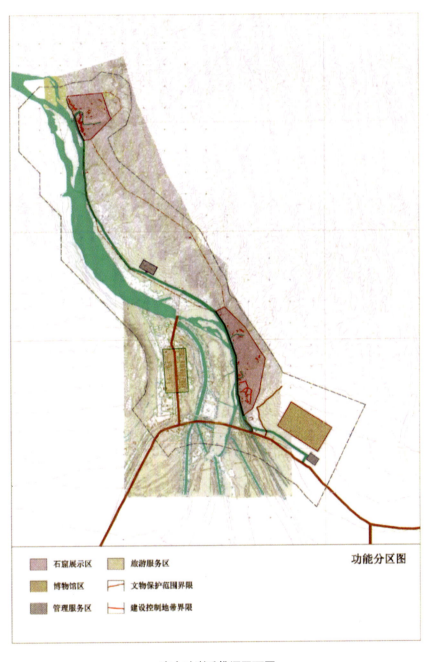

石窟展示区　旅游服务区
博物馆区　文物保护范围界限
管理服务区　建设控制地带界限

功能分区图

库木吐喇千佛洞平面图

5.1.2 近景测绘

为了更好的了解各种保护需求，制定了如下具体地图：库木吐喇千佛洞山体崖壁立面图，石窟平面图，石窟壁面、壁画和顶板测绘图。制作的各类高质量的文物信息专业图件、获取的各种数据和图形文件、以及建立的基本文物管理信息系统，为今后库木吐拉千佛洞的文物保护规划建立了良好的数据基础和现代化管理手段。

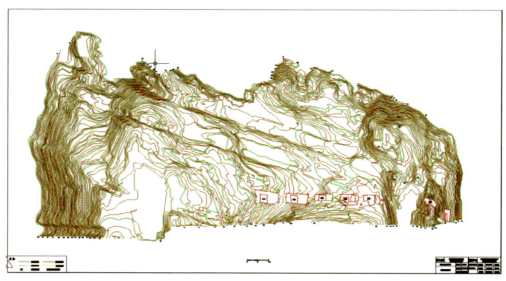

五连洞近景测绘图

向退休人员了解库木吐喇千佛洞的保护历史

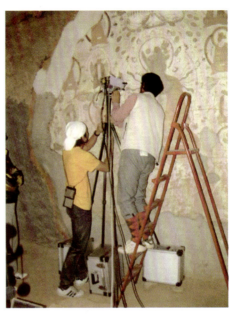

利用无损检测仪器分析壁画颜料的成分

5.1.3 编制石窟档案资料

为了把握库木吐喇千佛洞的整体状况，112个洞窟中的62个建立了比较完整的档案资料。洞窟档案资料所包括的项目有：准确详细的地图、洞窟位置示意图、照片、洞窟结构、壁画内容、颜料分析、保存状况（壁画剥离状况、岩层开裂状况以及析出物的分布）等。通过对档案资料的分析，为每个洞窟的价值、保护状况等做出判定。档案记录工作做得十分细致、全面，既是一份很好的档案资料，又为将来壁画的保护提供了基础资料。这些资料不仅为修复工程提供了有益的参考，也将为今后石窟的监督管理、可持续保护做出了贡献。

5.1.4 气象站的建立

根据库木吐喇千佛洞的条件和保护工作的要求，在谷内区和谷口区分别安设了气象观测仪器和不同要求的探头，在库木吐喇千佛洞工作站安设接收仪器，对风向、风速、空气温度及窟内地面温度、大气降雨、窟内湿度等观测、记录，为库木吐喇千佛洞保护工程提供了科学的依据。

气象站

5.1.5 地质勘查及水文地质调查

为了评估工程地质和水文地质状况，采取了如下措施：土质、地质分析以及水平钻孔分析；地表水及地下水位调查，包括年均变化、水质、导电性、酸碱度、析出物分析。

项目专家检查气象和环境监测数据

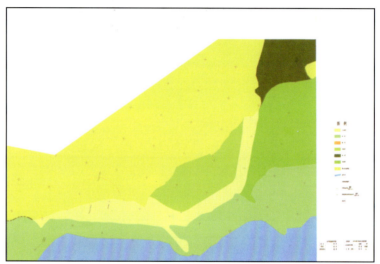

库木吐喇千佛洞水文地质平面图

5.1.6 前期试验

针对解决岩体加固和强化等问题，选择了与库木吐喇千佛洞地质环境类似的场所，中日方技术人员实施了以下一系列试验：

—— 锚杆拉拔试验(对遗址岩基进行支撑物的拉拔试验，确认其承受力和固定效果)。

——岩层加固试验（筛选锚固材料、确定锚固长度和灌浆压力、确定松散岩体渗渍材料的性能和施工工艺、确定差异风化凹槽区域轻型和有效加固材料的性能及施工工艺）。

—— 灌注试验（确定开裂岩体裂隙加固材料性能和施工工艺、确定开裂岩体裂隙防渗材料性能和施工工艺）。

——岩体强化试验（对脆弱的岩体进行强化试验，谋求适当的强化材料和施工工艺。中日方技术人员分别在库木吐拉和北京周口店实施了试验）。

—— 超声波探查试验(在1号和2号石窟，用超声波探查仪器调查了壁画与岩体之间的空隙状况)。

中日专家共同探过壁画保护修复技术

保护修复前期调查试验现场

B. 保护计划

5.1.7 《库木吐喇千佛洞保护修复工程方案设计》

《库木吐喇千佛洞保护修复工程基本方案设计》是中国文物研究所（现中国文化遗产研究院）、中国地质大学（武汉）接受新疆维吾尔族自治区文物局的委托，在中日专家及龟兹石窟研究所的共同努力下完成的。

基本设计方案依据《中华人民共和国文物保护法》、《纪念建筑、古建筑、石窟寺等修缮工程管理办法》、《国际古迹遗址保护与修复宪章(威尼斯宪章)》、《中国文物古迹保护准则》等，对库木吐喇千佛洞存在的问题进行了全面的分析、研究、评估，指出库木吐喇千佛洞下一步的迫切任务是做好库木吐喇千佛洞石窟岩体、壁画的抢救性加固保护工作。为了救助岩体和壁画，方案确定了缓和崖壁开裂、损坏的措施。方案分析了所面临的具体威胁和问题，概括了工程技术、方法、程序以及保护材料等。

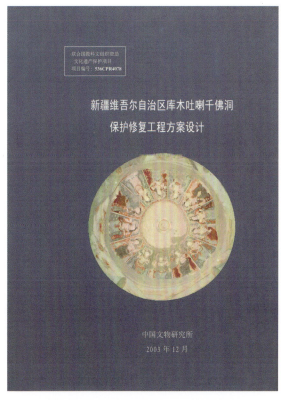

库木吐喇千佛洞保护修复工程方案设计

5.1.8 《新疆库木吐喇千佛洞文物保护规划》

为了有效而又长久地保护库木吐喇千佛洞，同时在法律上建立保障机制，依据中国政府和国际组织有关文化遗产保护与规划的法律、法规和规范，并参考了库车县土地、水利、电力、绿化和环境保护等方面的规定，在中日专家以及各级县机构的多次讨论后，由中国文物研究所（现中国文化遗产研究院）负责编制了《新疆库木图喇千佛洞文物保护规划》。规划的原则是：

——保护库木图喇千佛洞文物及其相关历史环境的完整性。

——保存文物本体的真实性。

——保持文物本体的延续性。

规划的目标为：对库木图喇千佛洞等文物遗存实施有效、科学地保护，合理、适当地利用。规划对库木吐喇千佛洞保护工作、研究工作、基础建设、交通、研究管理设施、展览展示、旅游等方面提出了科学的计划和安排，是指导库木吐喇千佛洞保护工作的法律性依据。

规划2006年得到国家文物局的批准，成为指导库木吐喇千佛洞保护工作的法律性依据，有效期至2020年。

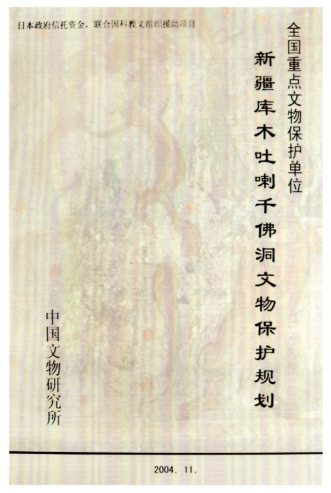

新疆库木吐喇千佛洞文物保护规划

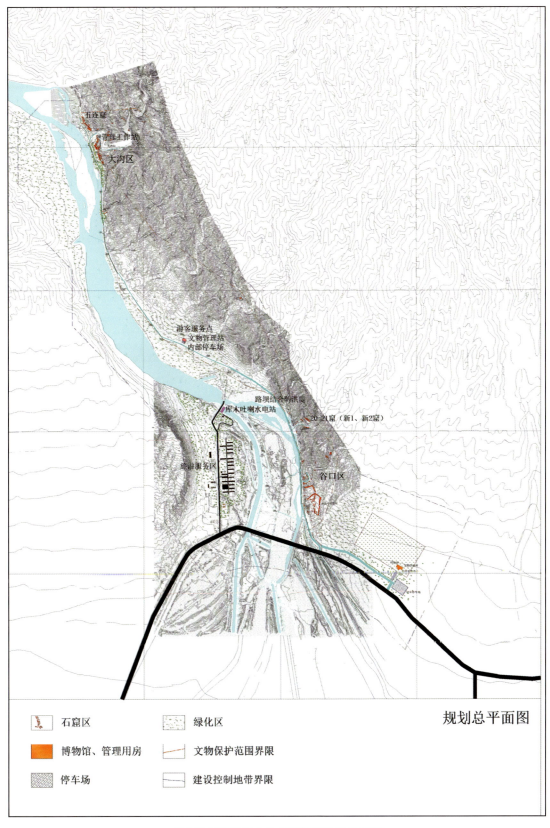

规划总平面图

	石窟区		绿化区
	博物馆、管理用房		文物保护范围界限
	停车场		建设控制地带界限

库木吐喇千佛洞文物保护规划功能分区图

5.2 第二阶段：保护修复工程的实施

由于库木吐喇千佛洞没有进行过全面、系统的修复保护工作，存在的问题很多，亟需实施的抢救性保护工作也很多，经费投资很大，需要有计划的分期实施。本期实施的项目具有两个方面的代表性：

1）以危岩体为中心的加固保护：五连洞开裂、变形岩体支护加固工程，79~80窟危险岩体加固工程；

2）以壁画为中心的加固：保护新1、2窟壁画加固工程和危岩体、洪水冲刷破坏加固工程（由中国政府配套资金合作完成）。

A.《库木吐喇千佛洞修复保护工程详细设计》

库木吐喇千佛洞项目的目的是做好基础调查工作、为将来保护工作提供良好的工作基础，同时通过实施的保护工作为库木吐喇千佛洞的保护提供示范、经验和指导作用。

《库木吐喇千佛洞保护修复工程详细设计》经中国国家文物局审核批准后，根据库木吐喇千佛洞项目专家组审核意见，参考第一期试验成果，对施工工艺、程序设计，材料、机械设备等技术参数，进行修改、补充、完善，以满足保护工程的施工要求。其中重点做好799~80窟区域坡体松散岩体加固设计；五连洞开裂、变形岩体支护加固工程的施工设计；新1、2窟壁画加固工程及危岩体、洪水冲蚀崖壁岩体加固工程设计。

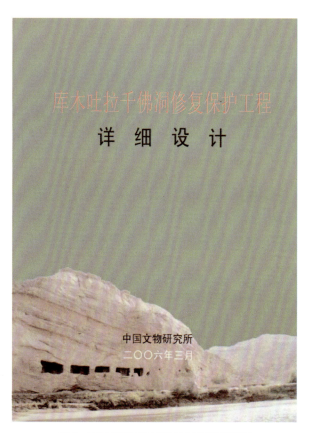

库木吐喇千佛洞修复保护工程详细设计

B. 库木吐喇千佛洞保护修复工程的实施

库木吐喇千佛洞地处天山南麓，地质条件和自然环境都比较恶劣，加上千年以来认为和自然因素的破坏，缺乏系统的管理和保护，在库木吐喇千佛洞保护修复工程的设计和施工中存在以下的挑战：

如何在整个保护与修复过程中，不改变文物及其环境的原状，最大限度地保留其全部的历史信息，做到最小干预的原则。为此，项目组织各方面的专家进行了多次的交流与协调，最终将前期的档案记录及勘查工作成果充分的体现在了设计和施工中。

保护措施的设计和实施，必须建立在大量试验研究的基础上。如崖体及危岩的加固技术：锚固，灌浆、粘结材料，填充修补材料，表面防风化加固等；石窟外防崩落掉块的附属建筑结构及形式设计；壁画加固、修复技术等。但是各类试验与测试的数据都需要在规定时间内取得，对材料和工艺的选择需要准确的判断。项目在试验的基础上，并参考了国内其它石窟保护中类似的问题及解决办法，确定了适合库木吐喇千佛洞的材料与工艺。

由于技术以及设备的限制，有些问题尚无法探测。如：新1、2窟穹隆顶壁画地仗层是否已与岩体全部脱离？这涉及内部松散岩体如何加固？如何防止在加固过程中垮塌？在充分听取项目专家的意见后，邀请了敦煌研究院的相关专家，吸取了莫高窟、榆林石窟在松散岩体加固和壁画保护修复的经验，制定了相应的对策。

在充分认识到以上问题的基础上，在中日双方专家组及施工单位的努力下，施工过程中严格执行了主管部门对施工内容、施工工艺、工程材料的性能、施工机械、施工计划等的要求。监理工程师对危岩体锚杆加固、混凝土框架支撑桩的基础、混凝土结构的施工、79窟混凝土建筑以及坡前锚喷的施工进行了全程的监督。各项工程的施工严格执行了相关规范和标准，达到了设计要求。

通过工程的实施，699～73号石窟（五连洞）的岩体开裂和位移问题得到了解决，锚杆加固和混凝土框架支撑体达到了良好的效果。施工结束后，中国地质大学利用三位仿真模拟技术对工程进行了检验，证明了五连洞整体的稳定性得到了显著的改善，起到了较好的加固效果。

79号石窟原来的简易保护设施由于存在四周渗水、控制温湿度功能差等问题，在原有建筑的外部建造了新的保护性建筑，对壁画的保护起到了重要的作用，同时建筑本身也达到了与岩体环境相一致的目的。

799～80号石窟前坡岩体松散，不仅在对石窟进行调查时不能保证人员的安全，而且对石窟本身也造成隐患。工程采取人工开凿、清理的措施，清除了具有滑动、坍塌危险的危岩体和堆积物，并采用了锚杆、喷射混凝土的手段加固了坡体。窟前新修了简易的道路，保证了人员的安全。

新1、2号石窟危岩体、洪水冲蚀崖壁岩体加固工程由中国政府配套资金合作完成。由于洪水、交通、电力等问题，工程施工条件极为艰苦。通过采取锚杆、喷射混凝土等加固技术，并建造了防洪坝，有效的保护了新1、2号石窟的安全。

由于库木吐喇千佛洞岩体较为松散，难以成孔，本次施工锚杆采用了跟管钻进成孔的新工艺，锚杆的孔径达到了设计要求。并采用新型防尘技术，大大降低了粉尘的排放。同时，孔内摄影仪的使用，也提高了锚杆的施工质量。在此次工程中，施工单位克服工程难度大，条件艰苦等困难，为提高工程质量

保护修复前的79号、80号洞窟外景

保护修复后的79号、80号洞窟外景

新1、2号石窟防洪坝施工现场

新1、2号石窟危岩体加固

采用了多种新工艺、新方法，为今后完成类似的工程提供了很好的借鉴。

6. 项目成果及意义

联合国教科文组织一向以组织和维持不同文化之间的交流为自己的主要任务。但经验表明，在寻求达到这个目标的过程中，促进不同文化的交流和保护文化的多样性之间的矛盾，往往有难以克服的障碍。自库木吐喇千佛洞保护修复工程启动之日起，就体现出对知识的共享和能力水平的培养提高的迫切需要。此项目多样化的特质以及对此项目的研究，将作为一个平台，以讨论跨学科教育和文化遗产保护培训的重要性，以及在国际间合作中相互配合及交流的价值。

通过联合国教科文组织的合作保护项目，为中外尤其是中日文物保护专家提供了一个很好的相互学习，交流经验的平台，为共同保护人类共同的文化遗产树立了合作典范。项目不仅为的最大受益者——新疆维吾尔自治区争取到了宝贵资金和高水平的技术，使得珍贵的文化遗产得到了有效保护，而且为开拓了当地文化遗产保护工作者的视野，为新疆文物保护事业带来了全新的理念。

通过中外双方的专家的指导所培养的文物保护人才，不仅成为项目得以良好实施的保障，而且这些人才已经或将会把他们所学到的先进技术与经验运用于其它文化遗产保护项目。

来自项目专家和中国政府的努力，以及日本政府的贡献已为此遗产地铺垫了一条成功合作及可持续性发展的道路。

项目第二期启动仪式

项目成果报告会（2008年2月）

联合国教科文组织为促进政府、专家联合保护库木吐喇千佛洞而非常自豪。

附件 1.　技术报告及结论一览表

时间	标题 （英文）	标题 （中文）	语言
2002	Report on Topographic Mapping and Aerial Survey of Kumtura Thousand Buddha Caves	库木吐喇千佛洞地形测绘及航空摄影测量报告	中文
2002	Report on Close-range Surveying and Mapping of Kumtura Thousand Buddha Caves	库木吐喇千佛洞近景摄影测绘报告	中文
2003	Kumtura Thousand Buddha Caves Conservation and Restoration Guidelines	库木吐喇千佛洞保护修复工程方案设计	中文
2003	Survey Report on Hydrological Geology Survey and Engineering Geology of Kumtura Thousand Buddha Caves	库木吐喇千佛洞水文地质和工程地质勘查报告	中文
2003	Research Report on Stability Analysis and Anchoring Force Calculation of Kumtura Thousand Buddha Caves	库木吐喇千佛洞稳定性分析及锚固力计算研究报告	中文

2004	Report on Anchor Pulling Test of Xinjiang Kumtura Thousand Buddha Caves	新疆库木吐喇千佛洞锚杆拉拔试验报告	中文
2004	Research Report on Reinforcing and Grouting Test of Rock Mass – Conservation and Restoration Engineering of Kumtura Thousand Buddha Caves	库木吐喇千佛洞修复保护工程岩层加固和灌注试验研究报告	中文
2004	Report on Ultrasonic Investigation Test of Kumtura Thousand Buddha Caves	库木吐喇千佛洞超声波探查试验报告	中文
2004	Report on Archival Record of Kumtura Thousand Buddha Caves (62 booklets)	库木吐喇千佛洞洞窟档案记录报告（62册）	中文
2004	Conservation Master Plan of Kumtura Thousand Buddha Caves	库木吐喇千佛洞文物保护规划	中文
2004	Report on Rock Mass Reinforcement Test	库木吐喇千佛洞岩体强化实验报告	中文
2005– 2006	Period Report in 2006 on Atmospheric Monitoring for Preservation and Restoration of Kumtura Thousand Buddha Caves	库木吐喇千佛洞大气监测2006年度阶段报告	日文
2006	Xinjiang Kumtura Thousand Buddha Caves Conservation and Restoration Guidelines	新疆库木吐喇千佛洞保护修复工程详细设计	中文
2007	Construction Management Plan of the Kumtura Thousand Buddha Caves (New Caves 1,2)	新疆维吾尔自治区库木吐喇千佛洞（新1、2窟）修复保护工程施工组织设计	中文
2007	Period Report in 2007 on Atmospheric Monitoring for Preservation and Restoration of Kumtura Thousand Buddha Caves	库木吐喇千佛洞大气监测2007年度阶段报告	中文
2007	Progress Report on Conservation of the Kumtura Thousand Buddha Caves	库木吐喇千佛洞项目进展报告	中文和英文
2008	Overall Mural Painting Conservation Plan of Kumtura Thousand Buddha Caves of Xinjiang Uygur Autonomous Regions	新疆维吾尔自治区库木吐喇石窟壁画保护修复方案	中文
2008	Evaluation Report on Phase II Conservation Work	库木吐喇千佛洞保护工程验收报告	中文和英文
2008	Progress Report by Xinjiang Cultural Relics Bureau on Conservation of the Kumtura Thousand Buddha Caves	库木吐喇千佛洞项目进展报告	中文和英文
2008	Progress Report by Japanese Planning Institute for Conservation of Cultural Properties on Preservation and Restoration of Kumtura Thousand Buddha Caves Project	库木吐喇千佛洞发展报告　　日本文化财保护计划协会	英文
2008	Research on Three-dimensional Visual Stimulation for Failure Mechanism and Reinforcing Effect of the Wuliandong Cave – Conservation and Restoration Engineering of Kumtura Thousand Buddha Cave	库木吐喇千佛洞五连洞破坏机理与加固效果三位仿真模拟研究报告	中文

附件2 专家名单

Chinese Experts		
Mr. Huang Kezhong	黄克忠	Senior Engineer, China National Institute of Cultural Property 中国文物研究所　高级工程师
Mr. Ma Jiayu	马家郁	Researcher, Academy of Cultural Property Archeology of Sichuan Province 四川文物考古研究院　研究员
Mr. Lan Lizhi	兰立志	General Engineer, Liaoning Nonferrous Prospecting Academy 辽宁有色勘察研究院　总工程师
Mr. Fang Yun	方云	Professor, China University of Geosciences 中国地质大学　教授
Mr. Wang Jinhua	王金华	Director, Scientific Research Division, China National Institute of Cultural Property 中国文化遗产研究院科学研究处处长　高级工程师
Japanese Experts		
Mr. Yano Kazuyuki	矢野和之	Director, Planning Institute for Conservation of Cultural Properties 文化财保存计画协会　代表取缔役
Mr. Sawada Masaaki	泽田正昭	Professor, Kokushikan University Japan President, Academy of Cultural Heritage Protection in East Asia 日本国士馆大学　教授 东亚文化遗产保护学会会长
Mr. Nakazawa Juuichi	中泽重一	Professor, Maizuru National College of Technology 舞鹤工業高等専門学校　教授
Mr. Nakano Teruo	中野照男	Vice Director, Tokyo National Research Institute for Cultural Properties 日本东京文化财研究所　副所长

General Issues of the Conservation Work

Brief Introduction to the Project on the Conservation and Restoration of Kumtura Thousand Buddha Caves

1. Introduction

The Kumtura Thousand Buddha Caves are located along China's ancient Silk Road and are of great cultural significance to China and the international community. The caves sit at the southern foot of the Tianshan mountain range, 25 kilometres west of the Kuqa (Kuche) county seat in the Xinjiang Uyghur Autonomous Region, western China. The main body of caves were excavated on the western face of the Queletage Mountain and line the eastern bank of the Muzat (Wei) River. The caves were built over a period of 1,000 years, with the first caves built during the Jin Dynasty (265 – 420 A.D.).

The 112 caves that remain today feature mural paintings and statues, and are unique in their structure. The caves feature a large number of Kuchean, Han and Uighur inscriptions, providing primary archaeological material from the Western Regions (Xiyu) civilization. This material indicates that the caves were built by Kuqa, Han, Uighur and Tubo (Tufan) people. The Kumtura Thousand Buddha Caves also provide evidence of the close cultural exchanges that took place between the civilizations of ancient Kuqa, Central Asia and the Central Plains of China. The caves are of unique historical, scientific and artistic value, and in 1961 became one of the first cultural sites to be designated "National Heritage" by the China State Council. The Kumtura Thousand Buddha Caves were listed on UNESCO's World Heritage Tentative List in 2006.

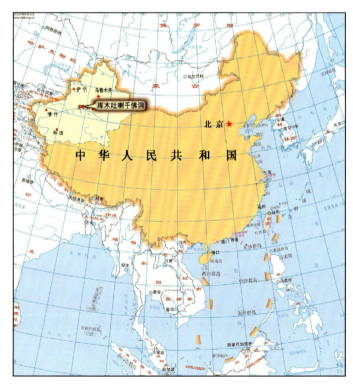

Location of the Kumtura Thousand Buddha Caves

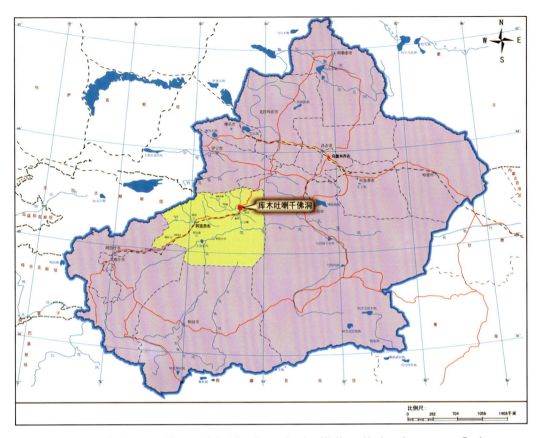

Location of the Kumtura Thousand Buddha Caves in the Xinjiang Uyghur Autonomous Region

Weigan River

2. Project Background

Over the centuries, the Kumtura caves have been damaged by a variety of human and natural factors. Natural events such as earthquakes and erosion have resulted in the splitting and collapse of the rock mass. The caves also suffered damage when Islam was introduced into western China during the 9th century and replaced Buddhism as the main religion. In the centuries that followed, the caves suffered from neglect and misuse, often being used as shelter by nomads and travellers. In the 1970s the construction of a dam in the lower reaches of the Wei River caused local water levels to rise, inflicting severe damage on the caves and their interior murals.

The Kumtura caves have enormous historical value not only to China but also to the international community, and for this reason their conservation and restoration is of great importance. Since the late 1990s, the Chinese and Japanese governments have been leading efforts for the conservation and preservation of the Kumtura caves. Former President of China, Jiang Zemin, visited Japan in November 1998. During this visit, he and former Prime Minister of Japan, Keizo Obuchi, agreed to cooperate in a joint project dedicated to the conservation and preservation of cultural heritage along the Silk Road. During Prime Minister Obuchi's subsequent visit to China in July 1999, the Kumtura Thousand Buddha Caves and Longmen Grottoes were designated as official sites for this project.

These high level exchanges culminated in the Japanese government establishing the "UNESCO-Japan Funds-in-Trust Cultural Heritage Conservation Project" for the conservation and restoration of the Kumtura

Exterior of the New Cave 1 and 2

The five connecting caves

Thousand Buddha Caves and Longmen Grottoes. In April 2000 Japanese and Chinese Government representatives and experts, under the guidance of UNESCO, determined the project content and timeline for this Funds-in-Trust Project. The Kumtura and the Longmen conservation projects were officially launched by UNESCO in September and October 2001, respectively.

3. Project Objectives

The Conservation and Restoration of Kumtura Thousand Buddha Caves project had three main objectives:

(i) Develop conservation methodologies and conservation techniques for the long-term preservation of the Kumtura Thousand Buddha Caves.

(ii) Provide conservation standards, as well as daily site supervision and maintenance.

(iii) Improve public appreciation and education about the site.

Experts discuss geological problems at site.

The collapsed bottom section of Cave 55

Peeling mural paintings in New Cave 2

4. Project Organization

4.1. Organization and Structure

This international project was implemented in two phases, in accordance with the allocation of funds. Phase I was carried out from September 2001 to March 2005, while Phase II was implemented between September 2005 and September 2009.

Chinese and Japanese specialists worked in close collaboration throughout the project. The Cultural Heritage Bureau of the Xinjiang Uyghur Autonomous Region assumed specific responsibility for project execution and progress, working under the direction and support of the China State Administration of Cultural Heritage. The UNESCO Beijing Office was responsible for project coordination.

The project had to cope with serious challenges, including adverse climate and geographical conditions, complicated conservation problems, severe deterioration and the vastness of water catchment area the site is located within.

4.2. Expert Meetings and Tripartite Meetings

In order to ensure a high standard of conservation throughout the implementation of the project, expert and tripartite meetings were regularly organized either at the project site or in Beijing. These meetings provided an opportunity for project stakeholders to exchange information, discuss challenges, and confirm technical findings concerning the project activities. These meetings were regularly attended by Chinese and Japanese specialists, as well as representatives

UNESCO staff and members of the Japanese embassy inspect the site.

The Project Manager introduces the progress of work at the site.

from the State Administration of Cultural Heritage, the Cultural Heritage Bureau of the Xinjiang Uyghur Autonomous Region, the Japanese Foreign Ministry, UNESCO, and the companies responsible for the execution of investigation, planning and conservation work. These meetings not only enabled continuous monitoring of the activities and technical standards, but also for the exchange of necessary information and documents, such as technical reports and progress reports.

Discussion about the protection of the Kumtura Thousand Buddha Caves

Project experts discuss and assess the project plans

5．Project Activities

The project was divided into two specific phases:

Phase I involved surveying, testing and data collection in the project site and formulation of Basic Kumtura Thousand Buddha Caves Conservation and Restoration Guidelines (2003) and Kumtura Thousand Buddha Caves Conservation Master Plan (2004).

Phase II focused on the completion of Detailed Kumtura Thousand Buddha Caves Conservation and Restoration Guidelines (2006) and pilot conservation work.

Research and conservation work were carried out in the following pilot caves:

CAVE NUMBER	SPECIFIC PROBLEMS	Funding	PICTURES
69-73 (Five Connecting Caves)	Rock: cracking, shifting, erosion and flood damage Mural paintings: deterioration	Project funds	
79, 80	Rock: loose and collapse		
79	Mural paintings: deterioration	Subsidiary funding from China	
New 1, New 21	Cliff face: collapse Mural paintings: deterioration		

PROJECT ACTIVITIES

5.1. Phase I: Basic Survey and Conservation Planning			
Addressed specific conservation challenges, such as: • rock splitting and falling • deterioration of mural paintings, including peeling and collapse			
	Activities Undertaken		Results Accomplished
A. Basic Survey and Testing	1. Topographical Mapping and Aerial Survey	Training and Capacity Building	Designed topographical maps: • 1:200 • 1:2000 • 1:5000
	2. Close-range Surveying and Mapping		Designed: • map of Kumtura vertical cliff face • map of grotto plane • map of cave walls, murals and ceiling
	3. Documenting Cave Condition and Database		Established: • detailed files about cave conditions • database on cave conditions
	4. Atmospheric Analysis		• Established weather station • Monitoring and recording of: • wind direction and speed • air temperatures • precipitation levels • ground temperature and humidity
	5. Geological Analysis and Hydro-geological Survey		Survey of: soil and hydraulic boring analysis • ground water level
	6. Phase I Rock Testing		A series of testing results of anchor pulling rock reinforcement grouting ultrasonic
B. Conservation Planning C.	7. Basic Kumtura Thousand Buddha Caves Conservation and Restoration Guidelines		• Accomplished in 2003 • Outlines work techniques and methodologies, planning procedures and conservation materials • Focuses on the rock mass and mural paintings
	8. Kumtura Thousand Buddha Caves Conservation Master Plan		• Accomplished in 2004 • Deals with overarching areas such as conservation measures and management issues • Deals with detailed and technical information about this site • Includes maps and diagrams for technical specifications
5.2. Phase II: Implementation of Conservation and Restoration Work			
Addressed specific conservation work, such as: • tested the methodologies and conservation approaches developed under Phase I • salvaged the rock mass through targeted conservation work			

	Activities Undertaken		Results Accomplished
A. Conservation Planning	Detailed Kumtura Thousand Buddha Caves Conservation and Restoration Guidelines	Training and Capacity Building	• Accomplished in 2006 • Measures for the stabilisation of the rock mass • Includes maps and diagrams for technical specifications
B. Conservation Testing and Application	Implementation of Conservation and Restoration Work		• Caves 69 -73 (Five Connecting Caves): Cracking, shifting and erosion problems have been resolved • Caves 79 and 80: Loose rock has been stabilised and a safer working environment created for staff • Cave 79: Preservation of mural painting has improved • New Cave 1 and New Cave 2: Mural paintings have been effectively protected and the structural integrity of the cliff face has improved

*Work at New Cave 1 and New Cave 2, and Cave 79 was completed by the Gansu Tieke Natural Disaster Prevention Engineering Company, with subsidiary funding from the Government of China (State Administration of Cultural Heritage).

5.1 Phase I: Basic Survey and Conservation Planning

Phase I involved surveying, testing and data collection at the project site. The collected data was used to formulate the Basic Kumtura Thousand Buddha Caves Conservation and Restoration Guidelines (2003) and Kumtura Thousand Buddha Caves Conservation Master Plan (2004), which provided critical guidance for conservation work during and after the project.

Phase I also provided an important opportunity for training and capacity building, and included a training program in Japan in 2003 for local staff and Chinese experts.

A. Basic Survey and Testing

5.1.1 Topographical Mapping and Aerial Survey

Topographical mapping and aerial surveying were used in order to provide a clearer understanding of the spatial distribution of the cave area and the surrounding terrain. The mapping and surveying resulted in the creation of 1:200, 1:2000

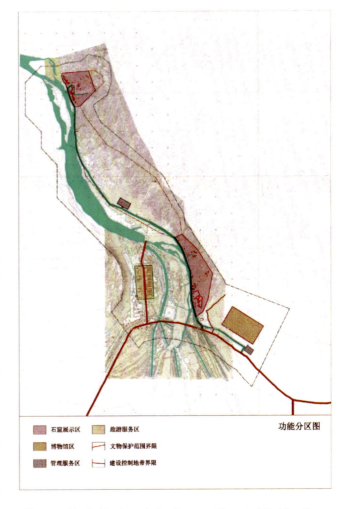

石窟展示区   旅游服务区

博物馆区   文物保护范围界限

管理服务区   建设控制地带界限

功能分区图

Topographical drawing of the Kumtura Thousand Buddha Caves

and 1:5000-scale topographical maps and established basic topographical data for the area.

　　5.1.2　　Close-range Surveying and Mapping

　　Close-range surveying and mapping were used to produce a map of the Kumtura vertical cliff face, a map of the grotto plane, and maps of the cave walls, murals and ceilings.

　　All of this information is now stored in a database that can be accessed for future conservation work at Kumtura.

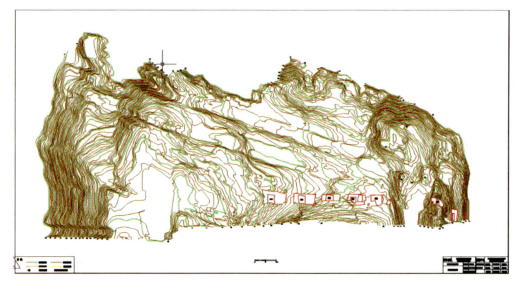

Project experts conduct close—range mapping of the Five Connecting Caves

Retired experts explain the history of the Kumtura Thousand Buddha Caves

Non—intrusive testing equipment is used to analyze the composition of the mural paintings

5.1.3 Documenting Cave Condition

In order to understand and better control the cave conditions and conservation status at Kumtura, detailed information about cave conditions was recorded in 62 out of the 112 caves. This information included the following: high quality specialized and technical maps; cave positioning diagrams; statistical and illustrative documents (including photos) relating to cave structure, mural description and pigment analysis; and specific measurements for peeling paint, cracks in the rock layer and precipitation distribution in each of the caves.

All of this information is now stored in a database that can be accessed for future conservation work at Kumtura.

5.1.4 Atmospheric Analysis

To enhance knowledge about local atmospheric conditions, meteorological observation instruments and sensory equipment were installed both inside the site and at the mouth of the valley area. An existing building located at the entrance of the Kumtura protection zone was converted to a work station at the beginning of the project. A receiver was installed at this work station to monitor and record wind direction, wind speed, air temperature, precipitation levels, ground temperature and humidity within the caves. The gathered data provides essential scientific information for the conservation work at Kumtura.

Atmospheric monitoring station

Project experts inspect meteorological and environmental data

5.1.5　Geological Analysis and Hydro-geological Survey

The collection of information and data on local geological and hydro-geological conditions was crucial for the long-term conservation of the caves. In order to collect this information and data, the following measures were carried out: soil and geological analysis, hydraulic boring analysis and an underground water survey.

5.1.6　Rock Mass Testing

To address the problems of the rock mass, six testing sites sharing similar geological conditions to the pilot caves at the Kumtura Thousand Buddha Caves site were selected. These sites were located at the Peking Man site in Beijing, as well as nearby and inside the Kumtura site. A series of experiments were undertaken at these sites by a group of Chinese and Japanese technicians:

(i) Tests of anchor pulling: experiments were conducted on the rock body to determine its strength and stability.

Hydro—geological map of the Kumtura Thousand Buddha Caves

Chinese and Japanese experts explore techniques to protect and repair mural paintings

Test site of preliminary investigation of the conservation and restoration

(ii) Tests of reinforcing the layers of rock: experiments were conducted to select appropriate anchor materials, and determine the length of the anchors and pressure of grouting; application techniques were tested to prevent water seeping into the rock mass and to reinforce eroded rock; and experiments were conducted to determine the function and application techniques for effective reinforcement materials in the eroded recess area.

(iii) Grouting tests: experiments were conducted to determine the function of and application techniques for reinforcement materials in the rock mass and the materials for preventing water infiltration.

(iv) Tests of reinforcing the rock mass: experiments were conducted at Kumtura as well as at Peking Man site in Beijing in order to test the rock mass and identify appropriate reinforcement agents and application techniques.

(v) Ultrasonic testing: ultrasonic testing instruments were used to survey the hollow space between the murals and rock mass in New Cave 1 and New Cave 2.

The results of these tests were compiled in a database, which was used as a basis for the conservation methodology and approach outlined in the Basic Conservation and Restoration Guidelines.

B. Conservation Planning

The Basic Kumtura Thousand Buddha Caves Conservation and Restoration Guidelines were formulated in

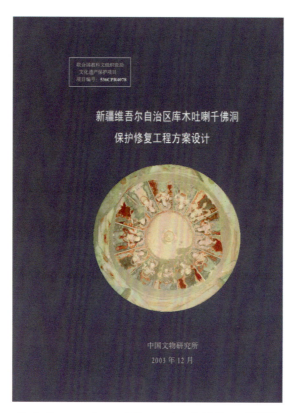

Basic Conservation and Restoration Guidelines (2003)

2003, followed by the Kumtura Thousand Buddha Caves Conservation Master Plan in 2004.

5.1.7　Basic Kumtura Thousand Buddha Caves Conservation and Restoration Guidelines (2003)

These Guidelines provided the necessary technical standards for conservation work at Kumtura. The Guidelines were prepared by the Chinese Academy of Cultural Heritage and the Chinese University of Geosciences (Wuhan), under the guidance of the Xinjiang Uighur Autonomous Regional Bureau of Cultural Heritage. Chinese and Japanese specialists, together with the Research Institute of Kuqa Grottoes, were responsible for finalising the Guidelines.

The Guidelines comply with the Law of the People's Republic of China on the Protection of Cultural Heritage, the Statute on Management Strategies of Repairing Memorial Buildings, Ancient Architecture and Cave Temples, the Conservation Principles of Heritage Sites in China, and international standards, such as the Venice Charter. The Guidelines thoroughly address the existing factors that threaten the caves.

The Guidelines identify work techniques, methodologies, planning procedures and conservation materials that will preserve the rock mass and mural paintings and mitigate the cracking and damage of the body of the cliff face.

5.1.8　Kumtura Thousand Buddha Caves Conservation Master Plan (2004)

The Kumtura Thousand Buddha Caves Conservation Master Plan (2004) provides a legal framework for ensuring the efficient, long-term conservation of the Kumtura caves. The Chinese Academy of Cultural Heritage compiled the Master Plan in close cooperation with the Chinese and Japanese specialists, as well as relevant government institutions and authorities. The Master Plan complies with the laws and regulations related to cultural heritage protection stipulated by the Chinese Government, as well as the legal provisions regarding land, water resources, electrical power, reforestation, and environmental protection of Kuqa County.

Overall Aim of the Master Plan:

Ensure the long-term preservation for the Kumtura Thousand Buddha Caves, without compromising the authenticity and historic environment of the site.

Objectives of the Master Plan:

(i) Implement effective, scientific conservation and appropriate guidelines for cave access.

(ii)Prepare standards for the conservation, research and basic infrastructure of the site, including transportation and tourism planning.

The Master Plan was approved by the Chinese State Administration for Cultural Heritage in 2006 and will

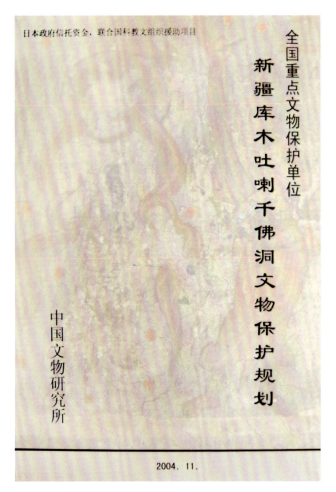

全国重点文物保护单位

新疆库木吐喇千佛洞文物保护规划

日本政府信托资金，联合国科教文组织援助项目

中国文物研究所

2004. 11.

Conservation Master Plan of Kumtura Thousand Buddha Caves (2004)

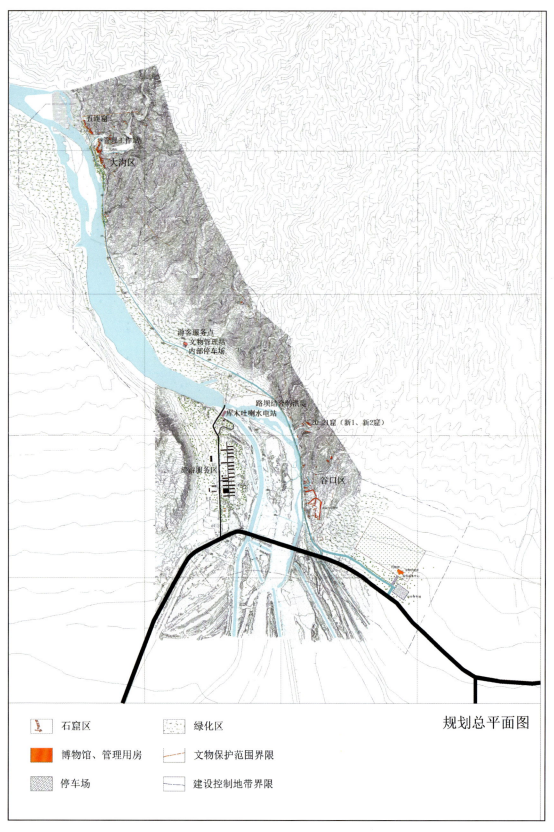

五连扇

管理工作坊

大沟区

游客服务点
文物管理站
内部停车场

路坝结合的洪堤
库木吐喇水电站
20-21窟（新1、新2窟）

旅游服务区

谷口区

石窟区		绿化区
博物馆、管理用房		文物保护范围界限
停车场		建设控制地带界限

规划总平面图

Zoning map of the cultural relics conservation in the Kumtura Thousand Buddha Caves continue to serve as a legal framework for conservation work at Kumtura Thousand Buddha Caves until 2020.

5.2Phase II: Implementation of Conservation and Restoration Work

Activities undertaken in Phase II focused on the formulation of the Detailed Kumtura Thousand Buddha Caves Conservation and Restoration Guidelines (2006) and pilot conservation work at the caves. Because wide-scale, systematic restoration had not previously been carried out at Kumtura Thousand Buddha Caves, the project specialists did not have previous experience or information to draw upon while conducting pilot conservation work.

Phase II also provided further opportunities for training and capacity building for local staff and project experts.

The pilot conservation work addressed the following problems:

CAVE NUMBER	SPECIFIC PROBLEMS
69-73 (Five Connecting Caves)	Rock: cracking, shifting, erosion and flood damage Mural paintings: deterioration
79, 80	Rock: loose and collapse
79	Mural paintings: deterioration
New 1, New 2	Cliff face: collapse Mural paintings: deterioration

A. Detailed Kumtura Thousand Buddha Caves Conservation and Restoration Guidelines (2006)

The suggestions of specialists and results from Phase 1 were used to develop Detailed Conservation and Restoration Guidelines (2006). These Guidelines represent a comprehensive guide for ongoing conservation work, outlining specific construction technology, procedures, materials and facilities. The Guidelines were examined and approved by the Chinese State Administration of Cultural Heritage. Caves 79-80, the Five Connecting Caves (69-73) and New Cave 1 and New Cave 2 are the main focus of the Guidelines.

B. Implementation of the Conservation and Restoration Work

Because of severe damage caused by a variety of human and natural factors, as well as inadequate management and protection, the planning and implementation of conservation work at Kumtura was very challenging. One of the project's key priorities was to ensure that the conservation and restoration work that took place in Phase II of the project had minimal impact upon the authenticity of the site and surrounding area.

The design and implementation of conservation measures was based upon the large quantity of precise testing and research conducted during Phase I of the project. In order to determine the most appropriate conservation measures, experts mainly consulted research data regarding appropriate restoration and conservation techniques from similar cave sites in China. However, the Kumtura site is particularly unique, and restoration and conservation techniques used at other cave sites were often of limited use to project experts. As a result, project

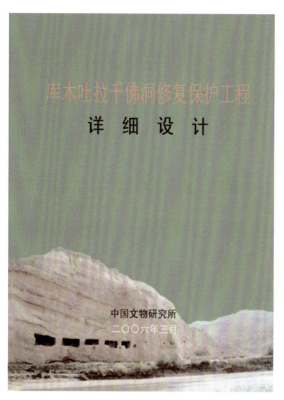

Detailed Conservation and Restoration Guidelines (2006)

experts often had to devise innovative techniques suited to the unique conditions at Kumtura.

Caves 69-73 (Five Connecting Caves)
Problems:　　　　　Rock: cracking, shifting, erosion and flood damage
　　　　　　　　　　Mural paintings: deterioration
Objectives:　　　　Stabilise the rock mass and prevent further deterioration of mural paintings.
Process:　Provided anchoring for stabilisation and support for the concrete framework.
　　　　　　　　　　The China University of Geosciences used three-dimensional visual simulation to check the caves
Outcomes:　　　　The cracking, shifting and erosion problems have been resolved.
　　　　　　　　　　The China University of Geosciences proved that the stabilisation of Five
Connecting Caves has improved, helping to reverse further deterioration of the mural paintings.

Caves 79, 80
Problems:　　　　　The loose rock on the front slopes of Caves 79 and 80 represented a danger to the caves, as well as the staff
working at the site.
Objectives:　　　　Stabilise the loose rocks and reduce the danger posed to staff working at the site.
Process:　To address this danger, artificial excavation and cleaning measures were applied, clearing the dangerous rocks.
Anchoring and sprayed concrete were then used to stabilize the slope. Concrete platforms were also built outside
the caves to ensure the safety of the staff.
Outcome:The loose rock was stabilised and a safer working environment has been created for staff.

Cave 79
Problems: Some parts of Cave 79 had collapsed, exposing the cave's mural paintings to the outside.
Objectives: Protect the mural paintings exposed to the outside.
Process: Initially, a simple building was constructed to protect the mural paintings.
          However, the first building proved unsuitable, and experienced problems such as water seepage and poor humidity control. Project experts determined that the demolition of this building could have caused further damage to the mural paintings. To address this issue, a more appropriately designed building was constructed outside the original building.
Outcome: This measure succeeded in improving the preservation of the mural paintings.

New Cave 1 and New Cave 2
Problems: Cliff face: collapse
                   Mural paintings: deterioration
Objectives: Stabilise the cliff face and prevent further deterioration of mural paintings.
Process: Stabilisation techniques, such as anchoring and sprayed concrete were applied and flood prevention measures were constructed.
Outcome: The mural paintings were effectively protected and the structural integrity of the cliff face has improved.

Exterior of Cave 79 before and after restoration work
had been completed

Construction of the Flood—control
dam in New Caves 1 and 2

Rock mass stabilization at New Caves 1 and 2

Kumtura represents a particularly complex and challenging conservation site. The unique structure of the site, combined with the effects of long term natural and man-made damage, presented a unique set of problems for the project experts. Nevertheless, through hard work, cooperation and innovation, these experts succeeded in developing long-term, sustainable solutions to the conservation of the Kumtura Caves. While there is still much to be done at Kumtura, the new techniques and strategies that have been developed through this project have provided a solid foundation for future restoration work.

6. Achievements

This UNESCO conservation project served as an invaluable learning experience in the field of cultural heritage conservation and preservation. The project also provided a unique opportunity for specialists and stakeholders from China and Japan to collaborate and share their knowledge regarding the preservation of cultural heritage.

The Xinjiang Uyghur Autonomous Region was the main Project Implementation Partner. In order to ensure the effective conservation of cultural heritage at Kumtura, necessary funding was provided and appropriate technologies were employed. The project also introduced new practices and ideas to the field of cultural heritage preservation in Xinjiang, and in so doing, opened the minds of local experts involved in cultural heritage preservation.

The guidance provided by Chinese and international specialists helped to train a talented group of local

The launch ceremony of the second phase of the project

Conference of Achievements held in February 2008

people who will contribute to the future conservation of the site. The project also resulted in the production of a set of detailed technical reports that will assist future conservation work.

The efforts and hard work of project experts and the Chinese authorities, as well as the commitment of the Japanese government, have paved the way for further successful cooperation and the sustainable future of this site.

UNESCO was proud to act as a catalyst in this project, bringing together governments and experts to cooperate in the conservation of this important heritage site.

7. Appendices

Appendix 1 LIST OF TECHNICAL REPORTS AND FINDINGS

DATE	TITLE (ENGLISH)	TITLE (CHINESE)	AVAILABLE LANGUAGE
2002	Report on Topographic Mapping and Aerial Survey of Kumtura Thousand Buddha Caves	库木吐喇千佛洞地形测绘及航空摄影测量报告	Chinese
2002	Report on Close-range Surveying and Mapping of Kumtura Thousand Buddha Caves	库木吐喇千佛洞近景摄影测绘报告	Chinese
2003	Kumtura Thousand Buddha Caves Conservation and Restoration Guidelines	库木吐喇千佛洞保护修复工程方案设计	Chinese
2003	Survey Report on Hydrological Geology Survey and Engineering Geology of Kumtura Thousand Buddha Caves	库木吐喇千佛洞水文地质和工程地质勘查报告	Chinese
2003	Research Report on Stability Analysis and Anchoring Force Calculation of Kumtura Thousand Buddha Caves	库木吐喇千佛洞稳定性分析及锚固力计算研究报告	Chinese
2004	Report on Anchor Pulling Test of Xinjiang Kumtura Thousand Buddha Caves	新疆库木吐喇千佛洞锚杆拉拔试验报告	Chinese
2004	Research Report on Reinforcing and Grouting Test of Rock Mass – Conservation and Restoration Engineering of Kumtura Thousand Buddha Caves	库木吐喇千佛洞修复保护工程岩层加固和灌注试验研究报告	Chinese
2004	Report on Ultrasonic Investigation Test of Kumtura Thousand Buddha Caves	库木吐喇千佛洞超声波探查试验报告	Chinese
2004	Report on Archival Record of Kumtura Thousand Buddha Caves (62 booklets)	库木吐喇千佛洞洞窟档案记录报告（62册）	Chinese
2004	Conservation Master Plan of Kumtura Thousand Buddha Caves	库木吐喇千佛洞文物保护规划	Chinese

2004	Report on Rock Mass Reinforcement Test	库木吐喇千佛洞岩体强化实验报告	Japanese
2005–2006	Period Report in 2006 on Atmospheric Monitoring for Preservation and Restoration of Kumtura Thousand Buddha Caves	库木吐喇千佛洞大气监测2006年度阶段报告	Chinese
2006	Xinjiang Kumtura Thousand Buddha Caves Conservation and Restoration Guidelines	新疆库木吐喇千佛洞保护修复工程详细设计	Chinese
2007	Period Report in 2007 on Atmospheric Monitoring for Preservation and Restoration of Kumtura Thousand Buddha Caves	库木吐喇千佛洞大气监测2007年度阶段报告	Chinese
2007	Progress Report on Conservation of the Kumtura Thousand Buddha Caves	库木吐喇千佛洞项目进展报告	Chinese and English
2008	Overall Mural Painting Conservation Plan of Kumtura Thousand Buddha Caves of Xinjiang Uygur Autonomous Regions	新疆维吾尔自治区库木吐喇石窟壁画保护修复方案	Chinese
2008	Evaluation Report on Phase II Conservation Work	库木吐喇千佛洞保护工程验收报告	Chinese and English
2008	Progress Report by Xinjiang Cultural Relics Bureau on Conservation of the Kumtura Thousand Buddha Caves	库木吐喇千佛洞项目进展报告	Chinese and English
2008	Progress Report by Japanese Planning Institute for Conservation of Cultural Properties on Preservation and Restoration of Kumtura Thousand Buddha Caves Project	库木吐喇千佛洞发展报告 日本文化财保护计划协会	English
2008	Research on Three-dimensional Visual Stimulation for Failure Mechanism and Reinforcing Effect of the Five Connecting Caves Conservation and Restoration Engineering of Kumtura Thousand Buddha Cave	库木吐喇千佛洞五连洞破坏机理与加固效果二位仿真模拟研究报告	Chinese

Appendix 2 LIST OF EXPERTS

Chinese Experts		
Mr.Huang Kezhong	黄克忠	Senior Engineer, China National Institute of Cultural Property 中国文物研究所 高级工程
Mr. Ma Jiayu	马家郁	Researcher, Academy of Cultural Property Archeology of Sichuan Province 四川文物考古研究院 研究员
Mr. Lan Lizhi	兰立志	General Engineer, Liaoning Nonferrous Prospecting Academy 辽宁有色勘察研究院 总工程师

Mr. Fang Yun	方云	Professor, China University of Geosciences 中国地质大学　教授
Mr. Wang Jinhua	王金华	Director, Scientific Research Division, China National Institute of Cultural Property 中国文化遗产研究院科学研究处处长　高级工程师
Japanese Experts		
Mr.Yano Kazuyuki	矢野和之	Director, Planning Institute for Conservation of Cultural Properties 文化財保存計画協会 代表取締役
Mr.Sawada Masaaki	泽田正昭	Professor, Kokushikan University Japan President, Academy of Cultural Heritage Protection in East Asia 日本国士館大学　教授 东亚文化遗产保护学会会长
Mr.Nakazawa Juuichi	中泽重一	Professor, Maizuru National College of Technology 舞鶴工業高等専門学校　教授
Mr. Nakano Teruo	中野照男	Vice Director, Tokyo National Research Institute for Cultural Properties 日本东京文化财研究所　副所长

(Footnotes)

1　New Cave 1 and New Cave 2 are distinct from Cave 1 and Cave 2. Cave 1 and Cave 2 were named by the archaeologists who conducted research at the site in the 1970s.

库木吐喇千佛洞保护修复工程项目概要

甲斐章子（日本文化财保存计划协会）

本书记述了2001年至2008年期间，由联合国教科文组织－日本信托基金组织执行的库木吐喇千佛洞保护与修复项目的相关成果报告。

此书作为此日中共同合作项目的概述，在前卷部分记述了日本外务省、新疆维吾尔自治区日本领事馆、联合国教科文组织北京事务所对于此项目顺利完成的寄语，后卷部分则登载了日中专家的相关论文。

在此项目中，包括遗迹本身的修复工程，还系统地进行了各种测量、遗迹现状及环境的相关调查、洞窟诊断评价图的绘制、遗址保护实验等工作。在开展今后库木吐喇千佛洞的保存及修复工作中，基础资料的整理意义重大，原本应在此报告中记述其结果，但是由于资料量相当庞大，在这里只对实施项目及其概要进行记录，至于发行的各类报告书则登载在卷尾以做参考。

希望此项目今后能由中国政府及新疆维吾尔自治区在持续开展调查、研究、修复的基础上推进下去。

1. 项目目标

1.1 背景

1998年11月，中华人民共和国主席江泽民在访日时与小渊惠三首相进行了会晤。会晤中，就中日两国应共同为丝绸之路沿线及其附近区域的文化遗产保护工作做出贡献达成共识。其后，日本政府向联合国教科文组织－日本信托基金提供了500万美元的捐赠，用以保护丝绸之路沿线及其附近区域的文化遗产。

在1999年7月小渊首相访华过程中，中日双方达成共识，将库木吐喇千佛洞及龙门石窟作为具体的保护工作支持对象。

2000年7月，中日两国政府代表、中日专家团和教科文组织代表组成的代表团前往库木吐喇千佛洞。在对库木吐喇千佛洞和克孜尔千佛洞的调查研究后，专家们提出了一套基本的保护方案。同时，专家团对项目计划的实施和未来工作的时间安排进行了讨论。建立在研究结果之上的项目提议书也随之被提出。

1.2 项目目标

库木吐喇千佛洞位于古丝绸之路沿线的新疆维吾尔族自治区库车县境内，是东西文化交汇融合之地的重要遗迹，其独特的历史、科学与艺术价值吸引了众多学者的关注。本项目的实施旨在对库木吐喇千佛洞作为未来的遗产永久保存的同时，将其作为学习历史的场所，发挥其在文化和观光领域的作用。

我们要建立这样的长期目标，即对库木吐喇千佛洞并不只是将其各个洞窟及壁画进行修缮，而是要将千佛洞作为一个整体，加之其周边区域进行保存，再现其真实构成，使其具备野外博物馆的功能。

库木吐喇千佛洞的开凿始于公元前5世纪，至今已有超过1500年的时间，洞中仍保存有相当数量的壁画。但是，严酷的自然环境及河水水位的上升导致床岩严重侵蚀，进而致使洞内壁画受损。因此，我们的短期目标是将库木吐喇千佛洞作为世界文化遗产力求以最新的科学技术进行保存修复。

1.3　基本原则

该项目的原则在于实现对景区文物的保护并尽可能地向公众开放参观。中日双方专家将采用所需的最先进的技术对库木吐喇千佛洞进行保护。此外，该遗迹在历史和美术史上与其他遗迹相比拥有与众不同的特征与价值，因此还应尝试以特有的方式进行保存修复。同时还应谋求通过日中双方的技术协作达到遗迹保存在计划和技术上的新发展，进而以此项目为契机实现日中技术专家的技术交流。此项目的实施在充分讨论遗迹保存及利用理念的同时，以依据国际惯例制定主要计划为基本原则。

2．遗迹的概要与评估

2.1　遗迹概要

库木吐喇千佛洞坐落于东经82度41分，北纬41度41分的新疆自治区库车县。在由沙、陶土及鹅卵石层构成的穆萨河绵延5公里的床岩上有112个独自编号的洞窟。根据它们的分布情况，洞窟可被分为两片区域：谷口区（由32个洞窟组成）以及窑群区（由80个洞窟组成）。库木吐喇千佛洞在洞窟数量方面位居新疆第二位，仅次于拥有超过230个洞窟的克孜尔千佛洞。

2.2　对文物保护现状的评估

总体说来，库木吐喇千佛洞正面临着7大威胁：床岩的不稳定状况；壁画表层出现裂痕及剥离；山崖的不稳定状况，由山洪导致的侵蚀，木扎尔特河水平面起伏引发的壁画损毁。洞窟中的人力不可抗因素；以及当地道路状况和管理观念上的落后性。

编号相连的68到72号洞窟下方的河岩侵蚀尤为严重，以至于洞窟现已高出地表17米。从43洞窟及 新洞窟1号和2号可以显见大洪水暴发的痕迹。

在对新洞窟1号和2号壁画的超声波调查中，我们发现，在许多地区的的岩石表层（即壁画表层）有剥离现象，表面下方亦出现空洞。由于担心河平面上升致使壁画被淹没，45号和42号洞窟的壁画现已被从原先的床岩上移除，被仔细保护起来。它们未来将会在博物馆展出。然而，保护床岩现状不被破坏，防止壁画表面剥离是更为重要的问题。

3．项目经历

3.1　组织

在整个项目中，中日双方专家一直通力合作，开展了包括调查，总体保护规划，基本方案的制定以及基本设计等一系列工作。在需要更为具体的专业知识和技术的地区，我们必须聘请更多的中方专家，同时还需得到掌握此遗迹及相关遗迹关联细心的机构及研究着的协助。

联合国教科文组织北京办事处承担了整个项目协调员的角色。新疆文物部门也肩负起了监督调查，设计以及预算控制的责任。在后勤方面，专家会议所需的文件材料（如调查报告或设计详述）在会前就分发给了所有来自新疆文化遗产局中方和日方的专家们，以确保所有国际成员都能彼此共享信息。

3.2 专家会议和三方会谈

专家组会议的成员包括中方和日方专家，联合国教科文组织北京办事处代表，文物局代表，新疆文物局代表，联合国教科文组织顾问，以及负责调查，设计和建设的代表。在新疆当地和北京，第一阶段进行了11次会议。

会议以在项目当地召开为原则，为了考察修复技术与手法、遗产利用状况以为此项目今后的修复作为参考，以日中两国交流为目的，第一次会议在日本召开。

三方会议由日本外务省、中国国家文物局、教科文组织北京事务所及日中两国庄家和新疆文物局、教科文组织咨询专家出席，在当地和北京召开了第一期X次及第二期X次共计X次会议。

第一阶段末的三方会谈是与参与龙门石窟保护项目的成员们一并举行的。龙门石窟保护项目同样也是由联合国教科文组织–日本信托基金提供的资金支持。

3.3 项目程序

基于资金分配的原因，项目被分为两个阶段进行。每个阶段进行的具体工作如下：

第一阶段：总体保护规划以及与组织相关的数据材料的编辑；初步调查，实验室实验，以及基本概念设计的完成。一系列关于第一阶段项目测试结果的讨论和研究为保护工作原则的制定奠定了基础。这些保护工作的原则已成为选择具体保护方案的重要标准和依据。

第二阶段：起草具体的保护修复设计及详述；印刷关于如何更好地使用遗迹的项目报告手册。

注：虽然基础设施建设在调查及修复工作初期非常必要，但由于资金有限，无法进行。因此，中国政府单方出资，设立营地，并对1号和2号新洞窟进行洞内保护工作。

项目流程图：

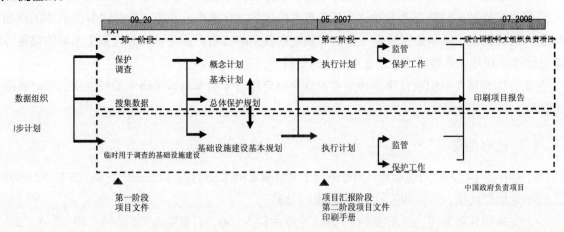

3.4 项目预算

第一阶段：

项目		金额（美元）	详述
人员	顾问 派遣专家	$80,000	
	联合国教科文组织北京办事处	$20,000	
	其他	$40,000	
	小计	$140,000	
调查		$270,000	
试验		$130,000	
总体保护规划		$20,000	
基本概念方案及基本设计		$40,000	
培训及开发		$10,000	
设备购买			
杂			
项目合计		$470,000	
联合国教科文组织费用		$80,000	13% 为非人力资本
总计		$690,000	

第二阶段：

项目		金额（美元）	详述
人员	顾问 派遣专家	$0	
	联合国教科文组织北京办事处	$30,000	
	其他	$40,000	
	小计	$70,000	
修复工作合同商		$507,000	
试验			
总体保护规划			
基本概念方案及基本设计			
培训及开发		$25,000	
设备购买			
杂		$3,000	
项目合计		$535,000	
联合国教科文组织费用		$69,550	13% 为非人力资本
总计		$674,550	

4. 第一阶段概述

库木吐喇千佛洞共有62个洞窟内存有壁画。库木吐喇千佛洞在洞窟数量方面位居新疆第二位，仅次于克孜尔千佛洞。床岩的风化，河水的渗透，河平面上升导致洞窟内部水患，洞窟下方岩石的侵蚀都致使这些洞窟处于危险境况。由于在该项目前未有对库木吐喇千佛洞系统性的研究，检验保护方案缺乏基本的素材。

为了将来能够完好保存并开放这个具有世界价值的文化遗产，在第一阶段进行的具体工作如下：地形测量，地质调查，科学数据收集（包括气象观察数据的收集），为不同洞窟制定不同的修复方案卡，起草总体保护规划，开展培训并创建系统性的资料库。

在联合国教科文组织项目预算外，中国政府出资修建了供车马运送研究器材之用的临时道路，提供电力供给，并设立了营地。

4.1 地形测量

为了制作基本计划，对遗迹及其周边进行了地形测量和修正研讨，以及用于制作石窟档案的照片测量。

——地形图比例：1∶2000，1∶5000 和1∶200

——完成照片测量图（平面图S=1∶20，立体图S=1∶50，石窟壁面壁画S=1∶10～S=1∶20）

4.2 地质调查及地下水调查

为了评估地下状况，包括地下水水位情况，我们进行了如下调查。但由于地盘调查会对脆弱的岩盘产生影响，我们采取了震动较小的风力钻孔，没有进行岩心的采掘。

——土质分析（水平钻孔分析）

——地表水水位调查（年均变化，水质，导电性，酸碱度，成分，析出物分析）

4.3 试验施工

为了具体化插入作为增强古迹构造的支撑物，以及对出现裂纹且风化了的岩盘的基础物质强化等的施工方法，在有和本地以及古迹类似的地基的场所，实施下面的试验施工。

支撑物拔出试验(对遗迹岩基进行支撑物的插入和拔出试验，确认其承受力和固定效果)

混凝土试验(为了填充强化岩基的裂纹和提高防水性，一边确认水泥乳浆、水玻璃等各种粘着硬化剂的使用量，一边注入本地地基，试验适合本地的注入方法以及处理需要的混凝土材料的注入试验)。

岩体强化处理试验（使脆弱的岩基硬化，谋求基础物质强化的注入涂敷试验，在本地由中方技术人员实施，在周口店由日方技术人员实施。）

超声波探查试验(在1号和2号新洞窟，用超声波探查调查了空隙状况等。)

4.4 制定不同洞窟的修复方案卡

作为讨论各个洞窟保存修复工程的优先性及紧迫性的基础资料，我们为112个洞窟中的62个制作了独立的修复方案卡。这些卡片不仅为此次修复项目提供有益参考，也将为今后洞窟的监督管理、可持续保护作出贡献。

修复方案卡中列出的项目如下：图片，照片，构造形式、壁画内容、颜料、遗存状况、剥离状况、岩层、开裂状况以及析出物的分布。对它们根据紧急程度予以判定。

4.5 保存修复基本设计、基本计划

库木吐喇千佛洞保存修复基本计划是中国文物研究所接受新疆维吾尔自治区文物局的委托，在新疆克孜尔石窟研究所的共同努力下完成的。

本遗迹与由棘吐喇古迹等邻接，另外，周边也有沙赫特拉古迹等。因此，本计划定位于使周边地区也能够保存其包含的文化遗产而活用的长期综合指南。

在计划的框架、分区规划、保存修复的方法、设施计划等，以及成为内容的核心部分的原始设想被完成的阶段，专家就其内容进行研讨，并接受指导和忠告，刊行了专家认同的最终方案作为库木吐喇千佛洞及其周边的保存整备基本计划的报告书。

对象范围和分区规划

将作为全国重点文物保护单位的库木吐喇千佛洞和由棘吐喇古迹，以及位于周边的沙赫特拉古迹区域和穆扎尔特河两岸地区作为计划的对象范围。

本计划中，考虑到文化遗产的存留状态和分布状况、保护文化遗产的安全性和保存的完整性、地形地势的特征，将库木吐喇千佛洞分为文化遗产保护区域和建设控制区域。文化遗产保护区域根据石窟的分布状况，划分为重点保护区和一般保护区。在重点保护区中的1号和2号新洞窟，63号洞窟、68～72号洞窟(五连洞)和79号洞窟，作为重点保护对象处理。

计划内容和日程

库木吐喇千佛洞修复工程分为短期(2～4年：联合国教科文组织项目实施期间)、中期(3～5年)、长期(10年)的17年进行。

在短期计划内，进行1号和2号新洞窟的保护和五连洞的保护，以及其他的重点区域的岩体处理。在中期计划内，进行谷口区和谷内区的危险岩体处理，保存处理79号洞窟等重点洞窟，设置堤防和防水壁，建设博物馆和管理设施等，修建绿化景观，制定由棘吐喇古迹保护计划。在长期计划中，作为沙赫特拉古迹区域和穆扎尔特河两岸地区的环境控制，筹划制定沙赫特拉古迹的保存计划，进行广泛区域的绿化等等。

4.6 库木吐喇千佛洞保护修复基本设计

库木吐喇千佛洞保护修复基本设计通过中日的专家共同研讨，设计书是由中国文物研究所、克孜尔石窟研究所，中国地质大学的共同努力完成的。

基本设计的实施依据《中华人民共和国文物保护法》、《纪念建筑、古建筑、石窟寺等修缮工程管理法》、《保全和修复纪念建筑物以及古迹国际宪章(威尼斯宪章)》等，参考了库木吐喇千佛洞的地质调查、支撑物插拔试验、1号和2号新洞窟的壁画观测等的结果。

在做出基本计划之前，项目团队需要为亟需处理的危险区域制定好一项应急措施。由于岩石裂缝，侵蚀和现存的脆弱地层，8个位于岩床之上的特殊区域已被确定为危急区；这些区域为第68至第73号窟，第79号窟及第80号窟，新1、2号窟，新64至66号窟，新54至63号，新19至31号，新10至18号以及位于第5窟上方的8个区域。这些危险的床岩区域将被锚固定，较大的岩石龟裂将被注以水泥浆。锚的直径、长度、插入角度、必要数量及间隔，需要分别根据裂缝、侵蚀状况、对软弱岩层的调查与记录、地质调查和现场的定锚试验结果来决定。软弱岩层的表面将被混凝土封实。对于突出的五连洞（第69至73号洞窟），38米长、3.8米纵深、12米高的区域，将以建设钢制横梁的方式来加固。

新1窟、新2窟内侧的壁画正在发生裂缝和剥离。对于显著空洞化的部分，需要在合适的位置进行6~8毫米的穿孔，并通过注射针以注入填充材料的方式予以固定。具体的填充材料要根据实际情况和现场测试来决定。

针对42窟、43窟、45窟、新1窟和新2窟所在的岩床发生侵蚀的状况，为防止洪水或暴雨造成进一步的侵蚀，需要建设钢筋混凝土造的堰坝。对于第63窟和79窟，由于风雨造成的侵蚀，以及洞窟内部环境变化造成的壁画渗水和盐类风化，需要建造12米长、檐宽2米的混凝土防雨设施（针对63窟），及在窟外岩盘上建造5.0×3.9~4.9米、高约2.5~3.0米的遮盖物（针对79窟）。

当穆扎尔特河水位上升时，由于毛细管现象向石窟内渗水，将会造成低于水平面的第10~37窟的岩体及壁画受到严重损害。克孜尔石窟研究所已将这些石窟内的壁画转移至高于水平面的42窟、43窟保存。项目团队决定采取将水位控制在较低水平的方法，作为对这些洞窟所在岩床的保护措施。

4.7 气象分析

项目组将设置气象观测装置，以调查分析洞窟内湿温度、洞外湿温度、降雨量、风向风速，并作为观测资料保存。

4.8 人才培养

中方专家将现地观摩日方主持的保存及修复工程。日方文物保护专家将进行防止岩层剥落的现地保护示范作业。届时在周口店猿人遗址保护中采用的防侵蚀技术和强化处理试验也会被展示给中方，以期培养中方文物保护相关人才。

4.9 研究资料的收集

在本项目中，已收集以下数据及相关资料，并捐献至本项目图书馆。

* 库木吐喇千佛洞及周边地域的气象资料

* 库木吐喇千佛洞周边的水文资料（流量、洪水状况、水质、以及撤去库木吐喇水利发电所后的穆扎尔河水量变化）

* 库木吐喇千佛洞相关的学术论文、文献资料以及历史照片

5．第二阶段概述

在第一阶段进行的研究和调查的成果之上，实际保护的施行方法经过检查，在第二阶段确定使用。测试实验也在第二阶段顺利实行。为了使工程节俭可行并且能够取得事半功倍的结果，施工团队优先考虑了其中的问题，再一次充分利用每个人经验，选择能与可提供的技术相配的每种合乎需要的方法。

5.1 实施设计

实施设计由新疆维吾尔自治区文物局发标，北京首都设计院实施。实施设计主要面临以下4项挑战：1.保护床岩的危险部分；2.防止洪水引起的进一步侵蚀；3. 防止风化作用造成的进一步腐蚀；4.稳定住因水位重复涨落引起的在壁画上或者在床岩上剥蚀。有关以上问题，对实施设计时的图纸、使用材料、数量进行了确定。

设计内容如下：

·危险壁体（五连洞、79号，80号，新岩洞1号和2号，岩洞64～66号，54～63号，19～31号，10～18号，5号共8处）

·用支撑物和人造粘土对明显的坍塌部分进行稳定和巩固。（80号、5号）龟裂部分用水泥混入砂浆填充、五连洞下岩体的坍塌部门则搭建支架、岩盘表层风华寝室部分使用砂浆喷涂。

·洪水对岩体侵蚀的对策。

5.2 保护修复工程和监督实施

在实施设计的项目当中，五连洞、79号洞窟、新1号和2号窑洞作为紧迫性较高的部分在三方会议中被提出。以下工程在中国政府的协助下完成：在五连洞下方建造支撑骨架并对危险岩体进行稳定处理；在79号岩洞上方建造的保护罩，并稳定周围床岩。1号和2号新岩周遭床岩的稳定工作和防洪保护墙的建造工作。

为了保证保护技术的质量，我们按照中国文化财产资格系统选择了辽宁有色认证工程公司。由于当地没有资格认证系统，我们只能根据经验多少选择了新疆城市建设工程项目管理有限公司来监督工程建设。

·保存修复工程

以下的修复实施工作包含于工程的范围之内：稳定五连洞上层的危险岩体； 在五连洞下方建造支撑结构；在79号岩洞上方建造保护罩并稳定前部床岩。过去保护68～73号岩洞的最长支撑物长为21米。其所用混凝土成分虽然不一，但是使用的基本比率是水：水泥=0.5～0.7：1。

稳定79号岩洞周边床岩工作的执行办法：

用金属板条和10～12毫米厚的干燥混凝土覆盖该区域，此行为未通过修复工作概要及其监督。因此

表层颜料被毁。由于保护罩的劣化还在持续，为了避免剥落瓦砾对岩洞主题造成损坏，新保护罩的建造要保证不接触既有保护罩。在79号和80号岩洞之间，建造了扶手过道。

工程全部按照原计划完成，并且使用的材料在监督人员的监察之下。在对危险的岩体的施工和劣化的洞窟内部的作业的时候考虑到了入口附近的安全对策。

　·施工监理

施工期间就整个工程的进度和施工方法、材料的使用实施现场监督。公共组织检查了施工材料，确认了关于钢铁的合格证书。工程进度监督按照国家的标准办法实施。施工完成时，监理报告转交于新疆文物局。

5.3 报告的出版

施工完成的时候，刊发了包括工程实施内容的报告书，并且向中日政府、专家以及工程相关的人员进行分发。

6. 今后的课题

　·1号2号新洞等壁画保存的措施

第1号和第2号洞窟的壁画修复是当务之急，但在此项目中没有具体展开此项工作。壁画的修复将交由敦煌研究院继续完成，修复中及修复后的内部环境的保持、监测、对公众公开的方式应尽早明确，需要尽快与岩体保护工作协同，着手开展修复工作。

此外，以此项目中开展的调查为参考，需要制定明确所有壁画的优先顺序及修复方法的保存计划，并今后按此计划逐步推进壁画修复的工作。

　·遗迹的公开及利用

本项目结束时，不单要出版图片及文字的资料，将现场进行开放也颇为重要，但是即便采取了本项目的保存修复措施，也不能立即将遗迹进行公开。

新疆文物局预计为库木吐喇千佛洞的公开，利用中国政府援助的资金在遗迹入口处修建管理大楼，从管理大楼到洞窟之间铺设联通道路。今后在不断推进主规划中记录的保存修缮工程的同时，还有必要对公开方法及公开范围进行阶段性的研讨。

　·东方红水坝的水位

东方红水坝已被确定将停止发电功能专用于灌溉农田，因此水位有所下降。石窟保护方面，安全规定的最高水位1044.5米是必须保证的，即便是用于灌溉的水坝，也需要遵循这个水位的要求。

7. 日方专家的论文

在本报告的卷尾登载了日本专家撰写的论文：《库木吐喇石窟文化财产的价值》（中野照男）、《文化遗产——古代壁画及其保护和利用》（沢田正昭）、《专为遗迹保存的地盘技术》（中泽重一）、《关于世界遗产的环境保护》（矢野和之）。

各论文从国际性视角对构成库木吐喇千佛洞价值的重要要素的石窟价值、壁画保存及利用的国际动态、遗迹保存方面不可或缺的地形防灾管理、包括遗迹周边区域的环境保护等诸多课题进行了论述。

我们的目标是将包含库木吐喇千佛洞的丝绸之路沿线的遗迹申报为世界遗产，在申报时，这些论文将在制定必要的管理规划等方面成为极为珍贵的资料。

The Project Summary of the Conservation and Restoration of Kumtura Thousand Buddha Caves

Kai Akiko

Under the auspices of UNESCO-Japan Fund in Trust, "Preservation and Restoration of Kumtura Thousand Buddha Caves Project (hereafter "the project)" launched in January of 2001 and completed in May of 2008. This is the report that mainly summarizes the works conducted under the last part of the contract effective from December of 2007 until July 31, 2008.

The project encompassed a large scope of tasks to fulfill within the time given: It included base research to assess existing condition of the ruins and surrounding environment, location survey, creating diagnostic evaluation chart for a cave individually, together with conservation laboratory testing necessary for scientific accreditation. The implementation of restoration work based on the research results was also included as part of the project. However, the most significant part of the project was, for the first time in the history, people collected the data, gathered the information and organized research results specific to the conservation and restoration of Kumtura Thousand Buddha Caves.

Everyone involved in the project sincerely wishes the Project outcome serves as the cornerstone for further development of continued research, investigation of Kumtura Thousand Buddha Caves. We believe the Project will be pursued further for the future conservation and preservation of the monument by the enthusiastic authorities of Xinjiang Uygur Autonomous Region as well as People's Republic of China.

1. Purpose of the Project

1.1 Background

In November of 1998, then General Secretary Jiang Zeming met then Prime Minister Keizo Obuchi during his visit to Japan. They came to an agreement that both China and Japan will cooperate in conservation of cultural heritage found along the Silk Road and its relative region. In response to this decision, Japanese government provided an endowment in the amount of 5 million US dollars to UNESCO-Japan Fund in Trust for the conservation of cultural heritage along the Silk Road and its vicinity.

During Mr. Obuchi's trip to China in July 1999, both China and Japan agreed in principle that Kumtura Thousand Buddha Caves and Longmen Grottos as actual conservation project objectives for the fund available. In July 2000, the government representatives from China and Japan, and a newly comprised project team of both

Chinese and Japanese experts made their first visit to Kumtura Thousand Buddha Caves. Followed by the survey and investigation of both Kumtura and Kezil Thousand Buddha caves, the expert team came up with the very base of a preservation plan. The team at the same time discussed the main course of a project plan and prospective work schedule. Based on this discussion the project proposal was further made.

1.2　Objective of the project

Kumtura Thousand Buddha Caves is located along the Silk Road in Kuqa, Xinjiang Autonomous Region where both cultures of the East and the West met and fused. These man-made caves with its unique history became a birth place for highly valued artistic, academic and scientific heritage. The main objective of the Project is to carefully conserve this irreplaceable cultural heritage to the future generations. At the same time, the heritage should be open to the public so that more people can appreciate it directly. We should make the best use of the heritage for educational purposes in broad sense.

Considering the fact that more than 1500 years have passed since the first cutting of caves in Kumtura Thousand Buddha Caves in the 5th century B.C., the existing conditions of murals in these caves are remarkable. Even so, under the severe natural condition, repeated rising and falling of water levels of the river progressively causes serious erosion to the bedrock itself, which eventually affects adversary to the artistic works in the caves as well. The expert team concluded that the physical damage of the monuments "very severe" after diagnostic examination, a short-term objective was then set to stabilize the monuments using the advance scientific technology.

1.3　Principles

.　It is the project principle to achieve both physical stabilization of the monument and to keep the monument open as much as possible to the public. For conservation and preservation of Kumtura Thousand Buddha Caves both Chinese and Japanese experts will employ the best possible advanced technology as it requires. In order to honor its outstanding value of historic and artistic importance and its unique characteristic, conservation measures should also be site specific. Furthermore, the project provides a good opportunity to exchange information between experts and specialists of two countries. Based on thorough investigation.

2. Evaluation summary

2.1　Overview of the monument

Kumtura Thousand Buddha Caves are located at 82' 41"east longitude and 41'41" north latitude in Kuqa prefecture in Xingjiang Autonomous region. 112 individually numbered caves are distributed one after another over 5 km stretch of bedrock along Musaer River that is composed of sand, clay and pebble layers. As from distributed pattern, caves can be grouped in two areas: front valley area (32 caves) and concentrated central valley area (80 caves). Kumtura is rated second in terms of numbers of caves following Kezil Grottoes that has over 230 caves.

2.2 Evaluation of the current condition of the monument Broadly speaking, there are seven major threats for the monument: dangerous condition of the bedrock; cracks and lifting of superficial layer of the murals; unstable condition of the cliff (mountain), erosion caused by flooding, mural damage caused by rising and falling of Muzalt river water level; uncontrolled environment in the caves; and inaccessible condition both from the road condition and management point of view.

Erosion of the bedrock under the connected Caves no.68-72 is so severe that the caves are now hanging over 17 m above the ground level. From Cave no.43 and New Cave no.1 and 2, traces of serious flooding are evident. After investigating the condition of murals in New Cave no.1 and 2 with ultra sound, we learned that, in numbers of area, surface layer on the rock (= mural surface) is lifted and a vacant pockets were created behind the surface. Murals of Caves no.45 and 42 are now detached and removed from the original bedrock and now kept in storage for conservation purposes because they are likely to be submerged in case of the water level of the river arisen. These murals will eventually be displayed in a museum, but to secure the bedrock condition and stabilize fissures and lifting of mural surfaces are more eminent problem.

3. Project Progress

3.1 Organization Throughout the project, the experts from both Japan and China have always been in cooperation to conduct all works including investigation, creating a conservation master plan, base plan and base design. In the area where more specific expertise is needed, we had to recruit more Chinese experts

UNESCO Office Beijing undertook the responsibility as a coordinator to look over the project. Xinjiang Cultural Relic Department undertook responsibilities for supervising investigation, design and construction budget control. As for the logistics, document material necessary for expert meetings such as investigative report or design specifications were distributed in advance to all Chinese and Japanese experts from Xinjiang Cultural Relic Bureau, in lieu of consultants of UNESCO (based in Japan), to make sure all international members can share the mutual information.

3.2 Expert meetings and Tripartite meetings

Members of expert meetings included Chinese and Japanese experts, representatives from UNESCO Beijing office, representatives from Cultural Relic Bureau, Xinjiang Cultural Relic Bureau, and consultants to UNESCO as well as representatives from investigation, design and construction. There were 11 meetings during the phase I, XXX meetings during the phase II held at the site and in Beijing. The last tripartite meeting of the phase I was held together with the members of the preservation project of Longmen Grottoes which is also funded by Japan-UNESCO Fund in Trust.

3.3 Project procedure Due to the fund allocation purpose, the project was divided into two phases. Works carried out in each phase are as follows:

Phase I: Compilation of conservation master plan and organizing related data; preliminary survey; laboratory testing; and completion of base conceptual design. Series of discussion and examination of test results during the Phase I shaped the conservation principles of the project that became the backbone of selecting individual conservation measures.

Phase II: Drafting of detail design and specification for the conservation and restoration construction; publishing of a pamphlet and project report for active utilization of the monuments. Note: Fund was not sufficient to conduct infrastructure construction that became necessary for preliminary investigation and restoration construction. Therefore, building of a base-camp and Interior protection work for New Cave No.1 and 2 were funded by the Chinese government independently.

<Project Flow>

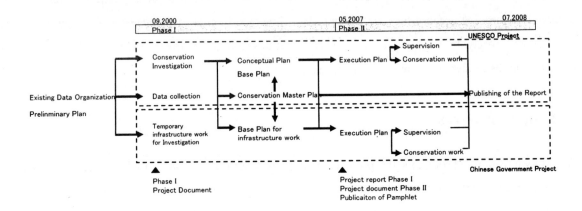

3.4. Project budget

Phase I

Item		Amount (US$)	Description
Personnel	consultants and dispatched experts	$80,000	
	UNESCO Office Beijing	$20,000	
	Ohters	$40,000	
	Subtotal	$140,000	
Investigation		$270,000	
Testing		$130,000	
Conservation Master Plan		$20,000	
Base conseptual Plan & Base Design		$40,000	
Training and development		$10,000	
Equipment purchase			
Miscellaneous			
	Project Total	$470,000	
UNESCO Fee		$80,000	13% of non personnel total
	Total	$690,000	

Phase II

Item		Amount (US$)	Description
Personnel	consultants and dispatched experts	$0	
	UNESCO Office Beijing	$30,000	
	Ohters	$40,000	
	Subtotal	$70,000	
Restoration contractors		$507,000	
Testing			
Conservation Master Plan			
Base conseptual Plan & Base Design			
Training and development		$25,000	
Equipment purchase			
Miscellaneous		$3,000	
Project Total		$535,000	
UNESCO Fee		$69,550	13% of non personnel total
Total		$674,550	

Overview of Phase I A total of 62 caves in Kumtura Thousand Buddha Caves have murals inside. This group of caves is ranked the second best in the Xingjian region following Kezil Thousand Buddha Caves. Weathering of the bedrock, water penetration and rise and fall of water level that causes flooding inside the caves, erosion of the rock under the caves are the prominent cause to make these caves in vulnerable condition. Since no systematic researches regarding Kumtura Thousand Buddha Caves preceded the project, shortage of base materials for examining conservation measures was apparent.   Details of works implemented during Phase I are as follows: land survey, geological survey, scientific data collection including meteorological observation data collection, making individual diagnostic card, drafting of a conservation master plan, conducting a training program and creating a systematic material library.

Construction of temporary road for a horse drawn carriage necessary to carry equipment for research and testing, electricity supply and building of a base camp was completed using the budget from the Chinese government aside from the UNESCO project.

4.1 Land Survey Topographical survey and photogrammetory was conducted in the area directly concerned to the ruins including surroundings for the purpose of drafting a restoration master plan and making an individual diagnostic report card. Following maps and survey drawings were made as finished products:

- Topographical maps of scales: 1/2000, 1/500 and 1/200

- Aerial photograph (focus on topography)

4.2 Geological survey and groundwater investigation

In order to assess underground condition including ground water level condition of the area, following investigations were conducted:

　　- Geo-soil analysis (horizontal boring analysis)

　　- Ground water level survey (annual variation, water quality, conductivity, acidity, component, and deposit analysis)

　　4.3 On site testing Following onsite testing was conducted to ensure the feasibility of the conservation measures planned specific to the problem.

　　- Anchor bolt pull-out test

　　- Grout test

　　- Bedrock consolidation test

　　4.4 Making of individual diagnostic card

　　As to create base of information and to improve efficiency in judging degrees of priority and urgency, a diagnostic card was made individually for 62 of 112 caves. These cards are to be used not only for this restoration project, but also for monitoring maintenance and management purposes for sustainable conservation of caves.

　　Items to be recorded in a diagnostic card include: a drawing, photographs, structure, mural description, pigment information, existing condition, freaking condition, rock layer, crack record, and condition of deposit and efflorescence. Based on the information urgency of existing condition was evaluated.

　　4.5 Conservation and Restoration Master Plan

　　Project of drafting Conservation and Restoration Master Plan for Kumtura Thousand Buddha Caves was initially commissioned to Cultural Relic Research Institute of China from Cultural Relic Bureau of Xinjiang Autonomous Region. The work was then carried out with cooperation from Xingjiang Kezil Grottoes Research Institute. Considering that ユチトラ monument is directly adjacent to Kumtura monument and Xiahatula ruins is also in the vicinity, the long term goal of the conservation and restoration master plan was to develop a plan utilizing these monuments in larger area. At the time when the framework of the plan determined the major decisions including zoning of the area, base guideline of restoration and conservation measures, new facility to be build, the experts went through the plan to provide initial advice to adjust the course of the plan.

　　The vision for restoration and conservation of Kumutura Thousand Buddha Caves can be seen in short term (2 to 4 years, UNESCO Project term), medium term(3 to 5 years) and long term (10 years) benchmarks. The short term objectives are protection of New Cave No.1 & 2, Caves No.68-72, and consolidation treatment on the bedrock of important area. Medium term objectives are to provide consolidation treatment on the bedrock at the mouth of valley area and middle of valley area, conservation of numbers of important caves such as Cave no.79 and river banks. Long term objectives include: Installation of flood protection wall; building of a museum and management facility. As for the long term objectives, providing greenery and development of the surroundings in reference to larger Xiahatula ruins area and both banks of Musear river will become target area for regional environment control and enhancement of green plan.

　　4.6 Base plan for conservation and restoration of Kumtura Thousand Buddha Caves

Process of drafting a base plan was a joint effort between Chinese and Japanese experts. Cultural Relic Bureau of China then wrote specifications based on the base plan with cooperation from Kezil Grottoes Research Institute and China University of Geology. Base conceptual plan is drafted in compliance with "Cultural Relic Protection Law of People's Republic of China", "Management law for restoration measures on monument architecture, historic architecture and cave temples," and "International Charter for the Conservation and Restoration of Monuments and Sites (Venice Charter)."

Before drafting the base plan, the team had to design an emergency measure plan for dangerous area where urgent treatments are needed. Eight specific areas in the bedrock are identified as special endangered area due to serious cracks, erosion or existing weak stratum. These areas are Caves no.69~73, no.70and 80, New Cave No.1 & 2~64~66, 54~63, 19~31, 10~18 and upper area of Cave no.5. These dangerous bedrock areas are secured by anchors with or without grout injection depending on sizes of the cracks. Diameters of anchor bolts, length, inserting angle, numbers and intervals are individually determined after petrographic analysis, geological investigation, erosion condition, and result of anchor pull-out tests. Weak stratum will be encased by concrete to cover. Under the overhang of Caves no.69~73, steal beam stage, with the size of 38 m (length) x 3.8m (depth) and 12 m (height).

For New Cave no.1 & 2, deterioration on murals inside of the caves is in progress. For the areas where lifting is evident, find an appropriate position to poke through a hole with a diameter of 6~8mm, and injected filling material to secure them from falling off. The component of fill in materials will be determined individually depending on the condition and material testing.   For erosion occurring on the bedrock where Caves no.42, 43, 45and New Cave no. 1 & 2 are found, to prevent further erosion that may occur occasional flooding or heavy rain fall, reinforced concrete dam will be build. For Cave no.63 and 79 where versatile micro climate change is causing water leakage and efflorescence on murals, a 12m wide by 2m projection awning at the height of 9m level is designed for Cave no.63. Shelters, sizes of 5.0m x 4.9m; -3.9m height of 2.5-3.0m was designed and be built out side of Cave no.79. Murals in Caves no.10 to 37 become lower than the water level during the rainy season are severely damaged by efflorescence caused by the heavy moisture sucked up by capillary suction. Quisi Grotto Research Institute removed murals in these caves and stored in Caves no.42 and 43 located higher. As for the protection measure for the bedrock of these lower located caves, the team decided to take approach in controlling the water level low.

4.7 Meteorological Analysis

Meteorological observation equipment was set to monitor interior and exterior temperature and humidity of selected caves. Ombrometer and wind vane anemoscope were also set to monitor and record observation data.

4.8 Human Resource Development

Chinese experts were given an opportunity to observe active Japanese restoration sites under the auspice of this project. Japanese specialists on conservation treatment performed in-situ protective treatment to prevent scaling on the rock surface. Both erosion protection method and consolidation treatment test were demonstrated in

Pekingman Site before Chinese conservation prospective specialists for training purposes.

4.9 Research material collection

Following data and related materials were collected during this project and donated to the project library.

- Meteorological data regarding Kumtura caves and its surrounding area.

- River water related data in the area surrounding Kumtura caves.

- Written documents, photographic records and academic materials related to Kumtura Thousand Buddha Caves.

5. Overview of Phase II

Based on the results of research and investigation conducted during Phase I, actual conservation implementation methods were examined, and then determined in Phase II. Test execution was conducted during Phase II as well. To make the project economically viable and to achieve most cost-efficient results, the team prioritized the problems once again making the most of everyone's experience and selected each desirable method that can match available technique.

5.1 Executive design

Cultural Relics Bureau of Xinjiang Uygur Autonomous Region ordered to produce a set of executive design and Research Institute of China and 北京首都設計院 undertook the contract. Major focus on the executive design is following 4 challenges: to secure the dangerous parts of the bedrock; to prevent from further erosion caused by flooding; to prevent further erosion caused by weathering, and to stabilize the degradation on murals or on bedrock caused by repeated rise and fall of water level. The design therefore specified and quantified.

- Eight dangerous bedrocks are identified as follows: Caves no. 68-73, no.79, no.80, New Cave no. 1 & 2, Caves no.64-66, No.54-63, no.19-31, no.10-18 and no.5.

- Stabilization with anchors, consolidation with faux-clay where undesirable dent is evident.

5.2 Summary of conservation works construction and supervising its implementation

Items listed up in the executive design were examined once again and implementation schedule was determined depending on its urgency. Tripartite meeting decided that the following conservation work shall be implemented during the term of the Project.: a)building of a supporting framework under the Caves no.68-73; b)stabilization of the bedrock near the area a); c)building of a protecting shelter over Cave no.79 and stabilization of surrounding bedrock. Implementation of stabilization of bedrock surrounding New Cav no.1 & 2 and building of a flood protection wall were supervised under the fund allocated by the Chnese gvern en   .

To ensure he quality of conservatio   technique, Liaoning Youse Engineering Company was selected in compliance with Chinese cultura property qualification system For   upervising   he construction, 新疆城○建設工程項目管理有限公司 was selected due to its experience since there is no qualif cation systems es ablis ed in the country.

Following restoration implementation works were included in the scope of the project: Stabilization of upper bedrock of the Caves no.68~73; Building of a supporting structure under the Caves no.68~73; Building of a protective shelter over Cave no.79 and stabilization of front bedrock were also included in the project. The longest anchor used to secure Caves no.68~73 was 21m. The components of the grout mixture vary but the basic ratio used was

water: cement =0.5~0.7:1 with an addition of polystyrene

Executive measure for stabilizing bedrock surrounding Cave no.79:

Cover the area with metal-lath and thickness of 10-12mm dry-concrete without Summary of restoration works and its supervision

pigment is blasted on top. Because degradation of protective shelter is in progress, to avoid damages on the cave itself caused by falling debris, new protective shelter is built over the existing one without touching one another. The newly added pathway with a handrail between Cave no.79-80 was developed.

Executive construction was all completed as they were planned and materials used were examined by the supervisor. For construction safety of the works carried out in and around the caves, cave openings were secured to protect workmen's safety.

Throughout the project, work schedule, application method, and material preparation were basically all controlled and supervised on site. Materials were tested and examined by appropriate public organizations and irons were accepted the only ones that certification was issued. Construction schedule was in concordance with national standard specifications. At the completion of construction works, compiled work report was filed and handed over to Xinjiang Cultural Relic Bureau.

Publishing of the report　As a final product of the project, a project report was completed and distributed to Chinese and Japanese experts and related organizations as well as individuals. The final report included contributions from Chinese and Japanese experts in their own field.

クムトラ千仏洞保存修復プロジェクトの概要

甲斐章子（日本文化財保存計划协会）

　本書は、2001年から2008年にかけてユネスコ文化遺産保存日本信託基金により実施したクムトラ千仏洞保存修復事業について、その成果をまとめた報告書である。

　日中合同事業の総括として、巻頭には日本外務省、新疆ウイグル自治区日本領事館、ユネスコ北京事務所の本事業の完成に対する寄稿を、巻末には日中の専門家の論文を掲載した。

　本プロジェクトでは、遺跡本体の修復工事に加え、各種測量、遺跡の現状や環境に関わる調査、洞のカルテ作成、保存のための試験等を体系的に実施した。今後クムトラ千仏洞の保存と修復を進める上で基礎資料が整った意義は大きく、本来はその結果を本報告書に掲載すべきではあるが、資料の量が膨大であることから、ここでは実施事項とその概要を記載するにとどめ、刊行された各種報告書については巻末に掲載したリストを参照されたい。

　本事業が、今後中国政府及び新疆ウイグル自治区による調査・研究・修復を継続する上での礎となることを望む。

1. 事業の目的

・事業に至る経緯

　1998年11月、江沢民中華人民共和国主席は訪日の際、小渕恵三首相（当時）と会談を行った。会談において、両国はシルクロード地域に存在する文化遺産の保存に協力することで意見の一致をみた。これを受けて、日本政府はシルクロード地域文化遺産保存のための「ユネスコ文化遺産保存日本信託基金」に500万米ドルを寄託した。

　1999年7月、小渕首相が訪中した際に、クムトラ千仏洞及び龍門石窟をシルクロード文化遺産保存協力の具体的な対象とすることに基本的に合意した。

　2000年7月、日中両政府代表、日中専門家及びユネスコ代表からなるプロジェクト形成ミッションがクムトラ千仏洞へ派遣された。日中の専門家はクムトラ、キジル千仏洞にて調査を行い、保存計画案を提出した。ミッションチームはまた、事業の進め方についても議論を交わし、この調査と議論に基づき事業計画書を作成し、本事業に至った。

・事業の目的

　クムトラ千佛洞はシルクロード沿線の新疆庫車県に位置し、東洋と西洋の文化が融合一体化した貴重な遺跡で、その独特の歴史、科学、芸術的価値は多くの学者の注目を集めている。本事業は、クムトラ千佛洞を未来への遺産として永久に残すとともに、歴史学習の場として、文化・観光の場として活用することを目的として実施した。

　　クムトラ千佛洞の各洞及び壁画などを単体として整備するのではなく、クムトラ千佛洞全体さらにその周辺遺跡を保存し、遺跡本来の構成を再現する形で整備し、野外博物館として機能させることを長期目的とした。この計画達成のためには、長期的プログラムによる調査・研究活動が不可欠であり、また、事業を通して遺跡保存の手法、修復技術の向上、展示公開と管理運営の指針として大いに役立つものと考えられる。

　　クムトラ千佛洞は紀元5世紀の開窟以来1500年以上を経ているにもかかわらず数多くの壁画が残っている。しかし、過酷な気象条件や、河川の水位上昇による浸水の影響などで遺構の劣化が進行しており、このままの状態では遺跡全体の破壊につながると考えられる。このことから、クムトラ千佛洞を世界的文化遺産として最新の科学技術を適用した保存修復を図ることを短期目的とした。

　・基本原則

　　クムトラ千佛洞を将来にわたって確実に保存するとともに、できるだけ公開活用を可能とする。クムトラ千佛洞遺跡の保存修復にあたっては、日中双方の高等科学技術を駆使することとする。また、同遺跡は歴史的・美術史的にも他の遺跡とは異なる独自の特徴と価値を有しており、独自の個性ある保存整備を試みる。日中相互の技術協力による遺跡保存の計画上・技術上の新たな展開を図る。さらに、本修復事業を契機に日中の専門技術者の技術的交流をはかる。遺跡の保存と活用の理念を十分検討すると共に、国際的ルールに基づいたマスタープランをつくることを基本原則として実施した。

　2. 遺跡の概要と評価

　・遺跡の概要

　　クムトラ千仏洞は東経82度41分、北緯41度41分、新疆ウイグル自治区の庫車県に位置する。112号までの洞窟がムザルト川流域の砂層と土層、礫層が積み重なった岩盤に現存し、その分布は全長5kmにわたる。地形と分布状況から、谷口区（32窟）と窟群区（80窟）に分かれ、キジル千仏洞に次ぐ新疆第2の石窟群である。

　・遺跡の評価

　　課題は主に7つで、危険な岩体、壁画の亀裂や空洞化、山（崖）自体の危険性、洪水による侵食、ムザルト川の水位上昇による岩体や壁画の破損、石窟環境が悪く公開できない、交通アクセスの不便と管理体制の不備があげられる。

　　中でも、五連洞はムザルト川の侵食により岩体の下部が抉れ、地上17mの位置でオーバーハングしており、43窟と新1・2窟は洪水の被害が確認できる。新1・2窟の壁画を超音波で調べたところ、内部が空洞化していることが判明した。45窟と42窟は水位上昇による壁画水没の危険から剥ぎ取って保存しているが、将来的には博物館で保存公開をする予定である。危険な岩体と壁画の亀裂や空洞化が最重要課題である。

3. 事業の経過

・事業体制

本事業では、日本、中国の専門家が共同して調査、マスタープランの作成、基本計画・基本設計の作成指導に当たった。事業を進めていく中で、特に高い専門性が求められる項目においては、中国側専門家の増員を行うとともに、本遺跡及び関連遺跡に関わる情報を有している機関や研究者等の協力を仰いだ。

全体の総合調整はユネスコ北京事務所が実施し、調査や設計、工事発注などの予算の執行は新疆文物局が行なった。

専門家会議の前には、調査報告書や設計書などの資料を新疆文物局からユネスココンサルタントを通じて中国・日本の専門家に配布し、情報の共有と会議における詳細な内容検討の推進を図った。

・専門家会議、三者会議の開催

専門家会議は、日中両国の専門家、ユネスコ北京事務所、中国文物局、新疆文物局、ユネスココンサルタント、調査や設計・施工の担当者が出席し、第1期11回、第2期〇回の合計〇回開催した。

会議は現地開催を原則としたが、保存修復技術や手法、活用状況等を視察し、本プロジェクト及び今後の整備の参考とすること、日中両国の交流を目的として、1回のみ日本開催とした。

三者会議は、日本外務省、中国文物局、ユネスコ北京事務所、日中両国の専門家、新疆文物局、ユネスココンサルタントが出席し、第1期に〇回、第2期に〇回の合計〇回、現地及び北京で開催した。

なお、第1期最終の三者会議は、ユネスコ文化遺産保存日本信託基金で本プロジェクトと並行して進んでいる龍門石窟保存修復事業との合同開催とし、それぞれの関係者が出席した。

・事業工程

本事業は予算上、事業を2期に分割して実施した。

第1期事業ではマスタープランの作成とこれに係わる基礎資料収集、修復事業に先立つ調査、工学的試験、基本設計を行い、保存整備の指針とするとともに具体的な整備手法を決定した。

第2期事業では、保存整備の詳細な設計とこれに基づく保存修復工事、パンフレット・報告書の刊行を実施し、整備終了後の公開活用を目標とした。

なお、調査及び修理公示に必要なインフラ整備やベースキャンプの設置、本事業で実施できなかった新1窟、新2窟の内部防護工事は、中国政府予算で施工を行った。

・事業費

第1期（要金額確認）

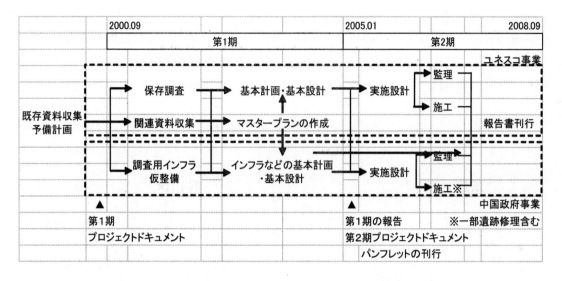

第2期

項目	金額(ドル)	特記
コンサルタント、国際専門家派遣費	80,000	コンサルタント委託費、国際専門家派遣費
ユネスコ北京事務所人件費	20,000	
その他の人件費	40,000	
小計	140,000	
調査費	270,000	文献調査、古写真調査、地形測量、写真測量、土質・地質調査、カルテ作成、河川データ調査等
試験施工費	130,000	工学的試験、保存化学的試験等
マスタープラン作成費	20,000	
基本計画・基本設計費	40,000	
人材育成費	10,000	
機材備品費		
諸雑費		
小計	470,000	
ユネスコ本部経費	80,000	上記の13%
合計	690,000	

4. 第1期事業の概要

　クムトラ千佛洞は６２個所の壁画のある洞窟を有し、キジル千佛洞に次ぐ新疆第２の石窟群である。しかし、岩盤の風化や上部からの漏水、水位上昇による洞窟の浸水、窟下の抉れにより非常に危険な状態にある。また、クムトラ千仏洞に関してはこれまで系統的な調査や保護は実施されておらず、基本的な保存の具体的方策を検討するための基礎資料が不足していた。

　　世界的な価値を有する文化遺産として将来に渡って保存・公開するため、第1期では、測量、地質調査、科学データ収集のための各種試験、カルテ作成、マスタープランの作成、基本設計、気象観測、人材育成の8項目を実施し、その他に、クムトラチ仏洞に関連する資料収集を進めた。

　　調査及び試験施工用の仮設道路として馬車道の補修、電源の引き込み及び調査基地の設置を行った。これらに関わる費用は、ユネスコプロジェクトとは別に中国側の予算で実施した。

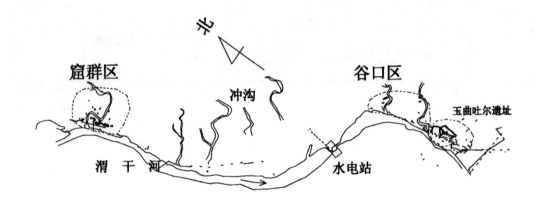

4-1測量

　　マスタープラン作成のための遺跡とその周辺を含めた地形測量と、修理検討及び洞のカルテ作成に使用する写真測量を実施した。
　　・地形図の作成（S＝1/2000、S＝1/500、S＝1/200）、航空写真（地形写真）
　　・写真測量による図面（平面図S＝1/20、立面図S＝1/50、石窟壁面・壁画S＝1/10〜S＝1/20）の作成

4-2地質、地下水調査

　　遺跡が立地する地盤や地下水位などの環境を把握することを目的として、下記の調査を実施した。なお、地盤調査は、脆弱な岩盤へ影響を考慮し、振動が少ない空気ボーリングとしたため、コアの採取はできなかった。
　　・土質、地質調査（水平ボーリング）
　　・地下水調査（年間水位変化、水質 pH, 電気伝導度, 成分、析出物分析等）

4-3試験施工

　　遺跡の構造的な補強としてのアンカー挿入やクラック注入、風化した岩盤の基質強化等の施工方法について具体化を図るため、現地及び遺跡と類似した地盤を有する場所において、下記の試験施工を実施した。
　　・アンカー引き抜き試験（遺構の岩盤に試験用のアンカーを打ち込み、引き抜き耐力、定着効果

を確認）

　　・グラウティング試験（岩盤のクラック充填強化や止水性向上のために、セメントミルク、水ガラス等の各種接着硬化剤を、使用量を確認しながら現地地盤に注入し、現地に適した注入方法及び処理に要したグラウティング材の注入試験）。

　　・岩体強化処理試験（脆弱化してもろくなった岩盤を硬化し基質強化を図るための注入・塗布試験として、現地では中国人技術者が、周口店では日本の技術者が実施した。）

　　・超音波探査試験（新1・新2窟において、空隙状況等を超音波探査により調査した。）

4-4洞カルテ作成

　　各洞の保存修復工事の優先性や緊急性を検討する基礎資料として、112窟中壁画のある62窟のカルテを作成した。このカルテは、修理検討の基礎資料として使用するだけでなく、今後長期に渡り洞を保存管理していく上で、経年変化等をモニタリングする際の基本データとして活用する。

　　・各洞のカルテの作成（図面、写真、構造形式、壁画等の内容、顔料、遺存状況、剥離状況、岩層、クラックの状況、析出物の分布、）緊急度の判定

4-5保存修復マスタープラン、基本計画

　　クムトラ千仏洞保存修復マスタープランは、中国文物研究所が新疆ウイグル自治区文物局の委託を受け、新疆キジル石窟研究所の協力を得て作成した。

　　本遺跡はユチトラ遺跡等に隣接し、また、周辺にはシャハトラ遺跡等の遺跡が存在する。このため、周辺地域も含めた文化遺産を保存・活用するための長期的総合的指針としてマスタープランとして位置づけた。

　　計画の枠組み、ゾーニング、保存修復の方法、施設計画等、内容の核となる部分の素案ができた段階で、その内容について専門家の検討、指導・助言を受け、専門家の承認を受けた最終案をクムトラ千佛洞とその周辺の保存整備マスタープラン報告書として刊行した。

　　・対象範囲とゾーニング

　　全国重点文物保護単位であるクムトラ千仏洞とユチトラ遺跡、周辺に位置するシャハトラ遺跡区域とムザルト川両岸地域を計画対象範囲とした。

　　本計画では文化財の遺存状態と分布状況、文化財保護の安全性と保存の完全性、地形・地勢の特徴から、クムトラ千仏洞を文化財保護区域と建設コントロール地域に区分し、文化財保護区域は石窟の分布状況により重点保護区と一般保護区にゾーニングした。重点保護区に位置する新1窟、新2窟、63窟、68～72窟（五連洞）、79窟については、重点保護対象遺構として取り扱う。

　　・計画内容とスケジュール

　　クムトラ千仏洞修復事業は短期（2～4年：ユネスコプロジェクト実施期間）、中期（3～5

年)、長期 (10年) の17年に渡って行う。

　短期では、新1窟・新2窟の保護、五連洞の保護、その他重点区域の岩体処理を行い、中期では、谷口区・谷内区の危険岩体の処理、79窟等重点洞窟の保存、堤防・防水壁の設置、博物館・管理施設等の建設、緑化等の修景、ユチトラ遺跡保存計画策定等、長期では、シャハトラ遺跡区域とムザルト川両岸地域の環境コントロールとして、シャハトラ遺跡の保存計画策定、広域的な緑化等を進める。

　4-6クムトラ千佛洞保存修復基本設計

　クムトラ千仏洞保存修復基本設計は日中の専門家が共同して検討し、設計書は中国文物研究所がキジル石窟研究所、中国地質大の協力を得て作成した。

　基本設計は、『中華人民共和国文物保護法』、『記念建築、古建築、石窟寺等修繕工程管理法』、『記念建造物および遺跡の保全と修復のための国際憲章 (ベニス憲章)』等に準拠し、クムトラ千仏洞の地質調査、アンカー引き抜き試験、新1窟・新2窟の壁画観測等の結果を参考として実施した。

　設計に先立ち、本遺跡の危険箇所を抽出し、それに対する方策としての設計を行った。

　クラックや浸食抉れ、軟弱岩層の存在等によりクラックや崩落が進行している危険岩体は、五連洞 (69～73窟)、79～80窟、新1新2窟、64～66窟、54～63窟、19～31窟、10～18窟、5窟崖上方の8個所である。これらの危険岩体はアンカーで固定し、大きな亀裂にはモルタルを注入する。アンカーの径、長さ、角度、必要本数、間隔は、クラックや浸食抉れ部、軟弱岩層等の調査・記録と、地質調査やアンカー引き抜き試験結果から決定した。軟弱岩層は表層付近をコンクリートで閉塞する。五連洞下の長さ38m、奥行き3.8mの範囲に高さ12mの抉れ部支持架台を建設する。

　新1窟、新2窟は壁画のクラックや剥離の進行については、空洞化した部分に径6～8mmの穿孔を行い、ここから注射針で充填材の注入を行う工法で固定を行う。材料は試験施工の上決定する。

　42・43窟、45窟、新1・新2窟の立地する岩体の浸食に対して、豪雨に伴う洪水による浸食を防止するための鉄筋コンクリート造の堰を建設する。

　風雨による浸食が進行し、窟内部の環境変動により壁画に滲水や塩類風化が見られる63窟と79窟については、高さ9mの位置に長さ12m、軒の出2mのコンクリート造雨除庇の設置 (63窟)、平面形状5.0m×4.9～3.9m、高さ2.5～3.0mの覆屋を既存施設の外側に、岩盤を掘りこむことなく建設する (79窟)。

　ムザルト川水位上昇時に水面より低位になる10～37窟の岩体と壁画は、毛細管現象で石窟内へ水の滲出が生じ、塩類風化が進行している。キジル石窟研究所が壁画を切り取り比較的高位にある42窟、43窟に保存しているが、岩体については、低水位の維持により保存を図る。

　4-7気象調査

　気象観測装置を設置し、洞内の温湿度、外気の温湿度、雨量、風向風速等を調査した。

　4-8人材育成

　中国側専門家による日本の保存修理事例の視察や、日本の保存処理技術者による現地での壁画剥落防止処理のデモンストレーション、周口店での風化防止と強化処理試験等を実施し、遺跡の保護に関わる人材の育成を図った。

　　※関連資料収集
　　・クムトラ石窟及び周辺地域の気象関係資料
　　・クムトラ石窟周辺の河川等資料（水量、洪水、水質等、クムトラ水力発電所撤去後のムザルト川の水量変化）
　　・クムトラ石窟関連学術論文、文献、古写真等の調査

5. 第2期事業の概要

　　第2期事業は、第1期で実施した調査や試験、設計などの成果をもとに、保護についての技術的な具体的方策を決定し、実施する事を目的とした。
　　資金的に全ての課題を克服するのは困難であることから、代表的かつ重要な問題を選択し、技術的と経験を活かして解決を図った。

5-1実施設計
　　実施設計は、新疆ウイグル自治区文物局が発注し、中国文物研究所と北京首都設計院が実施した。
　　実施設計では、クムトラ千仏洞の4つの課題（第1が危険岩体の存在、第2が洪水による石窟岩体の浸食、第3が風雨による石窟の浸食、第4が水位変動による石窟岩体や壁画への影響）に関して、実施設計図面の作成、使用材料、数量の確定を行った。
　　設計内容は下記の通りである。
　　・危険岩体（五連洞、79・80窟、新1窟・新2窟、64～66窟、54～63窟、19～31窟、10～18窟、5窟の8個所）
　　危険岩体のアンカーによる固定、風化浸食による凹部のアンカーと擬土による補強（80窟・5窟）、亀裂部のフライアッシュセメント混入モルタル充填、五連洞下岩体抉れ部の支持架台建設、岩盤表層風化浸食部のモルタル吹付（55窟・79～80窟）
　　・洪水による石窟岩体の浸食対策（42～43窟、45窟、新1窟・新2窟の3個所）
　　岩体下部に防洪水壁の建設
　　・風雨による窟の浸食防止策（62～63窟上部、79窟）
　　62～63窟上部に雨避庇の建設と79窟の既存覆屋外側にコンクリート造保存施設建設

5-2保存修復工事、施工監理
　　実施設計を行った項目のうち、特に緊急性が高い場所として、五連洞、79窟、新1窟・新2窟が三

者会議で指摘され、五連洞下の支持架台建設と危険岩体の安定処理、79窟の保存覆屋及び岩盤の安定処理を本事業で、新1窟・新2窟の岩盤安定処理と防洪水壁は中国政府の援助で施工した。

　　五連洞と79窟の施工は、中国の文化財資格制度に基づき、本工事の施工に適するランクの遼寧有色基礎工程公司が行い、施工監理については資格制度がないため、文化財施工監理実績がある新疆城〇建設工程項目管理有限公司があたった。

　　・保存修復工事
　　工事としては、五連洞上部危険岩体固定、五連洞下部支持工設置、79窟上部危険岩体固定、79窟覆屋建設、79前面岩盤安定処理を実施した。

　　五連洞危険岩体固定に使用したアンカーは最長21m、モルタルは施工部位により異なるが、水0.5or0.7：セメント比1にPS混合したものを使用した。アンカー引き抜き試験は3本実施した。

　　79窟の岩盤安定処理は、ラス網を張った上に顔料を混入していないコンクリート（乾式）を10〜20mm厚で吹付けた。79窟の既存の覆屋が劣化していることから、破損や崩落による窟本体への影響を防止するため、新設の覆屋は、既存覆屋と接さないように施工した。また、79−80窟間の手摺付通路を整備した。

　　工事はすべて実施設計に示されたとおりに実施し、材料については監理者の承認をうけた。
　　危険な岩体の施工や劣化した洞窟内部での作業に際しては入口付近の安全対策を考慮した。

　　・施工監理
　　工事期間中はすべての工程の工程や施工方法、材料について現場の監理を実施した。材料は公的機関での検査、鉄については合格書を発行されたものを承認した。工程監理は、国の標準仕様に従って実施した。工事完了時には、監理報告書を作成し新疆文物局に提出した。

　　5-3報告書の刊行
　　事業完成時に、プロジェクトで実施した事業の内容を取りまとめた報告書を刊行し、日中の政府、専門家、プロジェクトの関係者に配布した。

6. 今後の課題

　　・新1窟、新2窟等の壁画保存のための措置
　　新1・新2窟の壁画修復は急務であるが、本事業の中では具体化が図られなかった。壁画の修理は敦煌研究院が引き継ぐが、修復中・修復後の内部環境の保持、モニタリング、公開に対する考え方等を明らかにして、岩体保護と連携を図りながら早急に修復に着手する必要がある。

　　また、本事業で実施した調査を参考に、すべての壁画窟について優先順位と修復方法を明示した保存計画を作成し、今後はそれに基づいて壁画修復を進めていかなくてはならない。

・遺跡の公開・活用

　本プロジェクト終了後には写真や文字などの資料出版だけでなく、現場を公開することが重要であるが、本プロジェクトの保存修復措置を施しても直ちに公開できるわけではない。

　新疆文物局では、クムトラ千仏洞の公開へ向けて、中国政府の資金援助で遺跡入口に管理棟を建設し、ここから窟までの間にアクセス道路の整備を予定しているが、今後は、マスタープランに記載された保存整備事業の推進を図るとともに、公開方法やその範囲などについては段階的な検討が必要である。

・東方紅ダムの水位

　東方紅ダムは、発電を停止し灌漑専用のダムに特化することが決定しており、水位は下がっている。石窟保護上、安全と規定された最高水位1044.5mは不可欠であり、灌漑ダムにおいてもこの水位を遵守することが不可欠である

7. 日本側専門家の論文

　本報告書の巻末には、日本側専門家が寄稿した『クムトラ石窟の文化財的価値』（中野照男）、『文化遺産としての古代壁画と保存活用』（沢田正昭）、『遺跡保存のための地盤技術』（中澤重一）、『世界遺産に関わる環境保全について』（矢野和之）の論文を掲載している。

　各論文は、クムトラ千仏洞の本質的価値を構成する重要な要素である石窟の価値、壁画の保存と活用における世界的動向、遺跡を保存する上で不可欠な地形防災管理、遺跡の周辺も含めた環境保全について、グローバルな視点で捉えたものである。

　折しも、クムトラ千仏洞を含むシルクロード沿線遺跡は世界遺産登録を目指しており、これらの論文は登録申請に不可欠なマネージメントプランの作成やコアとバッファの位置づけを考える上で、貴重な資料となるであろう。

关于联合国教科文组织援助新疆
大遗址保护项目的情况

盛春寿（新疆文物局）

一、新疆文化遗产保护与联合国教科文组织合作的缘起

新疆位于丝绸之路的重要地段，自古以来，东西方文明就在这里相互交流、影响、融合，共同促进了人类文明的进步。影响过世界的多种文明、多种民族、多种宗教、多种语言文字都曾在这里共生共存，由于独特的自然地理条件，许多珍贵的历史文化遗产得以在这里留存，堪称古代文化艺术的宝库。新疆的文化遗产保护工作与联合国教科文组织结缘始于1990年 教科文组织发起的"丝绸之路综合研究"项目沙漠路线考察活动，此项研究的目的在于"使今天的人们意识到经常对话的需要，并帮助他们重新发现过去盛行于丝绸之路而且使其成为不同文明的交叉口的那种容忍精神。"考察活动在新疆境内的活动取得了圆满成功，通过这次活动使得联合国教科文的官员专家对新疆弥足珍贵的文化遗产有了更感性的认识，也让我们对联合国教科文组织在文化遗产保护方面巨大的感召力留下了深刻印象，从而期待着在文物保护方面与联合国教科文组织能够开展进一步的合作，这种期待在不久就变成了现实。

二、良好的开端——交河故城的保护合作项目

交河故城是"丝绸之路"上的历史名城，有两千多年的悠久历史，是古代西域地区的政治、经济、文化中心之一，对东西方经济文化交流起过重要作用。由于吐鲁番盆地独特的气候条件和它所处的优越地理位置，这座总体为生土建筑的古代城市被奇迹般地保存至今，成为人类历史上独具特色的优秀文化遗产之一。

鉴于交河故城在世界文化史上的重要地位和历史价值，中国政府于1961年公布为全国重点文物保护单位，并陆续斥资对其进行过小范围的修缮。1992年国家文物局与联合国教科文组织签订协议，由联合国教科文组织日本政府信托基金提供无偿援助100万美元，国家文物局提供100万元人民币配套资金。对交河故城进行为期三年的保护维修。该项目包括对交河故城进行多学科全方位的调查、进行各种保护试验、对部分遗迹进行加固保护、复原部分古代建筑、规划建设旅游线路、标识等多项内容。项目实施过程中，国家文物局、联合国教科文组织北京办事处、日本大使馆等都给予了高度重视与支持，中日两国的专家相互理解、相互信任、相互学习，最终圆满完成了该项目。通过交河项目，不仅保护了珍贵的文化遗产，也使新疆的文化遗产管理部门与联合国教科文组织、日本大使馆建立了良好的联系，我们认为

最重要的成果之一是我们对联合国教科文组织的重要作用、基本办事程序有了更进一步的了解，对国际上文物保护的最新理念有了更深刻的理解，同时，为新疆培养出一批文物保护管理人才。

交河保护项目联合国教科文组织日本政府信托基金在中国开始实施的第一个项目，它所取得的成果与影响也得到日本政府的积极肯定，在此后，1995、1996年日本政府 "利民工程无偿合作项目" 陆续提供1700余万日元，用于交河故城文物陈列馆的建设以及新疆文物考古研究所文物保护设备的改善。同样，2000年，日本政府"文化无偿援助"项目又向新疆博物馆无偿提供3210万日元，用于购置超声波清洗机、温湿度自记仪、视频显微镜等一批文物保护设备。此项援助也是与我们双方在交河项目中建立起的相互信任关系有着一定关系的。

三、日渐成熟——库木吐喇石窟的保护合作项目

有了交河保护工程的合作经验，我们对库木吐喇千佛洞保护项目的成功充满了信心。库木吐喇石窟位于新疆库车县，开凿于公元5世纪，延续了600余年，最早的洞窟具有1500年的历史。现有编号洞窟112个，壁画面积达4000余平方米。因其多元文化现象在世界佛教文化遗产中占有特殊的地位。1961年被国务院公布为全国重点文物保护单位。

1999年8月联合国教科文组织考察组到库木吐喇千佛洞现场首次进行了调查，2000年4月由联合国教科文组织、国家文物局和日本政府有关部门及专家对库木吐喇石窟进行了实地调查，计划利用日本政府的无偿援助资金125万美元，对这处古代丝绸之路上的珍贵文化遗产进行抢救保护。2001年9月，在联合国教科文组织组织中日专家多次进行考察、论证和收集的资料基础上制订了《库木吐喇千佛洞保护维修工程计划》和《库木吐喇千佛洞保护维修第一期工程计划》。根据实施计划，2001年9月至2002年12月，完成了前期调查、收集资料等工作。购置了电脑、扫描仪、照相机、越野车等保护工程所需的相关设备，为库木吐喇千佛洞保护维修工的程顺利开展做好了准备。2003年进行了修复方案前期勘察设计、总体规划的前期调查、小气候气象站建设、洞窟档案记录等工作，同时还完成了库木吐喇千佛洞区域各种比例的测绘、近景摄影测量、水文地质、工程地质勘察等前期工作。2004年开始，开始了一系列保护试验，并在前期工作的基础上，完成了《库木吐喇千佛洞第一期工程基本设计》、《库木吐喇千佛洞壁画防剥落及加固材料试验报告及资料汇编》、《库木吐喇千佛洞修复保护规划》成果报告、《库木吐喇千佛洞保护规划》（初稿）等多部报告。截至2004年底，联合国教科文组织援助的库木吐喇千佛洞保护维修工程第一期工程计划中的项目已全部顺利完成，并且建立了较为规范的项目管理制度，为下一步的工作奠定了良好的基础。在此基础上，我们向联合国教科文组织提交了库木吐喇千佛洞修复保护第二期工程实施项目、预算及计划等。2006年5月，在库木吐喇千佛洞所在库车县举行了库木吐喇千佛洞保护维修二期工程的启动仪式，标志着以对五连洞及79窟进行加固维修为主要内容的二期工程正式开始。经过各有关方面方的共同努力，二期工程于2008年5月通过了中日联合专家组的现场验收。

根据《库木吐喇项目保护规划》和联合国教科文组织《库木吐喇千佛洞保护维修计划》，国家文物局在2006年至2007年给予配套资金250万元。主要是对新1、2窟岩体加固、防洪坝及环境整治；五连洞北面的岩体加固；45窟前面的防洪坝；50～65窟之间的岩体加固及部分洞窟稳定性检测等进行了维

修保护。

在国家文物局、联合国教科文组织驻北京办事处、新疆维吾尔自治区文物局和新疆龟兹石窟研究所的有效管理下，在中日专家以及各个设计施工单位的紧密配合、不辞辛劳的努力下，历时8年的库木吐喇千佛洞保护工程项目完成了洞窟档案记录、工程地质、水文地质调查、航空摄影、近景摄影测绘、地形图测绘、气象站建设、《库木吐喇千佛洞文物保护规划》、《库木吐喇千佛洞修复方案设计》、岩体锚杆抗拔力试验、岩层加固试验、五连洞支撑基础和锚杆加固、79窟保护棚及岩体加固、新1和新2窟的岩体加固等若干项目，取得了令各方都满意的丰硕成果。

作为省级地方文物管理部门，自该项目正式立项之日起，我们就确立了建立一个各方之间良好的沟通机制、做好服务与协调工作，具体业务听取专家意见，充分调动中外专家的积极性的指导思想，使项目开展有一个良好的外部环境，在后勤、生活方面尽量为中外工作人员创造较好的条件。以上措施造就了参与该项目的中外专家学者相互信任、相互学习、合作愉快的局面。联合国教科文组织驻中国代表青岛泰之先生称该项目为中外合作项目的典范。

四、受益匪浅——期待着未来的合作

通过联合国教科文组织的合作保护项目，为中外尤其是中日文物保护专家提供了一个很好的相互学习，交流经验的平台，为共同保护人类共同的文化遗产树立了合作典范。作为以上与联合国教科文组织合作项目的最大受益者，我们感到以下几点是我们最大的收获。一是最直接的成果就是争取到了宝贵资金和高水平的技术，使得珍贵的文化遗产得到了有效保护；二是合作极大开拓了我们的视野，给新疆文物保护事业带来了全新的理念；三是以这些合作项目作为平台，通过中外双方的专家的传帮带，为我们培养了一批文物保护人材。这些人材已经或将会把他们所学到的先进技术与经验运用于其他文物保护项目，从而在更大的范围内提升我们文物保护项目的科技含量；四是使我们更加了解了国际上文物保护相关的法律和国内的一些好的做法，为我们将来开展更广泛的国际、国内合作项目积累了宝贵经验。

从长远的意义上来讲，我们与联合国教科文组织的文物保护合作项目将会在新疆社会经济生活的各个方面发挥愈来愈重要的作用。在这些成功合作的背后，感谢国家文物局及中方专家的大力扶持与帮助，感谢联合国教科文组织驻京办事处和日本政府及日方专家的大力扶持与帮组。我们现在正在申报世界文化遗产和文物保护的大项目工作，同样希望能得到你们的帮组。虽然跟联合国合作的项目资金少，但能给我们从各方面带来帮组，因此，我们期待着与联合国教科文组织就新疆文物保护在更广泛的领域开展更长久的合作，期待着国家文物局一如既往更强有力的支持。

特殊的环境，真诚的贡献

——评述库木吐喇千佛洞新1、2窟的修复经历

黄克忠（中国文化遗产研究院）

迄今2000多年的历史进程中，新疆丝绸之路沿线留下大量各时代的遗址与文物。这里曾为世界主要文化体系汇流之地，是东西方文化的桥梁。它们在这里冲撞、渗透、融合，并继续向各方传播。浩瀚神秘的自然景观却又是恶劣、脆弱的环境背景。文化古迹和自然环境同时面临着人为和自然的严重威胁。

艺术是丝绸之路文化中的重要组成部分，从古代龟兹地区的寺庙和居住区内发现的雕塑和壁画上，忠实地表现佛教文化的由来和历史，并展现各民族的音乐、舞蹈、服饰、建筑等内容。

联合国教科文组织项目：丝绸之路上的《库木吐喇千佛洞保护维修工程》，经过了约7年的时间，确实漫长，但如对其做进一步的了解后，就会觉得：能完成此阶段的工程，真不简单，来之不易，值得总结称道。现就通过对库木吐喇千佛洞新1、2窟的修复经历，与读者一起体会参与工程勘察、调查、设计、施工的人们艰辛与创造性的业绩。

一、艰苦、复杂的自然环境

库木吐喇千佛洞的自然环境有如下特点：它地处天山山脉中段南麓，渭干河东岸崖壁的沟谷中，植被稀少，地形险峻、复杂。石窟所在的岩体为第三系的砂岩、砾岩及泥岩。岩石遇水即崩解、软化，并有膨胀性，其中富含钠盐、钙盐等。冬季严寒，夏季酷热，极端气温39.8至-27.0度。春、夏季大风出现时常伴有沙尘暴。地震活动强烈、频繁，窟区危岩崩塌事件，时有发生。

由于新1、2窟在1969及1977年才先后被发现，该区所在的冲沟内，没有道路等最基本的设施，要趟水过河，施工条件极差。

二、认真细致的勘察、调查

1993年敦煌研究院对新1、2窟的壁画进行抢险加固时，已初步做过测绘与病害调查工作。这次邀请建设综合勘察研究院、辽宁有色勘察研究院及中国地质大学进行完整而细致的测绘、勘查、试验研究工作，为下一步的设计、施工，打下了坚实的基础。不仅具备了窟区地形图及航测图，并且提供了洞窟的近景摄影图，这些图件能满足考古、建筑、地质等专业，进行档案记录，工程设计、施工以及壁画修复

等需要。勘察结果说明：新1、2窟的病害十分严重，由于岩层风化严重，疏松的岩体表面，对风、水及地震等环境因素反应敏感，随时可能诱发掉块、脱落，从而引发壁画的损坏；新2窟外上部有残洞，对壁画构成直接威胁；洞窟甬道顶部单薄，可能坍塌；壁画地仗层的空鼓病害严重。应着重指出，2003年9月中国地质大学工程学院使用高密度超声波仪，对新1、2窟穹隆顶空鼓壁画进行的无损检测工作，有效地测出壁画内部的空鼓面积。找准了病害，便能对症下药，做出正确的设计。

三、设计、施工中遇到的难题

首先要考虑的是如何在整个保护与修复过程中，不改变文物及其环境的原状，最大限度地保留其全部的历史信息。做到最小干预的原则。因此，如何将前期的档案记录及勘查工作成果充分体现在设计思想里，就需要各专业的专家多交流与协调。

其次，保护措施的设计依据，必须建立在大量试验研究的基础上，如崖体及危岩的加固技术：锚固，灌浆、黏结材料，填充修补材料，表面防风化加固等；石窟外防崩落掉块的附属建筑结构及形式设计；壁画加固、修复技术等，都需要在规定时间内，得出各类试验与测试的数据。中国文物研究所、敦煌研究院、龟兹研究所作为设计单位，能紧密合作并与各专业的业务人员经常沟通，多次修改设计后，获得审批通过。

还有一些尚无法探测的如：新1、2窟穹隆顶壁画地仗层是否已与岩体全部脱离；内部松散岩体如何加固；如何防止在加固过程中垮塌等问题，要在施工设计中解决。再因库木吐喇的整体保护规划滞后，对这两个石窟的参观道路，防洪设施以及安防、通电、通讯等，就只能放在以后考虑。也因此给不法盗贼作案留下了后患。

四、专家组起的作用

中日专家都有他们自己的工作，日程安排很紧凑，他们能在这七年中，十多次到现场考察，参加会议，认真讨论，提出指导性意见。说明了他们对保护文化遗产的真挚感情和执著精神。这里所以会被大家关注，是因为它是丝绸之路上的精华，太需要去抢救保护，在如此恶劣的自然条件下，我们要比其他地方化更大的力气才能做出比较满意的成果。他们都乐意接受如此艰难的挑战，并且在重要的、关键的时候都能提出中肯的意见。比如，对前期勘察、测绘资料的评审，检查指导壁画档案记录工作，气象站的设备安装，检查灌浆、岩层加固、壁画防剥落及加固材料试验等。审核工程的基本设计、保护规划以及施工设计、预算，工程验收等。为项目的顺利实施发挥了重要作用。令人感动的是日本专家专程从国内携带了先进的仪器，亲自背扛上到陡峻的山顶洞窟内，对壁画的病害及颜料组成进行检测，并及时的写出报告、论文。还邀请日本的公司参与部分试验工作，在北京周口店北京人遗址选点进行了裂隙灌注加固试验。

专家们在相互尊重，坦诚交流的气氛中，增进了友谊和感情。也为今后更广泛的合作与交流，打下良好的基础。

五、几点思考

保护文化与自然遗产的根本——真实性、完整性与和谐的环境，就要建立健全监测和监督机制，构建古迹遗址及环境保护体系。科学记录背景环境的信息数据，统计监测季度、年度变化情况，以有效识别和量化自然的威胁。尤其像库木吐喇千佛洞如此偏僻、基础设施远未完成的地方，首先要保护好珍贵的文物不被盗窃、破坏，尽快建立起安全防护系统。

丝绸之路上文化与自然遗产的保护和利用，关系着地球物种和人类文化多样性特征的发展与继承，也关系着国家可持续发展战略的实施。现实的功能需要与其价值间的相互关系，如何在当代发挥应有的作用：对遗产廊道，生态休闲廊道进行整体管理和发展战略。如环境整治，生态农业，生态共同体，制订鼓励政策和经济补偿机制；设计旅游展示项目；鼓励公众参与保护与管理；设立保护基金等。都需要决策者进行全面、综合的评估后，做出正确的符合当前可持续发展的决策。并通过政府和民间组织，建立起对话的平台，使文化和经济，西方和东方，昨天、今天和明天之间展开对话。文化遗产与其环境，体现了历史上的功能和地位，全面正确地理解它所承载的历史事件，认识古人对待社会、建筑、自然关系的理论与手法。构成了当代和未来精神文明的源泉，记载着千年来的文明和生态环境的变迁，可供休闲的载体，科学研究的对象。通过这条时空隧道，沿之前往寻觅、触摸几千年来从未间断的国家、地区、民族、文明之间的交流轨迹。将内在相通的历史文化层面联系起来，有形线路(交通，历史城镇等)与无形线路(信息，文化传播，宗教等)，具有引导社会文化价值的潜在能力，为文化线路不断充实新意。

目前的环境背景如何使丝绸之路再度辉煌？要与当地社会的需求和活动做到有机的，原则的统一，既要允许当地社会的合理需求和活动，又不能带随意性。随着人口增长，对生活，居住环境的开发，会与历史上的地域争夺空间。历史上的文化因素逐渐被淡忘，新的开发可能对文化遗产进行否定，甚至破坏。要做到社会发展与丝绸之路环境背景保护管理的统一。要与当地社会的认知程度，接受可能性，社会综合发展的需求及其他相关因素中不断的协调、争斗中得到改善，进步。

文化交流是推动人类社会前进的主要动力之一。多种社会制度，法律背景，文化形态，民族文化，自然资源与生态环境的多样性，影响其生存与有效保护。不同的地域有丝绸之路连贯的文化氛围，与各种形态的文化遗迹相协调。要在重温历史中增进友谊，友好交往与合作。交流给古老的文明注入新鲜的血液，使之长新长盛，生生不息。交流满足了人类好奇的天性。人类的好奇心将永远跨越千山万水，对遥不可及的彼岸倾心向往，研寻不已。

文化多元共存的背景，形成了古迹遗址存在的无形环境，它包括观念文化、技术文化及制度文化三个方面的多层次复合结构的环境背景。它们带有明显的文化特殊性。它们在特定的环境背景下，开展具有本土特色的遗产保护工作，应为我们认识，理解和尊重。

Reflections on the Restoration of Kumtura Grottoes New Cave I and II

Huang Kezhong

Over the last of 2000 years, a lot of cultural remains and relics have scattered along the Silk Road in Xinjiang province. It used to be the confluence area of major cultural systems in the world, like a bridge crossing the East and the West. These systems clashed, penetrated and assimilated each other and continued to spread to other directions. However, there was environmental factors that affect the conservation of these relics. The cultural relics as well as natural environment are suffering from serious threats caused by human and natural factors.

Art is an essential part of the Silk Road culture. From the sculptures and frescos found in temples and residential area on the ancient Kizil land, the origin and history of Buddhist culture is manifested to a full extent. Music, dance, garment and architecture of different people were also present in front of us.

UNESCO project: "Protection and restoration of Kumtura Grottoes" in the Silk Road lasts seven years which is quite long time, but if we come to further understand it, we could feel that the accomplishment of the project at this stage is a hard-won and difficult work, which is worthy to be summarized and commended. Therefore we avail ourselves of this opportunity to share with readers the arduous experience and creative performance of the people who have participated in engineering prospecting, investigation, design and construction, through the restoration of Kumtura Grottoes New Cave 1 and 2.

I Toughtural and complicated environment of toughness and complication

The features of natural environment surrounding Kumtura Grottoes could be described as follows: it locates in a gully on Weigan River's east coast cliff, on the south slopes of middle Tianshan Mountains. The vegetation is scarce; the terrain is precipitous and complicated. The rock mass where grottoes locate is constituted of sandstone, conglomerate and mudstone of Tertiary. Rocks here are rich of sodium salt and calcium salt, they also tend to disintegrate, soften and obtain expansibility on the appearance of water. It suffers from severe cold in winter and intense heat in summer, the extreme temperature ranges from 39.8℃ to -27.0℃. Sandstorms always accompany strong wind in spring and summer. Seismic activity is intense and frequent, collapses of dangerous rocks occasionally occurs in the cave area. The New Cave 1 and 2 were successively found in 1969 and 1977, where no primary facilities such as roads were available and wading across the river is inevitable, the conditions for construction are extremely bad.

II Scrupulous prospecting and investigation

When Dunhuang research institute performed emergency reinforcement to the frescos in New Cave 1 and 2, the first step of surveying and damage investigation were conducted. On this occasion we invite CIGIS (China Institute of Geotechnical Investigation and Surveying),and Liaoning Research Institute for Nonferrous Metals Surveying and China University of Geosciences to carry out mapping, prospecting, and experimental research with completeness and scrupulousness, which aims to lay a firm foundation for design and construction at next stage. Not only topographic map and aerophotogrammetric map in the cave area, but also close-range photographs of the caves were provided for the necessity of archeology, architecture and geology to conduct archive recording, engineering design and fresco restoration. The result of prospecting reveals that the damage in New Cave 1 and 2 was severe; Serious weathering on rock layer have caused looseness of the rock surface, which lead to sensitiveness to environmental factors as wind , water and earthquake. Thus, the damages to the fresco was easy to be induced due to accidental block-falling. Above the exterior part of Cave 2 there were remnant caves which constituted direct threat to frescos; the top of cave corridor was too weak and thin to stand long; the ground layer of frescos suffered from hollowing. It should be point out that, by using high density ultrasonoscope, China University of Geosciences engineering institute has carried out nondestructive testing for the hollowed fresco on the top of New Cave 1 and 2, the hollowing area inside the fresco was successfully measured. It allows us to take suitable remedial steps and carry out right design if the damage was detected.

III Difficulties during in design and construction

The first point comes to the consideration is how to conserve the whole historical information of the relics and its surrounding environment as much as possible while not to change their original state, which conforms to the principle of "least interference". Hence, to fully embody archive records and prospecting results of the previous stage in design idea requires communication and coordination of experts in different specialties.

The second point is that the foundation of design should be based on massive experimental research such as strengthening technology applied on cliff body and dangerous rock: anchoring, grouting, bonding, filling and repairing materials, anti-weathering strengthening of rock surface; structure of ancillary architecture and its mode design to prevent block-falling; fresco strengthening, restoration technologies, etc. We have to obtain data of all kinds of experiment and testing in given time. As units in charge of designing, China Research Institute for Cultural Relics, Dunhuang Research Institute and Kizil Research Institute have closely cooperated and communicated frequently with operational staff, and the design was finally adopted after several times ' modification.

There are still some difficulties left over and hard to detect listing as follows: Whether the ground layer of fresco on the top of New Cave 1 and 2 have completely detached from the rock mass; how to strengthen the incompact interior rock mass; how to prevent collapse from happening in the process of strengthening; all these problems shall be solved in the engineering design. Due to the delay of general protection project for Kumtura Grottoes, visiting passages, flood proofing facilities, security assurance, power supplying and communication in the two caves have to be put into consideration later on. This could turn out to be hidden trouble for burglary in the future.

IV The role of expert panel

Both Chinese and Japanese experts take their own responsibility thus the schedule was intensively made. In the seven years of the project, they went to the construction site more than ten times, participated in conferences, scrupulously discussed with each other and put forward useful suggestions. . The reason we focus on Kumtura Grottoes is her quintensessense in the Silk Road and her urgent needs for emergency protection. Under such rough natural conditions, we have to take much more efforts to achieve satisfactory outcome than in other places. The experts were willing to accept such a rough challenge; they always gave appropriate suggestions at significant and critical moments. Assessment of previous prospecting and mapping data, inspecting and guidance on the fresco archive recording, equipment installation of meteorological station, inspecting grouting, rock layer strengthening, anti-spalling of frescos and strengthening material testing, fundamental design of assessment project, protection plan and engineering design, budget, project acceptance, etc., all of these have contributed abundantly to the successful practice of the project. What's more affecting is that Japanese experts brought sophisticated instruments from Japan by special trip, and carried them on their shoulder to the steep hill-top cave to examine damage and pigment composition for reports and thesises to be finished in time. They also invited Japanese companies to participate in some parts of the testing work, such as selective fissure grouting at Zhoukoudian Peking Man Site.

The experts promoted friendship in an atmosphere of mutual respect and sincere communication, which laid a good foundation for further cooperation and communication in the future.

V Some thoughs on the project

Protecting the basis of cultural and natural heritage, which includes authenticity, integrity and harmonious environment, requires the establishment of sound mechanism for monitoring and inspecting, as well as protective system for historic heritage and surrounding environment. Also, scientific recording of background environment data, statistics of changes in seasons or years are needed for effective identification and quantization of natural threats. Especially, heritages like Kumtura Grottoes which situated at such a remote place without basic facilities, a prior task is to establish safety protection system in order to prevent precious relics from being stolen or destructed.

The protection of cultural and natural relics not only concerns development and inheritance of the species on the earth and the diversity of human culture, but also concerns the practice of sustainable development strategy of the state.

Handling the relationship between the need for real functions and original value of relics, arranging a due role for them in the contemporary era, planning overall management and development strategy for relic corridors and ecological leisure corridors, promoting environment renovation, ecological agriculture and ecological community, formulating encouragement policy and compensation mechanism, designing projects of tourism display, encouraging the public to participate in protection and management, and establishing protection fund, etc. All of these require decision makers make appropriate decisions that conform to sustainable development in this era, with overall and comprehensive assessment. It also requires that the government and civilian organizations work together for a dialogue platform, in order to develop dialogues between culture and economy, the West and the East, past, present and future. Cultural relics and surrounding environment embodied their functions and positions in history, a comprehensive and correct understanding of historical events bear in cultural relics is useful to realize theories and techniques used by ancient people to treat the relationships among society, architecture and nature. They constitute the source of spiritual civilization on contemporary and in the future, and recording changes of civilization and ecological environmental in thousands of years. They can be vectors for leisure as well as objectives for scientific research. We can look for tracks of communication among states, regions, peoples and civilizations through this sort of time tunnel. They build up interior linkage between history and culture through visible routes (transportation, historic towns) and invisible routes (information, culture transmission, religions), which have potentials to lead social and cultural value and enrich cultural routes.

Another question is how to sparkle the splendor of the Silk Road once more in present days. To solve it requires organic but principled unity of the demands and activities of local society, while casualness is harmful to it. Population growth and exploitation of living and residential area would initiate space scramble in the regions where cultural heritages located. Cultural factors tend to fall in to oblivion and new waves of exploitation might deny the value of cultural relics, even to vandalize them. Social development and the background environment protection management of the Silk Road should be tightly united. Improvement and progress shall be obtained through continuous coordination and struggle among relevant factors such as local cognitive level, possibility of acceptance, and requirements for comprehensive development of local community.

Cultural communication is one of the major propellants for the progress of human society. Different types of social system, legal background, cultural form, ethnical culture, natural resources and variety of ecological environment, shall harmonize with all kinds of cultural relics. We look forward to promotion, interaction and cooperation in the process of history reviewing. Communication always injects fresh blood into ancient civilizations, brings rejuvenation to them . Communication feed the curiosity as a basic human instinct, which evoke the obsession of travelers to cross thousands miles just for the other shore far away.

The coexistence of multiple cultures has formed a friendly environment for the conservation of ancient relics, which includes the environmental background of multi-level compound structure in three aspects as conceptual culture, technological culture and systematic culture. They have obvious cultural particularity and could develop relic protection with native characteristics in certain environmental background, which shall be recognized, understood and respected .

关于联合国教科文组织文化遗产保护项目
——新疆库木吐喇千佛洞保护修复工程竣工后的几点思考

马家郁（四川省考古研究院）

一、前　言

在新疆开展的"库木吐喇千佛洞保护修复工程"，是经中国政府认可，日本政府投资，由联合国教科文组织主持实施的一项文化遗产保护项目。

1999年5月，联合国教科文组织考察组对库木吐喇千佛洞进行了首次调查。

2000年4月，经联合国教科文组织协调，国家文物局和日本政府有关部门及专家对库木吐喇千佛洞进行了再次调查，并决定用日本政府的无偿援助资金，对这处丝绸之路上的珍贵文化遗产抢救保护。

2001年8月，联合国教科文组织制定了《库木吐喇千佛洞维修第一期工程计划》。在新疆维吾尔自治区文物局和联合国教科文组织北京办事处的周密安排下，组织中国文物研究所、辽宁有色地质勘探研究院、龟兹石窟研究所、新疆博物馆、日本文化财保存计划协会、东京文化财研究所、奈良文化财研究所等单位，建立了"库木吐喇千佛洞修复保护工程项目中日专家组"，同时还挑选了中国最有经验和实力的勘察、研究、设计单位承担勘察、研究、设计任务。工作主要涉及库木吐喇千佛洞洞窟及壁画保存现状调查及档案记录、气象观测、地形测绘、近景摄影测绘、水文及工程地质勘察和加固工程各相关试验等内容。

至2004年12月，第一期计划任务圆满结束。其成果除大量测绘图件外，各相关单位还提交了《新疆库木吐喇千佛洞水文地质勘察报告》、《新疆库木吐喇千佛洞工程地质勘察报告》、《新疆库木吐喇千佛洞锚杆抗拔力试验报告》、《库木吐喇千佛洞危岩体稳定性分析和新1、2窟测试勘察报告》、《库木吐喇千佛洞灌注及岩层加固试验报告》、《库木吐喇千佛洞壁画防剥落及加固材料试验报告及资料汇编》以及《库木吐喇千佛洞保护规划》与《新疆维吾尔自治区库木吐喇千佛洞修复保护基础设计》报告等，为第二期保护工程的实施打下了较坚实的基础。

第二期保护工程的主要工作内容是：完成施工设计，组织施工与工程竣工验收。工作时间预期三年，即2005年至2007年。由于种种原因，保护工程实际上至2008年6月才告结束。

2004年年末，《库木吐喇千佛洞修复保护工程项目中日专家组》中方专家组组长黄克忠先生因病住院治疗，承蒙联合国教科文组织北京办事处举荐，暂时由我接替黄的任务，遂于2005～2008年，与日方专家一道，共同参与了对施工设计的评审，施工现场的检查，直至工程的竣工验收。工作期间，受到新疆维吾尔自治区文物局、库车县文物保护管理所和新疆龟兹石窟保护研究所的热情接待，同时，各设计、施工单位的工程技术人员，日方的同行专家，以及联合国教科文组织北京办事处的官员在此期间所付出的极大地努力，也使我深受感动并从中获益良多，置此，谨向他们表示由衷地感谢！

工程验收会后我一直在想，联合国教科文组织的项目还会继续吗？库木吐喇千佛洞剩下的问题又该咋办？特别是验收会上提到的一些建议是否能够落实、又由谁去落实和何时才能够落实呢？

要想很快得到谁的确切答案恐怕是很困难的。但是，关于以往工程施工中及其之后的安全监测，以及尚未开始的壁画保护工程等几个主要问题，却是非常重要而又必须尽快解决的。为此，经思量再三，还是决定把这些想法记录下来，提出的问题和建议是否妥当，则仅供参考。

二、尚存在的三个主要问题

1.据《库木吐喇千佛洞修复保护工程第二期项目计划书》，其"季节性洪水对千佛洞石窟岩体冲蚀破坏（谷内43窟区段冲沟、谷口新1窟区段）的加固设计"应是这个阶段的任务之一。然而直至工程竣工验收，谷内43窟区段的防洪坝既没有施工设计，自然更未组织施工；

2.库木吐喇千佛洞修复保护工程大体是分窟群区和谷口区两个区域由不同的两家单位分别进行施工作业的。在两单位的竣工报告里均未交代有关施工阶段安全监测的内容及其结果，即使在答疑时，该问题似乎也未能引起足够的重视；而对地处地震活动强烈和频繁地区的库木吐喇千佛洞的日后安全监测工作更是只字未提。

3.新1窟、新2窟的壁画保护工程进展迟缓。

三、建　议

1.《勘察报告》、《工程设计》以及《工程第二期项目计划书》指出："库木吐喇千佛洞区域最显著的水文地质特征是渭干河和季节性洪水，渭干河河水位的变化和季节性洪水的大小，不仅直接影响库木吐喇千佛洞崖壁岩体的安全稳定，受其影响地下水的变化也对石窟岩体、壁画的安全存在造成危害"，加之"山中植被稀少、基岩裸露，雨季来临时，地表径流极易汇聚到沟谷中形成季节性洪水"。"洪水发生时，水体中夹带大量泥沙、砾石沿沟谷向外涌出，特别是沟谷被坍塌的岩石截流时，当其被突然冲开后，水量大、流速高，破坏力极强。如窟群区大沟区的41、42、43、45号窟、谷口区的新1、2窟等均受冲沟洪水的威胁"。"窟群区横跨大沟连接两个围堰的小桥正因如此而被冲毁（1991年）"。而据施工方的实地观察报告："2007年6月16日的洪水已直接对41—43窟地段形成了威胁"；"五连洞北侧岩体的水冲凹槽也有继续发展的趋势"……。应对险情迅及采取防患于未然的措施有可能收到事半功倍的效果，其利弊关系是不言而喻的。因此建议在完成谷口区防洪坝已经取得一定经验的基础上，41—43窟区段的防洪连同五连洞北侧岩体的水冲凹槽的治理，都须尽早提上议事日程并抓紧施工。

2.可以这么说，无论是本体或是其载体，也无论是日常性的保养或是抢救性的加固维修，岩土（质）文物的保护工程和其他领域、部门、行业的岩土工程相比较，从勘察、试验、分析、计算、评价到设计，从手段、措施到材料、工艺、技术，基本上没有什么两样。但也有最大的不同或最大的差距，其中最突出的就是鲜见文物保护工程的现场监控与测试。比如工程竣工报告中从头到尾没有这方面的内容，库木吐喇千佛洞就正是一个典型的例子。所幸的是，最近听新疆维吾尔自治区文物部门的领导和同志们讲，库木吐喇千佛洞不久将建专门的保护管理机构，同时对外开放。这就为以往和今后的工程的现场监控与测试创造了极为有利的条件。仅从该地区地震活动频繁这一点来说，已完工的五连洞的上部主体结构以及基坑开挖的支护结构的性状（裂隙的变形、位移与基础的沉降等）就很值得进行持之以恒的长期监测。倘若该项工作能够如愿以偿开展，那么还建议要设计先进的监测系统，尽量采用先进的测试技术和尽可能购置效率高、可靠性强的先进仪器设备。

　　3.经考古学家多年来的考察研究，库木吐喇千佛洞谷口区先后于1977年和1979年发现的所谓新1窟、新2窟（现统一编号为第20、21号窟），是始建于公元6～7世纪初的犍陀罗艺术风格石窟。建筑形制属方形穹隆顶。主室上方穹隆顶绘壁画（第21窟绘中心园莲和菩萨像，第20窟绘中心园莲和佛、菩萨、供养人像等），形成了建筑与绘画相结合的宫殿建筑样式。而第21窟之壁画，技法娴熟，敷彩华丽，体现外来风格，建筑与绘画结合产生象征宫殿的效果更是精美绝伦，可以说达到了当时最高的艺术水准，堪称国之瑰宝。然而，这两窟壁画在发现时就呈现出很严重的空鼓现象，虽然其后也进行过处理，但均采取的是一些临时性的加固措施。加之这次对窟顶危崖进行了灌浆、锚固处理，壁画的保护工程却并未预先或同步进行，灌浆、锚固施工是否对壁画的保护有所影响？它们的现存安全状况究竟如何？这些问题着实令人非常担忧。为此我建议应把这两窟壁画的保护问题作为新年里的头等大事，必须抓紧时间尽快进行。此外，如前所述，如果监测站建立，无论是壁画保护工程或今后的任何其他工程，也不管采用何种手段措施，除了前面已经提到的监测内容外，最好还能够对环境条件，包括工程地质、水文地质条件及相邻的结构、设施等在施工过程中发生的变化，包括施工造成的振动、噪声、污染等因素的影响，一并进行监测。

　　最后应该看到，联合国教科文组织的这个文化遗产保护项目确实是卓有成效的。通过这个项目的实施已经为库木吐喇千佛洞今后的保护工作奠定了坚实的基础。无论是管理方面的或是技术方面的，无论是思想理念或是技能技巧，也无论是经验或教训，所有各方参与人员都从中获益匪浅。这就让人看到了希望并有理由坚信，新疆维吾尔自治区库木土喇千佛洞——这座东西方文化传递、相互影响和融合过程中所诞生的龟兹古国文化的代表、世界人类弥足珍贵的共同财富——自此之后必将会得到更精心的呵护和更有效的长期存留。

　　　　　　　　　　　　　　　　　　　　　　　　　　　　　　　　2009年2月　成都

联合国教科文组织在文化遗产保护方面的国际合作策略：以中国新疆库木吐喇千佛洞保护修复工程为例

杜晓帆（联合国教科文组织驻华代表处）

提　要

联合国教科文组织是一个政府间的协调机构，其秉承团结、合作、高效、创新的宗旨，在推动国际交流合作方面发挥着重要的作用。在履行其职责的过程中，联合国教科文组织力图建立一个可靠的准则体系，以确保地区和国家之间各项双边和多边合作项目的实行。在中国新疆开展的"库木吐喇千佛洞保护修复"工程是由联合国教科文组织主持实施，并经中国政府认可，由日本政府投资125万美元的文化遗产保护项目。从2001年开始，"联合国教科文组织文化遗产保护日本信托基金"就每年向此项目提供科学技术及物资方面的各类援助，此项援助为期六年，将一直持续到2007年项目结束。除此而外，国家文物局、中国文物研究所和新疆文物局的工作人员与来自中国日本各专门机构的研究人员、专家学者及政府官员紧密合作，致力于减少并预防对库木吐喇洞窟的破坏、提高在文化遗产保护方面的认识水平以及对石窟所在地进行完善的规划管理以助于将来此地区旅游业的可持续发展。库木吐喇千佛洞坐落于库车县渭干河河岸上，以其奇特的风貌和独有的始于公元5世纪的龟兹艺术风格而著称。然而，多年来洪水冲刷淹没、风化侵蚀以及地壳活动等自然作用已经严重地影响了石窟岩石结构的稳定性，极大地损坏了洞内壁画的价值和形象。在库木吐喇千佛洞保护修复工程的第一阶段（200~2004），已经进行了洞窟及其周边情况的前期研究，在工学、地质、气象、考古等方面开展了实测调查，对产生各种病害的原因进行了研究。在第一阶段科学数据资料记录以及用之对大气、周边环境以及壁画成分进行分析的基础上，第二阶段的实际维修保护工作计划在2005年至2007年实施，这一阶段的工作将主要是加强岩体结构、对壁画的脱落和褪色进行保护处理以及控制洞窟内因水造成的病害。自库木吐喇千佛洞保护修复工程启动之日起，就体现出对知识的共享和能力水平的培养提高的迫切需要。此项目多样化的特质以及对此项目的研究，将作为一个平台，以讨论跨学科教育和文化遗产保护培训的重要性，以及在国际合作中相互配合及交流的价值。我们建议在此项目实施的过程中进行各种学术交流，以更好地实现项目目标，最大地发挥联合国教科文组织的作用，尽可能好地遵循其宗旨和其国际合作的策略目标。

一、联合国教科文组织的文化遗产保护策略

联合国教育、科学及文化组织属联合国专门机构，简称联合国教科文组织。1945年11月在英国伦敦会议上通过了联合国教科文组织法，1946年11月4日正式生效，同年12月成为联合国专门机构，总部设在巴黎。目前有成员190个国家和地区。联合国教科文组织的宗旨是：通过教育、科学及文化来促进各国之间的合作，以增进对正义、法治及联合国宪章所确认的世界人民不分种族、性别、语言、宗教均享有人权与自由的普遍尊重，对世界和平和安全作出贡献。联合国教科文组织北京办事处成立于1984年，起初负责联合国教科文组织在中国科学技术方面的事务。现在，它的职责范围已经扩大至教科文组织的各个领域，并已在中国、蒙古、朝鲜、韩国、日本等东亚地区展开工作。联合国教科文组织北京办事处的职责主要有两个方面，一是根据东亚分地区的利益与现实实施一系列的项目，二是综合东亚分地区成员国现实和未来的需求，将这些需求纳入到教科文组织的计划领域。

20世纪60年代之前，人们普遍认为，在一个国家境内的文化遗产，完全是该国的内部事务，该国需对文化遗产的保护工作负责。1959年，埃及和苏丹联合向联合国教科文组织提交了一份紧急报告，请求帮助保护努比亚遗址和有关文物。因为修建阿斯旺水坝，从阿布辛拜勒至菲莱的努比亚遗迹将受到人工湖淹没的威胁。1960年3月8日，联合国教科文组织的总干事比托里诺·维罗内塞（Vittorino Veronese）呼吁各国政府、组织、公共和私立的基金会和一切有美好愿望的个·人为保护努比亚遗址提供技术和财政支持。保护努比亚遗址的行动从此展开，这也表明了联合国教科文组织在对待文化遗产方面有了一个全新的概念。即这些文化遗址应该被视为全人类的文化遗产，因此应当受到整个国际社会和联合国教科文组织的关注。整个工程从1962年开始，持续了18年，把阿布辛拜勒神庙切割成了1050块重达10～30吨的块体，运到山崖的高处重新组装，这些宏伟壮丽的建筑遗址从尼罗河的洪水中得以挽救。此项行动除了带来了很大的技术成就外，它也提供了一个激动人心的案例：成功地用国际资源来保护文化遗产。阿布辛拜勒神庙和菲莱这两处保护工作分两个阶段进行，所需总费用为7000万美元，它们得到了4000万美元的国际支援。在这项行动的成功的感召下，许多国家转向联合国教科文组织寻求国际社会的支持，来保护本国最为宝贵的遗址。

保护世界文化和自然遗产，是多年来联合国教科文组织的优先活动领域之一。1972年联合国教科文组织大会通过的《世界遗产公约》第一次提供了国际合作的永久性的法律、管理和财政框架，同时引进了世界遗产的概念，超越了任何政治和地理边界。公约的一个基本目标是使人们意识到文化遗产的不可替代性，它旨在完善增强和刺激国民的主动性，强调保护文化遗产的责任最终依赖于各个国家自身。在本民族文化血脉体系的反复追溯中，在对其历史与民族性形成的认识过程中，一个民族就能够与其他民族建立和平友好的关系，继续进行古老的对

话，向未来稳步前进。重视文化遗产、保护祖先馈赠给我们的珍宝，将它们尽可能完整的传递给我们的子孙，是我们的责任，也是明智之举。同时，各缔约国也认识到国际社会有义务帮助本身资源不足的国家。然而，世界遗产委员会的资源难以满足所有申请技术合作的请求。对于保护文化遗产事业的支持，更多的是来自于各成员国的自愿的捐助，它们和联合国教科文组织共同组成了信托基金。日本政府于1989年设立的联合国教科文组织文化遗产保护日本信托基金，即为其中重要的一部分。至2002年，日本政府已经提供了4,300万美元援助了以亚洲为中心的15个国家的20多处遗址。

在过去的30年里，为了推进城市改造、工业、农业综合经营以及旅游业的发展，采取了重点投资于基础设施建设和人力资源开发的策略，亚太地区的国家经历了前所未有的繁荣。然而，经济的迅速发展也让我们的国家在遗产资源方面付出了沉重的代价，不仅极度消耗了地区环境资源，而且大大地消耗了珍贵的文化资源，而这些都是我们的祖先历经数个世纪的积累并精心经营的结晶。在认识到地区经济的无限膨胀不能继续再以业已枯竭的资源为基础之后，政策制定者们，终于开始将其注意力转移到有关资源的可持续性，以及公众参与和许可的议题上来。整个亚太地区已经逐渐认识到遗产保护不必要限制在一些有限的国际旅游胜地上。我们现在渐渐了解到文化遗产保护是国家政策普遍关注的问题，是可持续发展过程的一部分，并以此形成各个社会独特的文化及历史传统。联合国教科文组织坚决承诺，确保所有的社区继续过上高质量的生活，而不以牺牲有别于其他地方的传统特征以及人们居住的家园为代价。亚洲东北部是世界许多古老文明的发源地。占世界人口五分之一的中国，同时也是拥有文化遗产最多的国家。促进现代文明，保护文化遗产是联合国教科文组织北京办事处目前的首要任务。与中国、蒙古和朝鲜的当地政府及有关单位的密切合作加速了这一进程。

二、联合国教科文组织在中国的文化遗产保护工作

城市化、人口膨胀、环境恶化以及旅游业的无序发展，严重威胁了中国的文化遗产。中国政府已经意识到了问题的严重性，并且在法律、制度以及教育等领域开展了卓有成效的工作。20世纪80年代中期开始，为了协助中国提高在文化遗产保护领域的水平，并加强国际交流与合作，联合国教科文组织与中国政府合作，举办了多次有关文化遗产保护的专业会议。1986年在中国北京举办的"亚洲地区文物保护科学技术研讨会"，受到了亚洲各国文物保护界的关注。20世纪90年代以后，这种合作更加活跃。1990年、1994年和1995年，在联合国教科文组织的支持下，国家文物局相继举办了壁画保护、古建筑保护理论、石窟保护以及木构建筑保护技术等培训班，聘请中外专家为来自全国各地从事文物保护的专业人员授课，介绍国际上文物保护的最新技术和信息。1991年，联合国教科文组织利用国际保护长城和威尼斯

委员会的专项捐款，资助中国修复北京慕田峪长城西段。同年7月，利用世界遗产基金向遭受特大洪水袭击、部分古建筑收到严重破坏的黄山风景区提供紧急援助。1994年提供紧急援助加强周口店北京人遗址的保护。之外，还支持了河北省承德避暑山庄博物馆防盗系统、中国世界遗产管理人员培训班、云南丽江大地震后的文物抢修以及苏州、丽江、北京、拉萨等地传统街区保护等。1985年12月中国批准加入了《保护世界文化和自然遗产公约》，经过近20年的努力，中国已经有29处文化和自然遗产被列入世界遗产名录。

除了联合国教科文组织的常规项目外，北京办事处还积极协助中国政府申请预算外项目。中国作为联合国教科文组织文化遗产保护日本信托基金的受益国，已经得到了交河故城、大明宫含元殿遗址、库木吐喇千佛洞、龙门石窟共4个保护修复工程的资助。其中，交河故城保护修复工程于1996年完工，大明宫含元殿遗址保护修复工程于2003年完工，库木吐喇千佛洞、龙门石窟保护修复工程正在实施中。

交河故城保护修复工程。交河故城保护修复工程是联合国教科文组织日本信托基金在中国所实施的第一个项目。交河故城是历史记载中新疆吐鲁番地区的第一个政治、经济和文化中心，距今已有2000多年的历史，自两汉以来一直是西域地区政治、经济、文化中心之一，在东西方的文化交流中发挥过重要的作用，是丝绸之路上的一座历史名城。交河故城总面积35万余平方公里，建筑面积22万平方米，现今保存在地面的建筑遗迹大多是公元3～6世纪所建，是举世罕见的保存较好的古城遗址。1993年联合国教科文组织北京办事处与中国国家文物局签署了为期三年的保护修缮工程协议，投资100万美元，完成了搜集相关资料、调查研究与试验、考古发掘、建立自动气象监测站、测绘、部分遗址的修复和复原、修建防洪堤和旅游路线，以及制定交河故城保护修复总体规划等十多个项目。1996年这项保护工程圆满完成，为交河故城今后的长期保护奠定了较为坚实的基础，同时为保护中国其他大型遗址和土建筑遗址提供了经验。

大明宫含元殿遗址保护修复工程。大明宫是唐代长安城最大的一处皇宫，大明宫的正殿含元殿，经常举行各种国家仪典，作为外交舞台也屡屡出现于史籍中。因此可以说现存的大明宫遗址，不仅是中国的，也是世界的文化遗产。大明宫遗址在西安市的东北部，大明宫内的含元殿遗址残留有东西约200米，南北约100米，高约15米的巨大台基，虽然创建至今已经经过了1300多年，仍然可以想象到当时建筑的宏伟和华丽。但是，如果对其不采取进一步的保护措施的话，遗址可能会逐渐消失。为了将含元殿遗址作

为了解古代中华文明的一个历史教育实地博物馆，由联合国教科文组织、中国、日本三方组成的工作委员会，从1993年开始项目调研和前期准备，1995年7月24日中国国家文物局与联合国教科文组织驻北京办事处签署《行动计划书》正式立项实施。到2003

年3月底，经过两个阶段近10年的岁月，主体工程实现全面竣工。该项目第一期预算资金总额为1，000，000美元，第二期预算资金总额为1，353，740美元。含元殿的台基保护修复工程，以现存遗址为依据，在遗址表面覆盖一层土形成保护层，并以到目前为止的考古发掘结果以及文献资料为基础，修复经过严密的学术讨论后的台基形态。施工时尽可能的使用了唐代的建筑技法以及与唐代相同的建筑材料。

　　龙门石窟保护修复工程。龙门石窟位于河南省洛阳市城南13公里，石窟开凿在伊河两岸的香山和龙门山的崖壁上。龙门石窟始建于北魏（公元494年），历经东魏、齐、北周、隋、唐和北宋，前后达400多年。龙门石窟开凿大小窟龛2300余个，佛塔40余座，碑刻题记3600余块，造像10万余尊。2000年被列入联合国教科文组织世界遗产名录。1500多年以来，龙门石窟除遭受人为破坏外，在自然营力的作用下，产生了严重的环境地质病害，这些病害使石窟雕刻艺术品遭到了严重破坏。近二十年来，由于环境质量的恶化，石窟的病害有所加剧。2001年10月开始实施的，联合国教科文组织文化遗产保护日本信托基金龙门石窟保护修复工程，是龙门石窟保护历史上投资规模最大的国际合作项目。该项目第一期三年投资623,798美元，重点工作是进行地形测绘、地质调查，石窟环境和石窟病害观测记录，风化老化、渗水对策等试验研究，并为三个试验洞窟提出保护方案。现在工程正在运行中，预计2004年结束第一期的工作。

　　库木吐喇千佛洞保护修复工程。在新疆开展的库木吐喇千佛洞保护修复工程是由联合国教科文组织主持实施，并经中国政府认可，由日本政府投资125万美元的文化遗产保护项目。从2001年开始，"联合国教科文组织文化遗产保护日本信托基金"就每年向此项目提供科学技术及物资方面的各类援助，此项援助为期六年，将一直持续到2007年项目结束。

　　以下，以库木吐喇千佛洞保护修复工程为例，就联合国教科文组织在文化遗产保护方面的国际合作策略做一些具体介绍。

三、中国新疆库木吐喇千佛洞保护修复工程

　　库木吐喇千佛洞位于新疆维吾尔自治区库车县城西25公里处。库木吐拉千佛洞开凿于公元5世纪，截止于公元11世纪，延续600余年，最早的洞窟具有1500年的历史，是古代丝绸之路上的重要遗址。现存石窟112个，保存有丰富、独特的石窟建筑、壁画、塑像、题记等。洞窟内大量的龟兹文、汉文、回鹘文题记是研究西域文明的第一手料。其洞窟开凿的不仅有龟兹人，而且有突厥人、汉人、回鹘人和吐蕃人。整个石窟集东西方文化于一体，其独特的历史、科学和艺术价值为中外学者所关注，在国际上有相当的影响。

　　然而，库木吐喇千佛洞开凿建造一千多年来，遭到了自然营力侵蚀威胁的破坏：地震、雨水冲刷、洪水侵蚀、岩体开裂垮塌等，人类活动威胁的破坏：公元9世纪伊斯兰入侵西域，取代佛教引发的破坏；石窟荒芜时被牧人、游客当作临时生活场所的破坏；20世纪70年代在石窟下游修建水电站，引发河水上涨对石窟、壁画严重损害。更为遗憾的是：现在库木吐喇千佛洞遭受的自然、人类活动的破坏，还没有得到有效的治理，库木吐喇千佛洞面临着毁灭破坏的危机。

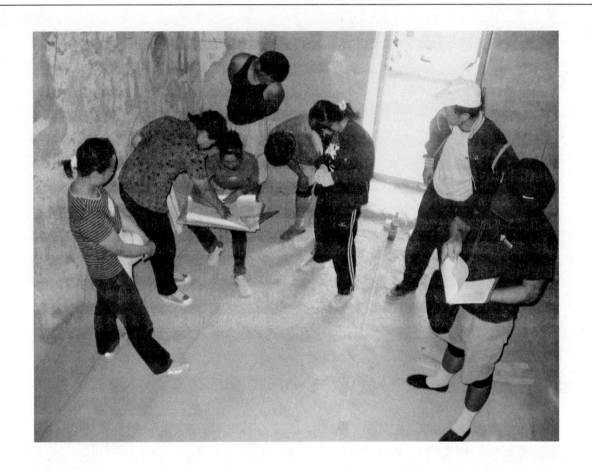

　　1999年联合国教科文组织考察组首次对库木吐喇千佛洞进行了调查，2000年4月由联合国教科文组织组织、国家文物局和日本政府有关部门及专家对库木吐喇千佛洞又一次进行了调查。之后，在乌鲁木齐召开了会议，决定用日本政府的无偿援助资金125万美元，对这处丝绸之路上的珍贵文化遗产抢救保护。2001年6月1日，联合国教科文组织、新疆维吾尔自治区人民政府在乌鲁木齐召开了关于东方红水电站水坝（也称下千佛洞电站）对库木吐拉千佛洞影响问题讨论会。会议围绕东方红电站、电站建成后对千佛洞壁画的直接影响和破坏程度、电站建成初期的水位等有关资料和为了保护千佛洞当地政府采取措施等问题进行讨论。当年8月组建了由中国文物研究所、辽宁有色地质勘探研究院、龟兹石窟研究所、新疆博物馆、日本文化财保存计划协会、东京文化财研究所、奈良文化财研究所等单位组成的"库木吐喇千佛洞保护工程专家组"。2001年8月24日至9月2日中日专家在库木吐喇千佛洞现场进行调查，制定了2002年实施计划。9月16日，在北京正式签署了协议书。

　　在库木吐喇千佛洞保护修复工程的第一阶段（2001～2004年），已经进行了洞窟及其周边情况的前期研究，在工学、地质、气象、考古等方面开展了实测调查，对产生各种病害的原因进行了研究。在第一阶段科学数据资料记录以及用之对大气、周边环境以及壁画成分进行分析的基础上，第二阶段的实际维修保护工作计划在2005年至2007年实施，这一阶段的工作将主要是加强岩体结构、对壁画的脱落和褪色进行保护处理以及控制洞窟内因水造成的病害。自库木吐喇千佛洞保护修复工程启动之日起，就体现出对知识的共享和能力水平的培养提高的迫切需要。此项目多样化的特质以及对此项目的研究，将作为一个平台，以讨论跨学科教育和文化遗产保护培训的重要性，以及在国际合作中相互配合及交流的价值。

库木吐喇千佛洞保护维修工程作为一项文物保护国际合作项目，具有条件艰苦、病害复杂、损坏严重、涉及面广等特点。如何协调好多边关系，充分发挥各方的积极性是该项目顺利实施的保障。

首先，建立相互平等、相互信任和相互学习的管理运作机制，充分发挥专家作用是该项目顺利实施的有力保障。本项目自目前为止，主要进行了地形图测绘、航空测量、近景摄影、水文地质调查、工程地质勘察、危急壁画调查、洞窟档案记录、岩体拉拔试验、小气象观测站、岩体加固试验、灌注试验以及各种保护材料的实验等项目。在此期间，我们召开了七次大型专家论证会，若干次相关专家的意见交流会，并要求对每个项目邀请专家提出修改意见，充分利用专家在工程实施当中的指导作用。同时邀请专家对项目承担单位报送的实施计划及预算进行核算。通过组织专家论证会，专家们不仅对库木吐喇千佛洞保护工程的质量、进度和投资控制等起到非常好的作用。而且，每次考察论证之间通过视察正在进行的或以前进行的文物保护工作，对新疆文物保护工程的质量提出了非常好的意见及建议。如：克孜尔千佛洞谷内区加固工程、交河故城保护工程实验项目等。

其次，积极培养和依靠当地的文物保护人才，是库木吐喇千佛洞保护修复工作可持续发展的重要基础。项目在实施过程中，利用洞窟档案记录及现场试验、现场考察等项目，积极依靠和培养新疆地区、特别是龟兹石窟研究所的技术力量。专家们在具体方法和技术方面进行指导的同时，为当地的研究人员提供了大量的国内外有关技术和信息资料。如日方专家所收集的关于库木吐喇千佛洞的历史照片、德文资料等，弥补了洞窟档案记录项目缺乏国外资料的空白。

第三，专家之间、专家与项目管理人员之间、专家与项目实施人员之间的相互交流和理解，是库木吐喇千佛洞保护修复工程顺利开展的关键。由于各个国家文化传统的不同，文化遗产本身的材质、构造不同，其修复哲学、技术都会有不同。即使是同样的国家，修复者的不同，技术和理念也有区别。我们建议在此项目实施的过程中进行各种学术交流，以更好地实现项目目标，最大地发挥联合国教科文组织的作用，尽可能好地遵循其宗旨和其国际合作的策略目标。为了了解日本在岩石文物保护技术方面的成就，同时为了便于中日专家更进一步的相互交流，经过与各方面协商，2003年7月28日~8月2日，作为联合国教科文组织文化遗产保日本信托基金项目首次在日本召开了专家及三方会议，会议期间参观了元箱根石佛群、奈良平城宫遗址，药师寺，冈墨光堂株式会社壁画修复现场及造纸厂、二条城遗址、日本文化财保存计划协会、奈良文化财研究所及试验设备等文化遗产及相关单位，为库木吐喇千佛洞保护维修工作中的编制整体规划、制定保护维修方案、遗址保护和展示、收集资料、保护材料的选择和应用等起到了较好的借鉴作用。

四、结　语

联合国教科文组织一向以组织和维持不同文化之间的交流为自己的主要任务。但经验表明，在寻求达到这个目标的过程中，促进不同文化的交流和保护文化的多样性之间的矛盾，往往有难以克服的障碍。一个民族的文化遗产，往往蕴藏着该民族传统文化的最深的根源，保留着形成该民族文化的原生状态，以及该民族特有的思维方式等。因此，在保护文化遗产的国际合作中，尊重文化遗产所属国的文化传统、尊重文化遗产所属国的保护修复哲学及准则就显得尤为重要。在这种情况下，为了促进国际交流，首先就是人的交流。彼此建立互信关系是合作的第一步，在修复基准、保护哲学不同的情况下，即使化再长的时间仍需努力增进彼此间的相互了解。

在文物保护科学的合作交流中，经济方面的问题是最严重和无法忽视的要素。为了经济原因，常常不得不舍弃最佳的技术或方案，退而求其次。有时，虽有比较有效的处理方式，但碍于经费被迫放弃。因此，在制定保护计划和方案的时候，一定要考虑到当地的经济条件，特别是选择仪器设备时，一方面要考虑其效能，另一方面当地的人员素质以及气候条件等亦需充分考虑。

文化遗产往往与当地居民息息相关，我们不能无视居民的生存和地域经济的发展要求，而单纯考虑文化遗产的保护。因此，文化遗产的保护与修复已经不只是一个技术问题，同时也是重要的社会问题。

UNESCO Strategy for International Cooperation in Cultural Heritage Conservation:
A Case Study of the Kumtura Thousand Buddha Grottoes in Xinjiang, China

Dr. Du Xiaofan (Cultural Heritage Conservation
Specialist, UNESCO Office Beijing)

Abstract

UNESCO is an inter-governmental agency that functions as a catalyst for international cooperation under the principles of excellence and innovation in alliance and partnership. In fulfilling its leadership role, UNESCO seeks to ensure a responsible framework for the implementation of multi-lateral and bilateral projects at the regional and national level. Located in Xinjiang, China, the "Conservation and Restoration of Kumtura Thousand Buddha Grottoes" is a 1.25 million USD project under the executive order of UNESCO, and financed by the Government of Japan with authorization from the Government of China. The UNESCO/Japan Trust Fund for the Preservation of World Cultural Heritage facilitates technical, scientific and material assistance over a six-year period annually beginning in 2001 through 2007. Members of the State Administration of Cultural Heritage of China, the China National Institute of Cultural Property and the Xinjiang Cultural Relics Bureau work in close collaboration with research scientists, academic scholars and government authorities from specialized Chinese and Japanese establishments to preclude damage to the Kumtura Thousand Buddha Grottoes, enhance knowledge capacity in the field of cultural heritage conservation, and achieve a well-managed site for sustainable tourism development. Situated on the bank of the Muzat River in Kuqa County, the grottoes are noted for their exceptional quality and unique style of Qiuci art from as early as the 5th century. However, flooding, erosion and seismic activity have severely affected the stability of the rock structure and degraded the condition of the mural paintings. Preventative conservation measures in engineering, geology, meteorology and archeology were undertaken during the first phase of the project from 2001 – 2004 to investigate the causes of deterioration. Based on the detailed scientific data recorded and used to analyze the atmosphere, surrounding region, and composition of the mural paintings, remedial conservation measures planned for the second phase of work from 2005 – 2007 will focus on strengthening the rock conglomerate, treating the mural paintings for peeling and fading pigment, and controlling excessive moisture content in the cave temples. Progress on the project since its inception demonstrates an urgent need for increased capacity building and the sharing of knowledge. The multifaceted, innovative nature of the project and its research will serve as a medium for discussion on the importance of interdisciplinary education and training in cultural heritage conservation, and the value of mutual collaboration and communication in international cooperation. Measures for scholarly exchange will be suggested to better attain the goals of the project during its implementation, maximizing on UNESCO's function, principles and strategic objectives.

1. Cultural Heritage Conservation Under UNESCO

The United Nations Educational, Scientific and Cultural Organization (UNESCO) is a specialized agency of the United Nations that was established after the Constitution of UNESCO was signed at a United Nations Conference in London in November 1945. After the Constitution came into force on November 4, 1946, UNESCO became a specialized agency of the UN and set up headquarters in Paris in December of the same year. Today, the organization is comprised of 190 Member States and 6 Associate Members, whose purpose it is 'to contribute to peace and security by promoting collaboration among the nations through education, science and culture in order to further universal respect for justice, for the rule of law and for the human rights and fundamental freedoms which are affirmed for the peoples of the world, without distinction of race, sex, language or religion, by the Charter of the United Nations' (UNESCO Constitution Article 1.1).

The UNESCO Office – Beijing began in 1984 as the UNESCO Office for Science and Technology in China. The Beijing office has expanded its responsibilities and now serves the East Asian sub-region -- the Democratic People's Republic of Korea (D.P.R. Korea), Japan, Mongolia, the People's Republic of China, and the Republic of Korea -- in each of UNESCO's fields of competence, namely, culture, education, science and communications. The two main purposes of the UNESCO Office – Beijing are: to implement UNESCO programs with consideration to the East Asian sub-region's interests and realities; and, to articulate the current and future needs of the East Asian Member States, and facilitate the incorporation of these needs into the framework of UNESCO programs.

Until the 1960's, the protection of cultural heritage within national boundaries was solely considered to be a domestic affair and the responsibility of the state. This changed after Egypt and Sudan submitted an urgent appeal to UNESCO in 1959, seeking help to salvage endangered monumental sites in Nubia. The construction of the Aswan Dam threatened to submerge Nubian monuments from Abu Simbel to Philae. In response, Vittorino Veronese, the then Director General of UNESCO, called on all national governments, organizations, public and private funding, and individual patrons throughout the world to provide technical and financial assistance for the safeguarding of the Nubian monuments on March 8, 1960. The actions undertaken to salvage the monuments of Nubia presented a new direction and focus for UNESCO and the international community in the conservation and

UNESCO Strategy for International Cooperation in Cultural Heritage Conservation
A Case Study of the Kumtura Thousand Buddha Grottoes in Xinjiang, China

101

protection of the world's common cultural heritage in the form of historical monuments.

The project to rescue the Abu Simbel Temple from the floodwaters of the Nile began in 1962 and lasted 18 years. After dismantling the Abu Simbel Temple into 1050 blocks averaging 10 to 30 tons each, the parts of this grand structure were then reassembled on an area of higher elevation overlooking the original site. Beyond this great technical feat, the Nubian monuments project evoked solidarity among the people and made effective use of international funding for the protection of cultural heritage. In fact, international assistance provided 40,000 USD of the 70,000 USD required for the two-part restoration effort of the Abu Simbel Temple and Philae. Encouraged by the success of this initiative, many countries turned to UNESCO to seek support from the international community for the preservation of national archeological treasures.

UNESCO has placed priority on protecting the cultural and natural heritage of the world for many years. Tracing the cultural roots of a people and understanding how history and traditions develop can foster peace and goodwill between nations and provide a means for the dialogue of the past to continue into the future. It is our duty and wisdom to respect our heritage and provide future generations with the undamaged legacy of our past.

In 1972, the World Heritage Convention was passed at the General Session of UNESCO, providing the first permanent legal, administrative and financial framework for international cooperation in safeguarding the cultural and natural heritage of mankind. The Convention introduced World Heritage as a concept that transcends political and regional boundaries. One of the basic objectives of the Convention is to raise awareness among the people for the protection of cultural heritage. By emphasizing cultural heritage as irreplaceable, it aims to strengthen the initiative of the people that responsibility for its protection ultimately lies in the hands of the nation itself.

Signatory States Party to the Convention also recognize that it is the task of the international community to support the protection of World Heritage and assist those countries with a lack of resources, namely, Least Developed Countries and Low Income Countries. While it is beyond the means of the World Heritage Committee to fulfill the needs of each and every application for technical cooperation, organized funding on the basis of voluntary contribution from Member States is available through UNESCO. One important donor is the Government of Japan, which established the Japanese Funds in Trust for the Preservation of the World Cultural Heritage in 1989. As of 2002, the Government of Japan had provided 43 million USD in assistance under this fund for the protection of over 20 sites in 15 countries mainly in Asia.

Asian countries have experienced unprecedented growth over the past 30 years, adopting policies that focus on investing in the infrastructure and human resources to encourage the development of cities, industry, agricultural cooperatives, and tourism. This rapid economic expansion has come at a significant cost to China's heritage, depleting the local environment of natural resources and destroying valuable cultural resources amassed over several centuries. Policy-makers eventually turned their attention to the idea of sustainable development and invited the participation of the public once it became clear that the local economy could not continue to grow based on an exhausted supply of resources. The Asian region gradually realized that heritage protection was to be addressed by national policy as an important part of the sustainable development process. It could expand beyond a limited number of sites attracting international tourists to help define the unique cultural and historical past of a society.

With one fifth of the global population, China is home to much of the world's cultural heritage. In the development of our modern society, UNESCO firmly believes that local traditions and individual homes are to be respected in insuring the quality of life of all communities. The UNESCO Office Beijing works in close collaboration with local governments and organizations affiliated with the government in China, Mongolia and the DPRK to strengthen cultural heritage protection in Northeast Asia, where many of the world's ancient civilizations originated.

2. Cultural Heritage Conservation In China Under UNESCO

Urbanization, population growth, environmental degradation and a lack of responsible tourism management are factors that severely threaten the future of China's cultural heritage. In realizing the extent of the problem, the Government of China chose to adopt highly effective legal, organizational and educational measures. Beginning in the mid-1980's, the Chinese government worked together with UNESCO to help raise the level of cultural heritage protection in China and increase international cooperation and exchange. Several conferences on the protection of cultural heritage were organized, including the "Asia Regional Conference on the Technical Preservation of Cultural Relics" held in Beijing in 1986, which became a focal point for conservationists throughout Asia. This type of cooperation expanded in the 1990's under increased support from UNESCO and the State Administration for Cultural Heritage of China. In 1990, 1994 and 1995, a series of training seminars on mural conservation, traditional architecture conservation theory, grotto conservation, and wood architecture conservation technique, capitalized on national and international expertise to introduce advanced technology and new ideas on cultural heritage conservation to practitioners from throughout China. In 1991, UNESCO used special funds from the International Committee for the Protection of the Great Wall and Venice to help China repair the west side of the Mutianyu section of the Great Wall. In July of the same year, Mount Huangshan received emergency assistance from the World Heritage Fund to restore traditional structures damaged by heavy flooding. Three years later in 1994, preservation of the Peking Man Site at Zhoukoudian also received emergency funding. Other projects supported by UNESCO, include: the installation of a security system at the museum of the Mountain Resort and Its Outlying Temples in Chengde, Hebei province; the organization of a training course on the management of World Heritage in China; the emergency restoration of the Old Town of Lijiang following a large earthquake in Yunnan; and, the preservation of traditional streets in Suzhou, Lijiang, Beijing and Lhasa. As of today, 29 designated cultural, natural and mixed properties from China have been inscribed onto the World Heritage List in the two decades since China ratified the World Heritage Convention in December 1985.

In addition to UNESCO's regular programs, the Beijing Office also actively assists the Chinese government

UNESCO Strategy for International Cooperation in Cultural Heritage Conservation
A Case Study of the Kumtura Thousand Buddha Grottoes in Xinjiang, China

103

in applying for extra-budgetary programming. China benefited from financial assistance provided under the UNESCO/Japan Funds-in-Trust for the Preservation of the World Cultural Heritage in the restoration of the Ancient Ruins of Jiaohe, Hanyuan Hall of Daming Palace, Kumtura Thousand Buddha Grottoes, and Longmen Grottoes. Of these four conservation projects, the Kumtura and Longmen Grottoes projects are in progress, while the Jiaohe and Hanyuan Hall projects were completed in 1996 and 2003 respectively.

a. The Conservation of the Ancient Ruins of Jiaohe

The Conservation of the Ancient Ruins of Jiaohe was the first UNESCO/Japan Funds-in-Trust project to be implemented in China. Historical records depict Jiaohe as the initial political, economic and cultural center of the Turpan Basin in Xinjiang over 2,000 years ago. Beginning in the Han Dynasty, Jiaohe played an important role in cultural exchange between China and the West as one of the major Central Asian trading capitals of the Silk Road. Today, Jiaohe is a rare example of a well-preserved ancient city with structural ruins that cover 220,000 square meters of the 350,000 square kilometer site. Those still in existence are mostly remnants from the 3rd to 6th century A.D.

In 1993, the UNESCO Office Beijing signed a three-year contract with the State Administration for Cultural Heritage of China in the one million USD conservation project of Jiaohe. Over ten objectives were agreed upon, including the detailed compilation of research, experimental analysis, archeological excavation, atmospheric monitoring, area mapping, partial site restoration, as well as the construction of a flood control measure and visitor path, and a comprehensive plan for the protection of Jiaohe. The project, which was successfully completed in 1996, provided a solid foundation for the future of Jiaohe, and served as valuable experience in the protection of other monumental sites in China.

b. The Conservation of Hanyuan Hall of Daming Palace

As the largest Tang Dynasty imperial palace in the city of Chang'an, many stately occasions were celebrated at Daming Palace. The frequent diplomatic exchanges held in Hanyuan Hall, the main hall of the palace, make the ruins of Daming Palace a part of the cultural legacy of the world. Located northeast of Xi'an, the Hanyuan Hall monument is an elevated platform approximately 15 meters high and 200 meters by 100 meters in area, which recalls the imposing splendor of Tang Dynasty architecture from over 1300 years ago. This conservation initiative adopted by UNESCO, China and Japan ensures that the remnants of Hanyuan Hall do not disappear forever, but instead serve as an on-site museum to educate the public on the history of the Chinese people.

Preventative conservation measures undertaken in 1993 led to the adoption of a formal Plan of Action by the UNESCO Office Beijing and the State Administration for Cultural Heritage of China on July 24, 1995. The two-phase conservation efforts lasted almost ten years with most of the work coming to a close in late March 2003. The total budget for the first and second phases of the project was one million USD and 1.35374 million USD respectively. In principle, the construction of the platform is based on the site as it exists today with a covering layer of earth that serves as a protective surface. The decision to restore Hanyuan Hall in the form of a platform is based on the extensive analysis of archeological finds and scholarly documentation. Tang Dynasty building materials and technique were replicated as closely as possible in construction.

c. The Conservation of Longmen Grottoes

Longmen Grottoes were created over a 400-year period 13 kilometers south of Luoyang in Henan Province. More than 2300 niches were carved into the rock face of the Xiang and Longmen cliffs alongside the banks of the Yi river beginning in 494 A.D. and extending through the Northern Wei, Eastern Wei, Qi, Northern Zhou, Sui, Tang and Northern Song time periods. The site, which includes 40 stupas, and over 3600 steles and 10,000 statues, was nominated onto the World Heritage List by UNESCO in 2000.

Longmen Grottoes has suffered extensively at the hands of man and nature in the last 1500 years. The sculptures are threatened by geological problems that have intensified over the past two decades on account of the deteriorating environment. In October 2001, the UNESCO/Japan Funds-in-Trust undertook international cooperation measures to protect Longmen Grottoes. The project, which is the largest of its kind in the history of Longmen, provided 623,786 USD in assistance for an initial three-year period. Experimental research carried out during this time, includes topographical mapping, geological survey, micro-climatic monitoring of the caves, and erosion, natural deterioration, and water damage prevention. Three experimental caves serve as conservation pilot case studies. The first-phase of the project is expected to finish in 2004, although work is still in progress.

d. The Conservation of Kumtura Thousand Buddha Grottoes

The Conservation of Kumtura Thousand Buddha Grottoes in Xinjiang is a 1.25 million USD cultural heritage protection project that is financed by the Government of Japan, sanctioned by the Government of China and under the authority of UNESCO. As of 2001, the UNESCO/Japan Funds-in-Trust agreed to provide scientific, technical and material assistance over a six-year period through 2007.

The project will serve as a case study in the following example of UNESCO strategy for international cooperation in cultural heritage protection.

3. The Conservation of Kumtura Thousand Buddha Grottoes, Xinjiang, China

The Kumtura Thousand Buddha Grottoes are situated 25 kilometers west of Kuqa County in the Xinjiang Uyghur Autonomous Region. This important site along the ancient Silk Road was created by the Quici, Turk, Han, Huigu and Turpan people over a period of 600 years from the 5th through the 11th century A.D. The oldest of the 112 remaining cave temples dates back 1500 years ago.

The Kumtura Grottoes contain a wealth of unique art, architecture and inscriptions. Inside, Quici, Han and Huigu script provide a firsthand source of information on the history of Central Asia. The grottoes have attracted

UNESCO Strategy for International Cooperation in Cultural Heritage Conservation
A Case Study of the Kumtura Thousand Buddha Grottoes in Xinjiang, China

105

attention from scholars in China and abroad and are of great international importance for their blend of eastern and western cultural traditions and exceptional historical, scientific and artistic value.

Subject to the elements of nature and human activity for over 1,000 years, the Kumtura Grottoes are threatened by earthquakes, flooding, erosion, excessive moisture and cracks in the rock conglomerate. Damage came at the hands of religion in the 9th century when Islam superseded Buddhism in Central Asia, and by way of nomads and visitors, who used the caves as temporary living quarters after the site was abandoned. More recently, a hydropower plant constructed in the 1970's in the lower reaches of the river that runs adjacent to the caves, caused the level of the river to rise significantly and destroyed more of the grottoes and mural paintings. It is perhaps most regrettable that even today, Kumtura faces the threat of extinction as these problems have yet to come under effective control.

A professional team was sent by UNESCO to inspect Kumtura for the first time in 1999. A second mission undertaken in April 2000, included UNESCO, the State Administration for Cultural Heritage of China, and Japanese administration and specialists. At a meeting in Urumuqi, it was then decided that the Government of Japan would donate 1.25 million USD to salvage Kumtura as a cultural treasure of the Silk Road. On June 1, 2001, UNESCO and the Xinjiang government organized another meeting in Urumuqi to assess the affect of the Dongfang Hong Hydropower Plant dam (also called Lower Thousand Buddha Caves Power Plant) on Kumtura. The meeting addressed the direct impact the power plant had on the Kumtura mural paintings, their degree of damage, the raised level of the river, and conservation measures adopted by the local government. Two months later, a project team was established for the Conservation of Kumtura Thousand Buddha Caves, comprised of specialists from the China National Institute for Cultural Property, Liaoning Non-Ferrous Geological Prospecting Research Institute, Qiuci Grottoes Research Institute, Xinjiang Museum, Japan Planning Institute for the Conservation of Cultural Properties, Tokyo National Research Institute for Cultural Properties, and Nara National Research Institute for Cultural Properties. On-site research was conducted by Chinese and Japanese specialists at Kumtura from August 24 to September 2, 2001, and a plan of operations was established in 2002.

From 2001 – 2004, preventative conservation measures in engineering, geology, meteorology and archeology were undertaken on Kumtura and the surrounding area in the first phase of the project analyzing the various causes of damage. Remedial conservation measures planned for the second phase of work from 2005 – 2007 will focus on strengthening the rock conglomerate, treating the mural paintings for peeling and fading pigment, and controlling excessive moisture content in the cave temples based on a detailed analysis of the climate, local environment, and composition of the mural paintings. Progress on the project since its inception demonstrates an urgent need for increased capacity building and the exchange of knowledge. The multifaceted, innovative nature of the project and its research is important in the discussion of interdisciplinary education and training in cultural heritage conservation, and the value of mutual collaboration and communication in international cooperation.

Striking a successful balance between the different parties involved in order to work in the best interest of the project is one of the most difficult aspects of international cooperation. Kumtura faces a number of challenges as a cultural heritage conservation project, including the extreme conditions of the area, the complexity of the problems, the severity of the damage and the broad scope of the material.

One of the biggest obstacles of the project is trying to establish a mechanism of administration based on mutual respect and understanding, while maximizing on the role of the specialists. Some of the major initiatives undertaken by the project so far, include: relief mapping; aerial survey; close-up photography; hydro-geological survey; geo-prospecting; a survey of mural paintings in critical condition; records of each cave; stress testing of the rock conglomerate; micro-climatic monitoring; tests to strengthen the rock conglomerate; and, the testing of primer and several different kinds of conservation materials. Seven major discussions were held over the course of the project seeking guidance on behalf of the project team, and several meetings encouraged the exchange of ideas between all project team members. The specialists also upheld the overall quality of the project in abiding by the work schedule and budgetary details. Moreover, they provided a number of excellent suggestions that raised the standard of cultural heritage protection in Xinjiang, including in projects protecting the valley area of the Kizil Thousand Buddha Caves and preserving the Ancient Ruins of Jiaohe.

Expanding on local resources and knowledge of cultural heritage conservation is a second important aspect in the long-term development of both the region and the project. Maximizing on the professional capacity of the Quici Grottoes Research Institute, the project seeks to learn from and engage with local expertise, as well as guide and support their efforts. In one example of exchange, Japanese specialists provided old photographs and materials in German documenting the history of Kumtura to help complete missing information on the grottoes.

Communication and understanding among all members of the project, including specialists, management and other personnel is key to the success of the project. Ideas on cultural heritage and the materials and technology used in conservation vary significantly between individuals and nations. Scholarly exchange must better achieve the goals of the project during its implementation by maximizing on UNESCO's function, principles and objectives of international cooperation.

4. Conclusion

UNESCO places priority on the importance of cross-cultural communication in the workplace. However, this goal is met with limited success when individual values are promoted in support of cultural diversity. The essence of tradition and origins of our past lie in the cultural heritage of our nation. International cooperation measures in cultural heritage conservation must thus emphasize respect for the culture, traditions and ideas of the country to which the heritage belongs. Cooperation based on the exchange of ideas between people should advocate tolerance and international understanding.

The economy is an unavoidable factor presiding over cultural heritage protection. The most advanced

UNESCO Strategy for International Cooperation in Cultural Heritage Conservation
A Case Study of the Kumtura Thousand Buddha Grottoes in Xinjiang, China

107

technology or best project is often sacrificed for more practical measures of conservation. The local economic circumstances must be considered in designing any plan or proposal. Equipment and other instruments should be selected not only on the basis of their function, but also on the skill level of local employees as well as the conditions of the environment.

The growing needs of the local population and economy cannot simply be overlooked in the interest of cultural heritage protection. The intimate connection between cultural heritage and people make conservation not only a question of technology, but an issue to be addressed by society as a whole.

Acknowledgments:

Ministry of Foreign Affairs of Japan

The Embassy of Japan in China

Planning Institute for the Conservation of Cultural Properties, Japan

National Research Institute for Cultural Properties, Tokyo

National Research Institute for Cultural Properties, Nara

State Administration for Cultural Heritage of China

China National Institute of Cultural Property

China University of Geosciences (Wuhan)

Xinjiang Uyghur Autonomous Region Cultural Relics Bureau

The Qiuci Grottoes Research Institute

Shaanxi Province Cultural Relics Bureau

Xi'an Cultural Relics Parks Administration Department

Henan Province Cultural Relics Bureau

Luoyang Municipality Cultural Relics Bureau

Longmen Grottoes Research Institutes

库木吐喇千佛洞保护带来的启示

王瑟（光明日报）

迄今8年，联合国教科文组织保护文化遗产日本信托基金项目——库木吐喇千佛洞保护工程终于画上了一个句号。

——8年时间，中日两国文物保护专家冒着严寒和酷暑，自己拎着鞋，淌过布满高低不平卵砾石的河，奔波在沙漠戈壁的边缘。

——8年时间，中国文物保护专家惊讶地发现，只有十分之一的资金用在了修复工程上，其余十分之九的资金均用在了对库木吐喇千佛洞周边环境的调查了解上，由此人们手里拿到了最详尽的第一手水文、气候、航空摄影、岩体锚杆抗拔力试验、岩体加固试验等数据。

——8年时间，库木吐喇千佛洞保护工程让中国的文物专家学到了更多文物保护的新理念——只有找准了病因，才能对症下药。与此形成鲜明对比的是，目前许多地方所做的是：看到破损后，还没搞清病因时就开始了"认真地"修复。最终的结果是越修越坏，甚至是好心干了坏事。

库木吐喇千佛洞的昨天

维吾尔语"库木吐喇"，汉语意为：沙漠中的烽火台。它位于新疆阿克苏地区库车县确尔塔格山南麓，渭干河东岸。库木吐喇千佛洞是龟兹佛教石窟中规模仅次于克孜尔石窟的佛教寺院遗址，开凿于公元5世纪，延续了600余年，最早的洞窟具有1500年的历史。现有编号洞窟114个，壁画面积达4000余平方米。因其多元文化现象在世界佛教文化遗产中占有特殊的地位。1961年被国务院公布为全国重点文物保护单位。

库木吐喇千佛洞包括玉其吐尔、夏克吐尔等在内的众多遗址群，据王炳华考证，玉其吐尔和夏克吐尔遗址就是《新唐书·地理志》中所称的柘厥关。而夏克吐尔寺遗址据考证，正是《大唐西域记》里所述的阿奢里贰寺。这里是安西大都护府西境的门户，也是贾耽"安西入西域道"的始发站。因为这里是当时西域三十六国中龟兹国的所在地，使得这里的壁画艺术出现了犍陀罗艺术风格、龟兹风格、汉地风格和回鹘风格，是国内目前保存最完整的石窟艺术。20世纪初曾有多支外国探险队来到这里，将大量的壁画切割运到国外，使这里在遭受自然侵袭之外遭受到更大的人为破坏，众多珍贵壁画从此流失海外。新中国成立后，黄文弼和阎文儒先生先后组织考察团和调查组来这里考察，开启了中国学者对库木吐喇石窟研究的先河。20世纪70年代以后，中国先后组织了四次有计划、有组织的考察工作，首次对库木吐喇千佛洞的时代、洞窟类别形制、寺院组合、壁画题材及艺术风格进行了系统论述。

库木吐喇千佛洞的今天

库木吐喇千佛洞现存有114个洞窟,按其功能可分为礼拜窟、僧房窟、讲堂窟和罗汉窟,具有很高的历史、科学和艺术价值。由于多年无人管理,加上自然破坏和人为破坏,如今的库木吐喇千佛洞早已失去了往日的辉煌与灿烂,成为急需保护的重点文物单位。

1998年,中日双方就进行丝绸之路现存古代文化遗产保护达成了协议。1999年8月,联合国教科文组织考察组到库木吐喇千佛洞现场首次进行了调查。2000年4月由联合国教科文组织、国家文物局和日本政府有关部门及专家对库木吐喇石窟进行了实地调查,计划利用日本政府的无偿援助资金125万美元,对该处古代丝绸之路上的珍贵文化遗产进行抢救保护。2001年9月,在联合国教科文组织组织中日专家多次进行考察、论证和收集资料的基础上,制订了《库木吐喇千佛洞保护维修工程计划》和《库木吐喇千佛洞保护维修第一期工程计划》。根据实施计划,2001年9月至2002年12月,完成了前期调查、收集资料等工作。2003年进行了修复方案前期勘察设计、总体规划的前期调查、小气候气象站建设、洞窟档案记录等工作,同时还完成了库木吐喇千佛洞区域各种比例的测绘、近景摄影测量、水文地质、工程地质勘察等前期工作。2004年开始,进行了一系列保护试验,并在前期工作的基础上,完成了《库木吐喇千佛洞第一期工程基本设计》、《库木吐喇千佛洞壁画防剥落及加固材料试验报告及资料汇编》、《库木吐喇千佛洞修复保护规划》成果报告、《库木吐喇千佛洞保护规划》(初稿)等多部报告。

截至2004年底,联合国教科文组织援助的库木吐喇千佛洞保护维修工程第一期工程计划中的项目全部顺利完成,并且建立了较为规范的项目管理制度,为下一步工作奠定了良好基础。在此基础上,新疆向联合国教科文组织提交了库木吐喇千佛洞修复保护第二期工程实施项目、预算及计划等。2006年5月,库木吐喇千佛洞保护维修二期工程正式启动。经过各方的共同努力,二期工程于2008年5月通过了中日联合专家组的现场验收。2009年2月21日,国家文物局和联合国教科文组织又在北京主办了项目成果报告会,从多角度对项目成果进行了探讨。

在国家文物局、联合国教科文组织驻北京办事处、新疆维吾尔自治区文物局和新疆龟兹石窟研究所的有效管理下,在中日专家以及各个设计施工单位的紧密配合、不辞辛劳的努力下,历时8年的库木吐喇千佛洞保护工程项目完成了洞窟档案记录、工程地质、水文地质调查、航空摄影、近景摄影测绘、地形图测绘、气象站建设、《库木吐喇千佛洞文物保护规划》、《库木吐喇千佛洞修复方案设计》、岩体锚杆抗拔力试验、岩层加固试验、五连洞支撑基础和锚杆加固、79窟保护棚及岩体加固、新1和新2窟的岩体加固等若干项目,取得了令各方都满意的丰硕成果。

库木吐喇千佛洞保护项目的理念收获

全程参与了这个项目的新疆文物局文物保护处处长乌布里·买买提艾力感慨地说:"这个项目不仅仅是为遗产保护争取了宝贵的资金,关键是让我们在合作中从思想观念上对文物遗产保护有了更深的认识与理解。我们过去总是这样在做文物遗产保护:看到破损的文物遗产时,还没有理清病因,就急不可耐地开始

专家对库木吐喇千佛洞进行勘察　　　　　　修复壁画　　　　　　专家研究修复方案（照片均由新疆文
物局提供）

大量的修复工作。这就好像一位医生，看病时本应采取望、闻、问、切多种手段诊断病因，结果他只看了一眼就开出了药方，这样的治疗怎么能治好病呢？文物遗产保护工作也一样，当你连文物遗产目前存在的问题也就是病因都没有完全搞清的情况下，就急于投入资金进行修复，最终的结果只能是花了大钱，却没有彻底解决问题。"

　　回顾库木吐喇千佛洞8年来的保护项目，主要精力都用在了基础资料的收集上。专家们建立了气象站，对这里的气候进行了8年的跟踪分析，从中找到自然影响的规律。他们详细调查了这里的水文资料，掌握了水文对遗址影响力的大小。他们还借助航空摄影，对库木吐喇千佛洞方圆地质、地理情况有了更详尽的了解。"千万别小看这些基础性工作，正是有了它们，我们在编写库木吐喇千佛洞'申遗'报告时，才会感到很有信心。这正是我们过去最容易忽略的地方，以往常常认为这些工作没有实际意义，不能直接给文物带来保护。而这正是我们在理念上获得的最大收益。"乌布里·买买提艾力这样说道。中国是一个文化遗产大国，文化遗产的保护任务十分艰巨。如何通过国际的合作，让更多的文化遗产保护先进理念为我所用，让更多的文化遗产获得更先进的保护，是我们必须深思的问题。而此次的合作，无疑开了个好头。

春秋六载——库木吐喇千佛洞

王建林（新疆龟兹石窟研究所）

壹

2002～2004年，笔者参加了"联合国教科文组织文化遗产'日本信托基金'库木吐喇千佛洞保护修复工程"项目的工作（库木吐喇千佛洞是百姓对石窟的俗称，为便于叙述，从专业角度我们仍以石窟称呼）。这是我有生以来在库木吐拉喇石窟工作时间最长的第二次，前后春秋六载，算下来也有42个月，时间也够长的。不过，自己有幸将库木吐喇石窟全部通读了一遍，品味了一番。但想读懂她还有一些困难。

记得我第一次来这里工作时，只是将库木吐喇石窟大概草草翻阅了一遍，根本无暇去品味，只因为当时壁画艺术抢救工作时间紧、任务重，没有时间去一页一页翻看，主要精力 "迷恋"于壁画临摹工作。

库木吐喇石窟的历史发展与现状，最早的时候对我是陌生的，我并不知道有她的存在。当我的脚步迈进千佛洞这道门槛的瞬间，感受到世界上还有这么美妙、神奇的壁画艺术。就这一步，我就和龟兹佛教艺术结下了因缘。随之，也就了解到古龟兹地区是西域的佛教中心，是丝绸之路中心，是西域都护府和安西都护府所在，这里有许多石窟群。在古龟兹地区，我的第一步是迈进了克孜尔石窟，那是1973年，第二步是库木吐喇石窟，时间是1989年。

迈进库木吐喇石窟的这一概念，对我来说这一步并不是那么简单，无法用"进"字来形容，而是泅水而来的，这是我首次涉猎龟兹石窟艺术。那一年，当我看到库木吐喇石窟的第一眼时，不敢相信这眼前的一幕。汪洋中的石窟，哪里能看到她的艺术魅力和她的存在？谁能想起这么一招，在"佛"的足下建一座水库？

我记得，那是1975年的春天，在一个风和日丽的上午，由拜城县克孜尔千佛洞文物保护管理所11人组织成的一支文物考察队，领队是老所长姚士宏先生，在他的率领下，从克孜尔千佛洞出发，用5天时间，徒步沿木扎提河向下，进行河谷两岸文物考察。这一次就有了别样的意义，那一年我才19岁。我们考察队顺水而下，沿河两岸发现两处小石窟，小的可爱，两三个也算一处，证实了当年黄文弼先生考察时的笔录。时隔14年，我已进入而立之年。1989年春季走近库木吐喇石窟，我这次是有实际意义上的踏进了库木吐拉这块久违了的圣地。

离别14载，这一次看到了洞窟前修起了挡水大坝，石窟与渭干河分离，窟内水退去。我应该是高兴的，不知怎么地，还是高兴不起来。遗憾的是，洞窟外面虽然有了钢筋水泥高墙，但没能从根本上解决实质问题，河水渗透力极强，钢筋水泥也无力挡住水患，基础为虚设。壁画艺术岌岌可危。为了挽救国家的文化遗产，抢救历史遗存，新疆维吾尔自治区人民政府及时做出决定，将受到水侵害的壁画全部要揭取下来。在揭取壁画之前，龟兹石窟研究所的美术工作者（笔者是其中的一员），受命临摹受水侵害的全部壁画。

1989年～1991年，历时3载，5位美工，一位摄影，一位档案记录，另外还有两位帮工，各自从不同的角度，记录、摄影、建立受到水侵害的壁画资料档案。

完成壁画临摹任务，这是我在库木吐喇石窟工作最有意义的第一个3年。这3年的工作，辛酸苦辣品味个全，谁也不会相信我们在炎热的夏季，身穿毛衣，腰围护腰，戴护腿，脚穿雨靴站在水泽中工作，那一站就是3个春秋。虽然如此，欢笑还是多了一点。最让人难忘的还是集体生活的乐趣，它打破了沙漠高台里的寂寞。我们吃一锅饭，住一个屋（只是委屈了女同胞，在一间房子里又另外隔出鸽子笼式的小小屋），说笑逗乐，无秘密可保，一夜梦中全抖搂个遍。袁庭鹤老师像个家长爱护着我们，每天清晨用浓厚的川味——起床喽，把我们从梦中叫醒。那些辛酸苦辣已不足为奇了。

贰

库木吐喇石窟佛教艺术，应为三个时期或分三个阶段完成，她经历了漫长的岁月，虔诚的佛教信徒夜以继日，手把铁錾一锤锤凿出100多个洞窟。这是继克孜尔石窟，在古龟兹地区又一座颇具规模的佛教殿堂建造起来。库木吐喇石窟开凿年代略晚于克孜尔石窟，她们应是　"孪生姐妹"，但各有法缘，相互之间相距十余公里，共饮"一江"水。两个石窟被一条丝带连在一起。首有克孜尔石窟，位于木扎提河北岸；尾有库木吐喇石窟，位于渭干河东岸。其实，两个石窟均在木扎提河这一水系河谷。库木吐喇石窟峡谷出口区，河两岸各有一处遗址，河西为夏哈吐尔遗址，河东是玉曲吐尔遗址。两岸遗址颇为重要，柘厥关遗址和阿奢理贰寺遗址在此。20世纪初，德国人格伦威德尔和法国人伯希和均在此进行了发掘，曾出土大量价值连城的塑像、木简、木雕、汉文书和龟兹文书。出土文物我们今天只能到法国、德国、英国等国的博物馆和图书馆看到。出土汉文书、龟兹文书对研究龟兹文化，龟兹佛教的兴衰有着无可替代的研究价值。两处遗址现今已面目全非，仅保存下了残垣断壁，在瑟瑟风中呻吟、哭泣。

清末，一位侠客"别出心裁"将库木吐喇石窟这一段河道称之为——渭干河。不过，让我们记住了一位叫徐松的地理学家。我记得他在《西域水道记》有一段话描述了库木吐拉："赫色勒河西又南流三十余里，经千佛洞西。缘山法像，尚存金壁。壁有题字曰"惠勤"，仅僧名也。河流经岩下，雅尔干河来汇，是为渭干河。……渭干河东流，折而南，凡四十余里，经丁谷山西，山势斗绝，上有石室五所，高丈余，深二丈许，就壁凿佛相数十铺，璎珞香花，丹青斑驳。洞内西南向，中有三石楹，方径尺，隶书梵字，镂刻回还，积久剥蚀，惟辩"建中二年"（781年）字。"徐侠客所提"石室五所"就是当今库木吐喇石窟五联洞，它已成为库木吐喇石窟代码。从汉文题记可知，库木吐喇石窟不止是一个民族在此建窟造像，应有多个民族共同打造，建立了一个和谐的文化氛围。

库木吐喇石窟当今已编号的约112个，分南北两个区域，北区习惯称呼"窟群区"，有窟80余座；南区为谷口区，有窟30余座。有壁画洞窟接近二分之一，壁画面积粗略概算约5000平方米之多。这么多的

壁画 "三分天下"，我们称之为为三种样式。本地龟兹式，中原汉风式，漠北回鹘式。大家庭共同的文化，诞生于库木吐喇。

一、龟兹风格的佛教艺术

何谓龟兹风格的佛教艺术？这就是建立在本土民族文化基础上的，有创造性的，取东西方文化之长，打造出独特的，将佛教文化推上艺术顶峰。龟兹大画家们把佛经故事图案化，创造出一种山形的菱格，突出佛经故事重要情节。将佛经故事最有特点的一幕，画进像山峦、又像莲花、又像佛龛这一个独特的菱形格里，别有风趣。关于菱形格问题，已讨论30年之久，时间也够漫长的，终没有定论，东来说还是西来说，现今仍在继续。笔者认为本地说是最恰如气氛。只要来过西域（新疆古称西域）的人，如有留意，去仔细观察，你就会发现，在别处所看不到的山峰。现代红学大师冯其庸先生，他在龟兹考察期间，曾留下一首气势宏大的诗句："看尽龟兹十万峰，才知五岳少峥嵘。"的确是这样，龟兹的山峰别具一格，是画家最好的写生素材，因而塑造了龟兹艺术家的丰富的想象力，产生了菱形格的生命，菱形格绘画艺术，当地说不为过。如窟群区的2、23、46、53、58、63窟中的菱形格画面较为突出。峡谷出口区的17、20、21窟虽未见到菱形格画面，但也不能忽视，因为她们属于早期作品之列。值得提一笔的是库木吐喇63窟。

库木吐喇石窟63窟的菱形格画面，是一个典型的山峦、莲花、佛龛式的。菱形格内绘出不同佛经故事缩写场面。佛教本生故事占据主室顶部要位，这可能是部派的缘故。龟兹佛教以小乘一切有部为主导地位，讲究个人修行，以我为中心，信奉一佛一菩萨。63窟在整个石窟群中是一个较有特点的窟，易给僧众留下深刻的印象。

该窟高大，主室正壁塑一尊释迦立像，使人惋惜的是现今已看不到他的容貌，只有凭借我们的想象力去假设遐想。还好，壁面留下了佛祖身光，我们在这些浮雕、影塑残迹中，仿佛看到他的真颜。佛祖目视远方，右手作施无畏印，左手提衣襟，祝福着众生平安、幸福。这使我想到海疆灯塔，指明航船向前。

除菱形格画面之外，更有说服力的是肢体语言艺术，这是继希腊艺术之后的又一个艺术高峰。在库木吐拉石窟早期洞窟内随处可见她的风采。峡谷出口东岸，21窟的13身礼佛菩萨，她已站立在我们面前，诉说着历史。

21窟是库木吐喇石窟中较有特殊的一个洞窟，它是一个壁画尚未画完的洞窟。壁画未画完就终结，是什么原因？我们可以这样去判断，该窟在作画期间正处于龟兹和汉风艺术交替期，只因历史久远，眼下难以谈其究竟。无论如何，该窟13身菩萨形、神兼备，应出自一位水平较高的画家之手。从菩萨的形体身上可看到古希腊的影子，人体比例匀称，骨骼、关节、结构入骨三分，出神入化。这位画师在绘画技法上细致入微，对每一朵小花都是那么认真敷色，不难看出这位大师是一位虔诚的佛教信徒，而又是一位大画家。这位画师也给我们留下了一些遗憾，该窟四壁为何不作画，让我们只看着13身菩萨？

我和老师在《龟兹古国》一书中曾论述过龟兹佛教艺术魅力所在："龟兹石窟艺术是中亚佛教艺术的顶峰，壁画壮美多彩，技法出神入化，内涵博大精深，色彩绚丽斑斓，壁画中溢荡着艺术春风和人间真情，壁画沉静古朴的形象，精湛绝伦的线条，素雅庄重得当设色，描绘了恬静超然的佛陀，婀娜多姿的乐神，秀美飘逸的飞天，孔武刚劲的金刚以及五彩缤纷、灿烂瑰丽的佛教净土，天上宫阙和生气勃勃的人间画卷，这些壁画构成了大小乘佛教的艺术王国，展现了龟兹古国的民族精神风貌，不仅绘画艺术精彩绝伦，而且艺术神韵有如天成，尤其在人体艺术方面，龟兹艺术家汲取了希腊和犍陀罗艺术的精髓，把希腊人体艺术推到了一个新的独到的境界，他们抓住了人类感受最亲切、最微妙、最能触发激情的视角对象，以肉体—灵魂寄托的生命实体—人体为对象，在龟兹石窟创造了一个多彩的人体艺术画廊，一个让世界为之倾倒的东方体艺术的天堂，这里遗存的佛教故事和世俗生活的裸体形态数以千计，龟兹人以大胆的创新精神和非凡勇气，为世界艺术史留了一道闪烁着奇丽光辉的风景线。"这是对龟兹佛教艺术的精辟概括，龟兹艺术还可以用7个字去总结："单线、平涂、加晕染"。库木吐喇石窟早期艺术已包含了这7个字，63窟的绘画是其中之一，人物形体修长，以单线勾勒，铁线描法，刚中带柔，肌肤略施珠　色，薄而润，肌肉凸现，有张力。这一西域的绘画法则传入中原，被中国美术史论家张彦远先生称之为"凹凸"法。龟兹佛教美术促进了中原佛教美术的发展，根基深深扎进中原这片沃土，在那里生根、发芽、开花、结果。西域画家曹仲达、尉迟父子移居中原，作为在中原，"凹凸"绘画技法普及中原，产生强烈的反响。

尉迟乙僧善画宗教故事、人物肖像，多数取材西域各民族人物形象。其善于处理复杂多变的画面，构图布置宏伟奇异、匠意极险，颇有奇处。乙僧的绘画艺术，生动传神，有"身若出壁"之感。他在表现手法上，将西域艺术的表现形式，与中原地区传统的绘画技法相结合，使唐代的绘画艺术推到了巅峰，因而得到了丰富和发展。其人物画"小则用笔紧劲，如屈铁盘丝，大则洒落有气概"。又长于色彩晕染，沉着浓重，而具有立体感，这也是龟兹艺术的真实写照，他在中国绘画史上就具有特殊地位。

北齐画家曹仲达，擅画人物、肖像、佛教图像，尤精于外国佛像。所画人物以稠密的细线，表现衣服褶纹贴身，"其体稠叠，而衣服紧窄"，似刚从水中捞出，人称曹衣出水。与唐代画家吴道子的吴带当风画风并载画史。中国美术史也就有了"曹衣出水"这一笔。

在西域美术的影响下，中原佛画大师辈出，从西域绘画艺术中汲取营养，改变了中原文人画家"病弱无力"，"若不禁风"，"有外形而无风骨"的绘画风格。吴道子的"吴带当风"、阎立本的帝王人物，各成一家，为中国美术史留下了一笔珍贵的财富。然而，龟兹的佛教美术根植于本土，汲取了东西方文化营养，创造出别具一格的艺术风格，因此，"龟兹风"吹遍了中原各大石窟、寺庙。敦煌、云冈、龙门早期佛教艺术都可见龟兹的影子。

在库木吐喇石窟早期艺术中，在不同时期有不同的水准，并不在一个水平线上。除63窟之外，58窟绘画艺术算是一个高水平窟。该窟主室正壁，佛龛的上方，在一个小空间里，画出了大气魄佛国天空，其壁画浑厚，难能可贵。壁面里的飞天，变换着各种姿势，舞动着，似有冲破石壁之感。飞天吹着排箫、长笛，弹着琵琶、箜篌欲飞出壁面。天使们在佛国天空自由翱翔，表达着人们一种追求。佛龛内外形成互动的愉悦感，有听、有闻、有请。还有那些在山中欢悦的动物，它们在佛的法缘感化下"立地成佛"，因为虫兽都有成佛的权利。佛教思想所能表达人们愿望的，龟兹画家借助手中画笔表现得淋漓尽致。这些壁画艺术虽为早期作品，但每个石窟壁画风格略有差异。53窟壁画却是宁静了许多。该窟壁画大部分内容已是漫漶不清，只能在残破中寻觅她的历史。我在隐隐约约中看到主室两侧壁的天宫伎乐图，似乎还在舞动，形态各异，舞姿优美。她们已清晰浮现在我的面前，以赭石色勾勒出舞动中的菩萨，线条流畅，柔中带刚，栩栩如生。肌肉敷色虽不清晰，但可感觉画前的用意，虽为残破，她的生命力犹存。

库木吐喇46窟壁画从整体上讲，统一黑色，艳丽色彩也显得黯淡，然而，这不是她本来面目。龟兹壁画曾在某一段时间内，出现了差错，颜色被替换或者进口了一批假货，是否利益所致？现无从查考。该窟壁画，明显出现了拥挤，画技拙劣，失去以往奔放感。人物造型敷衍了事，稍微有了感觉就收笔。画工为应付差事，以色块替代了优美线条的技法，衰败的迹象已到来。经细读后，可发现每壁画面技法的差异，主室券顶为一个单元，主室前壁为一个单元，正壁为一个单元，两行道又是一个单元。在一个角落，左侧壁左下角，不起眼处，发现了不完整的汉文题记，这一重大发现， 46窟四世纪之说要改写。在早期石窟内出现汉文榜题，说明龟兹风格的绘画艺术终结，中原画工已介入库木吐喇石窟，中原汉地佛教美术在库木吐喇石窟已开始。龟兹佛教美术又进入另外一个新的纪元。

二、中原汉风时期壁画艺术

公元7世纪末年，武后时期，为收复安西四镇，派兵3万驻扎龟兹，因此，龟兹、于阗、疏勒、碎叶从新归唐所治。至此，安西大都护府由高昌（今吐鲁番地区）移置龟兹，而后佛僧、工匠、商贾、随军家眷、文化使者纷至沓来。龟兹佛教艺术再次进入一个汉文化繁荣时期。随着佛教艺术的变革，龟兹画风继而转型，完全中原汉家样的佛教艺术落地库木吐喇石窟。汉地佛教回传龟兹，绘画艺术从某种意义上讲，是由敦煌画工在此造就了库木吐喇石窟艺术，从绘画结构、布局、设色、用笔，都给了我们完整地诠释，敦煌画家高手云集此地，创造出中原汉文化而又略带龟兹味的壁画艺术。库木吐喇石窟16窟是一个典型的代表。

16窟为中心柱式窟，前室两侧又各开一室，编号为15和17窟，构成一个单元，这一个单元或许就是一所佛寺。16窟前室各壁绘什么，无法辨识。顶部壁画模糊不清，隐约所见不完整的莲花，所识无几。进入主室，映入我们眼帘的，是触目惊心的惨破壁画，壁面千疮百孔。水迹的斑驳，刀割、斧凿的痕迹历历在目。1906年德国人勒库克、格伦威德尔光顾此地，被他们尔等贼人割走无计其数。剩余壁画在20世纪70年代，壁画又在人为造成的水患中浸泡了一个阶段，可谓多灾多难。80年代末90年代初，国家为保护国宝遗存，采取了将壁画剥离的措施，对其壁画进行了手术。在剥离前夕，我再次仔细阅读了她，并将其中较好的壁画临摹。

16窟壁画是地道的盛唐时期作品，画工技法高超，柔中细。左右两侧壁，绘出恢宏的"西方净土"，色彩变幻艳丽，线条柔中带刚，似流水。兰叶描、钉头鼠尾描、游丝描等，各式描法在此窟显露出来。你看飞天，轻盈飘逸，有欲飞出壁"满壁风动"之感。在我眼前的佛、飞天、菩萨，坐其彩云之上，在佛国天空自由飞翔。原敦煌研究院院长段文杰先生在20世纪70年代中期考察龟兹石窟时曾说过，看盛唐时期的石窟壁画，就到库木吐喇来，经典之作在这里，尤其是16窟的飞天，绘画水平高于敦煌。的确是这样，16窟的壁画是盛唐时期代表之作。因而，非常遗憾，我们无法阅读到16窟的整体作品。虽然如此，从16窟残破壁画中，我们已深深感受到中国画"十八描"，在此被刻画的淋漓尽致，轻柔、飘逸等最美的词句用到16窟壁画中，都不为过。总之，库木吐喇石窟盛唐时期的壁画艺术，均出自高水平的画家之手。在流失海外的库木吐喇石窟壁画精品，被那些深目、高鼻、白肤色的人赞不绝口，为次而折服。16窟壁画虽为残破，我们在这残破中仍可看到她当年的风采。70年代末，敦煌研究院画家关友惠先生，完整复原了16窟一对飞天，将库木吐喇石窟盛唐时期的作品展现在我们眼前。

除16窟之外，这个时期还有许多，如15、17、14、12、11、73等。我们从壁画艺术中，可感受到龟兹当年的繁荣，丝绸之路畅通，驼铃声声，源源不断，龟兹街市一片繁忙景象。各国使节、文化使者、商贾云集于此，因而中转，奔走大唐帝国首都——长安。龟兹形成国际型的贸易中心，龟兹民众寝息在莺歌燕舞之中。两百多年之后，沿丝绸之路上的佛教艺术又进入另一个新的变革时期。

三、尾声中的回鹘风

公元9世纪中叶，漠北回鹘民族西迁至此，完全中原和龟兹风骨的佛教艺术退出历史舞台，由龟兹人、中原人、回鹘人的各民族画师，又开始创造回鹘艺术风格的绘画艺术，这之后又是三四百年，至此，龟兹本土画风的佛教艺术已逝去往日的辉煌，走进低谷。

公元840年，居住蒙古高原的回鹘（今维吾尔族先民）政权被黠嘎斯（北方少数民族）推翻，在致命的打击中，几乎是整体民族走向西迁之路。葱岭以西为一支，河西走廊为一支（现今裕固族为回鹘后裔），另一支迁到吐鲁番，史称西州回鹘。落脚之后又向西发展，扩大到龟兹广大地区，以今吐鲁番为中心，建立了高昌回鹘政权。西迁的回鹘民族深受汉文化和佛教影响，就此在吐鲁番地区开窟造像，打造出回鹘风格佛教壁画艺术。佛教艺术在西域又进入一个新的发展时期，龟兹佛教艺术深受影响，继而被回鹘画风所替代。库木吐喇石窟75、79窟，是典型的回鹘民族绘画风格的洞窟。

当我们阅读和品味库木吐喇石窟回鹘风格的壁画作品时，兴致不再那么浓厚，只因绘画水平低下，佛教及佛教艺术中心转移至高昌（吐鲁番地区）。高僧大德随之东迁，向往另一处"圣地"，施展着他们的才华。伯孜克力克石窟见证了这段历史，龟兹风格的人物造像在此显露出来，龟兹文与回鹘文题记同时出现在墙壁上。在这里又可看到民族大融合的佛教艺术作品。这一时期，库木吐喇石窟的75、79窟为代表。

库木吐喇75窟，是一个小型洞窟，不到两平方米，高度约170厘米。该窟正壁绘一身穿袈裟的高僧，身外画出云气纹四射状，每一条云气线画出不同的人物故事，高僧下方正中汉文题写发愿文。本窟壁画画技拙劣，几乎没有起伏变化，色彩仅有一点石青、石绿、土红点缀。更糟糕的是两侧壁壁画，不讲究形体，以色块涂鸦而已，用非常简单的黑线条随意勾勒，画工糟糕透了，75窟壁画只能算是初学者作业。我们从汉文榜题可这样解读它，回鹘王室家族，到达龟兹后已无经济势力再开凿石窟、聘请画工、购置颜色所需经费，在无法解决的情况下，减少了开支，借前人开凿好的洞窟或者开凿一个小小窟，仅表达一家人的愿望而已。该窟壁面没有回鹘文榜题，榜题全部由汉文楷书书写，供养人又均为回鹘王室族人，这说明了什么？有两点解释，一是汉字是大唐通用的国文，二是回鹘王室族人聘用了一位汉民族匠人，75窟壁画是汉、回鹘之间的文化作品。79窟可说与75窟一脉相承，画工技法仅略高一点，只因为它是一个王室开凿洞窟。

79窟为方形、穹隆式窟，石窟中央修筑土台，高约80厘米的佛坛，原座佛像不知去向。佛坛正面注重表现回鹘王礼佛图像，人物以墨线为主，稍许石青、石绿、赭石色点缀。左右两侧壁面绘佛本生故事画，是没有画完的作品，只用赭石色构出人物的轮廓，红线已模糊，在强光下还可辨识。该窟前壁，入口右侧底层，绘有5身跪姿的回鹘王室族人，双手合十礼佛状态。人物的面前均有汉文书写榜题，可知是回鹘王的兄、弟、妹。79窟所绘人物，形体比例不对称，头重脚轻，无根底，线条希疏，无章法。艺术韵味不知何处寻觅，至此，龟兹佛教艺术也就进入了尾声，被画上句号。

叁

综上所述，是我在库木吐喇石窟，春秋六载工作时的感悟。后三年与14年前就大不一样了。14年前是而立之年，在懵懂之中。这次已进入天命，人老了许多，对库木吐喇石窟的阅读，也就上心重视起来。2002～2004年，工作性质发生了变化，库木吐喇石窟被重视、被关注，重视的程度惊扰了联合国。国际组织参与到世界各国的文化

遗产保护工作，是在提高人类文明意识。由此，库木吐喇石窟被纳入联合国教科文组织的保护工程项目。

负责督办这次工程项目的是联合国教科文组织杜晓帆博士和两位日本同仁。博士年轻，应是在而立之年的年龄，从外形看忠厚，在他的脸上可透视出，他有满腹经纶和谋略。杜博士与同仁为人和蔼，易近人，没有官腔官调。博士的同伴有两位，女士名叫甲斐，是一位日本人，很可爱，喜欢听笑话，别人也就喜欢开她的玩笑。甲斐女士有时还挺认真，也是一位性中之人，她的年龄无人知晓。另一位长者（从貌相判断），与甲斐女士来自同一个国家，平时他的脸上堆满笑容，沉浮很深，像"迦叶"似的，一脸的知识和学问，也是一位可爱的"老头"。三位联合国"官员"与研究所的同行们，在相处几年里，有说不完的笑话，讲不完的故事。他们给参加库木吐喇石窟项目的同志，带来了极大的愉悦，我们用最诚挚的语言，向他们道一声——谢谢！

本次库木吐喇石窟保护工程项目，得到国家文物局、新疆维吾尔自治区人民政府的高度重视。自治区文化厅、文物局根据上级安排，把工作落实到龟兹石窟研究所。担子有多重？是联合国关注的工程，可想而知，这可不是一般的项目。王卫东所长挑起了这副担子，组织石窟研究所10位业务人员，卫东所长为总负责人，笔者负责洞窟摄影工作。参加这次工程项目的业务人员多，所里根据他们自身的业务能力，调整到相适应的工作岗位。说来也很有趣，除了我和李丽近50开外之人，其他同事差不多都在一个年龄段，已进入立年之时。

21世纪初的3年，在库木吐拉石窟工作中，又经历了喜、怒、哀、乐。喜在卫东所长让大家有机会参与到"库木吐喇维修工程项目"中来，使业务人员有一个锻炼、学习的机会，这种项目不可多得。所长在工作上考虑周到、深远、细致。在洞窟壁画病害记录方面，专从敦煌请来指导老师徐淑清，现场指导工作。这与14年前相比，有了进步和改善，赶上一个信息时代。代步工具是现代化，过去只能是两条腿走路。现在办公电脑化，所收集信息可及时输入电脑中。道路和通讯是畅通的，后勤补给有保障，个人也拥有了手机。　过去不敢想，当时的库木吐喇石窟，就连最起码的一部摇把子电话也没有，送信靠人

跑路。这次工作喜乐多多，还有一喜。我们的生活条件大大改善，有一个单独的院落，吃、住不发愁，晚上有电视看，大家还可以学电脑，上班有车代步（这是后来的事了）。不过，在很长一段时间里是步行，很辛苦。步行3公里到工作点，在烈日炎炎的夏天，来回四趟，大家手里还要提着工具，每个人的臂膀在夏季里都要脱去一层皮，无人叫苦。后来有了马车代步，再后来就有了汽车，工作方便，节奏加快。最让人难忘的是刚来的第一年，2002年的7月。突如其来的百年不遇的洪水，打乱我们的工作计划和程序。

2002年7月底，气候不正常，阴霾天气雨水不断，所住房屋到处是漏雨声，左搬右挪无暇顾及。大雨作怪，天山洪水暴发，拜城县五条大河的水全部拥挤进一条河，就像脱缰的野马向下奔腾而至。库木吐喇石窟上游，克孜尔水库库溶水量有限，闸门全部起吊，顷刻间克孜尔石窟第一个殃及"池中"，二分之一埋没水泽里，一片汪洋，卫东所长带领全所职工投入抗洪。

轰鸣声中的洪水泻向下游，危及石窟，也危及库木吐喇水电站。阿克苏地区为确保电站安全，用炸药炸开泄洪大坝，洪水肆虐，水面宽百多米，水深10米余，和314国道桥面平齐，发了疯奔腾的泥浆水浪打上了桥面，桥梁在晃动中，东西交通中断。库车抗洪大军集结到库木吐喇电站周围，严阵以待。洪水何时退去无法预测，石窟档案工作受其影响，尤其是被困在窟群区里的护理员，吃喝成了问题。在克孜尔石窟抗洪的王卫东所长，他已想到在库木吐喇石窟工作的同志，抽身又赶到库木吐喇石窟看望、慰问大家，得知护理员被困窟群区，即可组织人马想办法送粮进山。进窟群区的道路中断后，再无路可走，进山送粮谈何容易。为确保职工的生命安全，选派8人背上粮食进山寻路（笔者是其中之一）。寻山的路上可用"上刀山、下苦海"来形容。下沟壑，上山梁，磨穿鞋底，划烂衣服。陡壁悬崖常常是搭人梯攀上，下不去的陡壁往下跳，"八名勇士"硬是在山里，闯出一条"血路"，以极快的速度将食品送到护理员手中。

洪水时期库木吐喇石窟档案工作暂时进入了困境，为不影响工作进程，卫东所长及时部署，调整工作，将工作重点挪到峡谷出口区。在峡谷出口区工作，也不是一帆风顺。进出工作点绕行4公里之多，需要翻山越岭，经过几道山梁沟壑。在这之后，前来慰问的国家文物局有关部门领导、自治区有关部门领导、文化厅、文物局的领导、联合国教科文组织负责督办的杜晓帆博士一行，与库木吐喇石窟档案工作组的同志们都经历了这段艰难。在野外，在艰苦的3年里，档案工作组的全体业务工作者，跑遍了库木吐喇石窟的每一个角落，完成112个洞窟的摄影任务，112个洞窟的文字记录，测出库木吐喇石窟总平面图和112个洞窟平、剖、立面图，完成壁画洞窟的病害记录。历时3载的艰难岁月，在联合国教科文组织杜晓帆博士督办下，在文化厅党组和文物局领导的关心下，在参加工作的人员共同努力下，如期完成"联合国教科文组织库木吐喇档案项目工程"，新疆龟兹石窟研究所交出一份完整的答卷。

2009年元月5日于乌鲁木齐市

Six Years in Kumutura Thousand-Buddha Caves

Wang Jianlin (Xinjiang Kucha Academy)

Abstract

The author participated in the "UNESCO Japan Fund-in-Trust Project: Conservation and Restoration of Kumtura Thousand-Buddha Caves" from 2002 to 2004. Under the project, I have been working in Kumtura for 6 years in total.

From 1989 to 1991, detailed information of water diseases to murals were recorded by five artists, a photographer and a clerk. During the work, 160 square murals have been copied, detailed information on 20 caves with the most serious damages recorded and 100m2 murals have been taken off.

During 2002 - 2004, the on-going conservation project was absorbed by "UNESCO Japan Fund-in-Trust Project: Conservation and Restoration of Kumtura Thousand-Buddha Caves". Under the UNESCO project, the detailed information of 112 caves have been researched and recorded by photograph, documentation, graphics, which has provided concrete information for future work.

做好文物保护中外合作项目的几点体会
——记联合国教科文组织援助库木吐喇千佛洞保护维修工程

乌布里·买买提艾力（新疆文物局）

库木吐喇千佛洞位于新疆库车县，1961年由国务院公布为第一批全国重点文物保护单位。现共有112个洞窟，根据所在的地形特点分为谷口区和窟群区，绵延分布于5公里范围内，现有壁画的洞窟62个，是继克孜尔千佛洞之后的新疆第二大石窟群，壁画面积达4000余平方米，目前尚未对外开放。库木吐喇千佛洞开凿于公元5世纪，截止于公元11世纪，延续600余年，最早的洞窟具有1500年的历史，是我国丝绸之路上的重要遗址。壁画内容中的中原和龟兹壁画风格相结合的艺术题材，说明了古代龟兹人民和中原人民的文化交流共同促进了祖国文化艺术的发展。对其进行及时的抢救保护，为研究我国灿烂的佛教文化和促进东西文化交流有着极其重要的意义。由于石窟处于临河边，在1971年，在渭干河库木吐喇千佛洞区域修建了一座水电站，提高了原河床水位之后，底层洞窟长期受到河水侵蚀，壁画脱落，山体基础潮湿、出现裂隙或滑坡，已发生个别洞窟坍塌。另外地震、洪水等自然灾害导致洞窟及壁画更加破坏；洞窟内的壁画因潮湿而酥粉脱落，并对上层洞窟产生影响等。虽然千佛洞采取了一些抢救措施，但因病害复杂，问题没有能从根本上解决。

1999年8月，联合国教科文组织考察组到库木吐喇千佛洞现场首次进行了调查，2000年4月由联合国教科文组织、国家文物局和日本政府有关部门及专家对库木吐喇石窟进行了实地调查，计划利用日本政府的无偿援助资金125万美元，对这处古代丝绸之路上的珍贵文化遗产进行抢救保护。联合国教科文组织组织中日专家，在多次进行考察、论证和已收集的资料基础上，于2000年12月制订完成了《库木吐喇千佛洞保护维修工程计划》。于2001年8完成了《库木吐喇千佛洞保护维修第一期工程计划》。

根据《库木吐喇千佛洞保护维修第一期工程计划》，2001年8月24日至9月2日在库车县召开了"新疆库木吐喇千佛洞维修工程第一次专家论证会"，确定了地形图测绘、洞窟近景摄影（写真测量），洞窟档案记录，水文地质勘探，建立气象观测站，洞窟调查及壁画保护计划，编制整体保护计划和相关工程程序、实施原则、实施进度和完成时间等事项。为合作项目的顺利实施奠定了坚实的基础。

项目之所以能顺利进行，我以为以下几点是关键。

一、组织有素质和业务精通的管理机构是大项目顺利实施的前提

我国文物维修大项目管理制度正处于规范化阶段。至于文物建筑的特殊地位，复杂的地理环境和资

料收集要求，如何管理大型工程，关键在于当地的文物管理部门的专业技术和协调管理能力，特别是涉外项目更加如此。库木吐喇千佛洞维修工程作为联合国教科文组织、日本政府、国家文物局及新疆文物局等多部门参与的特殊工程，如何管理，直接影响新疆的文物保护维修工程的管理水平。为此，在项目开始之前，我们总结了以往新疆进行的大型合作项目的经验，分析了教训，认为专业队伍、协调各方关系，充分发挥各方的积极性是该项目顺利实施的关键。因此首先确定了方向、目标和管理程序，在国家文物局推荐，经联合国教科文组织审核，邀请了国内的岩体文物、水文、工程地质，壁画保护、文物环境规划等方面的专家，确定了相对稳定的领导小组和工程管理办公室，主要领导挂帅并安排精兵强将参与具体工作。教科文组织在人员安排上也充分考虑新疆文物特点和实际情况，由业务能力和原则性强、专业水平高、有协调能力的专员负责本项目。他们在中方专家、日方专家和新疆文物局之间起到桥梁作用，保证了工程顺利实施。几次召开的专家论证会上，中日双方专家、联合国教科文组织官员高度评价了此项目管理程序。

科学管理项目，保证项目质量。具体项目实施单位（公司）选择时，打破旧观点，择优为主，尊重专家推荐意见，选择国内有影响的、曾经承担过文物保护项目的公司（单位），建立专家验收制度，保证了项目进度。邀请敦煌研究院等单位的专家到库木吐喇现场，为参加人员进行了短期培训。如库木吐喇洞窟档案记录项目由石窟研究所承担，由于该项目在我国第一次进行的石窟档案记录工作，存在有资料分散、没有范本等问题。因此项目一开始，新疆石窟研究所就组建了考古、测绘、摄影、气象等方面有经验的项目组，邀请敦煌有关人员来讲课，学习敦煌莫高窟的合作经验和保护技术，通过两年的努力，已完成了较为完整的洞窟档案记录样本。该项目组人员感觉到，库木吐喇洞窟档案记录是石窟保护的基础性工作，在石窟考古、佛教美术、资料整理等方面积累了有效经验，为龟兹地区石窟档案乃至全疆石窟保护开创了先例，为科学保护珍贵石窟艺术起到了重要作用。近景摄影，地形图及航测，小气候气象站、工程、水文地质，危急壁画保护试验等项目完成单位也是发挥各自优势，通过项目带动课题，完成了"新疆文物保护信息系统"等一系列成果，推动了文物保护科技事业。2002年8月在北京和2003年8月在东京召开的库木吐喇千佛洞维修保护三方会议上，国家文物局、教科文组织驻京代表处和日本外务省等对项目的实施给予了肯定。

二、充分发挥专家作用是项目顺利实施的有力保障

联合国教科文组织援助库木吐喇千佛洞保护维修工程是一项文物保护国际合作项目，工程具有条件艰苦、病害复杂、损坏严重、涉及面广等特点。它的顺利实施为新疆文物保护管理水平产生重大影响。20世纪80年代初，我们对库木吐喇千佛洞进行过了一系列保护工程，但随着时间的推移，大部分原始资料无法找到，只能靠人的口述来确认原始情况。其二，虽然原先断断续续进行了保护项目，但是石窟保护最需要的基础性工作至今没有进行，也没有建立过最基本的洞窟档案记录，为编制规划，制定预算等造成了较大困难。我们借鉴联合国教科文组织项目组织、项目管理经验，在库木吐喇千佛洞维修项目初级阶段确定了中国文物研究所原副所长、高级工程师黄克忠为组长、中日专家参加的"库木吐喇千佛洞中日专家组"。为达到培养人才的目的，每个子项目开始时，要求参加新疆文物保护领域内有特长的专

业人员，要求他们在编制规划、岩层试验、壁画保护等方面跟着项目学。如：库木吐喇整体规划项目、建立小气候气象站项目、修复方案和岩层加固试验等。项目中确定专家组、管理组，为项目顺利实施提供了有力保障。其中专家组为项目高质量地完成起导航作用。管理组为专家提供发挥特点的环境，在接待、开会、协调和评审等方面做好高质量服务。在确定各子项目承揽单位之前，充分征求专家们的意见，正式与对方签署相关合同。承揽单位（公司）通过参加专家会议，听取专家意见和建议，为及时更正错误，顺利完成所承担项目也起到推动作用。在进行地形图测绘、航测、近景摄影、水文地质调查、工程地质勘察、危急壁画调查、洞窟档案记录、岩体拉拔试验等项目中，召开了11次大型专家论证会，每个子项目邀请专家提出修改意见，充分利用专家在工程实施当中的作用，及时向中方、日方专家提供中文、英文的《项目进展报告》，通报项目技术和进行情况，加强了专家间的信任。举行中日专家及新疆文博界经验交流会，介绍双方文物保护、壁画加固，新材料的应用和传统材料的使用等方面的经验、邀请专家分析新疆区文物保护技术、人员和管理等方面的问题，总结经验，找出差距，为区内广大文物工作者提供了认识内地省区的、国际上的文物保护经验和文物保护知识的机会，带动了其他文物古迹的保护工作。工作当中，加深了信任和理解。在专家之间、专家与组织管理者之间、专家与项目承担者之间搭设信任桥，将专家组的意见、管理层的要求及时通知承担方，通过直接沟通等方式，了解项目内部事项，共同完成各项任务。通过齐心协力，携手并肩使库木吐喇千佛洞的科学保护水平迈进了一步。

库木吐喇千佛洞前期调查工作所取得的成果，为今后更好的科学管理积累了丰富经验和保护设计及研究工作提供了非常好的第一手资料。这些经验为保护好库木吐喇千佛洞这一人类珍贵的文化遗产，对于研究东西方文化交流、促进当地各项事业的发展都具有十分重要的意义。我们相信，联合国教科文组织的大力支持和著名的中日专家参与此项工作，在良好的合作基础上，最终将成为西部地区遗址保护方面的样板工程。

Experience on International Cooperation in Cultural Relics Cooperation

Wubuli · Ma mat Ali （Tsinghua University School of Architecture）

Abstract

Kumutula Caves located in Kuche County, Xinjiang Province,are the first batch of national cultural relics protection units in China, and the second the largest Caves, as Kizil Caves are the largest. Ancient Kuche (Qiuci) in the hub of the Silk Road. The Mural of Kumutula Caves has the following features: large scale, content rich and varied, complex disease, serious damage and so on. From 2001 to 2009, We use the cultural heritage assistance funding from UNESCO to carry out its protection project. The Project management are use international management concept, composed Sino-Japan International Expert Group,with expert guidance for the lead, completed its data collection, preliminary research, field tests and reinforcement protection project. This Project had got good results in project management, basic research etc., and got good good reviews by the UNESCO and relevant departments. In this paper, Kumutula Cave Conservation Project which assisted by UNESCO as an example, to talk about how to carry out international cooperation of conservation projects.

库木吐喇石窟文物保护工作回顾与展望

王卫东（新疆龟兹石窟研究所）

库木吐喇石窟位于库车县西南约25公里的渭干河流经确尔达格山山口处。现保存洞窟112个，分布在大谷区和谷口区。其中在62个洞窟中保存有4000多平方米精美壁画和部分彩绘泥塑。库木吐喇石窟始建于公元5世纪，衰落于公元11世纪，从洞窟规模上来说仅次于克孜尔石窟，从历史年代上来说略晚于克孜尔石窟。但是它保存了比较多的具有中原汉地艺术风格的石窟，集中地反映了古代龟兹与祖国内地密切交往的文化历史，唐玄奘西行求法途经龟兹时曾在此讲经一个多月。因此，库木吐喇石窟无论是洞窟建筑还是壁画内容，以及历史文化价值，在龟兹石窟遗存中都是一处极为重要的石窟群。

由于库木吐喇石窟废弃时代相对比较久远，而且在历史上曾经历过两次大的劫难，其中第一次是在公元8世纪中叶以后，由于"安史之乱"，唐朝中央政府为了平乱，在军事上无暇顾及西域，使得突厥、吐蕃相继侵凌，造成龟兹地区社会动荡不安，龟兹佛教也由此开始逐步走向衰落。公元10世纪以后，随着伊斯兰文化越过帕米尔高原向东传播之后，在近两个世纪的佛教与伊斯兰教的宗教纷争中，库木吐喇石窟伴随着龟兹佛教的衰败而逐渐被废弃，并由此遭到较大的人为破坏，使洞窟壁画局部造成较为严重的损毁。第二次是在19世纪末20世纪初，由于外国探险队，不断地在龟兹地区进行探险活动，至使包括库木吐喇石窟在内的龟兹诸石窟壁画遭到严重损坏，大部分洞窟内的精美壁画被野蛮的盗割一空，使许多洞窟的墙壁上残留下斑斑刀痕和残缺不全的壁画。而且，随着时代的变迁，受库木吐喇石窟建筑岩体质地的脆弱性，以及环境日趋恶化，自然侵蚀和突发性自然灾害等自然力侵蚀因素的影响，致使库木吐喇石窟一直不断地在加速损毁的进程。

库木吐喇石窟所依附的山体主要由砂岩、砾岩、泥岩重叠构成，胶结强度极低，易产生掉块、坍塌，严重削弱了石窟的坚固程度。石窟所处地区虽属少雨地区，但雨量集中。夏季，降雨在山区常形成洪水灾害，沿山谷下泄，冲击两侧崖壁及崖壁上的洞窟，造成渭干河水位短时间大幅度抬升，对低位置岩体、石窟和壁画产生冲蚀破坏。另外库木吐喇石窟所在地区为多风地区，年平均有20天大风日，以夏季最多，最大风速22米/秒，大风持续最长时间为12小时，大风出现时常伴有沙尘暴，风后浮尘有时持续数天。大风对松散的岩体构成风蚀破坏，形成风蚀凹槽，威胁洞窟岩体稳定。同时地震灾害所产生的水平作用力对石窟岩体的稳定性也构成极大威胁，库木吐喇石窟地处地震活动强烈和频繁地区，百年来，发生5级以上地震10余次。近几年，地震频率增加，曾经诱发石窟岩体的垮塌破坏。

因此鉴于库木吐喇千佛洞自身地质构成缺陷和上述自然因素的影响，导致洞窟崖壁岩体历史性的存在裂隙、剥离、坍塌等病害一直较为严重，并形成多处危岩体，对洞窟安全构成严重的威胁。

新中国成立后，中国政府对库木吐喇千佛洞的保护工作十分重视，1961年库木吐喇千佛洞被国务院公布为第一批全国重点文物保护单位。并且在几代人的共同努力下，因陋就简做了大量的基础性石窟保护工作。对洞窟进行了调查编号，设置标志牌，安装门窗，修筑了通往洞窟的道路，临摹壁画，并多次进行了初步的保护维修。然而在进行这些基础性保护工作的同时，也曾因"文革"时期所出现较大的历史性决策失误，而导致库木吐喇石窟遭受到较为严重的破坏。现就库木吐喇石窟保护工作的历史和在石窟保护工作中的得与失，客观的进行以下回顾：

1958年8月13日，渭干河洪水泛滥，冲毁了部分石窟。

1966年，由于当时社会经济发展的需要，决定在库木吐喇石窟下游实施修建一座水电站，并命名为东方红水电站。当时在修建水电站时为了加强石窟保护，政府曾明文规定：要同时在石窟分布区沿岸修建一条挡水围堰，并规定水电站蓄水水位不得超过海拔1044米，并拨付修筑挡水围堰专款45万元。然而，由于当时受各方面因素的影响，挡水围堰没有修建起来。1969年东方红水电站建设竣工，并开始蓄水发电，从而抬高了河水水位，导致石窟分布区的地下水位迅速上涨，使沿河多数洞窟和壁画遭到严重侵蚀破坏。因此，自东方红水电站竣工蓄水发电之后，库木吐喇石窟一直遭受着严重的水害破坏。

1969年，在挖防空洞时发现了新1窟，并采取了保守的保护措施，立即将洞窟封堵起来加以保护。

1970年，李德生副总理办公室来电话：据新华社记者反映库木吐喇石窟遭破坏情况，"请自治区党委检查修缮（东方红水电站）工程进程，加以保护"。

1973年，鉴于水害问题严重，自治区领导赛福鼎同志对此作了批评，并在全自治区通报，1974年自治区再次拨款21万元，修建挡水围堰。

1975年，邓小平第一副总理及李先念副总理在国家文物局《关于新疆文物工作情况的通报》[（75）文物 字第164]上，对东方红电站蓄水危害库木吐喇石窟的问题作了重要批示。同年，库车县文物管理所组织对沿河洞窟安装了门窗。

1976年，由于中央领导和自治区领导对库木吐喇石窟的重要批示和高度关注，自治区人民政府再次拨款420万元，在石窟分布区沿岸修筑一条挡水围堰。因挡水围堰地基未打入岩石防渗层，未达到治理水患的目的，水害问题仍然没有彻底解决。

1977年，库车县文物管理所组织对新1窟进行了清理和保护，在清理新1窟的同时发现新2窟。

1978年，库木吐喇石窟挡水围堰工程竣工，在验收时决定在防水坝内打三口井，昼夜不停地往渭干河排水，从而达到降低洞窟内地下水位，对石窟进行保护的目的。同年，对新2窟穹隆顶窟顶进行了木结构支撑加固保护，修建了新1窟，新2窟安全保护通道。

1983年，库车县文物管理所组织人员，对库木吐喇石窟窟群区第34、38、68窟等烟熏洞窟壁画进行了清洗，并对新1窟穹隆顶窟顶进行了木结构支撑加固保护，另外将沿河已遭受水害的潮湿洞窟所安装的封闭木门换装为开放式的铁栏杆门。

1987年，库车文物管理所将库木吐喇石窟正式移交给新疆龟兹石窟研究所进行保护管理。

1989年，自治区副主席毛德华主持在库木吐喇石窟召开现场工作会议，并经国家文物局批准，决定对沿河的第10、11、12、14、15、16、22、23、33、38等10个遭受水害较为严重的洞窟的壁画进行揭取和异地保护。

　　1989～1991年，在敦煌研究院保护研究所的帮助下，揭取了库木吐喇石窟沿河第10、11、12、14、15、16、22、23、33、38等10个洞窟窟106平方米的壁画。

　　1991年，在敦煌研究院石窟保护研究所的帮助下，对库木吐喇石窟新1窟、新2窟壁画作了喷剂处理保护。

　　1995年3月29日，自治区人民政府副主席吾甫尔·阿不都拉同志在库木吐喇石窟专门召开了专门的现场办公会议，提出彻底解决库木吐喇石窟水害问题的方案。同年新疆龟兹石窟研究所库木吐喇石窟工作站成立。

　　1998年，自治区文物局拨款55万元在库木吐喇石窟存放揭取壁画和出土文物的41、42、43窟前修筑了钢筋混凝土防洪坝。

　　1998年9月，新疆维吾尔自治区党委书记王乐泉在新疆龟兹石窟研究所上报的《关于彻底解决库木吐拉千佛洞水害问题的报告》上作了重要批示。同年12月8日至10日新疆维吾尔自治区人民政府副主席买买提明·扎克尔同志专门在克孜尔石窟主持召开了"关于克孜尔、库木吐拉千佛洞保护与上千佛洞电站建设问题现场办公会议"，"决定在克孜尔水库二级电站竣工后，东方红电站即停止发电，只保留分流、灌溉功能，届时将采取技术措施降低河床水位。在修建克孜尔水库二级水电站的过渡阶段，继续采取有效措施保护库木吐喇石窟。文物、水利部门共同研究制订方案，修筑3-5道调节坝，将水从洞窟前逼回河对岸。"并形成会议纪要。经过自治区各有关部门不懈的努力，从而使库木吐喇石窟的水害问题彻底得到了遏制。

　　1999年7月，联合国教科文组织对库木吐喇石窟第一次进行考察。

　　2000年4月，联合国教科文组织、日本政府和国家文物局、新疆方面组成的专家组对库木吐喇石窟第二次进行考察。并一致认为，"千余年来，库木吐喇千佛洞遭到自然和人为的严重破坏，抢救性地保护这一历史文化遗产刻不容缓。"。与此同时，联合国教科文组织正式决定对库木吐喇石窟进行立项维修，并由此使库木吐喇石窟的保护工作揭开了新的一幕。

　　项目实施的目标：

　　近期目标：对库木吐喇千佛洞进行抢救性加固保护。旨在对严重危害库木吐喇千佛洞岩体的开裂、坍塌、洪水侵蚀、风化及洞窟内壁画剥落、空鼓、起甲等病害，进行抢救性加固保护工作，以确保库木吐喇千佛洞的安全。

　　长期目标：利用保护工程的成熟技术与经验，加强环境整治，逐步完善各项基础性保护和管理设施的建设，使库木吐喇千佛洞的保护和管理趋于规范化，以满足并达到公开展示、参观、欣赏和教育的要求及条件。

　　2001年9月，由联合国教科文组织援助的库木吐喇石窟保护维修工程正式开始实施。第一期保护工程的主要任务是做好基础性资料的搜集整理、测绘、勘察、规划、试验和基础保护设计。

　　从2002年至2004年历时三年，圆满地完成了库木吐喇石窟第一期保护工程：

　　1.由新疆第二测绘院承担并完成了库木吐喇石窟区域1：200、1：500、1：2000地形测绘图。

　　2.由建设综合勘察设计研究院测绘技术应用研究所承担并完成了库木吐喇石窟近景测绘工作，完成山体崖壁1：50立面图，1：20洞窟平面图，1：10—1：20洞窟壁面、壁画、顶板测绘图。

　　3.由辽宁有色101地质勘察公司承担了库木吐喇石窟水文地质勘察和工程地质勘察工作，进行了水文钻孔钻探、勘测，水平钻孔勘测和锚杆拉拔试验，提交了《新疆库木吐喇千佛洞水文地质勘察报告》、《新疆库木吐喇千佛洞工程地质勘察报告》和《新疆库木吐喇千佛洞锚杆抗拔力试验报告》。

4.由新疆龟兹石窟研究所承担库木吐喇石窟洞窟及壁画保存状况调查及档案记录工作，对库木吐喇千佛洞112个石窟中保存有壁画的62个洞窟进行了详细的调查和档案记录工作。2004年4月，受新疆维吾尔自治区文物局委托，新疆龟兹石窟研究所承担了联合国教科文组织援助的库木吐喇千佛洞保护修复工程的档案记录工作。

为了保障库木吐喇保护修复项目档案记录工作的顺利实施，2002年5月，新疆龟兹石窟研究所抽调了13名相关学科的业务骨干，成立了库木吐喇千佛洞档案记录工作组。同时邀请北京大学的李崇峰教授、魏正中博士和敦煌研究院保护所徐淑青老师亲临现场进行指导。

档案记录的目的是通过考古调查、测绘和摄影等手段，并结合文献资料和计算机技术，全面收集资料记录石窟现状。在历时三年的档案记录工作中，工作组成员克服了野外作业的种种艰难困苦，于2004年底终于圆满完成了库木吐喇千佛洞档案记录工作的各项任务，为石窟档案记录探索出了一条成功之路。

5.由新疆气象局承担库木吐喇石窟气象观测站。根据库木吐喇石窟的条件和保护工作的要求，对风向、风速、空气温度及窟内地面温度、大气降雨、窟内湿度等观测、记录，为将来库木吐喇千佛洞保护工程提供了科学依据。

6.由中国文物研究所和中国地质大学承担库木吐喇石窟岩层加固、灌注试验及壁画防剥离试验、加固材料试验，提交了《库木吐喇千佛洞危岩体稳定性分析和新1、2窟测试勘察报告》、《库木吐喇千佛洞灌注及岩层加固试验报告》、《库木吐喇千佛洞壁画防剥落及加固材料试验报告及资料汇编》，为第二期保护工程提供了科学依据。

7.由中国文物研究所承担库木吐喇石窟保护规划编制任务，提交了《库木吐喇千佛洞保护规划》，对库木吐喇千佛洞保护工作、研究工作、基础建设、交通、展览展示、旅游等方面作了科学的规划，是指导库木吐喇千佛洞保护工作的法律性依据。

8.由中国文物研究所承担库木吐喇石窟保护基础设计任务，提交了《新疆维吾尔自治区库木吐喇千佛洞修复保护基础设计》报告。该报告对库木吐喇千佛洞存在的问题进行了全面的分析、研究和评估，提出了库木吐喇千佛洞近期抢救性保护工作任务。

与此同时还建立了库木吐喇石窟气象站。上述工作为库木吐喇石窟保护修复的基本设计提供了全面而翔实的基础资料和设计依据。

2003年，新疆龟兹石窟研究所在库木吐喇石窟正式设立了保护管理工作站，并派驻专人对石窟进行保护管理。

2005年9月，联合国教科文组织、国家文物局和新疆维吾尔自治区文物局在北京签署了"联合国教科文组织无偿援助库木吐喇千佛洞保护修复工程二期项目"协议。计划用3年时间完成保护工程施工设计、施工监理和技术指导、保护工程的施工及保护工程第一期、第二期的调查、勘察、试验、研究、施工技术和工艺等报告的正式出版，并由新疆维吾尔自治区文物局、联合国教科文组织北京办事处组织对库木吐喇千佛洞保护工程进行总结、宣传和经验推广。

同年，由联合国教科文组织援助的库木吐喇石窟保护维修第二期工程开始启动实施。并历时三年，完成了库木吐喇石窟崖壁岩体因裂隙切割形成危岩体的抢险加固；渭干河河水冲蚀凹槽对石窟岩体基础破坏诱发的五连洞（69～73窟）开裂、变形岩体的支护加固；新1、2窟壁画加固工程及危岩体、洪水冲蚀崖壁岩体的加固（由中国政府配套资金承担）；79～80窟区域坡体松散岩体的加固；季节性洪水对千佛洞石窟岩体冲蚀破坏（43窟区段冲沟、谷口新1窟区段）的加固；63窟、79窟石窟壁画的抢救性加固。

随着联合国教科文组织援助的库木吐喇石窟保护维修工程的启动和实施，近几年中国政府又逐步加大了对库木吐喇石窟的投资保护力度，使得库木吐喇千佛洞文物的本体保护工作取得了可喜的成果，在石窟文物本体得到了有效保护的同时，基础环境也得到了较大改善。

2007年，库木吐喇石窟文物保护区环境综合整治建设项目被列入国家"十一五"抢救性文物保护设施建设专项规划。根据《国家"十一五"抢救性文物保护设施建设专项规划》，总投资为955万元的库木吐喇石窟文物保护区环境综合整治项目，于2008年5月正式启动实施，目前工程建设进展顺利，拟将于2009年完工。

综上所述，库木吐喇石窟保护工作虽然历经坎坷，但在中国政府的高度重视和大力支持下，在国际社会的普遍关注下，在联合国教科文组织的援助下，经过几代文物工作者的不懈努力，最终使其得到了有效的保护和延续。

新疆龟兹石窟研究所作为库木吐喇石窟的直接保护管理责任者，我们深感对库木吐喇石窟未来的保护和管理工作任重道远，并肩负着历史的使命。虽然在未来的工作中还会出现不可避免的困难和问题，但我们对未来的工作充满信心，我们将以此为契机，并以饱满的工作热情和对石窟文物保护事业高度负责的态度，继续科学有效地加强对包括库木吐喇石窟在内的龟兹诸石窟的保护。

首先，结合当前石窟文物保护、管理和研究工作的实际和所存在的突出问题与矛盾，积极有地配合由中国政府实施的丝绸之路（新疆段）重点文物抢救保护项目，以及由中国政府发起，并与哈萨克斯坦、吉尔吉斯斯坦、乌兹别克斯坦、土库曼斯坦等中亚五国联合申报丝绸之路世界文化遗产项目，加强石窟文物保护、管理、研究机构与人才队伍的建设。坚定不移地把石窟文物保护管理工作放在首位，进一步加强石窟文物保护基础科研建设。

积极申报国家支持的大遗址保护项目和依托正在实施的国家文物事业"十一五"规划的重点项目——"丝绸之路（新疆段）重点文物抢救保护项目"龟兹石窟保护子项目，加大对包括库木吐喇石窟在内的龟兹石窟文物保护资金的投入。

进一步加强对包括库木吐喇石窟在内的龟兹诸石窟文物安全防卫体系的建设。

积极加强龟兹石窟文物法规和制度的建设，进一步完善龟兹石窟文物保护管理规章，把龟兹石窟文物保护工作纳入法制化管理的轨道。从而确保龟兹石窟文物保护工作得到有效开展，使包括库木吐喇石窟在内的龟兹石窟这一不可再生的珍贵文物资源真正得到有效的保护和延续。

坚持科学、合理和适度有序的利用，努力协调石窟保护与地方经济发展的关系，避免过度开发和建设性破坏。使之在促进经济社会发展和建设，以及弘扬丝绸之路这一人类悠久的历史文化等方面发挥积极的作用。

我们深信，库木吐喇石窟的保护事业在中国政府进一步的高度重视和积极扶持下，在国际社会进一步的普遍关心和大力支持下，在第一线石窟文物保护工作者的辛勤努力下，将会迎来一个又一个春天。

· 调查报告 ·

新疆库木吐喇千佛洞工程地质水文地质勘察报告

陆清有（辽宁有色基础工程公司）

1. 前 言

库木吐喇千佛洞，也称库木吐喇石窟，位于新疆维吾尔自治区库车县城西南约25公里处。是现今古龟兹地区诸多石窟寺遗址之一，石窟开凿于南北朝（公元4～5世纪），鼎盛于唐代（公元7～8世纪），废止于宋初（公元11～12世纪），现存编号石窟112个，保存有丰富、独特的石窟建筑、佛教壁画、石窟雕塑、题记、木制雕刻等，是古龟兹地区石窟艺术的典型代表之一，在新疆诸石窟中具有重要的地位，具有重大的历史、文化、艺术、宗教、科学价值，1961年被国务院公布为第一批全国重点文物保护单位。

库木吐喇千佛洞，地处古丝绸之路的交通要道上，这一独特的地理位置为西方文化、印度文化、中原汉文化，北方匈奴、突厥、回鹘等游牧民族的进入提供了方便条件。因此，库木吐喇千佛洞在东西方文化交流的历史中发挥着桥梁和纽带的重作用，是古代丝绸之路中龟兹文化遗存的重要组成部分。

然而，库木吐喇千佛洞自开凿建造以来，历经伊斯兰教进入西域取代佛教的宗教战争的破坏及后期人为的破坏，历经废止后一千多年自然营力的破坏，在诸如地震作用，岩体的卸荷作用，地表水体的侵蚀和冲刷作用，以及风吹、雨淋、日晒、冻融等自然营力的作用下，造成石窟岩体的开裂、变形移位、甚至塌毁等，同时石窟内部的壁画、塑像、题记等也产生了酥碱、起甲、脱落等病害。使现存洞窟无论在外部结构，还是内部形制、壁画、塑像、题记等均遭受了不同程度的破坏，这些病害若不能得到有效的控制或治理，部分石窟、壁画、塑像、题记等将面临彻底泯灭的危险。

1998年11月，国家主席江泽民访日期间，双方就进行中国丝绸之路地域现存的古代文化遗产保护事业达成协议。基于该协议，日本政府为保护丝绸之路地域文化遗产，向联合国教科文组织的"文化遗产保存日本信托基金"提供了500万美元经费。并选定库木吐喇千佛洞作为丝绸之路地域文化遗产保护项目之一。

经日、中双方项目专家组的确认，受新疆维吾尔自治区文物局的委托，辽宁有色勘察研究院承担了这一项目前期工程地质勘察、水文地质勘察以及锚杆试验工作。

其主要目的是：通过工程地质勘察，查明地层、构造在石窟区的分布与病害的关系；查明石窟所依附岩体的物理力学性质并对其稳定性进行分析、评价与分区；评价地震作用对石窟的影响；为下一步的保护工程提供可靠的设计依据与参数。通过水文地质勘察，查明地表水、地下水对石窟所造成的影响，为水害的治理与防治提供可靠的设计依据。通过锚杆试验，对加固施工时拟采用的施工机具及施工工艺的有效性进行检验，确定几种规格锚杆的极限抗拔力，为施工图设计提供可靠的依据。

我院勘察施工人员于2002年4月10日开始进入勘察区，在自治区文物局及龟兹石窟研究所的大力支持下，在日、中双方项目专家组的检查指导下，到10月6日完成全部野外勘察及室内整理工作，于2002年10月10日正式提交了《新疆库木吐喇千佛洞工程地质勘察报告》、《新疆库木吐喇千佛洞水文地质勘察报告》、《新疆库木吐喇千佛洞锚杆抗拔力试验报告》等三个报告，全面完成了所承担的勘察及试验工作。

2．自然地理条件概况

2.1 地理位置及洞窟分布

库木吐喇千佛洞，位于新疆维吾尔自治区库车县与新和县交界处的东方红电站库区的东岸，东距库车县城约25千米，西南距新和县城约20千米，其行政区划隶属于库车县玉奇吾斯乡管辖，地理坐标为：东经82°41′，北纬41°41′。有314国道和南疆铁路在其南侧通过，交通较为便利，见图1所示。

洞窟断续分布于渭干河中下游出山口东岸近5平方千米的范围内。按其所处的自然地理位置，可划分为大沟区（窟群区）和沟口区两个自然区，现各自独立编号，见图2所示。

2.2 地形地貌

库木吐喇千佛洞位于塔里木盆地北缘，天山山脉中段南麓却勒塔格山的南坡，山体海拔标高在1030米～2030米，窟群区北侧却勒塔格山最高峰海拔标高2030米，山体相对高差1000米，属高中山。地势总体上北高南低，向南过山前平原后即为塔克拉玛干大沙漠，见图3所示。山中地形起伏甚大，冲沟发育，沟谷幽深，峭壁林立，植被稀少，基岩裸露，地形极其复杂、险峻。渭干河自北向南切穿却勒塔格山脉形成深谷而流出，河道弯曲，水流湍急，河流水深1～3米，河道纵坡比降i＝3～8‰。石窟就分布在渭干河切割的东岸崖壁及山中沟谷的悬崖峭壁上。一般距谷底大约在5～20米高，岩壁陡峭直立，局部呈倒坡状，崖顶因多年的风化剥蚀而坍塌成缓坡状。

2.3 气象水文

库木吐喇千佛洞地处亚洲大陆腹地，属典型的中温带大陆性干旱气候区，具有降水量少、气温变化大、日照时间长及风沙活动频繁的特点。因受北部天山山脉的影响，冬季寒冷，夏季炎热，冬春较长，夏秋较短，多年平均气温9.56℃，月平均最高气温在7月份25.4℃，极端最高气温39.8℃（库车站），月平均最低气温在1月份-10.9℃，极端最低气温-27.0℃（库车站）。多年平均降水量82.6毫米，多年平均蒸发力1839.1毫米。年、日温差较大，年极限温差可达70℃，其冻融或热胀冷

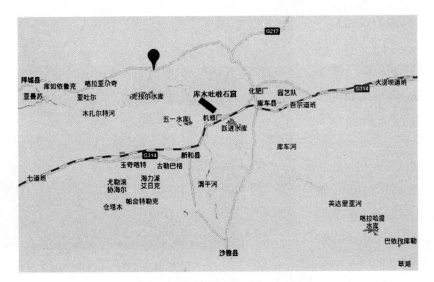

图1 库木吐喇千佛洞交通位置示意图

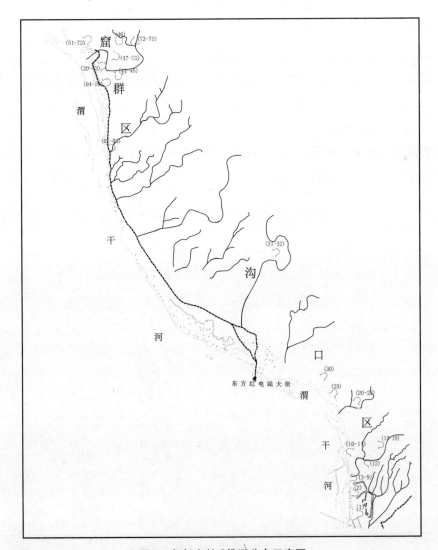

图2 库木吐喇千佛洞分布示意图

缩等风化作用对洞窟的破坏是不容忽视的。

区内虽然降雨量少，但夏季山区阵雨较多，常形成短时洪水，在山中冲沟内易形成泥石流灾害。

区内年平均有120天大风日，主导风向是北风和东北风，夏季最多，占全年的52%，春季次之，秋季较少。4月至8月大风集中出现，占全年的85%。最大风速22米/秒(1979年4月10日)，大

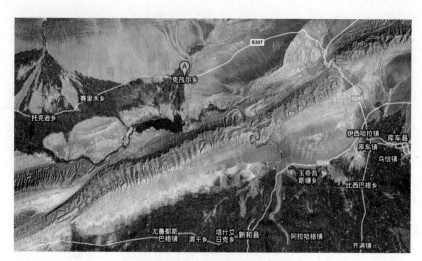

图3　库木吐喇千佛洞地形地貌示意图

风持时最长可达12小时，大风出现时常伴有沙暴，风后浮尘有时持续数天。

勘察区内无泉水出露，除季节性洪水外，主要是由北向南流出山外的长年性流水——渭干河。

渭干河是天山南坡3条大河之一，属塔里木河水系，发源于哈尔克塔什乌山汗腾格里峰的冰大坂，上游干流称木扎提河（克孜尔河入口以上），先后接纳了流经拜城盆地的卡木斯浪河、特里维其克河、卡拉苏河、克孜尔河4条支流，穿越却勒塔格山脉流经库木吐喇千佛洞后，向南进入山前平原，最终汇入草湖或塔里木河，其源头为冰雪融水，见图4所示。

渭干河天然流水状态年径流量22.2×10⁸立方米，实测月平均流量最小值21.8立方米/秒（1957年5月），实测月平均流量最大值为261立方米/秒（1958年5月），实测最大洪峰流量 1840立方米/秒（1958

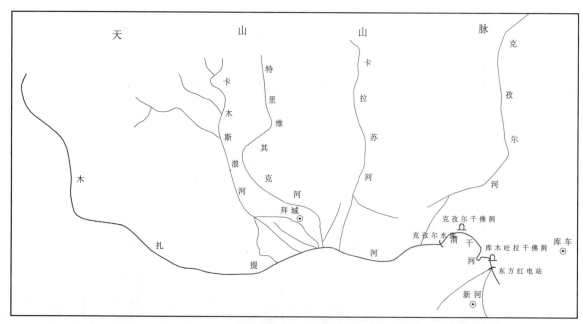

图4　渭干河水系构成示意图

年8月13日）。根据《上千佛洞水电站工程可行性研究报告》中的洪水计算结果，天然状态时，渭干河克孜尔水库站最大24小时洪量40.7×106立方米、最大3日洪量87.2×106立方米、最大5日洪量128×106立方米、最大7日洪量166×106立方米，（水文年限1951~1989年）。

1966年开始，在沟口区附近的渭干河主干道上修建东方红电站，1969年建成蓄水发电。东方红电站是以灌溉调水为主兼发电的小型水利工程，现阶段限定最高蓄水位1044.5米，库区影响范围约有4千米长，可达五连洞上游500米左右。

1985年，在距东方红电站上游32km处主河道上修建克孜尔水库，1991年投入运行。克孜尔水库是座以灌溉为主兼顾下游防洪与发电的大型水利水电工程。相应库容6.07×108立方米，正常蓄水位1149.0米，兴利库容4.77×108立方米，设计洪水时（P=0.1%）最大泄洪量2669立方米/秒。

窟群区渭干河主干道上、下游两座水利工程的建成使用，完全改变了渭干河的天然流水状态，从而人为地控制了临河洞窟受水害程度。经1989年和2002年两次特大洪水的检验，克孜尔水库下游渭干河最大流量不超1000立方米/秒。说明流经窟区的河水流量完全受克孜尔水库调水的控制。据调查，克孜尔水库的调水量系根据库车、新和、沙雅三县用水情况而确定，一般在200立方米/秒~400立方米/秒之间，一般性的洪水时不超过600立方米/秒。

3. 地质环境条件概况

3.1 区域构造

区域上库木吐喇千佛洞地处塔里木地台北缘与新生代天山褶皱系的过渡地带，所处大地构造位置为新生代天山褶皱系—库车山前拗陷区内之却勒塔格背斜的南翼。据新疆地质局1965年编1：200万大地构造图，库木吐喇千佛洞向南10千米左右，为塔里木地台与天山褶皱系这两个有着强烈差异运动的一级分界深大断裂（即南部断裂），向北紧临多条东西向却勒塔格背斜轴部纵向新生代活动断裂带，最北侧有东西向喀什至库车深大断裂通过，见图4所示。

却勒塔格背斜呈东侧偏北的东—西向展布，北翼较陡而南翼较缓，南翼岩层倾角在5°~30°之间，为一不对称背斜。背斜的轴部发育有多条大规模纵向低角度逆冲断层，主断层产状为倾向155°，倾角30°，断距大于1千米，东西延长达80千米，为继承性第四纪活动断层。该断裂带距窟群区洞窟不足5千米，因此说，勘察区受其影响极大，为构造不稳定地区。而区域构造应力场的方向是，最大主压应力为北侧偏西的南—北向，最大主拉应力为西侧偏南的东—西向。

3.2 区域地层及岩性

区域地层分布主要是新生界第三系中、上新统地层及第四系上更、全新统地层。

第三系中新统地层主要分布在窟群区以北的高山中，主要由红色、灰绿色砂岩、泥岩、粉砂岩组成，局部夹有透镜状石膏薄层。第三系上新统地层是区内洞窟的主要依附岩体。主要由苍棕色砂岩、砾岩、砂质泥岩组成，厚度巨大，为典型的河湖相沉积，纵、横向相变极大，岩层多呈缓倾状，倾角一般在100~300度之间。

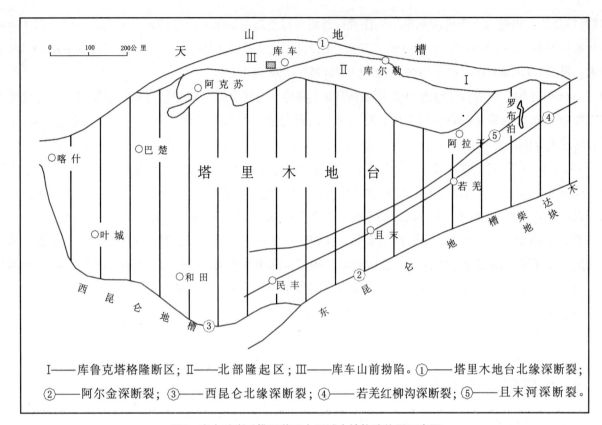

I——库鲁克塔格隆断区；II——北部隆起区；III——库车山前拗陷。①——塔里木地台北缘深断裂；
②——阿尔金深断裂；③——西昆仑北缘深断裂；④——若羌红柳沟深断裂；⑤——且末河深断裂。

图5　库木吐喇千佛洞若观火区域大地构造位置示意图

第四系上更新统地层主要由含巨大漂砾的冲、洪积层组成，弱胶结状，尚未成岩，仅见于新1窟附近的高山上，与第三系上新统呈角度不整合接触。第四系全新统地层主要是沟谷中的冲洪积砂卵石、黏性土、泥石流堆积等，河床及河漫滩中的冲积砂卵石、冲积砂、粉细砂等，以及山坡和山前的残坡积砂卵砾石等，成分复杂、分布不均。

3.3 地震活动

库木吐喇千佛洞地处塔里木地台与天山褶皱系两大地质构造单元的交接处，处于北侧喀什~库车、南侧却勒塔格南断裂两条东西向第四纪活动深大断裂之间，其间又分布有多条东西向继承性第四纪活动逆冲断裂。而区域上，地形特征的比对性又极为突出，却勒塔格山脉为一明显的相对上升区，其西北两侧的塔里木盆地和拜城盆地则是相对下降区。

上述大地构造位置，地形特征和断裂的展布，说明本区具备地震活动强烈和频繁的地质背景。而近百年来的地震活动历史也进一步证明了这一点。据中科院地球物理所编制的地震目录，自1893年至1965年的72年中，区内共发生中强地震和大地震21次，其中6级以上的就有4次，这4次地震对千佛洞的影响最大。

（1）1893年12月17日库车地震，震中位置估计在库车县城附近，震中烈度为7~8度。

（2）1944年3月9日库车北地震，震中位于拜城县托克逊乡13大队以北，震级7级，震中烈度10度，这次地震出山后进入拜城盆地裂度迅速衰减，影响勘察区约为6度。

（3）1947年8月24日拜城南地震，震中位于拜城县以南，震级6级，震中烈度估计为8度，影响勘察区为6度强。

（4）1949年2月23日轮台西北地震，震中位于库车县牙哈乡克日西村以东，震级7级，震中烈度9度。这次地震波及阿克苏、库尔勒以外地区，推测其震源深度大于30千米。

近年来本区弱震也较频繁，从库车气象站弱震记录可看出，地震频度有逐年增加的趋势，而且地震延续时间也较长。

综上所述，从大地构造位置、地形特征、断裂情况以及地震活动历史等构成了勘察区内的危险地震条件。而区内岩石强度较低，沟谷幽深、崖壁陡峭、地形复杂，为抗震危险地段。因此，在本区进行规划设计及岩体加固时，对地震活动必须予以足够的重视。

参考兰州地理物理所1967年对克孜尔水库地震基本烈度的意见，以及新疆地震局1984年对克孜尔水库地震基本烈度的复核意见，并据《建筑抗震设计规范》（GB50011—2001）附录A《我国主要城镇抗震设防烈度、设计基本地震加速度和设计地震分组》之规定，勘察区内抗震设防烈度为8度，设计地震第一组，设计地震基本加速度值为0.2g。

3.4 区域水文地质条件

区域水文地质条件比较简单，地下水类型主要是第四系松散岩类孔隙潜水和第三系基岩裂隙水或层间水。第四系松散岩类孔隙潜水主要分布于河谷的两岸附近，接受大气降水和河水的补给，受季节性影响较大，与河水有紧密的水力联系，两者呈互补关系。基岩裂隙水或层间水埋藏较深，据区域资料，其水位一般在地下100~150米深，多为承压水，对区内石窟的影响不大。

4. 工程地质勘察

4.1 勘察方法及工程布置

根据任务书的要求和勘察的主要目的，结合区内的工程地质条件特征，本次勘察采用以工程地质测绘和洞窟病害调查为主，以钻探验证为辅的勘察方法。

4.1.1 工程地质测绘

区内沿河向上游基岩出露较好，方向与地层倾向基本一致，形成一天然剖面，较有代表性。勘察时选定为主剖面，以对剖面开展1：50比例尺工程地质测绘为主要手段，以道路上方的立壁岩面为重点调查对象，并通过向山上追索，最终形成1：200比例尺带状工程地质图0.08平方千米。而调查的重点是，查明石窟所依附岩体的岩石组成、地层分布及其工程特性，以及构造的产状、规模、性质、分布特征。

4.1.2 洞窟病害调查

在进行工程地质测绘的同时，对洞窟内、外部的现状及地质病害特征进行调查、测绘，以立壁岩面和石窟内部为主，重点对岩体的裂隙特征进行详细的工程地质调查，查明裂隙的性质、产状、规模。在此基础上对洞窟的地质病害特征做出定性或半定量的分析评价。

4.1.3 钻探验证

在地表工程地质测绘及洞窟调查的基础上，对危险区的重点地段进行水平孔的探查验证，并配合使用孔内摄影仪进行现场检测，以确定岩体内部裂隙的发育情况及空间展布特征，评价其对洞窟的影响程度，为下一步设计确定加固深度，提供可靠的依据。

勘察工程布置详见所附平面图及剖面图。

4.2 勘察区地层岩性及工程特性

依据现场调查，勘察区内分布的地层为新生界第三系上新统及第四系上更新统、全新统地层。

4.2.1 第三系上新统(N_2^3)

主要由砂岩、砾岩、粉砂质泥岩互层组成，为河湖相沉积，厚度巨大，是区内石窟开凿的主要地层。

(1) 砂岩：褐黄色、青灰色、灰绿色，多为中细粒结构，层状构造，泥质胶结为主，钙质胶结次之，胶结强度低，层理明显，交错层理和斜层理发育，钙质胶结部分多为薄层扁豆状硬核，表层岩石受风化作用影响而岩质疏松，遇水易崩解。

(2) 砾岩：青灰色，巨厚层状，砾石成分复杂，磨圆较好，砾径较大，一般在20～70毫米之间，最大可达250毫米。以砾石为骨架，泥砂质充填胶结，胶结强度低。局部地段的砾石间孔隙极大，几乎全部由砾石组成，无胶物，呈半成岩状态，遇水易崩解。

(3) 粉砂质泥岩：黄褐色、灰色，泥质胶结，层状构造，层位稳定，致密，较坚硬，遇水易软化，失水干裂，具弱膨胀性。

(4) 沙砾岩：由砂岩与砾岩薄层互层或透镜状交替产出组成。褐黄色、灰绿色，泥质胶结为主，层理清晰，交错层理、斜层理发育，砾石成分复杂，但砾径较小，多在5-30毫米之间，最大不超过100毫米，砾石一般不起骨架颗粒作用，遇水易崩解。

沟口区以砾岩、砂岩互层为主，砾岩层厚度巨大、层数较多、砾石砾径较大，胶结强度极低，极易产生掉块、坍塌，而窟群区地层以砂岩、沙砾岩、泥岩互层为主，且砾石的砾径较小，胶结强度相对较高。

勘察区内的岩层，作为却勒塔格背斜南翼的组成部分，在区内呈单斜状，倾向150°～170°，倾角较缓，在5°～20°之间。

依据区内岩石力学性质试验成果，天然状态下岩块的单轴抗压强度均不大于5MPa，属软质岩中的极软岩。岩层除近地表处外，节理裂隙不发育，呈厚层状结构，完整程度定性的划分为较完整。综合把工程岩体基本质量级别确定为V级。

勘察中对区内主要岩石类型（砂岩、砾岩、粉砂质泥岩）的物理力学性质指标由我院进行了现场和室内试验工作，其成果见表一。

表一　岩石物理性质指标试验成果表

试验项目	岩石类型		
	砂岩	砾岩	粉砂质泥岩
含水率（%）	0.04	0.12	0.75
块体密度（g/cm³）	1.901	2.034	2.060
块体干密度（g/cm³）	1.894	2.032	2.036
耐崩解性指数Id2(%)（坚硬部分）	4.29	41.28	33.43
吸水率（%）（坚硬部分）	13.899	7.426	
毛细水最大上升高度（cm）	70	65	7.5

采集岩块或岩芯样品，委托东北大学岩石力学试验室进行了天然状态下岩石力学性质的室内试验，主要是垂直层理的抗压强度、抗拉强度，垂直、平行层理的抗剪强度，其成果见表二。

表二　岩石物力学性质的室内试验成果表

试验项目项目			岩石类型			
			砂岩Ⅰ	砂岩Ⅱ	粉砂质泥岩	砂岩与泥岩结合面
单轴抗压强度(垂直层理)(Mpa)			0.91	3.14	4.79	
抗拉强度(垂直层理)（Mpa）			0.04	0.31	0.40	
抗剪强度	内聚力（kpa）	垂直层理	350.8		971.0	
		平行层理	184.0			367.3
	内磨擦角（度）	垂直层理	47.3		54.2	
		平行层理	46.6			46.6

为查明石窟所依附岩体的主要岩石化学成分，对砂岩和粉砂质泥岩分别进行了岩石化学全分析，其成果见表三。

表三　岩石化学分析成果表

岩石类型	分析结果　ω（B）/10-2														PH值
	SiO_2	Al_2O^3	CaO	MgO	Fe_2O^3	FeO	K_2O	Na_2O	TiO_2	MnO	P_2O_5	SO_3	烧失量	易溶盐	
泥岩	48.72	11.01	13.25	2.46	4.37	1.40	2.60	1.81	0.41	0.11	0.15	1.00	12.94	0.404	9.10
砂岩	47.22	6.61	20.54	1.06	1.86	0.78	2.19	1.52	0.26	0.10	0.07	1.77	16.86	0.133	8.94

区内各类岩性的岩层中均含有一定量的易溶盐成分，经持续、往复的水分蒸发后，岩体表面易产生盐化结晶现象。通过在53窟内所采取的两个岩体表面盐化结晶物的原子吸收分光光度分析，盐类成分以食盐（NaCl）为主，其他化学成分详见表四。

表四　岩体表面盐化结晶物分析成果表

分析结果	ω　（Na^+、K^+、Ca^{2+}、Mg^{2+}、Cl^-、SO_4^{2-}、CO_3^{2-}、HCO_3^-、水不溶物）／10^{-2}								
元素　样号	$Na+$	K^+	Ca^{2+}	Mg^{2+}	Cl^-	SO_4^{2-}	CO_3^{2-}	HCO_3^-	水不溶物
盐1	35.61	0.27	1.49	0.14	52.29	3.80	0.02	0.15	7.09
盐2	35.75	0.22	1.40	0.14	52.74	3.86	0.02	0.15	6.26

4.2.2 第四系上更新统(Q_3)

仅见于新1窟附近的高山上，与第三系上新统呈角度不整合接触，多为含巨大漂砾的冲洪积物。

4.2.3 第四系全新统(Q_4)

主要分布在窟前、沟谷及河漫滩中。主要有坡积土、洪积砂卵石、河床冲积砂、冲积砂卵石，河漫滩黏性土、粉细砂等层位，多为冲、洪积的综合产物，层位复杂多变，分布不均。

4.3 勘察区构造特征及其对洞窟的破坏性

区内构造以临坡面的岩体卸荷裂隙为主，构造裂隙次之。

4.3.1 构造裂隙

构造裂隙均分布在窟群区以外的岩层中，主要特点是方向性明显，延伸、延长较大，裂面多数呈闭合状，裂隙两侧岩层破碎明显，多错断岩层形成断层或破碎带。调查中在区内所见到的四条构造裂隙，产状较稳定，一般倾向在220～225°，倾角65～85°。

4.3.2 卸荷裂隙

卸荷裂隙是影响区内岩体和洞窟稳定性最主要的构造因素，裂隙多竖直向平行山体崖面分布，受地形地貌条件控制明显。其水平延长与垂直延伸均较大（10～30米），往往切割数个洞窟。剖面上具上段反倾、中段直立、下部正向缓倾，尾端逐渐收敛的典型卸荷裂隙特征。裂隙一般均呈张开状，具上宽下窄、尾端缓倾闭合、裂隙内无充填物等特点，平面和剖面上多呈断续交错分布。

勘察区内主剖面上规模较大的卸荷裂隙共计39条，而对石窟有影响的主要是19～39号裂隙，其分布及主要特征，详见所附工程地质剖面图及卸荷裂隙调查统计表。

表五　主要卸荷裂隙调查统计表

裂隙编号	位置	产状（°）	主要特征描述
19	10窟顶部	走向148，直立	延至10号窟内，最大宽度10毫米，在10号窟的门顶部形成板状劈裂。
20	11～10窟之间	走向148，直立	延长10米，最大宽度50毫米，11号窟门上方岩体切割成厚0.9米的小块体，向外倾倒状，极易坍塌。
21	12窟顶部	走向70，直立	延长不大，至12窟内尖灭，最大宽度50毫米。
22	14～10窟之间	走向160，直立	贯穿10、11、12、13号窟，外部最宽处达100毫米，窟内最宽处达30毫米，在12、13号窟窟角均可见到从裂隙中掉下来的砂土。
23	18窟南侧	倾向250，角78	上部最宽处10毫米，裂隙在17号窟尖灭。
24	22～21窟之间	走向130，直立	裂隙闭合状，在21号窟内尖灭。
25	29～27窟之间	走向146，直立	外部最宽达10毫米，裂隙贯穿24、27窟，在24窟内最宽处达10毫米，在27窟内呈闭合状态并尖灭。
26	36窟顶部	走向125，直立	最宽处15毫米，在36号窟内通过。
27	36窟顶部	走向120，直立	最宽处5毫米，在36号窟内尖灭。
28	36窟顶部	走向131，直立	裂隙闭合状，延伸较短，在36号窟内尖灭。
29	38窟南侧	走向120，直立	上部最宽5毫米，裂隙在38号窟内有显示。
30	39～38窟之间	走向125，直立	呈闭合状态，裂隙在39号窟残壁上可见到。
31	62～53窟之间	倾向50，角72-83	贯通53、54、55、56、58、60、61窟，向西北方向延伸。此裂隙在61窟窟门上方表现最明显，最大宽度100毫米。
32	64～63窟之间	倾向230，角85	上部最宽10毫米，向下变窄，直至闭合，将64～63窟之间岩体劈裂成板状，极有倾倒的可能。
33	65窟顶部	走向140，直立	上部最宽10毫米，向下尖灭，所切割的外部岩体有滑移危险。
34	66～65窟之间	倾向215，角80	上部最宽10毫米，在66窟北部尖灭。
35	68～65窟之间	倾向75，角66	最宽10毫米，裂隙沿甬道贯通66窟直至65窟北壁。
36	68～65窟之间	倾向70，角66-78	最宽10毫米，此裂隙贯穿65、67窟向南尖灭。
37	70～69窟下部	倾向70，角70	此裂隙将岩石分裂成厚0.5米薄片状，极易脱落
38	21～23窟之间	倾向245，角80	贯穿21、22、23窟，裂隙在22窟内表现最明显，在窟顶最大宽度达40毫米，裂隙在水平勘探孔zk6、zk7中有体现，在窟外看不到。
39	71～68窟之内	倾向80，角70	自71窟开始，贯穿70、69、68三窟，在窟顶最大宽度达20毫米，裂隙内充填物较少，裂隙在水平勘探孔zk1、zk2中均有体现，在窟外看不到。

经实地调查，在区内所见的卸荷裂隙中，窟群区内的(39)、(31)、(38)、(22)等4条较大的卸荷裂隙对洞窟及岩体的破坏性最大。

　　经实地调查，在区内所见的卸荷裂隙中，窟群区内的(39)、(31)、(38)、(22)等4条较大的卸荷裂隙对洞窟及岩体的破坏性最大。

　　(1)　(39)号裂隙位于五连洞68～71窟之内，自71窟开始，贯穿70、69、68三窟，见图6所示。产状：倾向80°，倾角70°，在窟顶最大宽度达20毫米，裂隙内充填物较少。该裂隙在洞窟上、下两个水平勘探孔zk1和zk2中均可见到，根据现场实际情况分析，该裂隙已向下延伸到洞窟底部原已被河水侧向潜蚀掏空处。

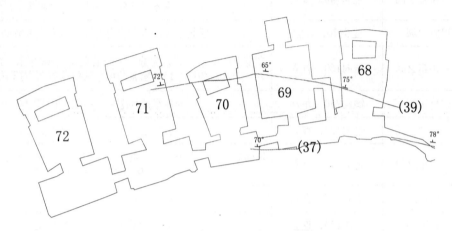

图6　(39)号裂隙切割洞窟平面示意图

　　(2)　(31)号裂隙位于53～62窟之间，总体走向140°，近于直立，贯穿55、56、58、60、61窟，在剖面和平面上均具有分枝复合的特征，如图7所示。此裂隙在61窟窟门上方表现最明显，最大宽度10厘米，此段产状：倾向65°，倾角72°，依裂隙产状及上部地形看，该裂隙在剖面上向上延伸大约10米左右出山体外。

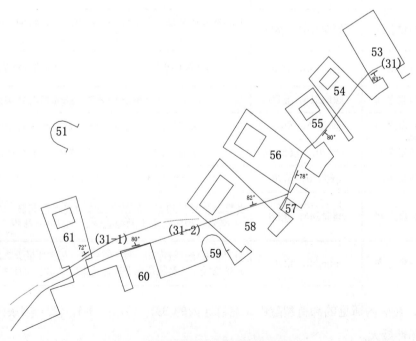

图7　(31)号裂隙切割洞窟平面示意图

（3）（38）号裂隙位于21～23窟之间，倾向245°，倾角80°，贯穿21、22、23窟，在剖面上具有分枝复合的特征，如图8所示。此裂隙在22窟窟内表现最明显，在窟顶最大宽度达40毫米，裂隙内充填物较少，该裂隙在水平勘探孔zk6、zk7中均有体现，在窟外看不到。

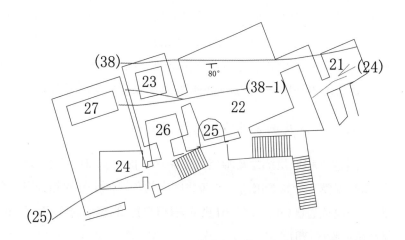

图8 （38）号裂隙切割洞窟平面示意图

（4）（22）号裂隙位于10～14窟之间，如图9所示。总体走向160°，近于直立，外部最宽80毫米，窟内最宽30毫米，贯穿10、11、12、13窟，裂隙内充填物较少，在12、13窟窟角均可看到由此裂隙中掉落下来的砂土。

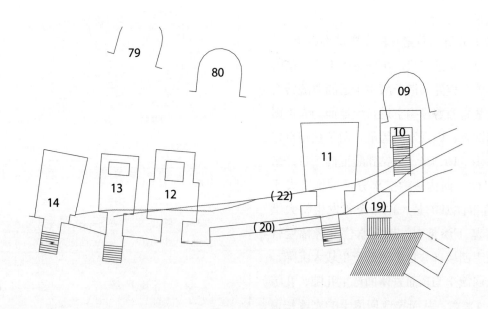

图9 （22）号裂隙切割洞窟平面示意图

4.4 水平孔钻探

本次勘察按照日、中双方专家的要求，对重点危险部位进行了水平勘探孔的验证工作。共施工水平探孔7个，ZK1和ZK2布置在五连洞69号窟上部和下部，ZK3布置在65号窟上部6米处，ZK4布置在54窟左上部1.4米处，ZK5布置在45号窟上部6.2米处，ZK6布置在23窟上部4.0米处，ZK7布置在23窟下部1.8米处，详见所附实测工程地质剖面图。

水平探孔采用φ90毫米合金钻头、风冷回转钻进成孔的施工工艺。由于岩石强度较低，完整岩芯的采取率仅达20%，孔内岩性鉴别只能依靠钻进状态和所排出的岩粉而确定。裂隙的发育特征依靠孔内摄像仪检查确定。以终孔前5米内无裂隙并保证水平长度大于20米为终孔标志。

经水平孔并通过使用孔内摄像仪的检查验证，对洞窟所依附岩体的工程特性进行了深入的了解与掌握，裂隙对岩体内部裂隙的发育情况及空间展布特征做了进一步的确认，根据7个孔的钻探资料综合分析，认为区内临坡岩体的卸荷裂隙在水平深度10米范围内最发育。

4.5 岩体及洞窟危险性分区及评价

通过工程地质测绘及洞窟病害调查，依据洞窟所依附岩体的地形地貌位置、岩石组成及工程特性、裂隙的规模、产状等因素，初步将区内的危岩体定性的划分出七个重点危险地段，即五连洞危岩区(Ⅰ)、63～65窟危岩区(Ⅱ)、54～61窟危岩区(Ⅲ)、22窟危岩区(Ⅳ)、10～14窟危岩区(Ⅴ)、围堰外危岩体(Ⅵ)和新1窟危险区(Ⅶ)。

4.5.1 五连洞危岩区

（1）危岩区特征

位于窟群区的最北端，由72～68号石窟及甬道组成，危险性受地形地貌及39号卸荷裂隙的控制。

从地形上分析，石窟开凿于距地面以上5.0米高的崖壁上，呈悬空状，崖面总体上略呈倒坡状。由于历史上该处为渭干河主干道的急流转弯处，窟底根基岩石曾被掏空过，现地面为人工回填形成。据调查，以现地面为准，向下被掏空12米，向内被掏空16.5米。经钻探验证向下11.5米为泥岩基岩面，向内被掏空部分已被证实大于14.5米。值得注意的是，由于今年发生特大洪水，地表径流下渗量大、地下水位升降幅度较大，引起人工回填部分自重固结产生较大沉降，导致原人工回填土与顶面岩体间产生孔隙，孔隙平均大于0.4米宽，从而导致回填土的充填和顶托作用失效。

从裂隙上分析，窟内所见（39）号卸荷裂隙延长大、连续性好、倾向与坡向相反、上下延伸均切割岩体，且68窟处横向裂隙发育，危岩体宽度小，形成最不利条件。

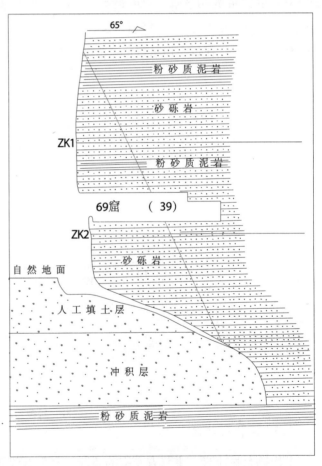

图10 69窟横剖面图（1：100）

（2）稳定性计算

① 假定裂隙上下均已贯穿危岩体，两侧受纯剪切破坏，破坏面分别选在71和68窟内，计算长度22米，计算简图如A-1、A-2、A-3所示。

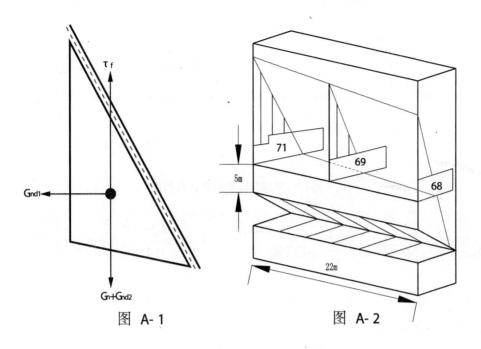

图 A-1   图 A-2

图11 五连洞区危岩体计算简图

$$Gn = (V - V1) \times v = \left[\frac{S1 + S2 + S3}{3} \times L - (V70 + V69 + V68) \right] \times v \quad (4-5-1)$$

$$Gn = \left[\frac{148.1 + 112.6 + 46.9}{3} \times 22 - (92 + 107 + 56) \right] \times 19.6$$

$Gn = 39211$，形心距71断面9.5米。

式中：

Gn—危岩体重力（KN）；

V—危岩体总体积（m³）；

$V1$—70、69、68已开窟体积之和（m³）；

$S1$—71窟左侧壁裂隙外侧面积（m²）；

$S2$—69窟中间裂隙外侧面积（m²）；

$S3$—68窟左侧壁裂隙外侧面积（m²）；

L—危岩体计算长度（m）；

v—岩石体重（KN／m³），取砾岩和砂岩的平均体重。

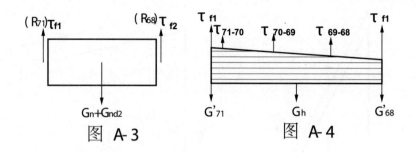

图12　五连洞区危岩体计算简图

$$Gh = \left[(Gn + Gnd2)^2 + Gnd1^2 \right]^{\frac{1}{2}} = 43750 \qquad (4\text{-}5\text{-}2)$$

$$Gnd1 = \alpha \cdot Gn = 6274 \qquad (4\text{-}5\text{-}3)$$

$$Gnd2 = \beta \cdot Gn = 0.65\alpha \cdot Gn = 4087 \qquad (4\text{-}5\text{-}4)$$

$$\tau f1 = (S1 - S1空) \cdot \tau c = (148.1 - 29.8) \times 267.4 = 31639 \qquad (4\text{-}5\text{-}5)$$

$$\tau f2 = (S3 - S3空 - S上) \cdot \tau c = (46.9 - 9.3) \times 267.4 = 10044$$

$$R71 = \frac{Gn \cdot (L - L1)}{L} = \frac{39211 \times (22 - 9.5)}{22} = 22279 \qquad (4\text{-}5\text{-}6)$$

$$R68 = \frac{Gn \cdot L1}{L} = \frac{39211 \times 9.5}{22} = 16932$$

式中：

$Gnd1$、$Gnd2$—水平地震作用力、竖向地震作用力（KN）；

Gh—水平、竖向作用力之和（KN）；

$L1$—重力形心与71断面距离（m）；

α—水平地震影响系数，取α=0.16；

β—竖向地震影响系数，取β=0.65α；

$\tau f1$ 、$\tau f2$—71、68窟处岩体横断面抵抗剪切力（KN）；

$S1空$、$S3空$—71、68窟已开窟侧壁面积（㎡）；

$S上$—68窟处横裂隙影响面积（㎡）；

τc—岩体抗剪切强度（KPa），取砂岩层垂直、平行层理方向粘聚力的平均值

　　τc=267.4KPa；

$R71$、$R68$—71、68窟处岩体横断面所受反力（KN）；

其他符号同前。

正常条件下，稳定系数：

对71窟断面，$Ks = \dfrac{\tau f1}{R71} = 1.4$ ；对68窟断面，$Ks = \dfrac{\tau f2}{R68} = 0.6$

当考虑强震作用时，稳定系数：

$$R'71 = \frac{Gh \cdot (L - L1)}{L} = 24857$$

$$R'68 = \frac{Gh \cdot L1}{L} = 18892$$

对71窟断面，$K's = \dfrac{\tau f1}{R'71} = 1.27$ ；对68窟断面，$K's = \dfrac{\tau f2}{R'68} = 0.54$

② 假定裂隙上部（窟顶以上）愈合，下部贯穿危岩体，破坏面仍选在71和68窟内，窟内隔墙发挥向上的拉结作用，仍按纯剪切破坏计算，计算简图如A-3所示。

$$Gn = (V - V1) \times \nu = \left[\frac{S1\text{-}3 + S2\text{-}3 + S3\text{-}3}{3} \times L \right] \times \nu$$

$$= \left[\frac{72.8 + 60 + 28.5}{3} \times 22 \right] \times 19.6 = 23184 \text{，形心距71断面9.5m。}$$

$Gnd1 = 3709$，$Gnd2 = 2411$，$Gh = 25862$

$\tau f1 = S1\text{-}3 \cdot \tau c = 72.8 \times 267.4 = 19467$

$\tau f2 = S3\text{-}3 \cdot \tau c = 28.5 \times 267.4 = 7621$

窟壁间粘结力及作用点：

$f(71\text{-}70) = S(71\text{-}70) \cdot \delta t = 18.95 \times 180 = 3411$，距71断面1.5m

$f(70\text{-}69) = S(70\text{-}69) \cdot \delta t = 11.25 \times 180 = 2025$，距71断面8.0m

$f(69\text{-}68) = S(69\text{-}68) \cdot \delta t = 10.24 \times 180 = 1843$，距71断面16.0m

$$R71 = \frac{Gn \cdot (L - 9.5) - f(71\text{-}70) \cdot (L - 1.5) - f(70\text{-}69) \cdot (L - 8) - f(69\text{-}68) \cdot (L - 16)}{L} = 8203$$

$$R68 = \frac{Gn \times 9.5 - f(71\text{-}70) \times 1.5 - f(70\text{-}69) \times 8 - f(69\text{-}68) \times 16}{L} = 7702$$

正常条件下，稳定系数：

对71窟断面, $Ks = \dfrac{\tau f 1}{R 71} = 2.34$ ；对68窟断面, $Ks = \dfrac{\tau f 2}{R 68} = 0.99$

考虑强震作用时，稳定系数：

$$R'71 = \frac{Gh \cdot (L-9.5) - f(71-70) \cdot (L-1.5) - f(70-69) \cdot (L-8) - f(69-68) \cdot (L-16)}{L} = 9725$$

$$R'68 = \frac{Gh \times 9.5 - f(71-70) \times 1.5 - f(70-69) \times 8 - f(69-68) \times 16}{L} = 8858 ;$$

对71窟断面, $K's = \dfrac{\tau f 1}{R'71} = 2.0$ ；对68窟断面, $K's = \dfrac{\tau f 2}{R'68} = 0.86$

从上述稳定性计算中可看出，该危岩体在两种情况下均处于危险状态中，特别是68窟处具有产生横向卸荷裂隙而导致危岩体坍塌的危险。

4.5.2　63～65窟危岩区

（1）危岩区特征

位于窟群区北端围堰　63号窟到65窟之间，由两个突出的孤立危岩体组成，危险性受卸荷裂隙的控制。

岩体外侧面上部正倾，倾角70～ 85°，下部近直立。卸荷裂隙规模不大，但成组出现，平行崖面分布，主裂隙发育在岩体的上半部分（6米以上），裂隙呈张开状，上宽下窄，直至闭合。上部直立，下部正倾，有沿小角度进一步发展出山体的趋势。

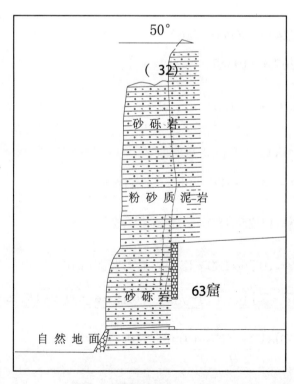

图13　63窟横剖面（1∶100）

（2）稳定性计算

① 63窟外侧危岩体

将危岩体简化为图形B-1、B-2进行计算，因下部7m根基较宽，倾向有利，视为稳定。而危岩体的水平地震力和上部一半充满水后的侧压力之和小于夹持端抗剪切力与底部抗剪力($\tau = Gntg\phi + C$)之和，因此，不可能产生平面滑移或弧形滑移破坏。只有倾倒破坏，假设危岩体沿A—B轴反转倾倒：

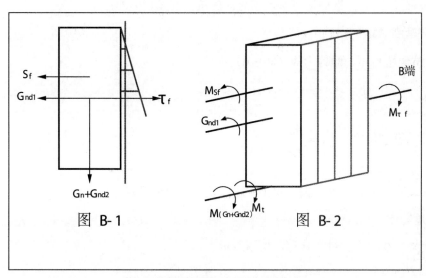

图14　63窟外侧危岩彩带计算简图

$$Gn = Lbh\nu = 8×3×10.8×19.6 = 5080 \qquad (4\text{-}5\text{-}7)$$

$$\tau f = \tau c \cdot b \cdot h = 8664 \qquad (4\text{-}5\text{-}8)$$

$$Gnd1 = 813，\quad Gnd2 = 528；$$

$$Sf = \frac{1}{2} × \left(\frac{h}{2}\right)^2 \omega L - 1166 \qquad (4\text{-}5\text{-}9)$$

$$Mt = \delta t \cdot Wc = \frac{\delta t \cdot Ic}{Yc} = \frac{180×18}{1.5} = 2160 \qquad (4\text{-}5\text{-}10)$$

$$Mk = \frac{b \cdot (Gn + Gnd2)}{2} + \frac{h \cdot \tau f}{2} + Mt = 57358 \qquad (4\text{-}5\text{-}11)$$

$$Mq = Mnd1 + Ms = \frac{h \cdot Gnd1}{2} + \frac{2h \cdot Sf}{3} = 12788 \qquad (4\text{-}5\text{-}12)$$

式中：

L、b、h—危岩体长、宽、高（m）；

τf—B端抗剪切力（KN）；

Sf—裂隙上部一半高充满水的侧压力（KN）；

Mt—底面弯矩(KN・m)；

Wc—底面对长轴形心截面模量(m³)；

Ic—底面对长轴形心截面惯性矩(m⁴)；

　Yc—底面形心至边缘的距离(m)；

δt—岩体抗拉强度(KPa)，取砂岩垂直层理方向的抗拉强度180KPa；

ω—水的重力密度（KN／m³）；

Mk、Mq—抗倾覆力矩、倾覆力矩（KN・m）；

其他符号同前。

当有雨强震时，稳定系数：$Ks=\dfrac{Mk}{Mq}=4.5$

由于计算时取裂隙上部充满水，偏于安全，所以认为该岩体稳定。

② 64窟外侧危岩体

按折线滑动面采用滑坡推力进行计算，如图所示。

图15　64窟外侧危岩彩带计算简图

（a）表层滑体（沿ABCD滑动）：

下滑力：$F3 = \left[(Gnt1 - f1) \cdot \psi1 + Gnt2 - f2\right] \cdot \psi2 + Gnt3$ 　　　（4-5-13）

$$= \left[\left(Gn1 \cdot \sin 85^0 - Gn1 \cdot \cos 85^0 \cdot tg\phi\right) \cdot \psi1 + Gn2 \cdot \sin 70^0 - Gn2 \cdot \cos 70^0 \cdot tg\phi\right]$$
$$\cdot \psi2 + Gn3 \cdot \sin 30^0 = 16$$

阻滑力：　$f3 = Gn3 \cdot \cos\alpha3 \cdot tg\phi = 14$ 　　　　　（4-5-14）

　滑体安全系数：$Ks = \dfrac{f3}{F3} = 0.88$

式中：

$Gn1$、$Gn2$、$Gn3$——块₁、块₂、块₃自重力（KN/m）；

$Gnt1$、$Gnt2$、$Gnt3$——块₁、块₂、块₃自重下滑力，由 $Gn \cdot \sin\alpha$ 求得；

$\psi1$、$\psi2$——块₁对块₂、块₂对块₃的传递系数；

$f1$、$f2$、$f3$——块₁、块₂、块₃滑体阻滑力，由 $Gn \cdot \cos\alpha \cdot tg\phi$ 求得；

ϕ——滑动面内摩擦角，取砂岩垂直层理方向的内摩擦角47.3°；

其他符号同前。

（b）下层滑体（沿EFGH滑动）：

假定表层与下层为一整体下滑，计算方法同上得：

下滑力 $F3 = 80$，阻滑力 $f3 = 35$，滑体安全系数 $Ks = 0.44$。

由于上下两层均具滑动性，因此确定其为危险岩体。

4.5.3　54～61窟危岩区

（1）危险区特征

位于库群区54～61窟之间，危险性受31号卸荷裂隙的控制。裂隙自54窟的右侧壁开始一直延伸到61窟的右侧。规模较大，由两条反倾的主贯通裂隙构成，其间距1～3米。外侧裂隙所切割岩体的下盘已大部分塌毁，里侧裂隙主要分布在60～61窟之间，裂隙宽度较大，最宽处可达5～7厘米（61窟门前顶部），倾向与坡面相反，倾角在75°～80°之间。这组裂隙所切割的塌毁部分，现已采用毛石混凝土横墙或纵墙进行了支撑保护，但局部地段由于墙基下沉或墙体外张而失去支撑作用，而最危险的地段则是61窟门外的顶部。

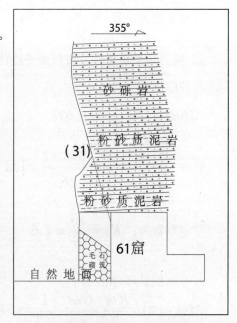

图16　61窟横剖面（1:100）

（2）稳定性计算

将危岩体简化为图形C-1、C-2进行计算，按危岩体两侧受剪切破坏计算：

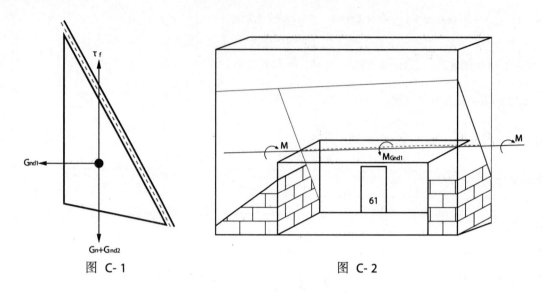

图 C-1　　　　　　　　　　　　　图 C-2

图17　61窟危岩体计算简图

$$Gn = Lb\frac{h}{2}v = 12 \times 3 \times \frac{8}{2} \times 19.6 = 2822$$

$$Gnd1 = 452 , \quad Gnd2 = 293 , \quad Gh = 3148 , \quad \tau f = b \cdot h \cdot \tau c = 6418$$

① 按力的平衡条件计算：

安全系数为：$Ks = \dfrac{\tau f}{Gh} = 2.04$

② 按力矩平衡条件，按弯曲受拉计算：

向外倾倒破坏；

$$M Gnd1 = \frac{Gnd1 \cdot L}{8} = 678 \qquad\qquad （4\text{-}5\text{-}15）$$

$$\delta = \frac{M Gnd1 \cdot Yc}{Ix} = \frac{678 \times 1}{6} = 113 \qquad\qquad （4\text{-}5\text{-}16）$$

稳定系数为：$Ks = \dfrac{\delta t}{\delta} = 1.6$

向下倾倒破坏（图C-2）；

$$M(n+d2) = \frac{(Gn + Gnd2) \cdot L}{8} = 4673$$

$$\delta = \frac{M(n+d2) \cdot Xc}{Iy} = \frac{4673 \times 2.67}{42.67} = 292 \qquad (4\text{-}5\text{-}17)$$

稳定系数为：$Ks = \dfrac{\delta_t}{\delta} = 0.62$

式中：

δ —岩体所受拉应力（KPa）；

Yc、Xc —危岩体断面边缘至纵、横形心主轴的距离（m）；

Ix、Iy —危岩体断面对纵、横形心主轴的惯性矩（m⁴）；

其他符号同前。

根据计算结果，结合现场实际情况，确定其为危险岩体。

4.5.4 23窟危险区

位于窟群区21-24号窟之间，危险性受上下双层开窟、岩石强度极低及窟内38号卸荷裂隙发育等因素的控制。

21-24窟开凿于距现地面以上6米高处，呈悬空状。26窟开凿于24窟对应的地下2米处。岩体坡面呈直立或倒坡状。经水平探孔验证，水平向20米深范围内，岩体组成以砂岩为主，胶结强度极低，呈半胶结状态，极疏松破碎，抗风化力极差。

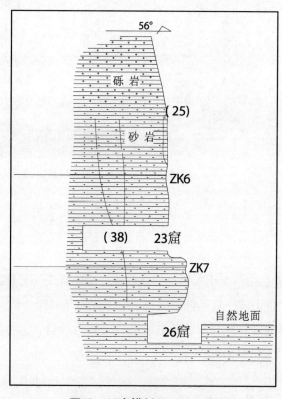

图18 23窟横剖面（1∶100）

卸荷裂隙主要是窟内所见的38号裂隙，自21窟的南侧壁，横贯22窟至23窟的后侧壁。裂隙具有分支、复合状。主裂隙倾向与坡向一致，倾角80°。裂面呈张开状，最宽处可达40毫米，该裂隙对22窟的危害性最大。

4.5.5　10~14号窟危岩区

位于窟群区10~14号窟之间。危险性受石窟所处地形位置和19、20、22等平行分布的卸荷裂隙控制。

10~14号窟开凿于现地面以下2米处。由于历史上渭干河水的侵蚀破坏作用，造成窟前及侧壁的下半部业已塌毁，使其上半部分呈现今的探头悬空状，见图19所示。

此段岩体内发育两条主平行卸荷裂隙，走向与坡面走向一致。裂隙在平、剖面上均呈分支复合状，形成一个裂隙带，使岩体呈块体状，裂隙向上延伸出山体。主要破坏洞窟为10、11、12、13等四个洞窟的窟顶。今年塌方的巨大岩块即发生在10号窟的上方。被切割岩体的塌落部分底部现已采用毛石墙进行

图19　10-14号窟危岩区特征

了支撑防护。

4.5.6　南围堰外危岩体

（1）危岩特征

位于窟群区5号窟附近，由一突出的孤立岩体构成。危险性受18号卸荷裂隙的控制。

卸荷裂隙规模较大，自山顶一直延伸至山根，裂隙倾向与坡向一致，倾角75°~85°，裂隙呈上宽下窄状。由于危岩体的中部地段夹有一层软质砂岩，且此处为风口，大风的长期风蚀作用，致使砂岩层向内凹进，导致上部的危险性不断增大。

（2）稳定性计算

① 按目前情况计算，如图21之D-1所示。

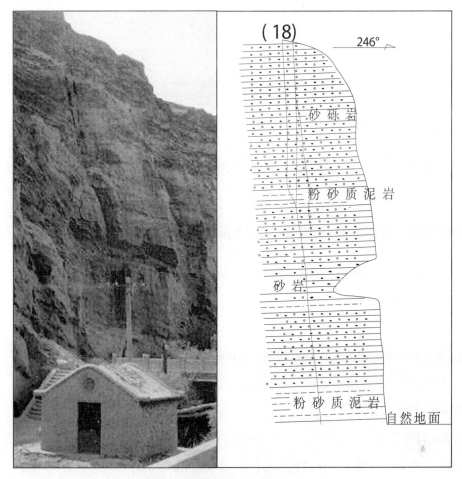

图20 南围堰外危岩体剖面（1∶100）

假定凹槽以上裂隙高度的1/3充满水，凹槽宽度按2.5米、长6.0米计，考虑强震作用时，则：

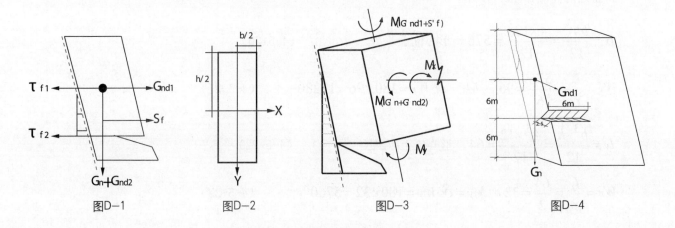

图21 南围堰外危岩体计算简图

$$Gn = Lbh\nu = 1411.2，\quad Gnd1 = 226，\quad Gnd2 = 147。$$

$$Sf = \frac{1}{2} \times \left(\frac{h}{3}\right)^2 \omega L = 480$$

端侧抗剪切力：$\quad \tau f = \tau_c \cdot b \cdot h = 12835$ 　　　　　　　　（4-5-18）

底部摩助力：$\quad \tau f 2 = (Gn + Gnd2) \cdot tg\phi + C \cdot L \cdot b' = 4054$ 　　　（4-5-19）

式中：

ϕ —岩体内摩擦角，取砂岩平行层理方向的内摩擦角46.6°；

C —岩体粘聚力，取砂岩平行、垂直层理方向的均值267.4KPa；

b' —危岩体底部凹槽顶宽（m）；

其他符号同前。

由于重心位于支点以内，重力发挥稳定作用，不可能产生翻转倒塌。而抗剪切力之和远大于水平力与水侧压力之和，也不可能产生水平错动。认为在此条件下岩体稳定，危险性随着风化凹槽的发展而不断增大。

② 风化凹槽危险性计算

假定风化凹槽水平向已达裂隙，计算简图如D-3、D-4所示。

裂隙外侧危岩体每延米：

$$G'n = bh\nu = 4 \times 12 \times 19.6 = 941，\quad G'nd1 = 151，\quad G'nd2 = 98，\quad Sf = \frac{1}{2} \times \left(\frac{h}{3}\right)^2 \omega = 80。$$

断面几何性质如图D-2所示。

$$Ix = \frac{bh^3}{12} = \frac{4 \times 12^3}{12} = 576，\text{形心位于} \frac{h}{2} \text{处} \qquad (4\text{-}5\text{-}20)$$

$$Wx = \frac{Ix}{Yc} = \frac{576}{6} = 96，\quad Mx = \delta_t \cdot Wx = 180 \times 96 = 17280 \qquad (4\text{-}5\text{-}21)$$

$$Iy = \frac{b^3 \cdot h}{12} = \frac{4^3 \times 12}{12} = 64，\text{形心位于b/2处} \qquad (4\text{-}5\text{-}22)$$

$$Wy = \frac{Iy}{Xc} = \frac{64}{2} = 32，\quad My = \delta_t \cdot Wy = 180 \times 32 = 5760 \qquad (4\text{-}5\text{-}23)$$

当其向下反转倾倒时：由 $Mx = \dfrac{(G'n + G'nd2) \cdot L^2}{2}$ 得：$L = 6.1$；

当其向外反转倾倒时：由 $My = \dfrac{(G'nd2 + S'f) \cdot L^2}{2}$ 得：$L = 7.1$；

通过计算可知，当风化凹槽水平延深达到裂隙，延长大于6.1米时岩体顶部就可能被拉裂，而产生新的横向卸荷裂隙致使岩体倒塌。

4.5.7 新1窟危岩区

位于沟口区新1、新2窟，主要病害特征为前室甬道窟顶较薄，已采取的支架顶棚与岩体间存在较大空隙，窟内穹隆顶岩体开裂，地藏层及精美的壁画存在极大的脱落危险。

而新1、新2窟外部窟顶崖壁呈直立状，软硬岩层间因抗风化能力的差异，形成多层的风化凹槽，进而使其以逐次的折断、崩塌等递进的方式，从崖体表面向内部破坏，此过程中也促使在临空面附近不断产生新的卸荷裂隙，上部立壁崖面层层剥落逐步后退，最终结果是造成窟顶的坍塌，见图22。

其病害主要原因是组成岩石以砾岩为主，砾石颗粒粗大，泥砂质胶结物少，呈半胶结状态，岩石抗风化能力较低，本身易产生疏松掉块。而崖顶又成缓坡状，汇水面积相对较大，崖壁受地表径流的冲刷侵蚀作用强烈，加之此地风蚀作用强烈。

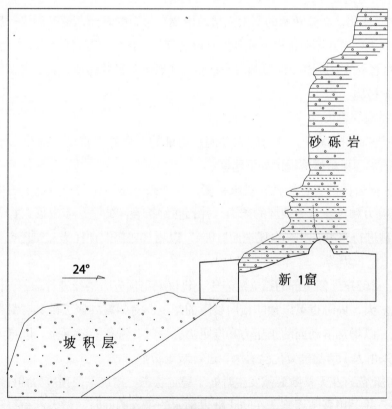

图22 新1窟横剖面（1：100）

4.6 地震活动对洞窟的影响

前已述及，本区具备地震活动强烈和频繁的地质背景，而区内岩石强度较低，沟谷幽深、崖壁陡峭、地形复杂，为抗震危险地段。根据实际调查，在2002年7月16日，由于发生有感地震，而致使库群区

10号窟上部的危岩块体产生坍塌、脱落。因此认为，地震活动是区内洞窟及岩体稳定性的重要控制因素之一，地震活动和地表径流的综合作用是造成区内岩体坍塌和洞窟破坏的主要动力因素。

4.7 工程地质勘察结论及建议

4.7.1 结论

依据本次工程地质勘察所掌握的资料，得出以下结论：

（1）区内石窟所受地质病害特征的内在因素是岩体的工程特性。区内砾岩层的胶结强度最低，呈半胶结状态，极易产生掉块、坍塌，工程特性最差，砂岩次之，而泥岩胶结强度最高，呈整体块状破坏。从分布上看，沟口区以砾岩为主，层厚巨大，砾石的砾径较大，因此所分布的石窟受破坏严重，塌毁较多。而窟群区以砂岩层为主，泥岩较多，因此洞窟保存相对完好。

（2）石窟所受病害特征的主要构造是平行崖面分布的卸荷裂隙。其发生、发展、规模、产状受地形地貌及区域构造应力场的控制。

（3）破坏石窟的主要动力因素是地震作用、大气降水以及风化剥蚀作用。强震作用是洞窟产生坍塌破坏的最主要动力作用，而大气降水产生的地表径流是造成岩体表面风化剥蚀的最主要作用。

（4）表面盐化作用是造成窟内壁面风化及地藏层脱落的重要作用，由于岩层中含有易溶盐（主要是NaCl），随着温湿度的变化，盐分随水的蒸发而结晶聚集在岩石的表面，暂时形成一层坚硬的外膜，膜下岩体表面已被胀裂风化，当其不断加厚形成外壳时就会翻卷、离鼓而与岩体脱离，造成表面破坏。

（5）在所划分的七个危岩区中，根据洞窟的重要性和岩体的稳定程度，其五连洞和新一窟是最危险的，应采取抢救性保护措施。

4.7.2 加固保护措施的建议

根据本次工程地质勘察的成果，针对区内各洞窟遗址的地质并害特征，结合勘察区的具体施工条件，对下一步拟采取的加固保护措施提出如下建议：

（1）五连洞：根据岩体的工程特性和极限平衡计算结果，建议在危岩体上采用预应力锚杆，以增强危岩体抵抗水平地震力和自身重力破坏的能力，并预防卸荷裂隙的进一步发展、扩大。对底部悬空部分，建议采用水冲撼砂进行充填，并高出现地面2.0米，以增加底部的顶托力和镇压力。或采取可靠的刚性支撑措施，防止其下坠、塌落。

（2）63～65窟：对63窟外侧上部的孤立危岩体，建议采用预应力锚杆进行加固、保护，以防止卸荷裂隙的进一步发展、扩大，同时也可以预防横向裂隙的产生。对64窟外侧上部具有滑移破坏特征的危岩体，采用预应力锚杆，以增加滑动面的正压力和摩阻力。同时，进行裂隙灌浆，以增大已开裂隙的摩擦力，预防其下滑。或采用人工清除部分危险岩块，进行减重防护。

（3）61窟上部：此危岩在无横断裂隙发生时处于稳定状态，建议采用预应力锚杆进行防护，防止卸荷裂隙的进一步发展，并采用裂隙灌浆，在防止地表雨水的侵入的同时，增大卸荷裂隙的黏聚力。而对此处已有人工毛石混凝土纵、横砌体，建议进行重新修复，以充分发挥支撑防护作用。

（4）22窟：此处危险性受岩质较软及窟内38号卸荷裂隙的控制，因此，建议在进行锚杆加固38号裂隙的同时，采用敦煌研究院研制的PS进行表面防风化的防护，包括石窟内部无壁画处的侧壁。

（5）新1、新2：新1、新2窟的主要危险是穹隆顶的脱落、前部甬道顶的塌落危险以及窟外立壁崖面上风化剥落的破坏。

对穹隆的脱落，建议处理时首先应进行穹隆顶的脱落防护，如采用衬垫顶托防护措施等。然后对上部岩体及地藏层与岩体之间的接合面分别进行灌浆及粘结加固。

对前面的甬道顶，建议进行重新支撑，采用轻体材料充填，使顶的悬空部分填实，确实起到支撑、顶托的作用。原有木杆支撑拆除与新支撑的施工应同时进行。

在内部加固处理后，对窟外崖体进行加固，重点是防止其进一步风化剥落破坏。建议在崖体立壁面的顶部采取防排水措施，并将后面上部的立壁岩体人工削减成台阶状的安全坡面，防止其整体倾倒后对甬道顶的冲击破坏。

（6）瀑雨引发的山洪，沿沟谷流出时对沟谷两侧的洞窟根基具极强的侧向冲刷侵蚀破坏作用，如大沟边的45窟、41～43窟，以及新1～新2窟下面的冲沟等处，建议在沟谷迎水转弯处或临沟的重要洞窟处，设置混凝土护坡，用以预防冲沟流水的冲刷侵蚀破坏，并加固洞窟的根基。

5. 水文地质勘察

5.1 工程布置及工作方法

本次水文地质勘察的主要目的，是查明地表水、地下水对石窟所造成的影响，为防治其危害，有效地保护石窟及壁画而提供可靠的依据。工作重点是查明区内石窟所受水害特征，并对其影响因素作出评价。因此，其主要工作一方面是收集渭干河流域有关水文地质资料，另一方面是进行现场水文地质钻探及各种水文地质试验和观测工作。

5.1.1 工程布置

本次水文地质的抽水试验和观测井主要布置在窟群区临河洞窟的三个区域内，即南侧围堰22窟附近、北侧围堰62窟附近，五连洞前，三区共布置7个水文钻探井。

在南侧围堰22窟前和北侧围堰62窟前垂直河流方向分别各布置3个井，自山体向外分别为一个基岩井和两个第四系井。在抽水试验中，当用基岩井抽水时，两个第四系井作为观测孔，当用中间第四系井抽水时，基岩井及外侧第四系井作为观测孔。而五连洞前布置一个水文井，并进行了单孔最大降深混合抽水试验。

地下水位、河水位的长期观测，选在南侧围堰附近，观测点自山体向河流依次是：28窟内探井，围堰内的废钻孔和中间泵站抽水井，围堰外的河水面。

对于毛细水上升高度试验，分别选择在道路旁侧模拟河浸进行现场试验，砾岩、砂岩和泥岩各一组，每组三个试验点。

对于压水试验孔，选择在两围堰之间40窟附近的基岩中单独进行。

其工程布置详见图5所示。

5.1.2 工作方法

（1）水文井（孔）的施工及结构：水文井钻孔施工采用MD—50型回转冲击钻机。为确保抽水试验数据的准确性和可靠性，本次水文井钻探均采用清水或稀浆护壁回转钻进成孔，成孔深度由含水层厚度、地下水位埋深及空压机抽水所需沉没比综合确定。

　　各钻孔首先采用91毫米钻具无水干钻取样，以所取岩芯结合钻进时孔内的反映特征进行层位鉴定，（地表下1.5米范围内，采用人工挖掘）。然后改用146毫米或280毫米清水回转钻进扩孔，重复这一循环直达基岩面。换成91毫米或110毫米钻具进行岩石钻进取样，直至设计深度。然后改用146毫米钻具扩孔至设计孔深。成孔后下入146毫米薄壁护壁管，根据设计需要，将护壁管在不同的地段设为过滤器。投入选好的滤料，并立刻用空压机洗井至砂净水清为止，井口段用黏土填充封堵。其结构详见图23。

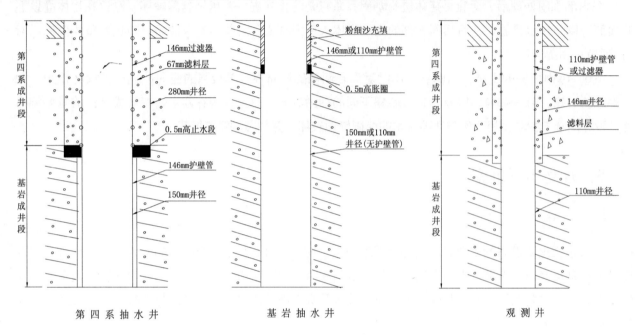

第四系抽水井　　　　　基岩抽水井　　　　　观测井

图23　水文井结构示意图

　　钻孔垂直度偏差不大于1%，岩芯采取率为，第四系松散层大于50%、岩石大于70%。

　　（2）抽水试验：本次抽水试验按稳定流抽水试验进行，采用空气压缩机抽水，抽水设备为XAS160Dd型移动式空压机（9立方米/分钟），水量采用三角堰测法，水位采用电极法测得，抽水试验的稳定标准、延续时间、动水位和出水量的观测均严格按现行规范的有关规定要求执行，抽水排放至围堰以外。

　　每组水文孔洗井结束，观测稳定水位符合要求后，首先进行最大降深的试验。根据抽水设备的抽水能力及含水层的厚度和涌水量，按最大排水量进行水位下降次数及降深的划分，确定对于第四纪松散岩类含水层及基岩含水层均采用二次降深，对于混合抽水采用一次最大降深。

　　（3）压水试验：为确保压水试验成果的真实性和可靠性，压水试验井选择在两围堰之间40窟附近的基岩中单独进行。采用风冷干钻回转钻进的方法成井，井径φ100毫米，井深8.0米，上部2.6米为封孔段，在钻孔周围上部宽1.0米范围内，挖一深1.2米的坑，在坑内浇筑0.4米厚的混凝土作为振盖层，压水设备采用HBW—50/1.5型泥浆泵。

5.2 地下水及含水层的主要特征

　　据水文地质调查及钻探揭露，区内地下水主要分布在河岸附近，按其赋存条件可划分成第四系松散岩类孔隙潜水和第三系坚硬岩裂隙水两类，水位标高在1044～1046米之间。两类地下水均与河水有紧密的水力联系，两者呈互补关系，河水是其主要补给来源，稳定水位受河水位变化的影响极大，同时，地下水也接受大气降水的补给，但季节性强，对地下水位变化的影响不大。

5.2.1 第四系含水层

分布于河岸附近，层位复杂多变，主要由圆砾组成，黄褐色为主，砾石呈亚圆形，粒径一般在0.5～3厘米，最大可达30厘米，磨圆较好，砾石成分复杂坚硬，主要为各类火山岩，中粗砂（局部粉细砂）充填，稍密-中密，由山体向河床逐渐增厚，呈楔形分布，夹细砂透镜体，为急、稳水交替沉积的综合产物，分布不均，渗透系数变化较大，

5.2.2 基岩含水层

主要由砂岩、沙砾岩和少量的粉砂质泥岩组成。砂岩，厚层状，岩质疏松，属弱透水层，近地表处风化裂隙发育而具有一定的赋水性。沙砾岩，由砂岩与砾岩呈互层构成，层位厚度巨大，属半透水层，因裂隙及孔隙的发育而具有较强的赋水性。粉砂质泥岩，厚度较小，一般在0.5～2.0米，多成透镜状，属不透水的隔水层。

根据现场试验结果，区内岩石毛细水最大上升高度为：砂岩70厘米，砾岩65厘米，粉砂质泥岩7.5厘米。

根据水质分析结果，区内第四系松散岩类孔隙潜水、基岩裂隙水及河水的水质总体上差别不大，详见水质分析成果表。

表六　水质分析成果表

分析项目	含量（mg/l）		分析项目	含量（mg/l）	
	第四系水(抽3)	基岩水(抽水4)		第四系水(抽3)	基岩水(抽水4)
PH	7.8(8.1)	7.8	阴离子总量	333	369
电导率(us/cm)	661(424)	718	离子总量	462	508
总硬度	225(175)	272	悬浮物	69.0	512
钙	53.7(42.1)	62.3	溶解氧	6.1	6.1
镁	22.0(17.0)	28.3	BOD_5	0.3	0.3
钾+钠	53.0(25)	48.5	CODmn	0.9	1.0
游离二氧化碳	0.00	0.00	氨氮		0.05
侵蚀性二氧化碳	0.00(0.00)	0.00	硝酸盐氮	0.27	0.29
OH−	0.00	0.00	亚硝酸盐氮		0.006
碳酸盐	0.00(0.00)	0.00	氟化物	0.53	0.53
重碳酸盐	188(133)	190	总铁	0.06	0.22
总碱度	154(109)	155	砷化物		
氯离子	69.5(32.3)	75.5	挥发酚		
硫酸盐	76.0(67.5)	103	六价铬		

溶解性总固体	510	640	氰化物		
暂时硬度	154	155	镉		
永久硬度	71.0	117	铜		
阳离子总量	129	139	锰	0.07	0.03

注：1.水质分析由自治区水环境监测中心阿克苏分中心完成；

2.括号内的数值为河水简易水质分析成果

5.3　水文地质参数计算

5.3.1　抽水试验

本次抽水试验系按稳定流潜水完整井而进行的，根据含水层的厚度，除抽5孔按一次最大降深外，其他抽水孔的试验均按两次降深而进行。根据抽水试验的实际情况，参照《水文地质手册》中水文地质参数的确定方法和适用条件，选择下列相关公式进行渗透系数和影响半径的计算。

$$n = \frac{\lg S(i+1) - \lg Si}{\lg Q(i+1) - \lg Qi} \qquad (5\text{-}4\text{-}1)$$

$$\lg R = \frac{Sw \cdot (2H - Sw) \cdot \lg r1 - S1 \cdot (2H - Sw - S1) \cdot \lg r1}{(Sw - S1) \cdot (2H - Sw - S1)} \qquad (5\text{-}4\text{-}2)$$

$$K = \frac{0.72Q}{Sw(2H - Sw)} \cdot \lg\left(\frac{R}{rw}\right) \qquad (5\text{-}4\text{-}3)$$

$$R = 2Sw\sqrt{HK} \qquad (4\text{-}4\text{-}4)$$

$$K = \frac{0.72Q}{(Sw - S1)(2H - Sw - S1)} \cdot \lg\left(\frac{r}{rw}\right) \qquad (5\text{-}4\text{-}5)$$

$$K = \frac{0.72Q}{Sw(2H - Sw)} \cdot \lg\left(\frac{2d}{rw}\right) \qquad (5\text{-}4\text{-}6)$$

式中：

n——抽水曲线的曲度值；

Q——抽水井的涌水量（m³/d）；

$Q(i+1)$、Qi——第 $i+1$、i 次抽水时抽水井的涌水量（1/s）；

K——含水层渗透系数（m/d）；

H——抽水前潜水层厚度（m）；

r_w—抽水井半径（m）；

R—抽水井影响半径（m）；

r_1—观测孔至抽水井中心的距离（m）；

S_w、S_1—抽水井、观测孔内的水位下降值（m）；

$S_{(i+1)}$、$\lg S_i$—第$i+1$、i次抽水时抽水井内的水位下降值（m）；

d—抽水井至供水边界的距离（m）。

① 由于抽水孔采用二次降深，首先需验证抽水试验的正确性，采用公式(5-4-1)计算抽水曲线的曲度值n。计算结果表明，抽水孔曲度值n均不小于1，故抽水试验资料正确，不需对降深值s进行修正。

② 对于水文地质边界条件的确定，首先计算出影响半径R，再权衡影响半径R与抽水孔至供水边界的距离d，如2d＜R，则按供水边界条件计算，反之则按无限边界条件计算。

通过计算可知，抽1、抽2、抽3和抽4均有2d＜RR，仅抽5为2d＜R，所以抽5的 取值为 。

对于抽1、抽3按无限边界条件主孔带一个观测孔（5-4-2）计算；

对于基岩抽水孔由于观测孔过滤器在第四系中，按无限边界条件单个抽水孔（5-4-3）和（5-4-4）计算；

对于抽5按无限边界条件单个抽水孔（5-4-3）和（5-4-4）计算。

③ 渗透系数的计算

对于抽1、抽3，按无限边界条件主孔带一个观测孔计算（式5-4-5）；

对于抽2、抽4，按无限边界条件单个孔抽水（5-4-3）和（5-4-4）计算；

抽5按供水边界条件单个抽水孔（5-4-6）计算。

5.3.2 钻孔压水试验

本次钻孔压水试验采用基岩孔一段次，单位吸水量及渗透系数采用下列公式求得：

$$W = \frac{Q}{SL} \tag{5-4-7}$$

$$K = 0.525W \cdot \lg\left(\frac{0.66L}{r}\right) \tag{5-4-8}$$

式中：

W—单位吸水量（1/min·m^2）；

Q—钻孔压水的稳定流量（1/min）；

S—试验压水时所施加的总压力值（m）；

L—试段长度（m）；

K—含水层渗透系数（m/d）；

r—钻孔半径（m）；

5.3.3 水文地质参数计算成果

本次所取得的水文地质参数详见表七。

表七　抽（压）水试验综合成果表抽

编号	含水层类型	静止水位（m）	影响半径（m）		渗透系数（m/d）			备　注
			一次降深	二次降深	一次降深	二次降深	平均值	
抽1	第四系	1043.008	49.55	25.00	47.934	41.330	44.632	以圆砾、卵砾石为主
抽2	基岩	1042.734	33.10	14.70	7.111	5.646	6.379	以砂砾岩为主
抽3	第四系	1044.658	32.89	52.10	8.023	7.387	7.705	圆砾夹粉细砂
抽4	基岩	1044.170	45.30	20.60	1.355	1.130	1.243	以砂岩为主
抽5	混合	1044.509	22.60		3.929		3.929	以圆砾、砂岩为主
压1	基岩	1043.874	单位吸水量 2.624(1/min·m²)		2.546		2.546	以砂岩为主

　　需要说明的是，抽水期间，因东方红电站及克孜尔水库的调水不定量、不定时，河水涨落对地下水稳定水位的观测影响极大，且因迟滞效应有抽水孔和观测孔水位升降延时的现象，因此，导致所观测的水位与出水量的关系变的极为复杂。如河水上涨时总体上引起地下水位上升，但各孔水位的上涨又没有统一性，反之亦然。而更为复杂的是上游孜尔水库的放水不定时、不定量，持续时间长短无法确定，下游东方红电站的蓄放水也不定时、不定量，持续时间长短也不确定，抽水试验恰处于这两者均能影响到的地方，因此，对试验的成果有一定的影响。

　　本次抽水试验在成果计算中，参考"地下水位与河水位变化关系长期观测资料"中，两者的升降比例关系并考虑其迟滞效应因素，把各个水文孔水位观测原始数据，按当时河水位变化加以校正后代入公式求得相关参数，对河水位变化对抽水试验的影响进行了一定的消减，但其计算结果与实际仍有一定的偏差。

5.4　大沟区大冲沟小流域洪水计算

　　根据洪水调查，区内瀑雨引发的山洪沿沟谷流出时，夹带大量的砂石，对沟谷两侧的洞窟及区内的道路具较大的破坏性。如大沟区45窟、41～43窟洞窟的根基，沟口区的新1、新2窟下部基底岩体均受到冲沟洪水极强的侧向冲刷破坏。

　　依据区域资料，区内冲沟洪水成因属陡涨陡落得暴雨型，为单峰型，历时较短，一般在1～小时左右。而洪水多发生在 6、7、8三个月。

　　区内最大的冲沟是窟群区通过南北两个围堰之间的大沟（1号沟），其流域长（约15千米），流域面积大（12.7千米），沟谷纵向落差大，平均比降可达5.3%，见图24。

　　依据现有资料，本次勘察仅选择洪峰量最大、破坏性最强、具有典型特征的1号沟，作为代表进行洪水计算。

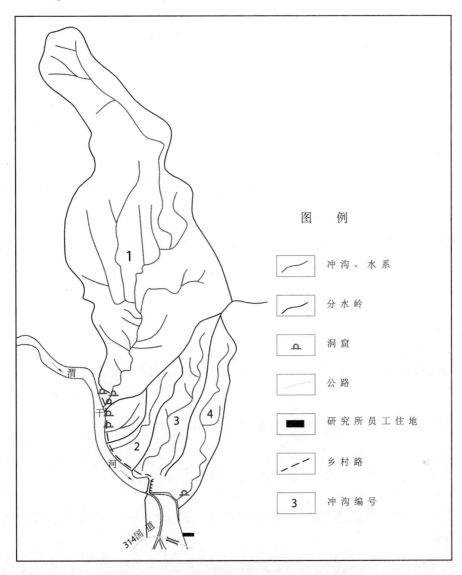

图例

- 冲沟、水系
- 分水岭
- 洞窟
- 公路
- 研究所员工住地
- 乡村路
- 3 冲沟编号

图24 库木吐喇千佛洞冲沟分布图（1∶50000）

5.4.1 设计暴雨

本次设计暴雨，采用《渭干河上千佛洞水电站工程可行性研究报告》中以点雨量代替洪沟面雨量的计算结果，见表六。

单位：(mm)　　　　　　表八　设计暴雨成果表

项目	均值	C_V	Cs／ω	P=1%	P=2%	P=3%	P=5%
最大1小时	8.0	0.9	3.5	37.57	30.87	26.08	22.4
最大6小时	14.5	0.9	3.5	68.1	56.0	47.2	40.55
最大1日	16.5	0.95	3.5	81.79	66.68	55.90	47.58

5.4.2 设计洪水计算

冲沟洪水计算采用《水利水电工程设计洪水计算规范》(SH44-1993)，小流域暴雨洪水推理公式计算，计算公式采用：

$$Qm = \frac{0.278h}{\tau} \cdot F \tag{5-5-1}$$

$$\tau = \frac{0.278L}{m \cdot J^{1/3} \cdot Qm^{1/4}} \tag{5-5-2}$$

式中：

Qm— 洪峰流量　（m³/s）

h—在全面汇流时代表相应 τ 时段的最大净雨（mm）

F—流域面积　（km²）

τ—流域汇流历时 h）

m—汇流参数

L—冲沟最长距离 km）

J—冲沟L的平均比降

计算中：

① 由1:5万地形图量算得出 $F=12.7$，$L=15$，$J=\dfrac{0.8}{15}=0.053$

② 根据 $\theta=\dfrac{L}{J^{1/3}}=40$ 查小流域下垫面条件分类表，得 $m=1.63$。

5.4.3 计算成果

计算成果见表七

单位：(m³/s)　　　　表九　大沟区大冲沟小流域洪水计算成果表

项目	P = 1%	P=2%	P=3%	P=5%
最大1小时	52.4	40.3	32.2	26.3
最大6小时	115.8	89.2	71.0	58.0
最大1日	147.9	112.6	89.0	71.8

5.5 地表水与地下水的水力联系及对石窟的影响

5.5.1 渭干河与地下水的水力联系及对石窟区的影响

通过对渭干河流量、水位，地下水露头点水位的长期观测及抽水试验可知，地表水与地下水存在着密切的水力联系 ，其水位变化呈同步消涨的特征，由山体向河床方向水位逐渐抬高，见图25。说明当河水流量增大、水位增高时，地下水接受河水的补给，当河水流量减小、水位降低时地下水溢出回归河床。

以东方红电站限定最高蓄水位1044.5m为前提条件,以区内南侧围堰现存最低洞窟（26～30号窟）地面1045.5m为基础,根据对渭干河流量、水位与地下水位的长期观测可知:

（1）当河水为不大于400立方米/秒的正常流量时,窟前河水位1045.5米,岩体中地下水位1044.5米,河水对洞窟没有直接影响。

（2）当渭干河流域发生50年一遇的较大洪水时,克孜尔水库的泄洪量不大于600立方米/秒,窟前河水位1045.8米,岩体中地下水位1044.85米,增加毛细水上升高度0.7米后,恰好与窟地面1045.5米一致。河水对洞窟直接影响不大,仅为毛细作用,表现为窟内湿度增大。

（3）根据今年洪水后的调查结果,当渭干河流域发生100年一遇的特大洪水时,基于下游三县防洪

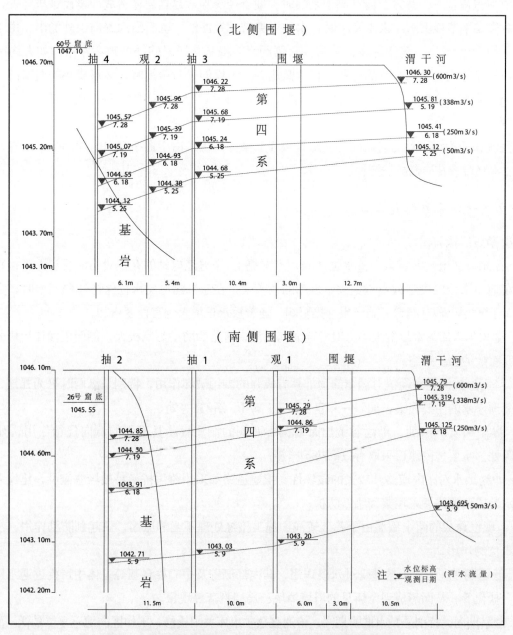

图25　渭干河不同流量时河水位与地下水位关系示意图

设施承受能力的考虑，克孜尔水库的最大泄洪量不大于1000立方米/秒，此时窟前河水位已不受东方红电站蓄水的影响，而完全受克孜尔水库泄洪量的控制。据调查：当流量达到1000立方米/秒时，窟前河水位比正常流量（400立方米/秒）时平均高出1.0米左右，即接近1046.5米，此时岩体中地下水位与窟地面一致，毛细水上升作用对洞窟底部会造成直接影响，主要表现为软质砂岩、砾岩的遇水崩解，泥岩的遇水软化、膨胀，以及水份蒸发后岩石中易溶盐晰出的表面盐化等现象。

（4）由于渭干河流量的不断变化，造成主河道经常改变，当主河道靠近洞窟一侧时，对五连洞前及通向窟区的道路具极强的侧向侵蚀破坏作用。

5.5.2 山谷季节性洪水对石窟的影响

由于山中植被稀少、基岩裸露，雨季来临时，地表径流除对窟顶岩体造成冲刷侵蚀破坏外，极易汇聚到沟谷中形成季节性洪水。洪水发生时，水体中夹带大量泥沙、砾石沿沟谷向山外涌出，由于沟谷坡降较大（平均大于5%），其流速高，对沟谷两侧洞窟的根基具极强的侵蚀破坏作用，如大沟区的41、42、43、45号窟等均受冲沟洪水的威胁。特别是沟谷被坍塌的岩石截流时，多形成小的堰塞湖，当其突然决堤后，水量大、流速高，破坏力极强。横跨两个围堰间（1号冲沟）的石桥，在上世纪90年代时因此而被冲毁。

地表径流和冲沟洪水对通向窟区的道路具极强的破坏作用，由于道路方向与冲沟基本垂直，每次洪水过后，过水路段或被冲毁或被掩埋。

5.6 水文地质勘察结论与建议

经本次勘察后认为：

（1）在东方红电站限定最高蓄水位1044.5米前提下，东方红电站的存在对临河石窟无直接影响。控制临河石窟地下水位的决定因素是克孜尔水库的放水量，在东方红电站水位保持1044.5米时，克孜尔水库放水量大于600米/秒对洞窟开始产生直接影响，随着放水量增大危害程度增加。

（2）克孜尔水库放水量的大小，对五连洞前及沿岸道路的防护影响极大，侧向侵蚀作用极强，建议设计时采取有效的防护措施。

（3）降雨形成的地表径流对洞窟的顶部具有极强的剥蚀破坏作用，特别是瀑雨时更为强烈，是造成浅埋洞窟漏顶渗水的主要因素，如53～58窟、79窟、新1、新2窟等处。

（4）瀑雨引发的山洪，沿沟谷流出时对沟谷两侧的洞窟根基具极强的侧向侵蚀作用，如45窟、41～43窟等处。重要地段建议采取有效的防护措施。

（5）冲沟洪水对区内道路具较大的破坏性，拟建道路如采用跨沟桥涵易被堵塞淹没，建议采取过水路面，过水地段两侧路坡采用浆砌块石防护。

（6）现已建成的两个围堰由于基础较浅、施工接缝处理不当等原因，仅起到防洪作用，没有发挥降低地下水位的作用。

（7）低处洞窟在历史上曾遭受过水浸作用，其内部侧壁及中心柱台基等岩体中产生过遇水崩解、软化、胀裂、盐化等，从而形成现今所见的坍塌掉块、层层剥落等现象。

（8）勘察期内，特别是抽水试验期间，恰遇克孜尔水库关闸检修，工作区内地下水位最低。而勘察结束后，渭干河流域发生百年一遇的特大洪水，使五连洞前的主河道向东偏移，在72窟前形成一个长久性的深泓急流转弯处，对五连洞下部的岩体产生强烈的侧向潜蚀，增大了五连洞危岩区的范围和危险性。

6．锚杆试验

6.1 试验的基本情况

为了能给石窟和危岩体加固保护工程提供可靠的设计依据，我院同时承担了在库群区内的岩体中所进行的锚杆抗拉试验工作。

试验按岩石锚杆基本试验进行，共进行四组抗拉锚杆，每组三根，共计12根。其中：

第一组：锚杆孔径为φ60毫米 ，拉杆选用1Φ18螺纹钢。

第二组：锚杆孔径为φ60毫米 ，拉杆选用1Φ20螺纹钢，

第三组：锚杆孔径为φ60毫米 ，拉杆选用1Φ25螺纹钢，

第四组：锚杆孔径为φ90毫米 ，拉杆选用1Φ25螺纹钢。

本次试验的锚杆均采用掺入3%膨胀剂、水灰比为0.5：1的水泥浆灌注，水泥采用425＃普通硅酸盐水泥，灌注体结石强度要求大于MM25，锚固段长度设定为2.5米。

试验的施工及检测严格按《锚杆喷射混凝土支护技术规范》的相关规定，并参照《土层锚杆设计与施工规范》之有关规定执行。

为了不影响洞窟区的自然景观，同时考虑到试验区与拟加固洞窟岩体条件应基本相同。因此，试验地点选择在42～43窟对面立壁岩体的根基处（以砂岩为主）和40窟东侧（以砾岩为主）两处进行。

6.2 施工机具的选择及施工工艺

6.2.1 施工机具及试验设备选择

根据拟加固区的岩体特征及试验内容，结合施工场地的具体施工条件，本次采用的施工机具及试验设备如下：

（1）锚杆成孔：采用MD—50型锚杆机，本机是我院自制的设备，具有体积小、重量轻，最适宜本场地施工条件的优点。最小成孔直径42毫米，最大成孔直径300毫米，最大成孔深度为50米，钻进中即可采用风冷清孔，又可采用水冷排渣。本机通过更换钻杆和钻具，可实现风动反循环钻进，以达到无振动、无粉尘污染施工之目的。

（2）锚杆成孔附属设备：采用XAS160Dd型移动式空压机，该机正常工作压力0.4～0.7MPa，风量9.45立方米/分。

（3）锚孔检测：采用孔内摄影仪自动成像系统，全孔检测。

（4）锚拉杆制作：采用直流电焊机人工现场焊接制作。

（5）锚杆拉力测试：采用YDK—60型千斤顶及B2×2/500 型电动油泵，最小拉力33.65KN，最大拉力600KN，锚杆位移采用百分表计量。

6.2.2 施工工艺

（1）成孔施工：采用风冷无水干钻回转钻进成孔，钻孔定位由质检员控制实施，定位后将钻机稳牢固定，钻孔倾角控制在10°～15°之间，回转钻进至设计深度，终孔时采用孔内摄影仪检查成孔质量，关

键是孔深、孔径、孔内裂隙及孔内残渣等，其成孔深度误差不大于±20毫米。

（2）锚拉杆制作：锚拉杆采用人工现场制作，每1.5米加装一个导正架，锚杆安设时居于孔中，注浆管随锚杆一并下入孔底。

（3）浆液制备：锚杆灌浆采用掺加3%膨胀剂、水灰比为0.5∶1的纯水泥浆，水泥为普通硅酸盐水泥（强度等级32.5MPa），边搅边灌。

（4）灌浆：灌浆前，先将孔口密封，预留排气管，排气管口高出孔口0.2-0.3米。灌浆时从孔底灌起，边灌边提升灌浆管，孔内注浆管口始终保持在浆液面以下0.5米，灌至排气管中充满浆液为止。10分钟后视孔内浆液的漏失情况进行二次补灌或多次补浆，直至饱和为止。

6.3 现场试验

由于区内岩石具有易碎、黏结力差、强度低、吸水性强等特点，因此本次抗拉试验参照《土层锚杆设计与施工规范》之锚杆基本试验的方法进行，并采用快速循环往复加荷的方式。

以预估破坏荷载的20%为一个加荷级别，考虑到测试的方便，因压力表每小格为1MPa，其拉力值为16.825KN。对于Φ18毫米、Φ20毫米锚杆取1MPa为一个加荷级别，对于Φ25毫米锚杆取2Mpa即33.65KN为一个加荷级别，加荷速率为1分钟一级。

锚杆位移采用百分表计量，观测时间为每5分钟观测一次，间隔15min位移量不大于0.01毫米，视为稳定,进行下级加荷。

试验终止标志为：

（1）后一级荷载产生的锚杆位移增量超过前一级荷载产生位移增量的2倍，且锚杆位移不停止。

（2）锚杆位移不收敛。

（3）锚杆拉断。

锚杆抗拉力取值的确定：

以终止试验的荷载为破坏荷载，以其前一级加荷为单根锚杆的极限抗拉力，以一组中单根锚杆极限抗拉力最小值为此组锚杆的极限抗拉力。

各组锚杆的破坏荷载详见表十及所附锚杆试验曲线图

表十　锚杆破坏荷载一览表

组别	一组			二组			三组			四组		
锚杆编号	M1	M2	M3	M4	M5	M6	M7	M8	M9	M10	M11	M12
锚杆规格	Φ18	Φ18	Φ18	Φ20	Φ20	Φ20	Φ25	Φ25	Φ25	Φ25	Φ25	Φ25
锚孔孔径（mm）	60	60	60	60	60	60	60	60	60	90	90	90
破坏荷载（KN）	100.95	100.95	100.95	117.78	117.78	117.78	185.08	185.08	185.08	201.90	201.90	201.90

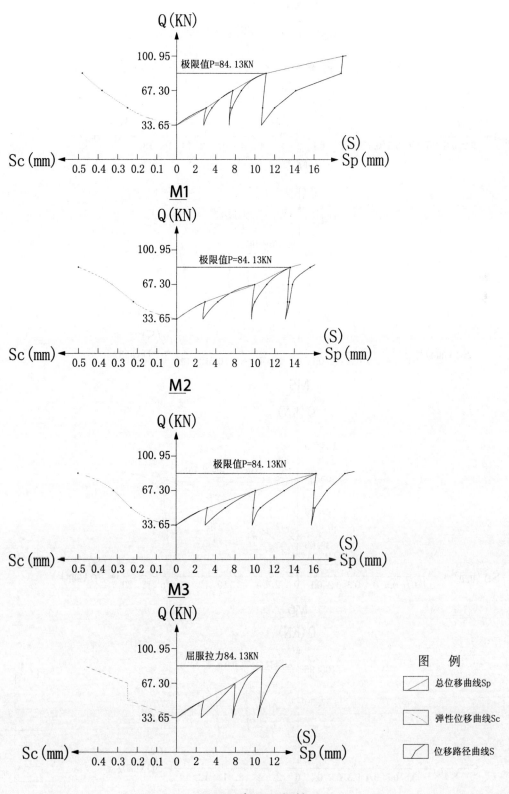

176mm长Φ18钢筋

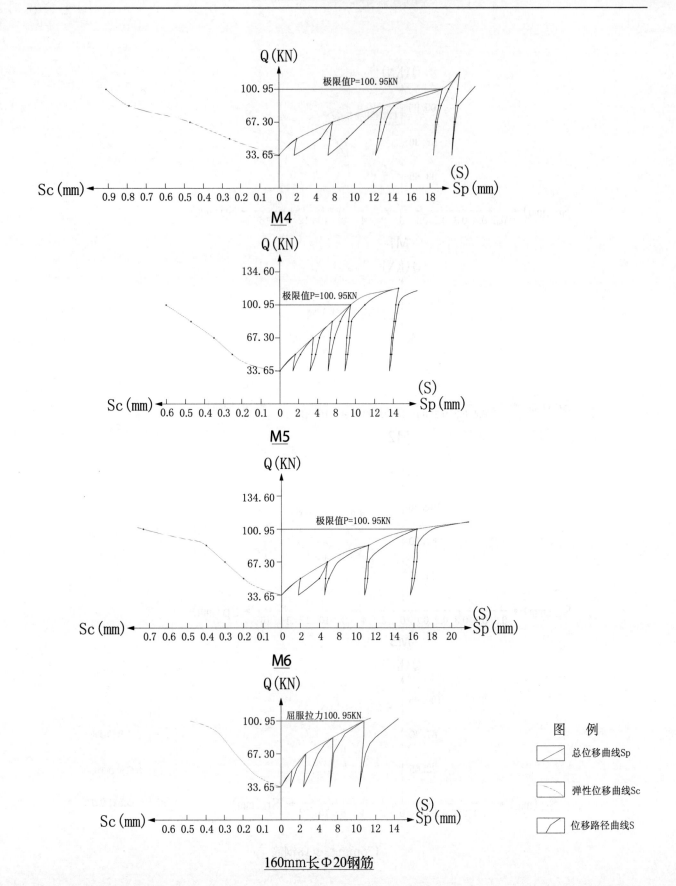

160mm长Φ20钢筋

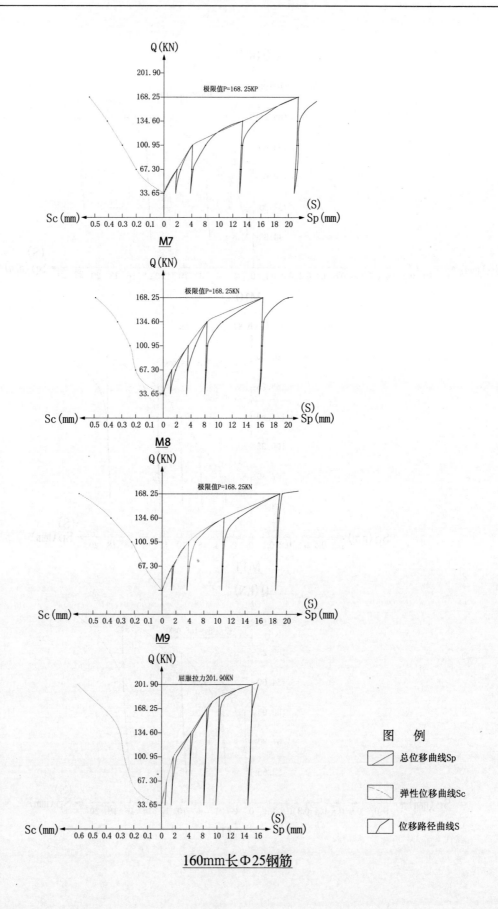

160mm长Φ25钢筋

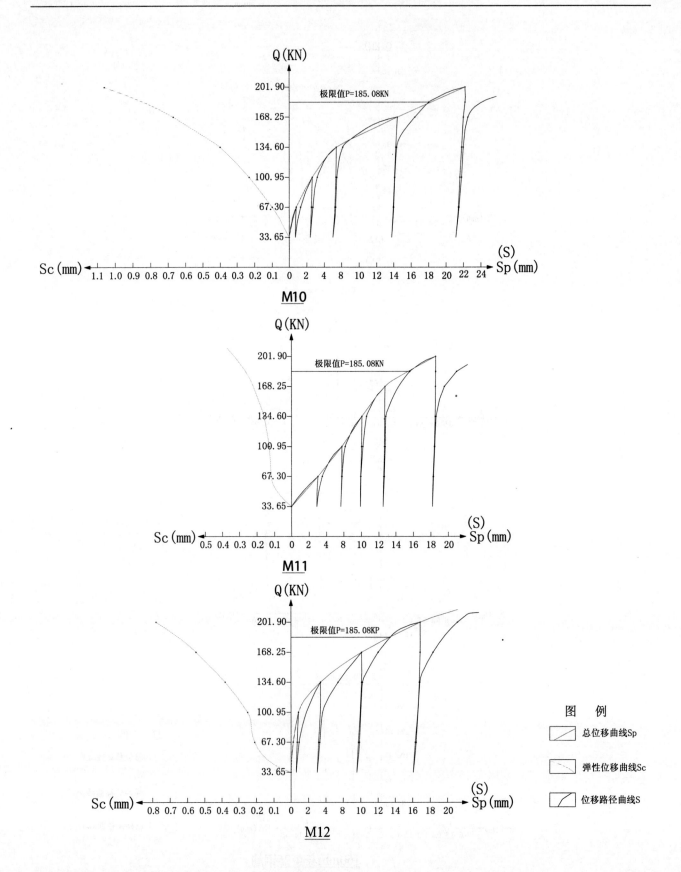

需要说明的是，试验中发现，加荷过程中各规格锚杆的塑性变形量均较大，除锚固体的位移外，经对所采用的锚拉钢筋进行同方法的现场抗拉试验发现，三种规格的钢筋经循环往复加荷张拉后，在达到屈服强度前均存在一定量的塑性变形，其单位长度伸长率分别是：Φ18=4.95%；Φ20=5.48%；Φ25=4.06%（拉力为168.25KN时）、Φ25=5.22%（拉力为185.08KN时）。而锚杆抗拔力试验时锚头处恰有一段锚拉筋自由段，本次测试结果中锚杆位移量予以剔出。

根据测试数据及试验曲线图，各锚杆的极限拉力及位移见表十一。

表十一　锚杆试验综合成果表

组别	一组			二组			三组			四组		
锚杆编号	M1	M2	M3	M4	M5	M6	M7	M8	M9	M10	M11	M12
锚杆规格	Φ18	Φ18	Φ18	Φ20	Φ20	Φ20	Φ25	Φ25	Φ25	Φ25	Φ25	Φ25
锚孔孔径 (mm)	60	60	60	60	60	60	60	60	60	90	90	90
极限拉力 (KN)	84.13	84.13	84.13	100.95	100.95	100.95	168.25	168.25	168.25	185.08	185.08	185.08
锚头位移 (mm)	9.15	11.58	14.27	17.28	7.50	14.35	19.38	14.36	17.01	16.02	13.60	11.40
自由段钢筋伸长(mm)	6.09	5.45	8.02	5.75	6.85	8.77	7.30	6.90	6.49	7.31	7.31	10.86
锚杆位移 (mm)	3.06	6.13	6.25	11.53	0.65	5.58	12.08	7.46	10.52	8.71	6.29	0.54

6.4 试验成果分析评价

根据试验测试过程中的具体现象和试验成果，对本次试验作如下分析评价：

（1）试验所用钢筋、水泥均有出厂合格证，钢筋、水泥及现场同条件水泥浆试块经阿克苏地区工程质量监督站检测合格，满足试验要求。锚杆的施工及检测严格按《锚杆喷射混凝土支护技术规范》的相关规定，并参照《土层锚杆设计与施工规范》之有关规定执行，认为试验数据真实、准确。

（2）对于孔径60毫米、拉杆Φ18毫米的锚杆，锚固深度大于2.5米时，破坏荷载为100.95KN，极限抗拔力为84.13KN，与所采用Φ18钢筋的屈服拉力相同，说明锚杆的极限抗拔力受钢筋的屈服强度控制，锚杆最大位移量6.25毫米。

（3）对于孔径φ60毫米、拉杆Φ20毫米的锚杆，锚固深度大于2.5米时，破坏荷载为117.78KN，极限抗拔力为100.95KN，与所采用Φ20钢筋的屈服拉力相同，说明锚杆的极限抗拔力受钢筋的屈服强度控制。锚杆最大位移量11.53毫米。

（4）对于孔径φ60毫米、Φ25毫米的锚杆，锚固深度大于2.5米时，破坏荷载为185.08KN（锚固体破坏），极限抗拔力为168.25KN。说明锚杆的破坏是因为孔径小，锚固体与岩体间摩阻力小而破坏。锚杆最大位移量12.08mm。

（5）对于孔径φ90毫米、Φ25毫米的锚杆，锚固深度大于2.5米时，破坏荷载为201.90KN，极限抗拔力为185.08KN，与所采用Φ25钢筋的屈服拉力相同，说明锚杆的极限抗拔力受钢筋的屈服强度控制。锚杆最大位移量8.71毫米。

（6）从试验数据看，在张拉的过程中除自由段钢筋的伸长外，所有的锚杆每级加荷后均有向外位移的现象，其特征反映了锚杆与孔壁间黏结效果差。分析其原因主要是岩石孔隙大，含水率低，吸水性强，灌浆材料灌入孔内后迅速失水，表面硬化收缩量大而造成锚杆与孔壁摩阻减小所致。

6.5 锚杆试验结论及建议

（1）通过试验认为，试验中所采用的施工设备和施工工艺在本工程中是比较适用的，但对于胶结强度极低、砾径较大的砾岩层或极易破碎的砂岩层成孔困难，若在这些岩层内进行锚杆加固时，建议采用跟管钻进的施工工艺措施，以确保工程的施工质量。

（2）四组锚杆的极限抗拔力和位移量见表十一。

（3）本次试验中锚杆灌浆掺加了3%的膨胀剂，但试验中每级加荷后锚杆仍存在一定程度的位移。建议施工时在锚固段中采用分段扩大头的成孔技术，以增大锚杆与孔壁间的摩阻力。

（4）为充分发挥锚杆的抗拔力，如果施工时选用Φ25螺纹钢，建议成孔采用φ90mm以上孔径。如选用Φ20或Φ18螺纹钢，采用φ60毫米孔径即可满足要求。

7. 补充说明

1）因本次勘察的目的任务以及经费所限，勘察中没有进行岩体应力场的现场测试，因而在危岩体稳定性评价中，仅采用极限平衡理论进行了简单的计算，而没有对岩体应力场的分布进行深入研究。勘察中也没有进行岩体强度的现场试验工作，在岩体稳定性计算中，由室内试验的岩石强度结果，代替岩体的实际强度。

2）野外勘察工作结束后，于2002年8月，渭干河流域发生百年一遇的特大洪水，洪水过后，主河道东移至72窟的北侧紧靠岩壁，已恢复到主河道原始的流水状态。自上游200米处开始，河水主流正对五连洞岩体的根基和防护堤，并因防护堤的阻挡而在72窟前形成深泓急流，其主要危害是：

（1）在窟下一侧形成的深泓急流，会对岩体造成下侵及侧向侵蚀破坏。根据现场调查，72窟北侧18米处水下向岩体一侧形成的凹槽已达1.5米以上，而本区的岩石胶结程度极低，介于半成岩状态，且泥岩具有遇水软化和弱膨胀性，砂岩有遇水易崩解性等工程特性，这更加剧了水下岩体被侵蚀的速度。若岩体长期遭受河水的冲刷侵蚀，水下凹槽的规模将不断扩大，周而复始，将会使其与五连洞下部的凹槽相互连通，形成一个包括五连洞在内的、水平延伸达10余米的巨大悬空岩体，加之岩体中又有平行于岩壁的卸荷裂隙发育，五连洞处于极其危险之。

（2）窟前防护堤对五连洞的防护发挥着重大的作用，目前，铁丝现已腐烂断裂，石笼基本损毁，若长期造受流水的冲刷破坏，随着时间的推移，石坝将逐渐塌毁，其后填充的混合砂将迅速被流水冲掉。五连洞将恢复到从前的悬空状态，危险性极大，特别是遇有较大的洪水和地震时，随时都有塌毁的可能。

图30　72窟前深泓急流对岩体及防护堤的破坏

3）本次勘察工作得到了自治区文物局及龟兹石窟研究所的大力支持，日、中双方项目专家组的有关专家对勘察工作提出原则性建议，并多次亲赴勘察现场进行检查指导，对本次勘察工作给予了极大的帮助，在此一并表示衷心感谢。

附图一：库木吐喇千佛洞工程地质水文地质平面图（部分）

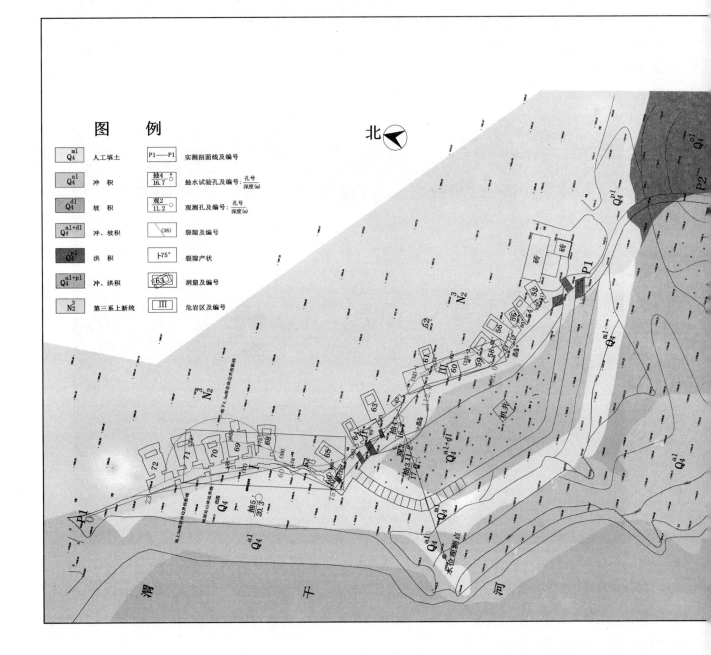

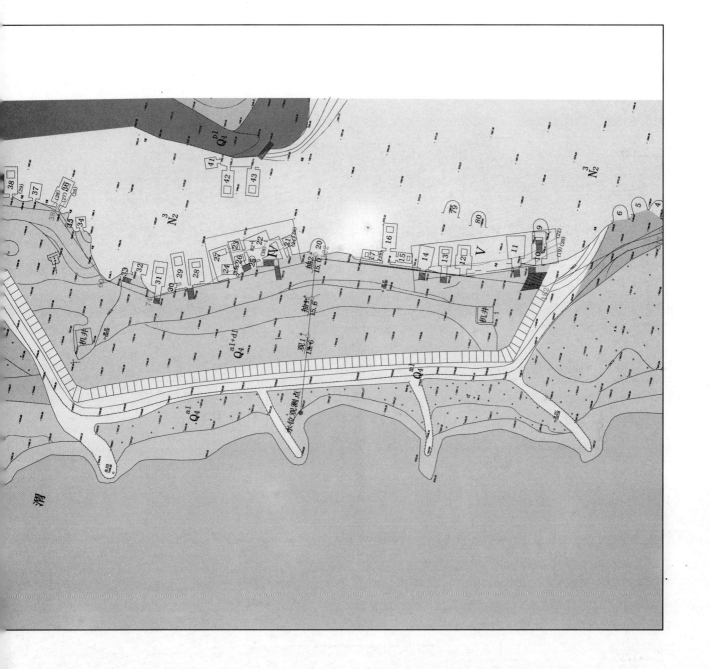

附图二：库木吐喇千佛洞实测工程地质剖面图（部分）

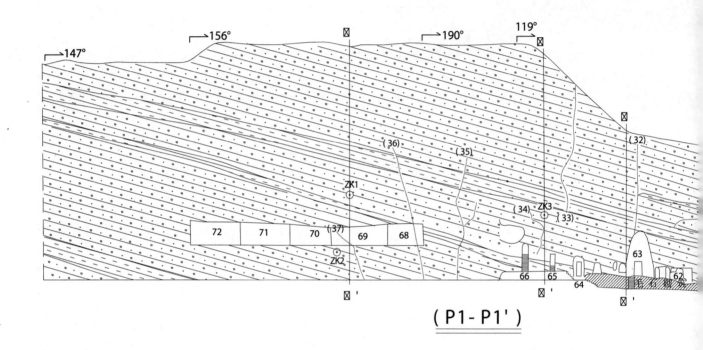

（ P1 - P1' ）

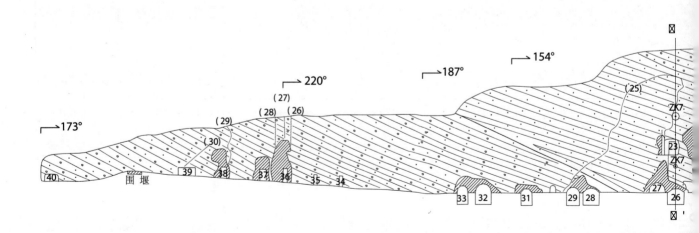

图　例

砂砾岩

砂岩

砾岩

粉砂质泥岩

(31) 裂隙及编号

⊙ZK4 水平勘察孔及编号

⊠—⊠ 横剖面位置及编号

53 洞窟及编号

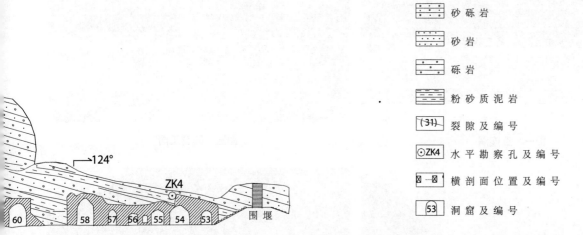

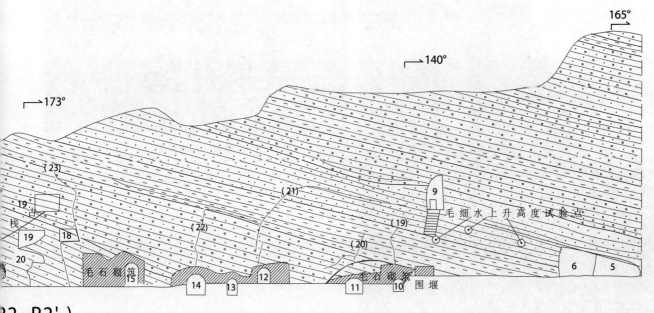

图一　五连洞

图三　63窟正面

图二　63窟外危岩体

图四　63窟正面

图五　27—22窟正面

图七　南围堰外危岩体局部

图六　14—10窟岩体上分布的卸荷裂隙

图八　南围堰外危岩体

图九　79窟上部的危岩体及泥岩自胀裂隙

图十一　新1窟上部软硬岩层形成的危岩

图十　2号窟西侧上部的危岩体

图十二　水平探孔施工时搭设的脚手架

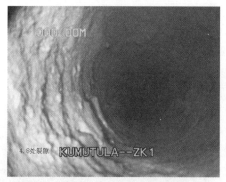

图十三 zk1钻孔4.8m处裂隙及砂砾岩

图十七 zk3钻孔2.1m处裂隙

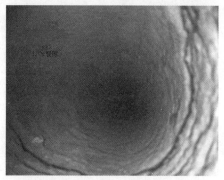

图十四 zk2钻孔1.0m处裂隙及砂岩

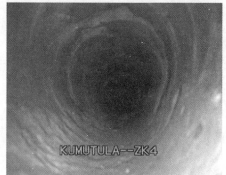

图十八 zk4钻孔所见泥岩

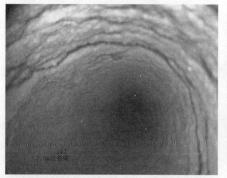

图十五 zk2钻孔7.0m处裂隙

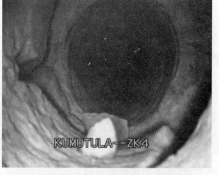

图十九 zk4钻孔0.75m处裂隙

图十六 zk3钻孔所见砾岩

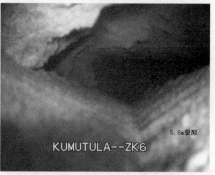

图二十 zk6钻孔5.8m处裂隙

图二十一　抽水孔施工现场

图二十二　抽1孔中取出的松散层岩心

图二十三　抽水试验施工现场

图二十四　空气压缩机抽水管结构

图二十五　观测孔中水位观测

图二十六　抽水试验中三角堰法检测流量

图二十七　河水位长期观测标尺

图二十八　锚杆试验中外拉头的焊接

图二十九　锚杆试验中的加荷与位移观测

图三十一　日、中专家在现场听取汇报

图三十　锚杆试验中测读压力

图三十二　日、中专家在现场指导工作

近景摄影测量技术及信息管理系统
在库木吐喇千佛洞文物保护工程中的应用研究

郑书民 周建波（建设综合勘察研究设计院有限公司）

一、项目概况

库木吐喇千佛洞位于库车县城西南约30千米，呈带状分布在谷口区和窟群区（也称大沟区）约4平方千米范围内，现有洞窟114个，凿建于渭干河东岸、确尔达格山南麓（见图1），其中约40个洞窟仍不同程度地保存了壁画，壁画面积近4000平方米，正是这些大量的、形制多样的洞窟和弥足珍贵的壁画，使其成为龟兹佛教石窟中仅次于克孜尔石窟的佛教寺院遗址，1961年被国务院公布为第一批全国重点文物保护单位。

经过长期自然营力和人为因素的持续破坏，始建于公元5世纪、至今已有1500年历史的库木吐喇千佛洞面临着多种病害的严重侵袭，亟待进行抢救性保护。

为了紧密配合库木吐喇千佛洞即将展开的各项文物保护工作，建设综合勘察研究设计院于2002年3月至10月间，综合运用现代测绘技术，全面获取了库木吐喇千佛洞高质量的现状文物信息，为其保护规划的制订、保护工程的实施以及洞窟档案记录提供了强有力的空间信息支持（图2为我院工作人员由驻地到作业现场途中）。

图1　库木吐喇千佛洞概貌（局部）　　　　　　　　　图2　从驻地到现场途中

二、文物测绘的内容与要求

为了最大限度地为即将展开的维修保护工程提供基础资料，同时考虑留取资料和文物建档的需要，经现场踏勘和专家论证后，将库木吐喇千佛洞文物测绘的内容设定如下：

2.1 崖壁立面测绘

2.1.1 崖壁立面图与等值线测绘

采用近景摄影测量方法，对9段（9~19窟、19~31窟、31~39窟、41~43窟、45~僧人题记、48~50窟、53~65窟、66~72窟、新1~新2窟），总长度约650米的窟外崖壁立面自山脚至山顶（高度约30米）进行立面图和等值线图测绘，准确描述崖壁的竖位形态及石窟的空间分布，并对危岩体、裂隙等各类地质病害现象进行如实描述（见图3），为危岩加固、防水保护等维修保护工程提供设计和施工依据。

2.1.2 重要部位剖面图测绘

采用精密工程测量方法，通过剖面线的野外数据采集，并结合崖壁和洞窟立面测绘资料，获取崖壁重要部位纵剖面的结构数据，作为崖壁立面测绘资料的细化和补充，为项目的设计和施工提供更为深入的立面数据。

崖壁剖面位置选在12、23、34、37窟（9~43窟段），42、43窟（41~43窟段），45窟（45~僧人题记段），68、69、70、71、72窟（66~72窟段），新1、新2窟（新1~新2窟段），共14条，均为段内具有代表性的位置。

剖面位置选定后，其具体位置及编号标注在索引图中，以便于查询利用。

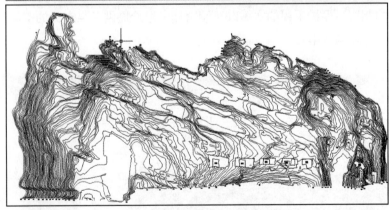

图3 五连窟崖壁实景与崖壁等值线图

剖线起自窟前自然地面，经洞窟中轴线直至山顶，可详细反映该部位立面的结构特征（见图4）。

2.1.3 僧人题刻测绘

作为一类特殊的文物，题刻往往具有明确的断代意义，文化内涵极其丰富。为此，立足近景摄影测

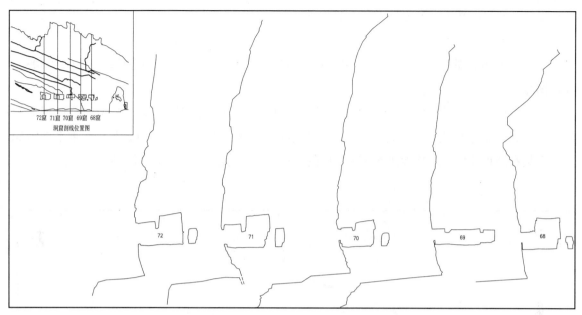

图4 66~72窟崖壁剖面图

量技术对位于崖壁上的6款僧人题刻（以及69窟的2款题刻）进行了1：5~1：10立面大样测绘，并对其中部分题刻进行了正射影像图制作及其与线划信息的套合（见图5），真实地记录了题刻的具体内容、保存状况和艺术特征，为文物建档、出版发行和深入研究等提供了良好的数字文物档案。

2.2 洞窟测绘

库木吐喇千佛洞不仅洞窟形制多样、数量巨大，且蕴含着大量的壁画以及一些造像和题刻等。因此，洞窟测绘无疑是本次工作的重点。为此，我们面向需求，采用近景摄影测量、数字摄影测量等多种技术手段，获取了近30个洞窟平、立、剖三个方向、线划图

图5 题刻影像立面图

和影像图两个方面的现状文物信息，极大地丰富了库木吐喇千佛洞的洞窟档案。

同时，鉴于以下两方面原因：一是历经多年磨蚀，大部分壁画已漫漶不清，难于分辨；二是洞窟后室和甬道大多空间狭窄，使得外业工作因缺少必要的作业空间而难以实施。因而洞窟测绘也是本次工作的难点。

对此，我们适时地引入了基于民用数码相机的数字摄影测量技术，采用以影像图为主（反映壁画具体内容和艺术特征），线划图（构成壁面框架数据）为辅的技术路线，较为圆满地解决了壁画现状测绘及其残损记录的问题。

对于狭窄空间文物目标的测绘问题，尽管本次受技术与设备限制未能寻求到更为有效的解决方案，

但仍然积累了一些经验教训，初步确立了今后的努力方向。

2.2.1 洞窟平面大样图测绘

采用数字地形测绘的方法，对库木吐喇千佛洞的28个洞窟和通往五连窟的甬道进行了1∶30～1∶50平面大样图测绘。

为了丰富图件信息，增强图件功能，方便图件使用，平面大样图测绘突破传统"地形测量"的作法，除沿地表进行信息采集外，尚对地表以上的其他特征信息进行了全面采集，并按照地形图的标准进行了高程采集和高程注记，以特大比例尺地形图的方式实现了对洞窟的全面记录（见图6）。

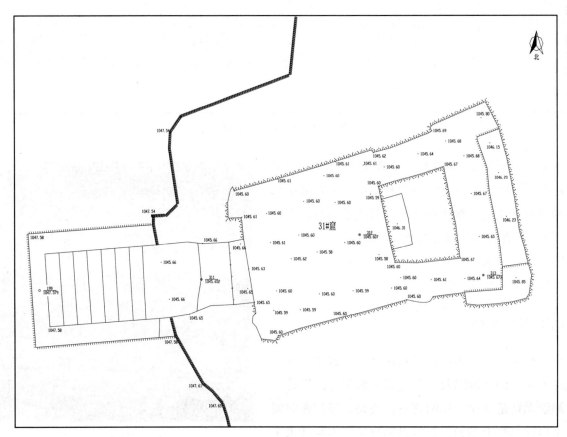

图6　31窟平面大样图

2.2.2 洞窟立面图与仰视图测绘

洞窟立面图与仰视图测绘包括洞窟四壁（含部分内室壁面）、窟内各类文物单体（造像与中央坛基）的立面图测绘和窟顶仰视图测绘。

1）线划图测绘

采用近景摄影测量方法，对库木吐喇千佛洞23个洞窟的67个立壁面、3尊佛像、2款题刻、中央坛基等进行立面图测绘，对16个洞窟的窟顶进行仰视图测绘，以线划方式真实记录各类文物目标的保存现状、具体内容、病害情况以及以往的保护工程信息等（见图7）。

图7　新1窟佛像立面图和等值线图

其中，对于带有壁画的壁面，视壁画的保存状况采用相应的线划图测绘深度：

对于壁画可清晰判读的壁面，力争完全使用线画图的方式对其进行现状描述（见图8）；

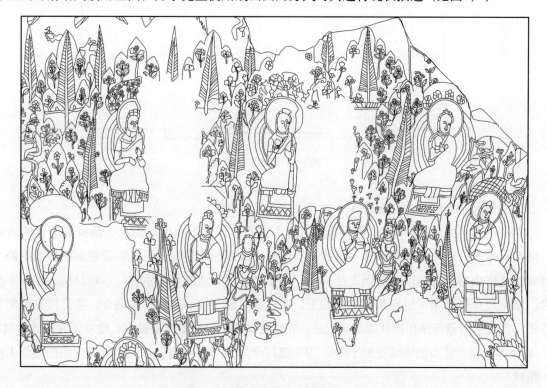

图8　23号窟顶线划图（局部）

　　对于壁画漫漶不清的壁面，线画图主要采集壁面的几何形状、壁画分布与范围、残损状况及以往保护工程信息（如人工修补）等，而对壁画的具体内容暂不进行细节描绘，以框架数据实现对此类壁面的初步描述，为壁面最终成果的形成奠定良好的数据基础（见图9）。

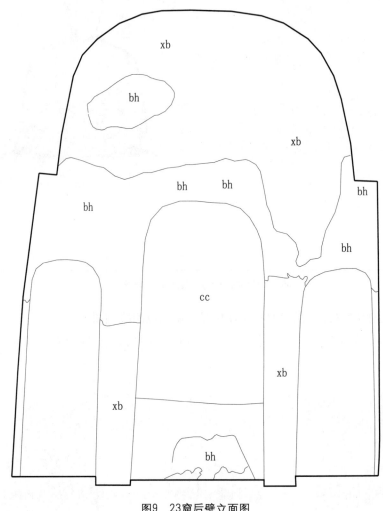

图9　23窟后壁立面图

　　2）正射影像图制作及信息融合——数字影像立面图测绘

　　作为一类特殊的文物对象，壁画具有非常丰富的艺术形态和色彩信息，是极其珍贵的历史文化遗存。然而，库木吐喇千佛洞的壁画多漫漶不清，致使线划图测绘仅仅可以完成壁面框架数据的采集，而对壁画的具体内容则因难以判读而无法描述。为了弥补线划图测绘的不足，本项目引入了数字摄影测量技术，在完成壁画数字正射影像图的基础上，通过影像图与线画图的信息融合，生产该壁面影像立面图的方式，实现了对壁画保存现状的真实记录，在满足保护工程需要的前提下，建立了完备的石窟档案。

　　本项目采用上述方法完成了8个窟顶、9个窟17个立面（含79窟坛基）的影像立面图制作工作（见图10、图11）。

图10　23号窟顶影像平图（局部）

图11　新2窟穹顶影像图、线划图及信息融

2.2.3 洞窟纵、横剖面测绘和视图生成

采用精密工程测量的方法进行16个洞窟（含67、67窟）以及五连窟连廊与甬道的纵、横剖面图测绘。

剖面位置：纵剖面沿洞窟中轴线剖切，横剖面沿洞窟特征位置剖切（当洞窟带有后室时，仅选定一个剖切位置）。

　　剖线起闭：纵剖线起于洞窟室外地面，经洞窟后向山顶方向适当延伸，其起点和终点位置的选择视具体情况确定，以能表现出洞窟形制及其所在的崖壁空间位置为原则。横剖线呈闭合状，不出洞窟。

　　在完成洞窟纵、横剖面图测绘的基础上，结合洞窟立面测绘资料，进行洞窟纵剖左、右视图，横剖前、后视图的制作。

　　在视图绘制过程中，以洞窟的纵（或横）剖面为基准投影面，将对应的看面（即立面）数据进行必要的投影变换（即正射投影），以保证视图中各图形要素正确的透视关系。

　　本项目共设置纵、横剖面线30条，并对47个洞窟立面进行了视图制作（见图12），为保护工程和后续的洞窟记录奠定了良好的数据基础。

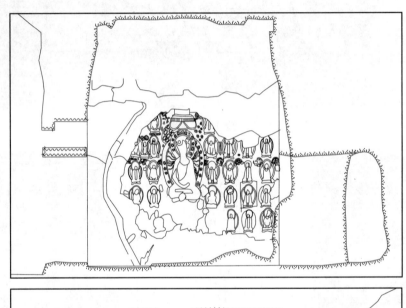

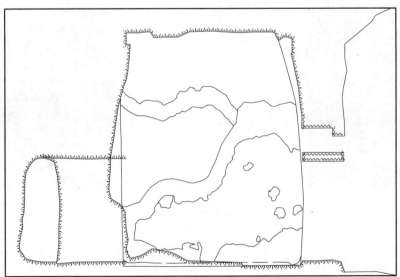

图12　45窟纵剖左、右视图

2.3 完成的工作量

本项目的主要工作内容与完成的工作量见表1和表2。

表一　洞窟测绘的主要内容与工作量子力学-1

序号	洞窟编号	平面大样测绘 1:30~1:50	窟顶测绘 1:5~1:50				立面测绘 1:5~1:20				剖面测绘 1:30~1:50	
			测绘部位	线划图	影像图	线划影像套合	测绘部位	线划图	影像图	线划影像套合	洞窟剖线	视图
1	12窟	✓									纵剖	左视 右视
2	14窟	✓	窟顶		✓							
3	22窟	✓					后壁	✓	✓	✓	纵剖	
4	23窟	✓	门顶	✓	✓	✓	后壁	✓	✓	✓	纵剖	
			窟顶	✓	✓	✓	前壁	✓	✓	✓		
							右壁	✓				
							左壁		✓			
5	27窟	✓	窟顶	✓								
6	31窟	✓									纵剖	
											横剖	前视
7	34窟	✓	窟顶	✓			后壁	✓			纵剖	
							前壁	✓	✓	✓	横剖	
							右壁	✓	✓	✓		
							左壁	✓	✓	✓		
8	37窟	✓	窟顶	✓			右壁	✓			纵剖	左视 右视
							左壁	✓			横剖	前视 后视
							前壁	✓				
							后壁	✓				
9	42窟	✓	窟顶	✓	✓	✓	后壁	✓	✓	✓		
10	43窟	✓	窟顶	✓	✓	✓	后壁	✓			纵剖	
											横剖	
11	45窟	✓	窟顶	✓	✓	✓	后壁	✓	✓	✓	纵剖	左视 右视
							内壁	✓	✓	✓		
							右壁	✓	✓	✓		
							左壁	✓				
12	50窟	✓	窟顶	✓	✓	✓	后壁	✓	✓	✓		
							前壁	✓	✓	✓		
13	53窟	✓	窟顶	✓			后壁	✓				
							右壁	✓				
							左壁	✓				
14	54窟	✓	窟顶	✓			后壁	✓				
15	55窟	✓	窟顶	✓								
16	56窟	✓					后壁	✓				
							右壁	✓				
							左壁	✓				
17	58窟	✓	窟顶	✓			后壁	✓				
							右壁	✓				
							左壁	✓				
18	60窟	✓	窟顶	✓			后壁	✓				
19	61窟	✓					后壁	✓				
							右壁	✓				
							左壁	✓				
20	63窟	✓					后壁	✓				
							右壁	✓				
							左壁	✓				
21	68窟	✓					后壁	✓			纵剖	左视 右视
							后室前壁	✓			横剖	前视 后视
							前壁	✓				
							右壁	✓				
							左壁	✓				

表一（续）　洞窟测绘的主要内容与工作量子力学-2

序号	窟号	平面	构件				部位				剖面	视	视
		✓					后壁	✓			纵剖	左视	右视
22	69窟						前壁	✓	✓	✓	横剖	前视	后视
							右壁	✓					
							左壁	✓	✓	✓			
							题刻a	✓					
							题刻c	✓					
		✓					后壁	✓	✓	✓	纵剖	左视	右视
23	70窟						前壁	✓			横剖	前视	后视
							右壁	✓					
							左壁	✓					
							佛像	✓					
		✓					后壁	✓			纵剖	左视	右视
							前壁	✓			横剖	前视	后视
24	71窟						右壁	✓					
							左壁	✓					
							后壁	✓					
							佛像	✓					
		✓					前壁	✓			纵剖	左视	右视
25	72窟						后壁	✓			横剖	前视	后视
							右壁	✓					
							左壁	✓					
	五连窟总平面	✓											
	连廊		顶部	✓							纵剖	左视	右视
	甬道	✓									纵剖	左视	右视
	66窟										纵剖	左视	右视
	67窟										纵剖	左视	右视
											横剖	前视	后视
26	79窟	✓					左壁	✓	✓	✓			
							坛基前壁	✓	✓	✓			
		✓	窟顶	✓			后壁	✓			纵剖	左视	右视
27	新1窟	新1新2窟总平面					前壁	✓			横剖	前视	后视
							佛像c	✓					
		✓	窟顶	✓			后壁	✓			纵剖	左视	右视
28	新2窟		穹顶整体	✓	✓		前壁	✓			横剖	前视	后视
			穹顶分幅	✓	✓	✓	右壁	✓					
							左壁	✓					

表2　崖壁立面测绘的主要内容与工作量

序号	立面图与等值线图测绘 1：50～1：100	崖体重要部位剖线测绘 1：100	僧人题刻大样测绘 1：5～1：10
1	9～19窟	12窟、23窟、34窟、37窟	
2	19～31窟		
3	31～39窟		
4	41～43窟	42窟、43窟	
5	45窟～僧人题刻	45窟	立面图、影像图与影像立面图
6	48～50窟		
7	53～65窟		
8	66～72窟	68、69、70、71、72窟	
9	新1～新2窟	新1窟、新2窟	
小计	崖壁9段，约650米	纵剖面14条	题刻6款

2.4 图件使用功能划分和壁画的表现手段

2.4.1 洞窟测绘图件使用功能的划分

面对库木吐喇千佛洞数目众多、形制多样的洞窟，为了同时兼顾维修保护工程和留取现状资料的双重需要，我们对洞窟测绘图件的使用功能进行了合理划分：

作为工程图件，洞窟剖面图主要描述壁面的框架数据及其与剖面的透视关系，对分布于壁面上的壁画不进行细节描绘，从而加大了洞窟的测绘数量，保证了维修工程对洞窟基本信息的需要。

作为文物信息载体，洞窟立面图（含窟顶仰视图）在获取内壁框架数据的基础上，通过对各种病害现象（如坍塌、裂隙、破损等）以及壁画内容的详细描绘，实现真正意义上的现状记录，以建立完备的洞窟档案，并作为文物工作者进一步文物调查和残损记录的工作底图。

2.4.2 壁画的表现

壁画是库木吐喇千佛洞中至关重要的文物，尽管壁画测绘不是本次工作的重点，但却是本次文物测绘的难点所在。

1）较大作业空间壁画的表现

鉴于壁画的特殊性，采用线划图的方式很难进行其保存现状的如实记录。因此，对于较大摄影空间的壁画，视壁画的保存状况，以是否可以清晰判读为尺度，选择完全线划图或影像图与线划图套合两种方法进行壁画测绘，取得了较为满意的结果。

2）狭窄空间的测绘原则

在洞窟的后室和甬道，由于摄影空间极其有限，摄影距离只有0.5米左右，就目前的软硬件设备而言，无论近景摄影还是数码照相技术都无法实施。因此，面对库木吐喇千佛洞的狭窄空间，原则采用精密工程测量方法进行壁面框架数据的采集，壁画等文物细节的测绘尚无有效的方法，相信随着测绘技术（如三维激光扫描技术）的发展，狭窄空间文物目标的现状记录必将获得理想的效果。

三、基础文物信息采集的主要技术方法

考虑到库木吐喇千佛洞文物目标的多样性、复杂性和特殊性，结合项目需求，其文物基础信息的采集相应的采用了下述方法：

3.1 控制测量与精密工程控制系统建立

控制网建立是一切测绘活动的基础。为了满足文物基础信息采集以及后续文物保护工作的需要，在库木吐喇千佛洞约4平方千米范围内，基于新疆第二测绘院建立的E级GPS网（1980西安坐标系，1985国家高程基准），按照一级导线和四等水准测量的精度要求，采用常规测量方法建立了10个永久性的、高精度的测量控制点，与原有的部分E级GPS点共同构成了该项目的精密工程控制系统。该系统具备临近目标体、内部符合精度高、便于工程直接利用等优点。

3.1.1 点位埋设

使用专用标志头，采用混凝土现浇方式进行控制点埋设。现浇桩埋深根据当地冻土层厚度确定为1.0

米，以确保点位的长久保存。

3.1.2 控制测量

采用Wild T1000+DI1002组合式全站仪，以及Wild NA2自动安平水准仪进行平面和高程控制测量（见图13），为下续工作的开展奠定良好的数据基础。

图13　控制测量现场

3.2 近景摄影测量

近景摄影测量是摄影测量的一个专业分支，80年代初我院通过与中国文物研究所的合作，率先将之应用于我国的文物保护领域。20多年来，我院通过与多个文物保护机构的合作积累了丰富的工作经验，近年来更是随着计算机技术和测量技术的发展，特别是数字摄影测量工作站的兴起而发挥着越来越显著的作用。其突出优势表现在以非接触方式获取目标表面高精度的现状数据方面，特别适用于体量高大、形态复杂以及不可触摸的文物目标的测绘。

近景摄影测量是库木吐喇千佛洞应用最广泛的测绘技术之一，大量应用于其崖壁及洞窟立面（及窟顶）的测绘子项中。通过近景摄影测量，获取文物目标的立面图和等值线图等，从而实现对保护工程和洞窟记录等有关文物保护活动的空间信息支持。

3.2.1 制图投影面的选取

就近景摄影测量而言，库木吐喇千佛洞的文物类型大体可分为以下几类：

洞窟外立面（即崖壁面）—自然山体（崖壁面总体平展，局部有转折）

洞窟内壁、（刻于崖壁面的）僧人题刻、中央坛基—人为加工的近似平面

佛像—典型的立体目标

穹顶—特殊的异型目标

上述文物目标按照其几何特征原则可分成以下三类：

平面型文物：洞窟内壁、僧人题刻、中央坛基

立体型文物：佛像、崖壁面

异形文物：穹顶

为了真实描述各类文物目标的自然形态，制图投影面的选取工作至关重要，直接影响到图件的形态（其实质是两点空间长度的投影变形）及其与测绘对象之间的视觉差异，尤其是对于非平面型摄影对象而言这种差异更为突出。

针对上述几类文物目标各自的几何特征，库木吐喇千佛洞近景摄影测量制图投影面的选取按照以下原则进行：

1）平面型文物投影面的选取

在立面上选取具有代表性的三点，以三点所共面的平面（即本身所在的自然面）作为其制图投影面。洞窟内壁、题刻等采用此方法进行了制图投影面的选取。

2）造像测绘投影面的选取

通常，造像会有一定程度的前倾或后仰，为了获得良好的视觉效果，一般以通过造像两肩和两胯特征点的倾斜立面作为其制图投影面。

3）崖壁测绘投影面的选取

以崖壁转折所形成的自然段为单元，分别按照垂直立面进行投影面选取（特殊情况下，当崖壁总体呈较大倾斜时以其所在的自然斜面为投影面），并通过数据转换、数据接边和必要的技术处理进行崖壁立面展开，尽量减少投影变形，以实现对崖壁立面的真实描述。

4）穹顶测绘投影面的选取

按照高斯投影理论，以投影误差不大于一定的限度（绝对误差或相对误差）为原则进行制图投影面选取。

本项目以保持佛像的完整性为原则进行投影面划分进行新2窟穹顶的测绘工作，获得了较为理想的视觉效果（见图11）。

投影面选定后，按照下列公式对像控制点坐标进行坐标转换，并通过内业测图过程的进一步调整获得最佳的投影效果，以便为内业测图准备控制测量数据。

$$X = X_0 + x \cos\theta - y \sin\theta$$
$$Y = Y_0 + x \sin\theta + y \cos\theta$$

其中：X、Y为制图投影面坐标系坐标，x、y为控制测量坐标系坐标，X_0、Y_0为坐标原点平移量，为坐标系旋转角。

3.2.2 相片控制测量

相片控制测量的目的在于通过测定立体像对内足够数量特征点的三维坐标，为内业影像模型的相对定向、绝对定向、比例规化等提供控制资料，使得测图仪上建立起来的立体模型具有真实性和可量测性，以正确反映摄影对象的实际形态。

具体作业时，在每个立体像对内选定了6个以上均匀分布的特征点（人工标志和自然特征点）作为像

控点，有条件时应考虑相邻像对像控点的公用问题。

像控点测量精度是影响图件几何精度的主要因素。因此，一般情况下采用空间前方交会法，当受空间限制时采用极坐标法，以保证像控测量的精度与测图精度相匹配。同时，为了图件的整体拼接和相互检查，像控点测量时进行了整体联测。

3.2.3 近景摄影

在完成投影面选取、像控点布设与测量的基础上，进行文物目标的近景摄影，即影像数据获取工作。

1）立体摄影

根据测绘对象的具体情况，采用单像对（佛像、坛基等）或单航带连续基线法（崖壁、洞窟内壁、题刻等），使用德国UMK10或30/1318摄影经纬仪（崖壁采用300毫米、其余均采用100毫米镜头，以获得理想的摄影比例尺），并尽可能采用正直摄影方式拍摄文物目标的物理影像（见图14）。

具体摄影时，在综合考虑测图比例尺、测图精度和最佳摄影构形等因素的前提下，对摄影站点进行总体设计，以实现摄影比例尺（1/m）与测图比例尺（1/M）之间、摄影基线（B）与摄影距离（Y）之间比例关系的合理性。

图14 利用摄影经纬仪进行近景摄影

一般情况下，B/Y控制在1/8~1/4之间，（1/M）／（1/m）控制在3~8之间。

2）摄影材料及摄影处理

选用国产红特硬光谱玻璃干板（见图15）为摄影底版，D76微粒显影液和F5酸性坚膜定影液为显影和定影药液，该类型的摄影和冲洗材料具有底片变形小、成像颗粒细、感光度低等性能，对记录细小信息和进行野外冲洗具有突出优势。

图15　红特硬光谱玻璃干板

3.2.4 内业制图及图形整饰

1）内业制图

内业制图是近景摄影测量中工作量最大，作业时间最长，也是最为重要的一个环节。

相片质量（底灰、密度、反差等）的优劣、摄影比例尺的大小，像控数据的精度等物理和数学精度都直接影响到图件的测绘效果、精度和作业效率。因此，包括相片、像控数据、摄影草图和摄影记录等野外资料必须经过严格的自检后向内业输送。

图16　利用P3解析测图仪进行内业制图

外业资料检查、数据分类和预处理（像控数据转换、影像减薄或加厚等）后进行内业制图工作。

采用解析摄影测量方式进行近景摄影测量内业制图。在Microstation 95 联机测图平台上，使用德国Zeiss Planicomp P2、P3解析测图仪（见图16），经过立体像对的内定向、立体模型的相对定向和绝对定向，建立摄影目标的空间立体模型后，采用手扶跟踪的方式进行各类文物目标立面图、等值线图的测绘和其他有关数据（特征点坐标等）的采集工作。

2）图形整饰

为了真实、艺术地再现文物目标的空间姿态和艺术特征，除按照制图学原理对线型、线宽、线条连接及压盖关系进行专门设计外，还在文物工作者与文物专家的指导下进行了文字校对和艺术特征微调，最终形成了规范、形象逼真的数字文物图件。

数字图件由若干条向量线构成，这些图形数据在计算机中可自由缩放和量算，具有1:1回放的精度和性能。因此，数字图件不仅是文物的真实记录，同时具备文物复原复制的数据功能。

3.3 正射影像图制作及其与线划信息的融合

如前所述，为了有效解决库木吐喇千佛洞壁画测绘以及残损记录的问题，我们适时地引入了数字摄影测量技术，针对壁面平整的项目特点，完成了多个洞窟内壁的数字正射影像图制作工作，取得了较为理想的效果。

3.3.1 数字摄影

采用Canon G2高清晰数码相机（400万像素），采取正直方式进行影像拍摄。

对于平面型壁画（含坛基壁画）和僧人题刻，采用分行、分列方式进行影像数据获取。其中，航向重叠控制在80%以上，旁向重叠控制在30%以上，以满足正射影像图选片以及构成立体像对的要求。

作为一类异形目标，对于新2窟穹顶则以单体佛像为测绘单位，分别将其划分成起拱、顶面分段进行拍摄。

拍摄时光线的运用是保证壁画色彩还原的重要因素，摄影时我们尽量采用了自然光，以获取良好的影像质量。鉴于壁画的测绘重点仍在于其线划信息获取，故对影像质量未做深入研究。

3.3.2 像控点布设、测量及其特殊性

像控点尽量采用壁画上的特征点，以减少对壁画的损坏；不得以时，则在破损、修补处布设"+"标志。像控点的数量、测量及其公用问题同近景摄影测量，这里不再赘述。与近景摄影测量不同的是，为了便于影像拼接，相片拼接处的像控点应尽量布置成横平竖直。

3.3.3 影像处理与正射影像图制作

将影像数据传入计算机，在影像处理软件Photoshop中进行影像检查及预处理。

将像控点坐标进行计算处理后，在成图软件MircroStation 95中生成像控点图形，在影像矢量处理软件MBI中调入影像，经过纠正处理后生成正射影像图。多幅影像拼接时，利用控制点进行影像数据拼接并进行接边精度检验。

应当指出，平面型文物的影像基本等同于实际大小，而穹顶、弧形部位则产生了不同程度的投影变形（但均在一定的限差之内），这是在所难免的。

3.3.4 线划图测绘及其与影像信息的套合

基于所获取的数字影像，在全数字摄影测量工作站JX-4上，采用数字摄影测量方式进行立面图的测绘和其他有关数据的采集工作（见图17）。

线划图测绘工作完成后，利用同名像控点进行影像与线划的信息融合，最终形成文物目标的数字影像立面图（如图10、图11所示）。

图17　利用JX-4进行立面图测绘

3.4 洞窟平面大样图测绘

使用Wild T1000+DI 1000 组合式全站仪并配以特制小棱镜，采用数字地形测绘的方法进行洞窟平面信息的野外采集数据，经内业数据编辑处理后获得洞窟的平面大样图，并开发相应线型，以求实现对洞窟各类遗迹现象的全面描述。

3.5 洞窟及崖壁剖面图测绘

3.5.1 剖面数据采集

为了获取洞窟内部及窟外崖壁翔实的立面结构数据，使用Wild T1000+DI 1001 组合式全站仪，采用精密工程测量方法，沿洞窟纵轴及其延长线和洞窟特征部位横轴逐点采集洞窟和崖体特征点的三维坐标，经数据处理后，生成洞窟和崖壁剖面图。

3.5.2 透视图生成

以洞窟的纵、横剖面为基准投影面，将洞窟内壁近景摄影测量数据经投影变换后获取剖面两侧左、右（或前、后）视图的制作工作。

四、文物信息管理系统建立

随着库木吐喇千佛洞测绘工作的最终完成，将获得大量的基础文物信息，这些宝贵的数据资源以及库木吐喇方方面面的历史资料，不仅为保护规划制定、保护工程实施以及洞窟记录等奠定了坚实的数据基础，同时又为"基础文物信息管理系统"提供了难得的数据源，为了充分发挥数据功能，实现信息的科学化、自动化管理，开展了库木吐喇千佛洞基础文物信息管理系统的建立工作。

基础文物信息管理系统建设遵循先进性、实用性、标准性、合理性、方便性原则，在充分的用户需求分析基础上进行。

建立文物信息管理系统的目的是为了能够更加方便地对所获取的各种文物信息进行管理和维护，方便使用者对文物信息资源进行查询和使用，实现文物信息管理的自动化。在系统开发过程中，综合运用了GIS、CAD和数据库管理等技术，以VB为主要开发工具，实现了系统的各项功能，并使系统的使用界面美观实用、操作简便（系统界面见图18）。

图18　系统界面

在系统开发过程中，充分考虑到了使用单位目前的计算机应用现状和经济承受能力，本着实用、节约和便于掌握的原则，在满足目前所要求的应用功能的前提下，同时考虑到在系统功能和数据内容方面的可扩展性，并使得系统开发工作具有一定的先进性。

4.1 软硬件配置

4.1.1 硬件配置

系统采用单机运行方式，对硬件的要求不高，只要一台高档微机和一台打印机/绘图仪就可以满足系统运行的要求。建议计算机的基本配置为：奔腾P4的CPU，128MB以上的计算机内存，20GB以上的硬盘，32MB的图形加速卡，17寸显示器。

4.1.2 软件配置

操作系统：Windows98／Window NT 4.0以上操作系统。

开发平台：采用国产优秀GIS平台软件SuperMap2000。

数　据　库：Access数据库管理系统。

开发工具：以VB高级语言和SuperMap 2000 的GIS控件。

本项目选用超图公司的SuperMap2000 软件作为应用系统开发的基础平台，是因为SuperMap2000软件为国产优秀GIS平台软件，通过了科技部的国产GIS软件测评，SuperMap2000所采用的组件式GIS技术代表了新一代地理信息系统平台软件的发展方向，它易于实现与办公自动化(OA)和其他管理信息系统(MIS)之间的无缝集成，有利于将来系统的扩展和升级，作为优秀的国产GIS软件，其性能价格比也是非常明显的。由于本应用系统需要管理的数据量不是非常的庞大，采用Access数据库系统进行属性信息管理也较为适宜。

4.2 系统功能结构

系统采用多窗口、主菜单、下拉菜单、弹出菜单、输入模板、键盘输入等多种方式进行数据库中的各类信息进行操作，实现图形信息、属性信息、图像信息、表格数据以及文本资料的集成管理，可进行有图形到属性和有属性到图形的双向查询，并可对查询结果进行打印输出。

文物信息管理系统的功能结构如图19所示。

主要功能模块包括：地理信息管理、文物信息管理、图形编辑修改和系统挂接。

4.2.1 地理信息管理功能

地理信息管理功能是以库木吐喇千佛洞洞窟分布图为主要索引，辅以其他信息资料，对库木吐喇

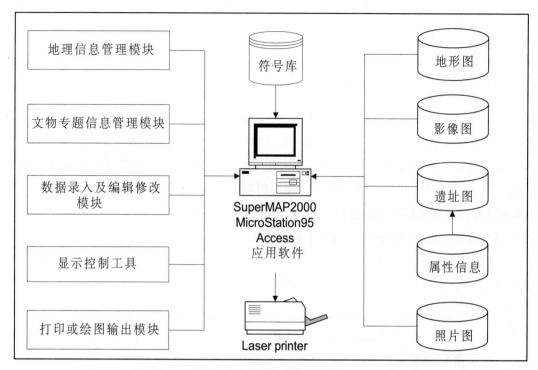

图19　文物管理系统功能结构图

千佛洞的各文物点的空间地理信息进行管理、查询和分析。系统可以实现各类图形的任意叠加和缩放显示，用户可以在屏幕上选择需要的文物点的位置，以获得相关的属性信息；或者给出查询条件（如洞窟编号或类别），以确定相关的地理位置。

　　用户可以利用工具菜单里提供的命令进行各种路线的距离量测及区域的面积计算，并在地理信息管理功能模块中也可以调用文物信息管理模块的全部功能，进行相应的操作。

　　4.2.2　文物信息管理功能

　　文物信息管理功能模块是系统对文物属性信息资料数据库的管理模块，通过该模块用户可以进行资料的查询、显示、分析及打印等工作。从文物信息管理功能模块也可以进入地理信息管理功能模块，通过鼠标从文物信息列表中选择需要的文物名称后，系统会自动进入地理信息系统模块，并把相应的遗址位置显示出来。

　　4.2.3　图形编辑修改功能

　　图形编辑修改功能模块是地理信息管理功能的辅助模块，用户可以进行必要的属性数据建立、数据转入和数据删除工作、图形数据的添加、编辑和修改以及图形数据与属性数据的连接工作等。该功能模块的作用主要是随着文物发掘工作的不断进行，及时地把新发现的文物点的地理位置信息添加到系统中，并对已有的图形信息进行更正。

　　4.2.4　系统挂接功能

　　系统挂接是应用管理系统提供的与其他CAD制图软件的切换连接的功能，由于本项目各种矢量图件的制作软件为MicroStation系统，因此系统提供了与MicroStation系统的切换连接功能，以利于矢量图形的调用和编辑修改。

4.2.5 联机帮助

系统提供了完整的联机帮助手册，用户可以随时通过查看联机帮助手册，以解决使用中的问题。

4.3 数据库文件

文物管理信息系统的建立基础是获取的各类文物信息资源，各种数据的管理采用文件与数据库相结合的形式，数据类型包括栅格数据、矢量数据、表格数据、文本数据和图像数据，对于数字地形图、数字正射影像图、图片等资料以文件形式存储，而对于文物遗址描述信息、控制点坐标数据等属性信息采用数据库格式存储，通过数据库索引表的建立，使得图形与其属性进行连接。

目前数据库中已建立的信息内容包括：

　　控制测量成果（包括控制网图、点之记等）；

　　崖体立面图、等值线图、剖线图；

　　洞窟平面大样图、立面图、剖线图和透视图；

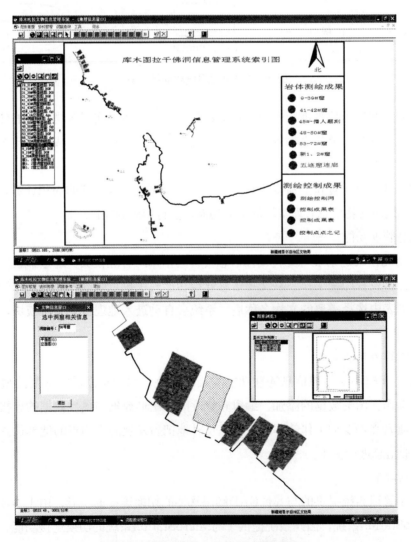

图20　系统索引、查询与管理界面

壁面影像图、影像立面图；

其他相关文字资料等。

系统索引、查询与管理界面如图20所示。

五、结束语

立足近景摄影测量，通过多种技术组合，我们圆满地完成了库木吐喇千佛洞各类文物目标的专业测绘工作，从而为库木吐喇千佛洞文物保护规划的制订、维修保护工程的实施以及后期的研究与开发利用等一系列文物保护活动建立了良好的数据基础；特别是基于民用数码相机的数字摄影测量技术的引入和应用研究，为壁画、题刻等特殊文物目标的现状测绘提供了便捷、有效的解决方案；面向文物基础信息所建立的信息管理系统，对提高库木吐喇千佛洞信息管理手段进行了有益的尝试，并加快了其信息化建设进程。有理由相信，随着我国文物保护事业的蓬勃发展和测绘技术的日臻完善，现代测绘技术将在文物保护领域得到更加广泛的应用。

库木吐喇石窟寺窟群区第10～17窟
考古调查报告

新疆龟兹石窟研究所

库木吐喇石窟是新疆境内规模仅次于克孜尔的第二大佛教寺院遗址，1961年被列为全国首批重点文物保护单位，地处东经82°41′、北纬41°41′。位于库车县城西北25公里与新和县交界处渭干河的东岸，北面与克孜尔石窟直线相距约20公里，南面314国道由前经过，向东南行约3公里，有名为库木吐喇的村庄，石窟因此而得名。"库木吐喇"源于维语，汉语意为"沙漠中的烽火台"。

库木吐喇石窟由南向北绵延分布，按洞窟的位置，可分为两个区域，一是位于河东岸南端的谷口区，有已编号的洞窟33个，分别散布于三条沟谷内；另一区域是河东岸北端的窟群区，与谷口区相距约2公里，大多数洞窟集中分布于此，有已编号的洞窟80个，如是共有已编号的洞窟114个[1]。

此次调查报告能够刊布，完全得益于2002至2004年"库木吐喇石窟保护维修工程"项目的启动，此项目由联合国教科文组织援助、新疆文物局承接支持完成。笔者有幸参加了该项目中前期洞窟档案资料的调查收集工作，并承担完成了部分洞窟考古调查的文字工作。为了表达对援助者敬意，也为了给关注和研究库木吐喇石窟的国内外学者提供一份翔实的基础资料，特将窟群区汉风洞窟较为集中的几个洞窟整理刊布。此次考古调查报告所整理的内容，因90年代初，窟内潮湿部分壁画被揭取保存外[2]，余均为此次实地调查所集，在此特向援助者与支持者深表谢意！

第10窟

位置

位于第9窟的北侧下方，是窟群区南侧拦洪坝内最南端的一个洞窟，南侧拦洪坝外为第6窟和第5窟，与本窟相距约8米，地坪高差约3米，北侧与第11窟相邻，两窟口相距约4米，处同一地坪高度，窟内地坪低于坝内地坪约1.5米。由本窟向北在同一地坪高度现存有8个洞窟[3]。座东面西，窟口方向238°。（图一）

洞窟形制

本窟为中心柱纵券顶窟，原由前室，主室与左右后三甬道组成（图二）。现仅保存有少量的前室遗

---

[1] 原库木吐喇石窟的编号是112个，本次进行石窟档案考古调查时，将河西的大像窟编为谷口区的第33窟，而原本就存在的第46附1窟一直未在统计之内，故现存编号的洞窟应是114个，其中仍有部分洞窟是附于主窟编号之内的，此次未进行改编。石窟寺区域内应还有坍塌掩埋的洞窟，尚待今后的清理和发掘，因此，库木吐喇石窟的洞窟数量远不止此。

[2] 90年代揭取的内容，此次也根据前人调查记录资料补充于其中，在此特向参加者致谢。

[3] 南侧坝内的崖壁上下由南向北共分布有三层洞窟，下层是10－18、25－40号窟；中层地南段是7－9窟，北段是19－24窟；在25窟的位置修有一条水泥梯道可抵22号窟，再由第22窟向左右两侧通第20、21、23、24等洞窟

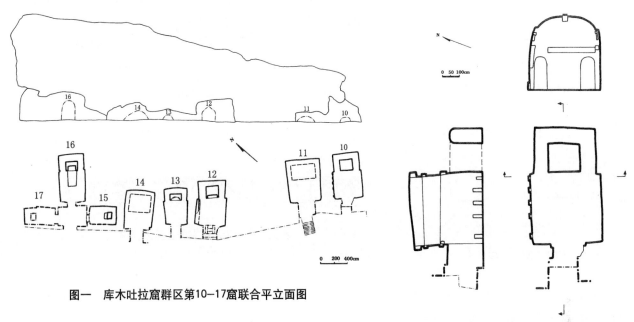

图一　库木吐拉窟群区第10-17窟联合平立面图

图二　库木吐拉窟群区第10窟平剖立面图

迹，主室与左右后三甬道相对保存较好[1]。

前室

本窟原应有一个前室，因洞窟坍塌，现仅于主室门道外的中上部保存少量正壁与左侧壁的墙体遗迹，余全部塌毁不存。

主室

主室平面呈方形，面宽405，进深400，高402厘米。门道约宽165厘米，深125厘米，高200厘米。左右甬道结构相同，宽深高大致相等。

正壁：长400厘米，高415厘米，不开龛，壁面的草泥层全部脱落，在左右端的下部开有甬道以环绕中心柱；在左端甬道口上方，残存一个圆形的凿孔；右端相同位置残存一个竖的凹槽；中部在距地坪约215厘米处存有一个横向的凹槽，长275，深10，高30厘米；上半圆壁面上，左右两端各存两个上下排列的圆形凿孔，孔距约60厘米。

前壁：长405厘米，高406厘米，中部开主室门道，门道多已残损，四周用草泥修补后安置铁门，各壁面草泥层均已脱落；上方半圆形壁面，左右两端各存有两个上下排列的圆形凿孔，孔距约60厘米，此孔与正壁的凿孔相对应。

左侧壁：长375厘米，高385厘米，上沿一节叠涩，长360厘米，水平面宽10厘米。壁面下沿保存有5个柱槽的遗迹，槽距约60厘米，壁面草泥层已全部脱落，余均为砂岩壁面。

右侧壁：长390厘米，高335厘米，上沿一节叠涩，长385厘米，水平面宽8厘米。在壁面下沿现保存有6个柱槽的遗迹，其他与左侧壁相同。

顶部：为纵券，草泥层全部脱落；中脊残存一道凹槽，槽的两端插入正壁与前壁内，现于正壁和前壁的顶端均存有一个槽孔。券顶的下沿原应有一根水平的横梁，两端嵌入正前壁内。由此向上约100厘米

[1]　在记录洞窟各壁及窟内建筑的方位时，均以主尊像的方向定左右方位；在记录壁画时则以画面自身的主向定左右方位。

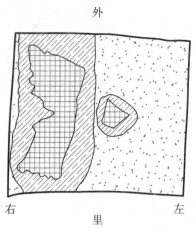

外

右　　　里　　　左

图三　第10窟主室券顶展开图

图四　第10窟主室右券下沿纹样

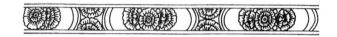

图五　第10窟主室右券上沿纹样

高的壁面草泥层无存，上方亦有一根水平的横梁遗迹，现于正前壁内保存凹槽遗迹。现于右侧券顶保存部分壁画，左侧券顶壁画甚少（图三）。

左甬道：宽80厘米，深165厘米，高183厘米，纵券顶，内外侧壁草泥层全部脱落，壁画无存。

右甬道：宽80厘米，深175厘米，高175厘米，壁面情况与左甬道相同。

后甬道：横宽350厘米，纵深80厘，高180厘米，横券顶，正壁与前壁中部以下的草泥层全部脱落，壁画无存，仅正壁与前壁及顶部的部分壁画[1]，所存壁画于1991年揭取保存。

地坪：本窟的地坪多次进水，故原貌不祥。

塑像与壁画

前室

大多数已塌毁，不存壁画。

主室

本窟主室内仅于券顶保存部分壁画，余壁绘画均不存。正壁未开龛，原贴壁应有塑像，因所存遗迹甚少，故姿态不明。

顶部：左右券顶结构相同，在第二道横梁之上保存壁画，右侧较完好。由下而上绘一列50厘米高的红色背景的莲花纹，之上绘一列箭形团花纹（图四）；再上绘三列因缘，画面之间无栏格界限，每列约有11～12幅，共存30幅，每幅因缘故事画中，坐佛均面向一侧，左侧券顶的坐佛面向右侧，右侧券顶的坐佛面向左侧，佛均绘有头光与背光，身着袒右或偏衫抑或是通肩袈裟，每身坐佛的袈裟部分原应有金铂装饰，现均斑驳状的被利器刮落；每幅坐佛的左侧均有一身相关的人物，坐佛的下方均绘一列祥云承托，空白处绘以莲蕾装饰；上沿一列筒瓦形的团花纹（图五）。左侧券顶仅于中部上沿保存二列3幅因缘图，余毁。

现细述如下：

左侧券顶：现仅于中部保存二列三幅因缘故事画（图六）。

---

[1]　本次的调查报告，因2002至2004年笔者在考察时仅是为了做内容总录，故而记录的内容较为欠缺，加之部分壁画已于1991年进行了揭取保护，故特将本人1990年的考古调查记录补充于其中。

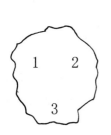

图六　第10窟左侧券顶壁画示意图

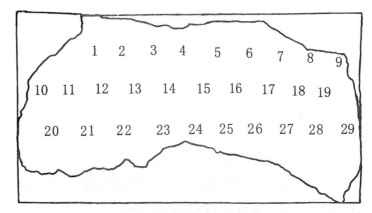

图七　第10窟右侧券顶壁画示意图

1．坐佛，身着偏衫袈裟，结跏趺坐于莲花座上。佛右手掌心向左侧，拇食指前屈，置胸前右侧；左手掌心向下置左腿上，佛项背光的右上角均残损。右下方绘有一人物，因大多磨灭，动态不清。

2．坐佛，身着通肩袈裟，交脚坐于莲花座上，佛头部以上均残损。佛右手托钵上举至右肩处，钵通体为黑色，钵内盛绿色物；左手掌心向右置腹前。佛右下方跪一人，面向佛，双手似置胸前，模糊。在佛像的左下方绘有一人，具项光，戴头冠，面向右，身着偏衫装。此人物应是另一个佛像中的相关人物，因佛像残失，故该人物也残半。

3．此画仅保存佛像的上半身，余均损毁。佛着偏衫袈裟，右手举置胸前，左手掌心向右置腹前。

右侧券顶，现存三列30幅因缘故事画（图七）。

1．坐佛，身着偏衫袈裟，交脚坐于莲花座上，左手掌心向下置左腿上，右手掌心向上于腹前。左侧下方跪一人物，面向佛，仰视，黑发束髻，上身披帛由胸前过两肩向后自然下垂，下着黑色短裙，左手托一物于左侧，右手置右腿上[1]。

2．坐佛，身着袒右袈裟，交脚坐于莲花座上，左手托钵置左肩处，右手掌心向外拇食指相捻置胸前。左下方跪一人物，面向佛，黑发束髻，上身披帛由胸前过两肩向后自然下垂，下着黑色短裙，双手持一环状物上举。

3．坐佛，身着偏衫袈裟，结跏趺坐于莲花座上，左拇食指微屈置左肩处，右手掌心向外拇食指相捻置胸前。左下方站立一人，面向前方，黑发上扬，唯见双目如豆，左手举至左肩处，右手模糊，袒上身，披黑色帛巾向后飘扬，下着犊鼻式短裙，小腿处缚有一段绑腿，似赤足而立。

4．坐佛，身着袒右袈裟，交脚坐于莲花座上，左手拇食指对捻掌心向外置左肩处，右手掌心向上置腹前。左下方似有一人，但动态十分模糊。

5．坐佛，身着通肩袈裟，结跏趺坐于莲花座上，左手拇食指对捻掌心向右置左肩处，右手掌心向上置腹前。左下方跪一人物，面向佛，黑发束髻，上身披帛由胸前过两肩向后自然下垂，下着黑色短裙，双手托盘于胸前。

6．坐佛，身着通肩袈裟，交脚坐于莲花座上，双手相叠置腹前。左下方跪一僧人，面向佛，黑色发

[1]　在此画面前有一幅因缘画，因十分残破，故未记录。

际，身着黑色偏衫袈裟，双手托物于胸前。

7．坐佛，身着偏衫袈裟，交脚坐于莲花座上，左手掌心向上，指微屈置腹前，右手掌心向外拇食指对捻置胸前。左下方跪一人物，面向佛，黑发束髻，上身披帛由胸前过两肩向后自然下垂，下着黑色短裙，双手托绿色钵于面前。

8．坐佛，多残损。身着偏衫袈裟，结跏趺坐于莲花座上，左手呈半握状置左膝上，右手拇食指对捻掌心向外置胸前。左下方交脚坐一人物，面向佛，黑发束髻，具头光，上身披帛由胸前过两肩向后自然下垂，下着黑色短裙，双手动态模糊。

9．坐佛似面向右侧，左半身与上部均已损毁，身着偏衫袈裟，交脚坐于莲花座上，左手掌心向上指微屈置腹前，右手掌心向左拇食指对捻置右肩处。余不存。

10．坐佛，右半部分损毁，身着袒右或是偏衫袈裟，双脚相对垂坐于莲花座上，左手掌心向右拇食指对捻置左侧，右手掌心向下置右腿上。左下方跪一人，面向佛，黑发束髻，上身披帛由胸前过两肩向后自然下垂，下着黑色短裙，动态模糊。

11．坐佛，身着通肩袈裟，交脚坐于莲花座上，左手拇食指微屈掌心向右置左肩处，右手托一黑色的钵置右肩处。左下方跪一人物，面向佛，黑发束髻，上身披帛由胸前过两肩向后自然下垂，下着黑色短裙，双手托盘于面前。

12．坐佛，身着袒右袈裟，结跏趺坐于莲花座上，左手拇食指对捻掌心向右置左肩前，右手掌心向下置右腿上。左下方跪一人物，面向佛，黑发束髻，身着宽大衣袍，下着黑色短裙，双手怀抱一物。

13．坐佛，身着袒右袈裟，交脚坐于莲花座上，左手自然下垂置左膝上，右手拇食指对捻掌心向外置前方。左下方跪一人物，面向佛，黑发束髻，上身披帛由胸前过两肩向后自然下垂，下着黑色短裙，双手托盘于胸前。

14．坐佛，身着偏衫袈裟，交脚坐于莲花座上，左手掌心向内拇食指对捻置左侧，右手拇食指对捻掌心向外置胸前。左下方跪一人物，面向佛，黑发束髻，上身披帛由胸前过两肩向后自然下垂，下着黑色短裙，双手托钵于面前。

15．坐佛，身着通肩袈裟，交脚坐于莲花座上，左手掌心向下于胸前，右手指微屈掌心向外置右肩处。左下方跪一人物，面向佛，黑发束髻，上身披帛由胸前过两肩向后自然下垂，双手似于胸前，其前似有一个圆形的鼓状物？模糊。

16．坐佛，身着偏衫袈裟，交脚坐于莲花座上，左手掌心向右拇食指对置右侧，右手掌心向上置腹前。左下方画面十分漫漶，多不可辩。

17．坐佛，身着偏衫袈裟，交脚坐于莲花座上，左手掌心向外拇食指对捻置左侧，右手拇食指对捻掌心向外置胸前。左下方跪一人物，黑发束髻，面向佛，上身披帛由胸前过两肩向后自然下垂，双手似捧一物，模糊。

18．坐佛，身着偏衫袈裟，交脚坐于莲花座上，左手掌心向右置腹前，右手掌心向外置胸前。左下方跪一人物，面向佛，黑发束髻，上身披帛由胸前过两肩向后自然下垂，下着黑色短裙，双手似于胸前，模糊。

19．坐佛，身着袒右袈裟，交脚坐于莲花座上，左手拇食指对捻掌心向右置左肩前，右手掌心向内置右膝上。左下方似交脚坐一人物，黑发束髻，面向佛，下着黑色短裙，动态十分模糊。

20．坐佛，身着偏衫袈裟，结跏趺坐于莲花座上，左手掌心向外置腹前，右手拇食指对捻掌心向外置胸前。左下方有一绿色的三足鼎，鼎下有黑色的火焰。鼎后有一人，面向佛，红色长发上扬，身披黑色的披风，左手似于胸前，右手似　在鼎沿，余模糊。

21．坐佛，身着通肩袈裟，交脚坐于莲花座上，左手拇食指对捻掌心向右置左侧，右手掌心向上置腹前。左下方蹲跪一人，面部模糊，袒上身，披黑色披风，双手持一黑色的长棍横置于身前。

22．坐佛，身着偏衫袈裟，交脚坐于莲花座上，左手掌心向下置左膝上，右手拇食指对捻掌心向外置右肩前。左下方胡跪一人，黑发束髻，大胡须，古龟兹人（面容酷似维吾尔族老人），上装模糊，下着黑色虎皮纹短装，双手持一长棍柱立在身前。

23．坐佛，身着偏衫袈裟，交脚坐于莲花座上，左手掌心向外三指微屈置左侧，右手掌心向下置右腿上。左侧下应有人物，但因壁画残损、磨灭，其动态能以识别。

24．佛像损毁，仅保存部分头光与背光。左侧下方残存一人物，面向佛，黑发束髻，余漫漶。

25．坐佛，身着袒右袈裟，结跏趺坐于莲花座上，左手掌心向上指微屈置腹前，右手拇食指对捻掌心向外置右肩前。左下方跪一僧人，头部残损，身着通肩袈裟，双手合十于面前。

26．坐佛，身着偏衫袈裟，交脚坐于莲花座上，左手托钵伸至左下方，钵通体为黑色，口沿及内壁为白色，右手掌心向外拇食指对捻置胸前。左侧下方跪一人物，面向佛，黑发束髻，大胡须，上身披帛由胸前过两肩向后自然下垂，下着黑色虎皮纹短装，双手合十于面前。

27．坐佛，身着袒右袈裟，交脚坐于莲花座上，左手拇食指对捻掌心向外置胸前，右手掌心向上置腹前。左下方十分模糊。

28．坐佛，身着通肩袈裟，交脚坐于莲花座上，左手在上，右手在下，双手叠置腹前。左侧下方跪一人物，面向佛，黑发束髻，双手托盘于面前。

29．坐佛，身着偏衫袈裟，下部残损，坐姿不祥，左手掌心向上置腹前，右手拇食指对捻掌心向外置右肩前。左侧损毁。

此为下列最里端的一幅画，再向里端25厘米与正壁相接，画面边缘均用草泥加固。

左右通道：内外侧壁及顶部，壁画均已不存，草泥层亦全部脱落。

后通道：正壁壁画多已损毁，下部泥层全部脱落。仅于左侧隐约可见有四身十分模糊的头光，向上绘有红色的火焰纹，余不存。

前壁：绘涅　图，下部损毁，仅保存上部8身举衰弟子头部的形象（图八）。画面存有约35厘米的高度，其上有一条宽约5厘米的边饰带，模糊。再上是顶部的壁画。下部是磨灭的草泥层，再下50厘米是岩壁面。

1．仅存黑色的发际，应为比丘，人物比例较其他人略小。

2．绘一身菩萨装的人像，绘有头光，面向左，略俯视，橘红肤色，头戴宝冠，顶束黑色高

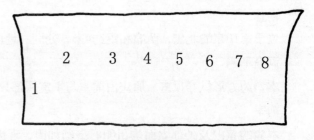

图八　第10窟后甬道正壁示意图

图九　第10窟后甬道前壁菩萨头像

发髻，饰以耳坠，左手上举做撒花状，手心有一红色小花，右手托盘屈置右肩上。（图九）

3．菩萨装人，仅存颈部以上，头部残损，绘有头光，面向右，双目前视，顶束高发髻，头戴三珠冠，饰以红色耳坠。

3、4、5、6．该几身人物形象及面目、发髻、冠式基本相同，只是人物肤色是一红一白相间排列，第6身人物头部多已残损。

7．帝释天的形象，眉间绘一眼，绘有头光，面向右，白肤色，目视前方，头戴宝冠，冠似一圆形帽，其上绘墨线的网格纹。

8．仅保存眼部以上，绘有头光，面向右，红肤色，黑发束髻，髻前绘一小红花。

顶部：绘扛木比丘，皆着红色的通肩袈裟，面色与服色基本相同，两两相对，肩扛大木，身体均有飘动感，上方绘有红色的祥云纹，空白处绘有红绿色的莲雷花朵，体前绘有8座覆钵塔，塔下绘红色火焰纹。

第11窟

位置
位于第10窟的北侧，两窟相距约4米，处同一地坪高度。坐东向西，窟口方向232°。

洞窟形制
本窟为方形纵券顶窟，原应由前室与主室两部分组成，现前室大多已塌毁，仅保存主室。（图十）

前室
本窟的窟门及外部立面均用卵石垒砌加固，现因卵石墙体坍损，在窟外的上方暴露出前室的右侧壁及少量的平顶遗迹，由此可知前室应是平顶。现壁面的草泥层已全部脱落，仅存清晰的始凿痕。

主室

主室为方形纵券顶窟，平面略呈长方形，面宽500，进深595，高433厘米。地坪中部偏后的位置设方形坛基。

正壁：长510厘米，高435厘米，不开龛，下部壁面草泥层已全部脱落，上部保存少量壁画，1991年被揭取保存。

前壁：长460厘米，高395厘米，中部开拱形门道，拱顶尚存，门道的根部多有坍塌，现修复门道，宽275厘米，深165厘米，高278厘米。左端下部坍塌，右端保存较好，现仅于上方圆拱面保存部分壁画，余毁无存。

左侧壁：长580厘米，高295厘米，上沿一节叠涩，长568厘米，宽60厘米；壁面草泥层多已脱落，部分壁画在1991年被揭取保护。

右侧壁：长580厘米，高300厘米，上沿一节叠涩，长565厘米，宽55厘米；壁面草泥层已全部脱落。

券顶：宽420厘米，高125厘米；现于顶部保存壁画。

地坪：在距前壁290厘米的中央位置，设有一个沙岩体的长方形坛基，宽360，深240，高40厘米，坛基距左右侧壁及正壁均为70厘米（由于窟内积水潮湿，中央的砂岩体坛基多呈沙堆状）。

塑像与壁画

本窟的中心坛基上原应塑有主尊像，现塑像不存，仅保存残损的方形坛基。壁画仅保存在本窟正壁与前壁的上半部分及券顶部分。

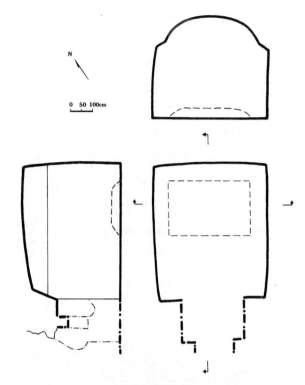

图十　库木吐拉窟群区第11窟平剖立面图

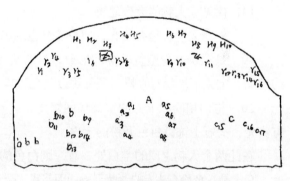

图十一　窟群区第11窟正壁壁画示意图

正壁：上部绘大幅的西方净土变，下部约200厘米处的草泥层脱落；上部残存的壁画1992年被揭取保存。本壁壁画保存状况欠佳，现只能以所见人物及器物的排列编号叙述[1]。（图十一）

A：绘一身具有绿色头光，身着黑色袈裟的坐佛形象，通高85厘米，面向正中（损毁）；左手毁，右手掌心向上，拇食指对捻，余指自然屈伸；佛似交脚坐于方形座上，现于方座的侧面可见绘有装饰纹样，因十分漫漶而不可识，在斑驳的壁画上仍可见残存有极少的金箔痕迹。佛的左右两侧绘有类似亭台的柱子，宽约6厘米，柱面绘团花纹样，右侧保存较好。佛像上方绘有装饰华丽的宝盖，通高约80厘米，

---

[1]　本窟壁画的内容记述是依据刘松柏1990年的考古记录增补而成，在此特作说明。

宝盖下层绘有帷幔和飘荡的流苏，其上层层叠摞渐小的宝盖并饰以宝珠和莲花；此宝盖绘制的繁复华丽，宝珠流苏层层叠加，惜中部损毁且多已漫漶，以此种种迹象推测该应为一身佛像。

1．菩萨像，绘有头光，面向佛，身着红色外衫[1]，坠以耳饰，胸前佩戴绿色璎珞。

2．菩萨像，绘有头光，面向佛（残损），身着黑色外衫，右手置胸前。

3．菩萨像，绘有头光，面向佛，身披绿色帛巾，胸前佩戴绿色璎珞。

4．仅残存一个圆形的头光痕迹。

5．菩萨像，绘有头光，面向佛，余漫漶。

6．菩萨像，绘有头光，面向佛（残损）。

7．菩萨像，绘有头光，余模糊。

8．仅残存一身人物的痕迹。

B：菩萨坐像，绘有头光，面向佛，上着黑色外衫，下着绿色长裙，头冠残损，右肩部绘有一枝花束。此身人物的形体较中部的佛像形象小，又较其身边的人物形象大。

9．菩萨像，绘有头光，面向菩萨坐像，双手在胸前。

10．仅可见绘有头光，着红色外衫，右手于胸前。

11．绘有头光，且有头冠，残损。在其右下方直径约50厘米的圆形被损毁，在其周围存有许多红、绿、黑的色块，此处应有一身人物。

12．仅见头光。

13．仅见头光。

14．仅见一人物的大致轮廓。

18．一身人物，绘有头光，似身着绿色的衫裙。

19．是一个身份地位较高的形象，绘有头光，其上方绘有宝盖，在宝盖的一侧绘有长幡，但已十分的模糊。宝盖下沿绘有帷幔，顶部饰以兰色宝珠；在其左侧有一个形体较小的侍奉者，似立姿。

20．与19相同，上方的宝盖华丽繁复，有帷幔和流苏。在其左侧绘有一身形体较小的菩萨装人，绘有头光，头冠上饰以白色沥粉的宝珠。

在此两个人物之间的空白处，有一则白色的榜题栏，宽5厘米，高21厘米，惜字迹磨灭。

C．是一身绘有头光的菩萨形象，因甚残，余不详。在其下方左侧仍有绘画，因其色彩漫灭，内容不知。

15．菩萨装人，绘有头光，着红色外衫，模糊。

16．菩萨装人，绘有头光，在其左耳上可见有沥粉状的绿色串珠。

17．菩萨装人，绘有头光，余模糊。

在A、B、C三个宝盖之间的空白处，绘有茂密的树叶和花瓣。

在B与C的上方均绘有装饰十分华丽的宝盖，形式与中央A的宝盖相同，只是略小之；在宝盖上部的空间，还绘有飞天、花蕾、器乐、祥云、宝幢等极乐净土的器物；在两个形象的右侧各绘有一个对称且相同的塔状物，塔下有五彩的仰莲为座；在宝盖外侧的绘画布局基本相同且对称。

R1．飞天，绘有头光，披绿帛，坐于祥云承托的莲花上，左手在前，右手在后，做击鼓状，鼓为白

---

[1]　本窟为汉风洞窟，故佛像与菩萨像的衣着均为汉式的褒衣博带装，此不赘述。

色，竖置胸前。

R2．飞天，绘有头光，披红帛，戴三珠冠，双手于胸前，一上一下做击鼓状，胸前一鼓，扁粗，鼓面为白色，鼓体为红色。

R3．飞天，绘有头光，戴宝冠，祖上身，披绿帛，帛巾长而飘逸，交脚坐于祥云之上，双手持一白色长笛做吹奏状。

R4．飞天，绘有头光，头冠残损，胸佩璎珞，臂饰腕环，余漫漶。

R5．飞天，绘有头光，跪坐于祥云之上，双手托盘。

R6、R7、R8．飞天，披帛，昂首　胸跪于祥云之上，三人簇拥着一舆，R7、R8并列成双为导引驾驶车舆者，R6是侍奉者，左手托盘。此车子形似一方形的房子，有黑色的横柱、门洞，下沿四周饰以宝珠；车无轮，在车前下方有绿色的双脚，向前腾飞，应以飞天御驾，内应有人，为车壁遮挡。

前壁：正中开一个宽敞的门道，门道顶呈平缓的拱形，左右两端壁绘画残失，右端壁绘画流失域外（图十二），现于顶部保存少量草泥层，两侧壁的根部残损。门道上方的圆拱壁面通壁绘经变画，左端残损。（图十三）

此画似为两个内容或是同一内容两个情节，因为在画面中部绘有一个立柱，立柱的一侧残存壁画甚少，现叙述如下（图十四）：

A．佛像，具项背光，仅保存胸部以上，余毁，背景均为茂密的菩提树叶。佛像的上方绘有装饰华丽的宝盖，形式与正壁大幅经变画中的华盖无异[1]。在宝盖两的空白处，绘有不鼓自鸣的乐器若干，左侧绘有一个红色的琵琶；另有一乐

图十二　窟群区11窟菩萨

器，色彩多已脱落，似一个竖箜篌，已十分残损；略上的位置绘一个极似磬的乐器，漫漶。右侧绘有4个系着帛带的鼓，鼓体为红色，鼓面为白色。

1．菩萨像，绘有头光，戴头冠，冠上绘有宝珠，颈饰项圈，因画面大多已残损，故动态不详。

2．菩萨，绘有头光，红色耳饰，发髻后挽，系一帛带，可见发髻中有一颗绿色的宝珠，余毁。

B．所绘的尊像与两侧的胁侍损毁，仅保存与C处相同的宝盖，在宝盖上方的空间绘有两组祥云。

C．菩萨像，绘有头光，戴花冠，冠面正中绘一宝瓶，由此可知，此为大势至菩萨；左右两侧各有一胁侍，残损。

3．胁侍像，多已残损，仅残存头光与花冠上的宝珠。

---

[1]　此华盖应是盛唐时期内地汉式风格华盖的样式，这与敦煌同期壁画中的装饰技法与样式十分的相似。

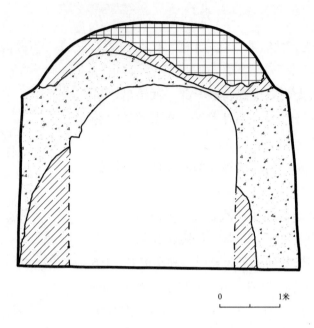

0　　　　　　1米

图十三　库木吐喇窟群区第11窟主室前壁壁画保存图

里

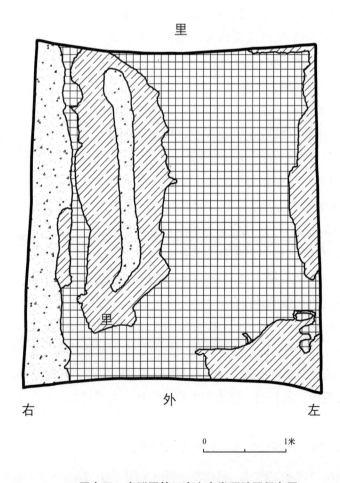

右　　　　　　　外　　　　　　　左

0　　　　　　1米

图十四　窟群区第11窟主室券顶壁画保存图

R1．一团祥云，其上跪有两身飞天，均绘有头光，上方绘有一个宝盖；左一身，左手持一红花，右手毁；右一身，着黑裙，余漫漶。

R2．一团祥云，跪有两身飞天，均绘有头光，下着黑裙，上方绘有一个宝盖；左一身双手在胸前托一盘；右一身，模糊；在画面的空白处绘有莲花、莲蕾等。

壁画右端的壁画多已残损，仅保存少量与R2相对应的飞天上半部分，余毁。

左侧壁：保存里端的部分绘画（已揭取保存），从残存的画面看应是经变画，且分幅绘制，现可见有两幅，每幅均绘有三身尊像，中心为佛像，左右两侧为菩萨像，其上方均绘有华盖，且于左右两侧隐约可见胁侍菩萨，因画面十分模糊，内容不可识，除揭取的壁画外，现于墙体上保存少量原始草泥层。

右侧壁： 草泥层全部脱落后，仅存墙体。

顶部：纵券顶，绘画保存较完好，仅部分泥层脱落。下沿均有一节弧形的叠涩，叠涩面草泥无存，中脊画面内宽外窄，宽处约40厘米，最窄处仅有10厘米，在白色的背景上绘一绿一白的12个莲花，莲花的直径由内向外逐次减小，直径最大为15，最小者仅5厘米，且内疏外密，在团花的中心均绘出深色的莲蓬且有莲实。两侧券顶绘千佛，两侧各绘15列，每列约32—35不等，千佛的大小约13×15厘米，均绘有头光与背光，头光为褐色，背光为一白一绿相间排列，着双领下垂式红色袈裟，内着僧祇支，结跏趺坐于圆形的坐垫上。左侧券顶自下而上现列存15列，每列32至33身不等，第一列33身，第二列33身，第三列32身，第四列32身，第五列29身，第六列29身，第七列27身，第八列27身，第九列27身，第十列25身，第十一列25身，第十二列22身，第十三列23身，第十四列11身，第十五列5身，计380身；右侧券顶多残失，自上而下现列存11列，每列34至35身不等，第一列34身，第二列19身，第三列14身，第四列12身，第五列10身，第六列9身，第八列17身，第九列28身，第十列27身，第11列14身，计184身。值得一提的是，白色背光的千佛内着绿色的僧　支和绿色的坐垫，绿色背光的千佛内着白色的僧　支和白色的坐垫，如此相间往复，在部分千佛的右侧的位置均绘有红色的榜题，约2×10厘米，现字迹磨灭。

地坪：中部偏后的部位存方形坛基的遗迹，因窟内湿度过大，砂岩体的坛基已风化为一堆积砂；余部积沙。

第12窟

位置

位于第11窟的北侧，两窟相距约13米，处同一地坪高度，其北侧与第13窟为邻，座东面西，窟口方向240°。

洞窟形制

本窟为中心柱纵券顶窟，现保存有主室及左右后三甬道（图十五）。洞窟形制基本保存完好，主室各墙体除右侧壁残损外，余保存尚好，三甬道形制保存完好，但本窟壁画多已不存。

主室

平面呈矩形，面宽460，进深390，高430厘米。正壁中部开龛，左右两侧开甬道环绕中心柱。前壁开门道。左右甬道结构相同，后甬道横长。

正壁：长475厘米，高440厘米，中部开一个莲瓣形浅龛，宽135厘米，深40厘米，高245厘米，龛底距地坪高125厘米。在左右两甬道口上方各存一个凹槽，左侧槽长约100厘米，宽20厘米，深16厘米，右侧槽长约75厘米，宽20厘米，深12厘米。在壁面正中的顶部仍有一个凹槽，宽35厘米，深10厘米，高30厘米，距地面有410厘米，此槽与前壁相对应。壁面草泥层已脱落，在甬道边沿残存少量修复的石膏壁面。

前壁：长430厘米，高420厘米，保存状况欠佳。中部开主室门道，多塌毁，现为修复的门道，宽180厘米，进深184厘米，高132厘米。左右两端壁残损，左端壁残存一幅供养人像，1991年揭取保存。上方半圆面正中存一凹槽与正壁相对应，壁面草泥层不存。

左侧壁：长360厘米，高265厘米，上沿一节叠涩，长355厘米，水平面宽10厘米。壁面的中前部有一条通壁的裂隙，草泥层脱落。下部原应有低像台，现已全部被积沙掩埋。

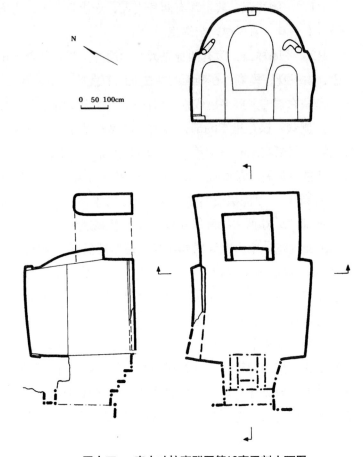

图十五　　库木吐拉窟群区第12窟平剖立面图

右侧壁：长360厘米，高250厘米，上沿一节叠涩，长350厘米，水平面宽16厘米。壁面的前端有一条通壁的裂隙，其根部已坍塌且与邻窟相通，保存部分草泥层。下部存通壁的低像台，前端被淤泥掩埋，像台宽40厘米，高15厘米。

顶部：纵券顶，券宽445厘米，高175厘米，中部有一条贯通整个窟顶的裂隙，草泥层已全部脱落。

左右甬道：结构相同，宽深高大致相等，宽95厘米，深190厘米，高183厘米，纵券顶，内侧壁草泥层均脱落，外侧壁外端草泥层脱落，里端保存部分壁画，1991年被揭取保存。

后甬道：横宽422厘米，纵深70厘米，高222厘米。正壁壁画1991年揭取保存，前壁草泥层已全部脱落。

地坪：窟内地坪低于窟外约60厘米，因多年来遭受水害的侵蚀，原地坪情况不明。

塑像与壁画

主室

正壁：塑像、壁画均不存。中部开莲瓣形浅龛，下部残存低台遗迹，风蚀残损，原貌不明，壁面残存极少的草泥层。

前壁：中部开方形门道，平顶，多有残损，壁面草泥层脱落。左端绘画不存。右端并列绘两身供养人像，外侧的人物甚残，仅见身着红色宽大的长袍，窄袖，余毁，动态不清。里侧人物面部残损，黑色发髻，身着白色宽大的圆领长袍，衣袖肥大、腰束革带、佩短剑，左手持白色长柄香炉，香炉置前人的左肩处。壁画多起甲、漫漶。

左右两侧壁：墙体保存状况欠佳，左侧壁下部侵蚀残损。右侧壁前端根部坍毁且与第13窟相通，在下部的里端保存一段预留体的低像台。壁面上部仅保存粗糙的底层草泥层痕迹，绘画不存。

顶部：下沿一节叠涩，叠涩之上原应有一根横木，现于正前壁相对应处各保存一个方形凹槽遗迹。券顶仅存草泥痕，壁画未存。

地坪：积沙

右甬道：内侧壁的壁画均不存。外侧壁绘一佛一菩萨立像，多残损，立像的上沿均绘一列团花纹样，立像的空白处均饰以小花朵。现编号分述如下（图十六）。

图十六　窟群区右甬道外侧壁壁画示意图

1. 绘一身形体较小的飞天，跪于绿色的莲花座上，绘有头光，面向左，束高发髻，髻中系白色的飘带，双手合十，腕饰手镯，上着白色黑边圆领上装，下着红裤，绿色飘帛上扬飞舞。在此身飞天与其侧的立佛之间，存一则榜题，惜字迹已完全磨灭[1]。

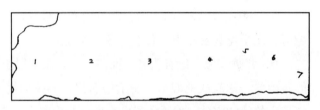

图十七　窟群区第12窟后甬道正壁壁画示意图

2. 立佛像，绘有头光，黑色高肉髻，面向右，用墨线勾勒五官，身着宽大的红色汉式袈裟，内着僧祇支，衣边饰以莲花纹。仅保存肩部以上，余毁。

3. 形体较小的飞天，跪于莲花座上，面向左，绘有头光，戴花冠，束高发髻，髻中系白色的飘带，颈饰璎珞项圈，下着红裤，飘帛飞舞。

4. 菩萨立像，绘有头光，戴花冠，束高发髻，面向左，身着白色双领下垂式长衫，顶饰璎珞，腕饰手镯，左手拇食指对捻，置左肩处，右臂下垂，余毁。

5. 立佛像，绘有头光，黑色高肉髻，面向右，身着红色袈裟，内着僧祇支，衣边饰以团花纹。左手拇食指对捻，掌心向外，置左肩处。右臂下垂，余毁。

左甬道：内侧壁壁画均不存。外侧壁仅在里端（后甬道左端壁）残存一身立佛像，且多已残损。

立佛像，绘有头光，面向左，肉髻脱落，身着红色偏衫袈裟，内着饰以团花纹样的僧　支，左手残毁，右手曲置腹前，掌心向左。其右侧下方绘有一身形体较小的人物，绘有头光，面向左，仰视，黑色头发于两端束髻，余毁。

后甬道：前壁草泥层脱落，绘画无存。正壁绘五身立像，立像的下部均残毁，仅保存腰部以上（图十七）。

1. 菩萨立像，绘有头光，戴花冠，面向左侧，残损，项饰璎珞，外着宽大的双领下垂式的袈裟，身

---

[1] 在每身立像头部的右侧均有一则榜题，惜字迹或被利器刮落或损毁磨灭，现仅存榜题遗迹。

后似有黑色的披肩搭于双肩上，下身着白色黑边的长裤裙，裙带系结，一条垂于腹前。腕饰手镯，右手五指向上，掌心向外，置右肩处，左手托一朵红色的莲花置右肩处。

2. 立佛像，绘有头光，黑色高肉髻，面向正中，身着宽大的袈裟，圆领下垂的较大，左半身为红色，右半身似将内披的轻纱拽出一角挂在左肩上，而后有一绿色的帛巾掖进经纱内，内装饰以花边，左手垂至左前方，右手食指与拇指对捻，掌心向外，置右肩处。

3. 菩萨立像，绘有头光，戴冠，面向正中，面部及头冠残损，但仍可知是三面八臂菩萨像，左侧的面孔损毁，现可见右侧较小的一个面孔，面目狰狞，可谓是青面獠牙；菩萨像黑色卷曲的长发披于左右两肩，项饰璎珞，身着红色的双领下垂式长衫，内着长裤，腰带系结且于腹前环绕二圈向前搭一帛带。体后左右两侧各有三只手臂，体前两只手臂于胸前做合十状，腕饰白色的手镯；体后上两只手臂由肩后向上举起，左手可见饰有白色手镯，左右两手各托黑白色圆形的日月；另两只手臂，曲置左右两侧，右手毁，左手持莲花；还有两只手臂垂于左右两侧，手部损毁。

4. 立佛像，绘有头光，黑色高肉髻，面向正中，身着宽大的红色袈裟，右半身为绿色，衣襟一角掖在腹前，左手掌心向上，托一黑色的圆形，曲置左侧，右臂曲置右侧，手部残毁。

5. 一身形体较小的飞天，绘有头光，戴冠，面向右，下着红色长裤，右脚立在祥云之上，左脚向后翘起。左手托盘置左侧，右手上举，模糊。

6. 菩萨立像，绘有头光，面向正中，眼部以上残损，项饰璎珞，身着宽大的双领下垂式长衫，内衣的腹前绘一法轮式的圆形，身后似有黑色的披肩搭于双肩上，腕饰手镯，左手曲置胸前，掌心向上托一红色火焰状的宝珠，右手曲置右肩处，指尖向上，掌心向外。

7. 一身形体较小的佛像，绘有头光，颈部以上漫漶不清，身着宽大的袈裟，内着白色红边的僧祇支，因模糊动态不清。

后甬道的正壁与左右甬道的外侧壁均绘佛和菩萨的立像（图十八），其下部均残毁，上沿绘一列12

图十八　窟群区第12窟后室正壁与左端壁线描图

图十九　窟群区12窟后甬道正壁上沿团花纹样

厘米高的团花纹样（图十九），此纹样是连续贯通整个壁面的，部分有残损或损毁，顶部的绘画也是相同且连续贯通的。

顶部：左右甬道为纵券顶，后甬道是横券顶，均绘直径约40厘米的莲花，莲花四周环绕着祥云纹，空白处绘五瓣的小花后甬道顶部绘有五朵莲花，现残存左右两端的4朵莲花。甬道顶部的莲花大多已毁，仅在左甬道里端残存1朵大莲花，在左右甬道顶部莲花的下沿均绘有小坐佛，小坐佛绘有头光与背光，着红色双领下垂式袈裟，内着白色或绿色僧祇支，结跏趺坐于莲花座上，大多已残毁，现于左甬道上沿保存部分小坐佛（图二十）。

地坪：窟内地坪低于窟外约60厘米，因遭水害的侵蚀，原地坪情况不明。

图二十　窟群区12窟后甬道券顶

第13窟

位置

位于第12窟的北侧，两窟口相距3米，南侧与第14窟相邻，上方的山顶上座落有第79、80窟，高差约15米。坐东面西，窟口方向252°。

洞窟形制

窟外岩体坍塌，未保存建筑遗迹。

本窟为中心柱纵券顶窟，现存有主室及左右后三甬道（图二十一），余塌毁。主室各墙体保存尚好，除券顶保存少量壁画外，余均不存壁画。左右后三甬道形制保存完好，绘画已不存。

主室

平面略呈方形，面宽350，进深330，高325厘米。正壁中部开龛，左右两侧开甬道环绕中心柱。前壁开门道。左右甬道结构相同，后甬道横长。窟内各壁面曾用水泥修补，修补面现多已脱落。

正壁：长355厘米，高325厘米，中心开一莲瓣形浅龛，宽120厘米，深50厘米，高190厘米，龛底距地坪高90厘米。壁面中部以下用水泥修补，龛内存少量壁画。

前壁：长343厘米，高310厘米，中部开主室门道，多塌毁，现为修复的门道，宽200厘米，进深101厘米，高151厘米。左右两端壁残损，草泥层脱落。

左侧壁：长340厘米，高185厘米，上沿一节叠涩，长335厘米，水平面宽15厘米。壁面前端有一条较宽的裂隙，壁面草泥层脱落。

右侧壁：长325厘米，高175厘米，上沿一节叠涩，长320厘米，水平面宽20厘米。壁面草泥层脱落，存部分水泥修补痕。

顶部：纵券顶，宽315厘米，高140厘米，中部与左侧券顶外端的草泥层已脱落，现于左侧里端及右侧券顶保存部分壁画，余不存。

左右甬道：结构相同，宽深高大致相等，宽80厘米，深125厘米，高175厘米，纵券顶，除顶部外，

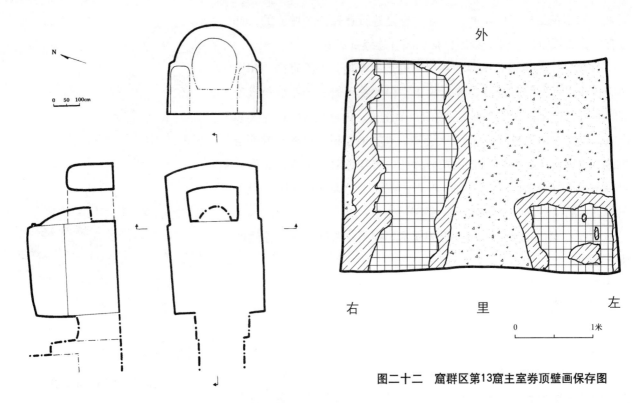

图二十二　窟群区第13窟主室券顶壁画保存图

图二十一　库木吐拉窟群区第13窟平剖面图

各壁草泥层不存。

后甬道：横宽380厘米，纵深78厘米，高170厘米，横券顶，草泥层已脱落。

地坪：本窟的地坪低于12窟约70厘米，因遭水害的侵蚀，原地坪情况不明。

塑像与壁画

主室

正壁：龛内中部以下残损且用水泥修补壁面。龛内残存浮塑的项背光遗迹，残损处进行了边缘加固。项光内圈绘有莲瓣纹，背光仅保存左侧，绘有三圈纹样，由内向外是花叶纹其上绘有一身小坐佛，之外绘团花纹，再向外纹样残损，余不存壁画。

前壁：中部门道塌毁。左右两端壁的根部残毁，现修保护墙支撑，上部仅存半圆面，草泥层均无存。

左右侧壁：墙体尚存，壁面草泥层全部脱落。左侧壁前端上部坍塌一洞与第12窟相通。

顶部：纵券顶，中脊残损，两侧券腹的下沿设一节叠涩，右侧残毁，左侧残存一段，草泥层脱落（图二十二）。

左侧券顶：草泥层大多已脱落，现仅于里端残存二列二幅壁画，均绘一佛二菩萨坐像。

上列一幅，佛结跏趺坐于莲花坐垫上，绘有头光与背光，面向右，内着绿色大圆领饰以红色衣边的僧衹支，外披红色袒右袈裟，左手掌心向外，曲置左侧胸前，右手置右膝上。左侧一菩萨，绘有头光，面向右，束高发髻，戴珠冠，身着绿色外衫，跪于绿色圆形的坐垫上，双手于胸前合十。其左侧残存另一组画像的菩萨右臂及衣角，在此菩萨的右上方应绘有一个系有红色飘带的乐器，残损。右侧菩萨，绘有头光，面向左，头部残损，身着红色，跪于红色圆形的坐垫上，双手于胸前合十。佛的项背光上方绘有绿色半圆形的树冠，残损，佛与菩萨的坐垫下均绘有祥云承托，空白处绘有莲蕾装饰。

下列第一幅，中部的佛像损毁，仅残存绿色半圆形的树冠。左侧菩萨，绘有头光，面向右，戴宝冠，身着红色外衫，跪于红色的圆形莲花坐垫上，双手于胸前托盘。右侧菩萨，绘有头光，束高发髻，戴花冠，身体向右跪于圆形的莲花坐垫上，回首向佛，双手于胸前合十。

下列第二幅，画面残甚。中部的佛像毁掉一大半，仅见右侧的头光、背光与右臂右膝等，余毁。右侧菩萨，残损，绘有头光，身着绿色外衫，身体向右跪于圆形莲花坐垫上，双手于胸前合十。在其头部的右上方，绘有一个系着绿色飘带的立式竖箜篌，音箱为红色，弦体为白色，隐约可见绘有琴弦，余毁无存。

右侧券顶：壁画保存相对较好，原应绘有三列一佛二菩萨群像，每列四至五组不等，现残存二列九组，上列保存完好，下列残损。本窟券顶的绘画一佛二菩萨像，每组中无论是佛还是菩萨，在着装上均是相同的，只是左右两侧菩萨像的外衣在色彩上是一红一绿相间排列的，在此做一概述，内容中不再赘述。

佛像：结跏趺坐于莲花坐垫上，绘有头光与背光，面均向左[1]，内着绿色大圆领饰以红色衣边的僧祇支，衣袖宽大，外披红色袒右袈裟，衣质轻薄飘逸。头光上方均绘有一个伞盖，伞盖的顶端绘有一个圆形，似一个宝珠，伞盖的下沿绘有一周密集的流苏，伞盖的后方左右两侧均绘有一棵树，在项背光后形成了半圆形的绿色树冠，部分项背光后的左右两侧仍可看到深灰色的树杆，树冠上绘有黑色圆形的花朵，佛的左右两侧各绘有一身菩萨像，在菩萨像之间的上方均绘有不鼓自鸣的器乐。

左右两侧的菩萨像：均绘有头光，身着宽大飘逸的红、绿色长披衫，腹前垂有"U"字形的帛带，下着白色长裤，身体均向右做跪姿，佛左侧的菩萨，均做回首状，双手大多于胸前做合十状。佛与菩萨的莲花坐垫下均绘有祥云承托。

现将壁画编号描述，见（图二十三）

上起第一列，大多残毁，现仅保存外端两身坐佛、三身菩萨像的莲花坐垫与少量腿部的遗迹，余毁无存。

图二十三　窟群区第13窟壁画示意图

---

[1] 本窟券顶的绘画，坐佛的面向是规律性的排列，即左侧券顶的佛像，面均向右；右侧券顶的佛像，面均向左。

1．坐佛，面部残损，左手置于左腿上，右的掌心向外，指尖向上，置右肩处。右侧菩萨残毁。左侧菩萨面部与头部残损，身着红色披衫，双手于胸前合十。其左上方绘有一个腰鼓，鼓面为红色，鼓体为白色，中部系一条红色的飘带飞扬。

2．坐佛，面部略残，双手在腹前，左手掌心向上，右手掌心向下，指尖相叠。左侧菩萨，面部残损，戴珠冠，做回首状，身着绿色披衫，双手于胸前合十。其左侧上方，绘有一个笙，笙斗、笙管、笙角均为浅灰色，吹嘴为红色，腰箍为黑色，在笙管的下部系有一条红色飘带以示不鼓自鸣。右侧菩萨，戴珠冠，身着红色披衫，双手持一长杆，顶端损毁。

3．坐佛，头部残损，左手掌心向下置左腿上，右手掌心向外，指尖向上置右肩前。左侧菩萨，戴珠冠，回首仰视，身着红色披衫，双手于胸前合十。其左侧上方绘有一个系着灰色飘带的红色筚篥。右侧菩萨，头部残损，身着绿色披衫，双手于胸前合十。

4．坐佛，面部残损，左臂曲肘置左侧，手托一浅灰色的圆钵，钵的内壁为白色，右手掌心向外，指部残损，置右肩前。左侧菩萨，戴宝冠，回首仰视，身着红色披衫，双手于胸前合十。其身体左侧绘有一个红色的曲颈琵琶，音箱面分为红、绿、黑三色，在琵琶中部系有一条灰色的飘带。右侧菩萨，头冠与面部有残损，向着绿色披衫，双手于胸前合十。

5．坐佛，损毁，仅存部分项背光与伞盖、树冠。左侧菩萨，面部残损，戴珠冠，身着绿色披衫，余漫漶、损毁。其左侧上方绘有一个系着红色飘带的乐器，因模糊多不可识，似鼓，右侧菩萨，仅保存头部，余损毁。其右上方绘有一个系着绿色飘带的红色筚篥。

6．坐佛，腰部以下损毁，左手损毁，右手掌心向外，曲置右肩前。左侧菩萨，戴珠冠，回首仰视，身着绿色披衫，双手于胸前合十。其左侧上方绘有一个系着绿色飘带的立式竖箜篌，音箱为红色，弦柱为灰白色，可见绘有黑色的十余根琴弦，飘带系于音箱与弦柱的相接处。右侧菩萨，面部残损[1]，发束高髻，戴宝冠，身着红色披衫，双手动态漫漶。

7．坐佛，完全损毁，仅存残损的伞盖与树冠。左右两侧的菩萨损毁，仅保存头光与珠冠，且多已漫漶。在左侧菩萨的左上方绘有一个排箫，排箫似由竹管组成，中部有两根红绳缠缚，两侧有红色木框镶之，在一侧的木框上系有一条红色的飘带。

8．坐佛，面部与身体残损，左手掌心向下置左腿上，右手托一淡粉色的钵，钵的内壁为白色，置于胸前。左侧菩萨全部损毁。在其左侧上方绘有一个淡粉色的系绿色飘带的乐器，似一个拍板或铃，漫漶残损。右侧菩萨，仅保存头部，余损毁。

9．坐佛，腰部以下损毁，左手似曲置胸前，残，右手掌心向外置右肩处。左侧菩萨，胸部以下损毁，戴珠冠，回首仰视，身着绿色披衫，双手似于胸前合十，头部上方绘有一个灰色的笛子，在其中部系有一条红色的飘带。右侧菩萨损毁，残存半个面部与头光。

左右后三甬道：顶部十分平缓，各壁草泥层全部脱落，壁画未存。

地坪：本窟的地坪低于第12窟约70厘米，因地坪淤积沙土，原状不明。

---

[1]　因绘画的空间很小，故所绘的菩萨形体也较其他菩萨略小。

第14窟

位置

位于第13窟的北侧，两窟口相距约3米，南侧与第15窟为邻，处同一地坪高度，座东面西，窟口方向245°。

洞窟形制

本窟外的崖壁多有坍塌，未存建筑遗迹。

本窟是一个长方形纵券顶的单室窟（图二十四）。因窟内潮湿，各壁所存壁画已于1991年揭取保存，现仅于前壁上部及顶部保存部分壁画。

主室

主室平面呈长方形，面宽410厘米，进深510厘米，高383厘米。地坪偏后的位置设有矩形的坛基（因遭受水害的侵蚀、风化现呈沙堆状）。

正壁：长430厘米，高390厘米，不开龛，下部壁面草泥层已全部脱落，上部壁画1991年被揭取保存。

前壁：长455厘米，高375厘米，下部三分之二的壁面全部塌毁，现于坍塌的壁面处进行了边沿加固且修筑了铁栅栏的门道，宽275厘米，深165厘米，高278厘米。上部的半圆壁面保存部分壁画。

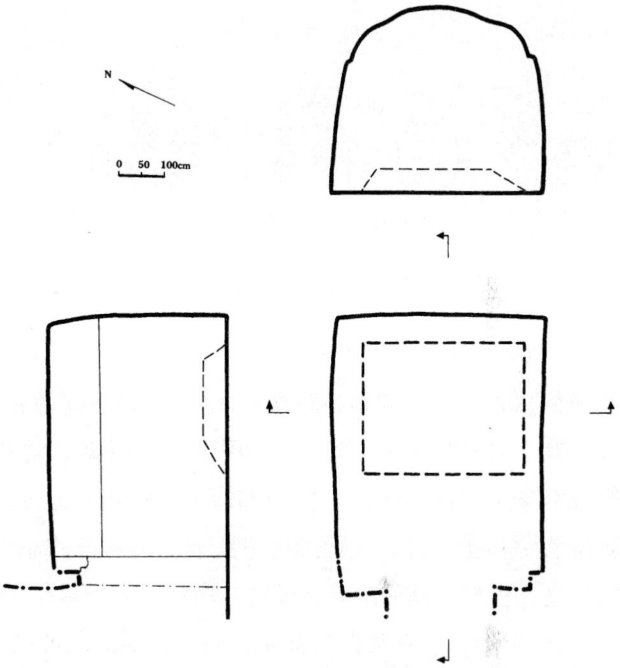

图二十四　库木吐喇窟群区第14窟平剖立面图

左侧壁：长510厘米，高280厘米，上沿一节叠涩，长488厘米，水平面宽20厘米。下部二分之一壁面的草泥层脱落，上部里端保存的少量壁画1991年被揭取保存，外端壁画磨灭。中部均为修复加固的壁面。

右侧壁：长540厘米，高275厘米，上沿一节叠涩，长488厘米，水平面宽20厘米。壁面的情况与左侧相同，只是壁画保存较这为多，亦于1991年揭取保存。

券顶：宽375厘米，高110厘米；顶部的壁画保存较为完好。

地坪：在距前壁235厘米的中央位置，设有一个沙岩体的长方形坛基，宽355厘米，深360厘米，高50厘米。坛基距左右侧壁及正壁约为65厘米不等（由于窟内积水潮湿，中央的砂岩体坛基多呈沙堆状）。

塑像与壁画[1]

主室

正壁：下部约二分之一的壁面草泥层脱落。上部绘大幅西方净土变，残存部分壁画被揭取保存。整

---

[1]　本次调查报告部分洞窟（第14～17号窟）壁画的内容描述记录是参照了刘松伯先生1990年的洞窟记录整理而成，在此特作说明，并致谢！

图二十六　窟群区第14窟正壁壁画示意图

图二十五　窟群区第14窟主室正壁华盖线图

壁绘一幅经变画，人物密集繁多，均为典型的唐代汉风格壁画。本幅经变画绘有三身主尊像，中心绘一身坐佛（A），两侧绘菩萨像（B、C），三身尊像的头部上方，均绘有华丽的宝盖，宝盖为双重叠落式，其上绘有繁多的宝珠，与多彩的流苏帷幔、璎珞等富丽堂皇的装饰巧妙配合，显示了佛国极乐世界的雍容华贵（图二十五）。坐佛的左右两侧下方各绘有三身胁侍菩萨；两尊菩萨像的一侧也绘有众多的胁侍菩萨与护法神，画面的上方绘有祥云承托的小坐佛与飞天等。画面左端残损较甚且多已漫漶，右端略好之，但整幅画面的人物像均有残损，无一是完好无缺的。现编号描述如下（图二十六）。

A.坐佛，绘有头光与背光，面向正中，交脚坐于莲花座上，内着绿色通肩式的僧祇支，衣边饰以彩色的莲花纹，外着红色偏衫式的袈裟。左手残损，右手掌心向下，曲置右侧。座前下方绘有一个方桌，桌上放置各种供盘，盘中放有宝珠与其他供物，坐佛的双脚也置于一个盘内，左侧还可见有一个高脚盘，此处供盘均为沥粉式的画法。左右两侧各绘三身菩萨，自下而上对称排列（a1～a6）。

a1．菩萨像，绘有头光，面向佛，头戴宝冠，残损，身着红色大衣，双手于胸前做合十状，指尖向前。

a2．菩萨像，绘有头光，面向佛，面部与宝冠损毁，身着浅色的大衣，左手于胸前托一盘，右手掌心向外，置右肩前。

a3．菩萨像，绘有头光，面向佛，面部与头部十分漫漶，身着浅色大衣，双手于胸前合十。其右肩处一则榜题，字迹磨灭。

a4．菩萨像，绘有头光，面向佛，头戴珠冠，残损，身着红色大衣，胸前佩有璎珞，残损。因残毁，双手动态不详。

a5．菩萨像，绘有头光，面向佛，头戴珠冠，残损，身着浅色大衣，似坐或跪于红色的仰莲上。胸前佩有璎珞，双手于胸前，动态不详，腕饰宝珠手镯。

a6．菩萨像，绘有头光，面部与头部损毁，画面十分漫漶，可见左手掌心向上置胸前，似手托一宝珠。其左侧有一则榜题，字迹磨灭。

B．菩萨像，应为大势至菩萨[1]，绘有头光，面向佛，头戴宝冠，残损，戴耳饰，胸佩璎珞，内着镶有黑边的僧　支，下身似着长裙，裙带作结于腹前呈一轮状的圆形，披红色双领下垂式的宽大外衣，左手损毁，右手曲置胸前，掌心向外，指尖向内微屈状，腕戴手镯。右侧绘一身菩萨（b1），左侧绘有七身菩萨与天神（b～b8），但画面十分的漫漶残损。

b1．菩萨像，头部损毁，披黑色的宽大外衣，左手于胸前合十，余不详。

b2．菩萨像，绘绿色头光，披黑色外衣，颈饰项圈，余漫漶。

b3．菩萨像，绘有头光，面向菩萨，戴珠冠，余漫漶。

b4．天神像，绘有头光，面向菩萨，戴珠冠，通体为红色，白色的双目呈凸起状，嘴部残损，颈饰项圈，外披红色大衣，动态不明。

b5．龙王像，绘有头光，面向菩萨，戴龙头冠，仅存面部。

b6．武士形象的护法神，绘有头光，身着铠甲，多漫漶。

b7、b8．两身菩萨像，均绘有头光，面向菩萨，戴宝冠，佩璎珞，身披黑、红色大衣，因漫漶，动态不清。

b9．仅可识在一个龛内，坐一身菩萨，身着红色大衣，其前方有一长柄香炉，余漫漶，下部壁画磨灭。

b10、b11、b12．此三身为形体较小的比丘，面向佛，身着右袒的红色袈裟，因漫漶，动态不详。

C．菩萨像，应为观世音菩萨，绘有头光，面向佛，头戴宝冠，宝冠多残损，但在宝冠中心残存一个小坐佛，身着双领下垂式的红色袈裟，此当是观世音菩萨的标志；戴耳饰，胸佩璎珞，残损，内着镶有黑边的僧　支，下身似着长裙，裙带作结，腹前残损，披红色双领下垂式的宽大外衣，左手于腹前，掌心向上，手托蓝色的宝珠，右手曲置右肩前，掌心向外，拇食指相捻，腕戴手镯。左侧绘一身菩萨（c1），右侧绘有七身菩萨与天神（c1～c8）。

C1．菩萨像，绘有头光，面向观音菩萨，戴珠冠，身披黑色外衣，余不详，因多半被其前方的菩萨像遮挡。

C2．菩萨像，绘有绿色头光，戴宝冠，面向观世音菩萨，通体为白色，双手动态不详。

C3．护法神，绘有白色的头光，面向观世音菩萨，通体为红色，为三头神，正面像，双目圆睁，表情凶狠，左右两侧面相，面目狰狞，身着黑色披巾，双手擎起一白一黑两个圆形的日月，胸前仍有双手，可见右手掌心向左，指尖向上，左手似掌心向上托一个绿色的宝珠。

C4．龙神，绘有头光，面向左侧，通体为白色，头光处似盘旋一条绿色的龙形，面目狰狞，袒上身，着长裤，腰间系带，左手举至前上方，右手于胸前，动态不详。

C5．护法神，面向左侧，黑色的头发呈桃形向上扬起，黑色胡须，余漫漶。

C6．护法武士，绘有绿色头光，面向左侧，通体为红色，头戴宝冠，残损，身着铠甲，左手曲置左侧，掌心向上托一颗绿色的宝珠，宝珠绘出火焰状的光芒，右手置胸前，手持一红色长杆的戟，戟顶端垂下黑色的长缨。

C7．菩萨像，绘有蓝色头光，面向左前方，似白色长发披肩，头戴类似鸭嘴形上翘的头冠较模糊，

---

[1] 刘松伯《库木吐喇石窟寺的净土变壁画》，《西域研究》1993年第2期。

内着镶红边的绿色宽衣，内衣的一角搭于左臂上，外披红色宽衣，左手前伸，掌心向上，指尖向前，右手置右肩前，指尖向上。该菩萨所绘的形体仅小于观音菩萨，较其他群像的形体较大。

C8. 菩萨像，绘绿色头光，面向左前方，头冠与面部残损，外披红色宽大长衣，下着长裙，裙腰较高，胸佩璎珞，腕戴手镯，双手于胸前，动态不明。其右侧似有一则红色的榜题，字迹磨灭。

C9. 似乎一个帐幔式的车辇中坐着一个菩萨，面向左前方，肩部以上残损，左手持一香炉伸向前方，右手漫漶。此处的香炉为沥粉式画法。

以下的人物，胸部以下均已残毁。

C10、C11. 两身比丘，形象较小，十分漫漶。

C12. 比丘，通体为红色，满脸皱褶，十分的年迈，回首观望，身着黑色僧衣。

C13. 比丘，通体为白色，面向前方，身着红色僧衣。

D、D1. 这是由佛的背光两侧腾升起两朵飘帛状的云气，云气顶端承托着多个祥云，祥云之上绘有三身小坐佛。坐佛排列呈三角形，中心的坐佛，形象绘制的略大些，绘出黑色的头光和绿色的背光，头光上方绘有华丽的宝盖，身着黑色双领下垂式袈裟；两侧的坐佛，无论是头光、背光与形体均略小之，绘有黑色的头光与蓝色的背光，身着红色双领下垂式袈裟，均结跏趺坐于莲花座上，双手禅定印。三身坐佛的前方似有供物，但已被损毁，从D1的残存痕迹看似为宝珠。

D2、D3. 这是两个圆形的日月，一白一黑。

E、E1、E2、E3. 此为四个装饰华丽的车辇，其下部有莲花座承托，上方有璎珞、宝珠、流苏、帷幔，正中开有黑色的方形帐门，E、E1绘制的略大些。

F、F1、F2、F3. 此为四身飞天，跪坐于祥云之上，面向中部，绘有头光，束高发髻，胸佩璎珞，腕戴手镯，双手或托盘，或于胸前合十，彩色披帛凌空飞舞，四周香花飞扬飘荡，表现了天神在极乐世界中自由翱翔的理想境界。

前壁：下部三分之二的墙体坍毁，门道已不存，仅上方的半圆面存一幅壁画，残损（图二十七）。此画似为一幅说法图，正中为主尊佛，在佛像的左右两绘有a、b两组群像，多为菩萨与僧人像，两组人物多呈对称排列，左侧较右侧保存略好。因壁画十分的漫漶，仅能识其大致轮廓，现编号描述（图二十八）。

A. 佛像，残损，绘有头光与背光，面向正中，身着黑色的通肩袈裟，左手曲肘于左侧，手指动态不明，右手损毁。胸部以下均毁无存。佛像的上方绘有一个双重叠落的华盖，华盖的下沿绘有红色网状的帷幔流苏。在背光的左右两侧各腾升起一朵飘帛状的云气，云气顶端承托着祥云，祥云之上各立一身小飞天，两人相向飞舞，因漫漶，动态不明，左侧残损较甚。

a1. 绘有黑色头光的比丘形象，身着橙黄色袈裟的长者比丘，双手在胸前，左手在上持一蓝色花朵，右手在下，呈握拳状。

a2. 胸佩璎珞，着红色的宽大外衫，腕戴手镯，左手于胸前呈半握状，右手曲置右侧托一宝珠。

a3. 菩萨像，绘有头光，戴宝冠，残损，面向佛，身着红色的宽大外衫，双手于胸前托一个绿色的盘，由盘的一侧垂下一条布巾，似插有一柄。其头部上方存一则黑色的榜题，字迹磨灭。

a4. 菩萨像，绘有绿色头光，戴珠冠，面向佛俯视，身体略前倾，着绿色的宽大外衫，双手动态不明。

a5~a9. 武士装的龙王像，均绘有头光，面向佛，身着铠甲，但双手动态不明。

b1. 比丘形象，绘有黑色头光，面向佛，仅保存头部，余毁。

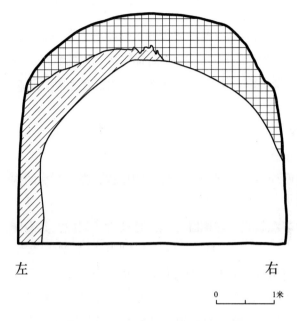

图二十七　窟群区第14窟主室前壁

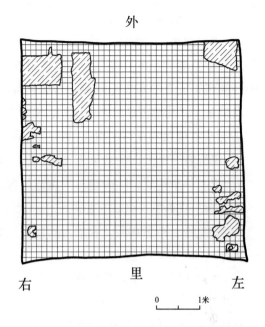

图二十八　窟群区第14窟主室券顶展开图

b2．菩萨像，绘有头光，戴宝冠，面向佛，仅残存头光与宝冠，余毁。

b3．仅存头光。

b4．仅可识别为比丘形象，余漫漶。

b5、b7．仅可识别为两身菩萨像，余磨灭。在b5的上方存一则黑色的榜题，字迹磨灭。

b6．武士形象，余不可识。

在上方接近顶部的小飞天的左右两侧的背景上绘有枝繁叶茂的菩提树冠，围绕群像的空白处还绘有系着红色飘带的乐器，以示不鼓自鸣，可识着多为鼓。

左侧壁：下部墙体被水侵蚀，壁面的始凿痕已所存无几，整个壁面约有四分之三的草泥层脱落，上部绘有佛传故事画，上沿的叠涩面绘祥云纹；从现存的故事画排列看，侧壁的绘画应有二列，目前仅在本壁最里端可见绘有涅槃图；现编号描述，每个数字表示一个图景，序号均是从正壁起始。

1．佛传故事，绘有头光与背光，似交脚坐于莲花座上左右两侧绘有菩提树冠，上方绘有一个宝珠装饰的华盖，下沿饰以流苏，佛着红色绿边的袒右袈裟，左手掌心向上曲置右侧，右手掌心向上伸向右下方；其前方跪有三身比丘，面向佛，身着红色或黑色的袈裟；左右两边各一个菩萨，绘有头光，面向佛，身着红衣，右侧残损。

2．佛传故事，在一团祥云之上，坐着一位僧人，身着红色袈裟，双肩绘有黑色的火焰，面向右回首，仰视，左手曲置左侧，右手似托有一物，举至右上方。在其左侧平行的位置绘有一个坐姿的僧人，结跏趺禅定坐姿，身着白色的袒右袈裟，面向右，画面下部损毁。

3．中部为坐佛，绘有头光与背光，面向正中，似着通肩袈裟，左手置左腿上，残，右手曲置胸前，模糊，背景绘有两棵菩提树，左右两残存两个头光，余毁无存。

4．屋宇建筑，红色围墙，下部绘有园拱式屋檐，漫漶。

5．似屋宇建筑，磨灭。

6．佛传故事，涅槃图，佛右卧于一个红色的床上，佛床两侧绘有两棵菩提树；佛绘有头光与背光，身着黑色偏衫袈裟，内着绿色红边的僧祇支，左手掌心向下置于左腿上，右手曲置胸前。佛的背光处与头的一侧残存五身绘有头光的菩萨与举哀者，脚下绘有一身菩萨，有头光，身着宽大的红色衣衫，面向佛，双手合十；其前方跪有两个比丘，双手合十。

右侧壁：壁面情况与左侧壁相同，画面描述。

1．仅见有一个人，身着黑色衣服，其一侧的榜题字迹磨灭。

2．绘有一个宅院，院内建有正房与厢房，均为红色两面坡式的屋顶，木结构的屋檐，在一个房间内坐一个人物，似着黑色袒右的袈裟。

3．宅院外一个黑衣人，残损，其前有一个黑熊作立姿观望状，左侧卧一只红色动物，似虎？其右侧有一团祥云，上坐一个僧人。

4．鹿野苑说法，中心为坐佛，头部残损，背景为菩提树冠，绘有头光与背光，头光毁，面向正中，结跏趺坐于一个红色的方形座上，身着黑色偏衫袈裟，内着绿色红边的僧祇支，左手置左腿上，右手曲置右肩处，作说法印；左侧绘有四身人物，一身为绘有头光的菩萨，面向佛，身着交领的绿边红外衣，双手动态不明；其前绘有三身比丘，均面向佛，身着红色的偏衫或通肩袈裟，双手似于胸前做合十状，部分残损；右侧绘有四身人物，两身为有头光的菩萨，面向佛，身着红色的双领下垂和交领的宽大外衣，前一身双手于胸前合十，指尖向上；后一身似为拱手，双手上搭一条绿色的帛巾；其前跪有两身比丘，面向佛，身着一白一黑的袈裟，双手于胸前合十，指尖向上；佛座前绘有四只粉红色的鹿，左右各两只，相向而卧，卧鹿的中心绘有一个黑色圆形底座的法轮或是其他法器。

5．降魔变，中心为坐佛，绘有头光与背光，面向正中，结跏趺坐于方座上，身着黑色袒右袈裟，内着蓝色红边的僧祇支，双手似禅定印佛的周围绘满红色的云气纹，在云气纹之中，绘有众魔军，面目狰狞，怒发冲冠，手持剑、戟等欲刺佛陀，右下角残毁。

6．一佛或是高僧，绘有头光，面部微向右侧，上方一个红顶绿珠黑流苏的华盖，结跏趺坐于莲花垫上，身着黑色通肩袈裟，禅定印，左右两侧各绘一个弟子，一个身着红衣，一个身着绿衣，面向佛，跪姿；主尊的右侧略远处仍绘有两个弟子，一个红衣，一个黑衣，其周围似有山丘环绕或是其他何物。其右侧存一则榜题，字迹磨灭；在主尊右侧的远处绘有绿色的山水树木，是一种中国水墨画的表现手法。

顶部：纵券顶，拱面平缓且低矮。中脊画幅宽约50厘米，绘直径30厘米的莲花七朵，莲花的四角饰以云纹，中心绘出黑色的莲蓬、莲籽；券顶绘小千佛，每侧12列，每列约37至38身不等，小千佛千篇一律，均绘有黑色的头光，或白或绿的背光，身着红色双领下垂式袈裟，内着僧祇支，结跏趺禅定印坐于莲花垫上；下沿一节叠涩，水平面均绘祥云纹。

券顶：左侧券顶自下而上现存12列，每列原应绘37身，第一列至第五列均绘有37身，第六列36身，第七列36身，第八列残存33身，第九列30身，第十列28身，第十一列26，第十二列26身，计400身；右侧券顶自上而下现存12列，每列原应绘38身，第一列38身，第二列38身，第三列36身，第四列28身，第五列29身，第六列38身，第七列38身，第八列35身，第九列33身，第十列32身，第11列33身，第十二列29身，计407身。

地坪：中部靠后的地坪有一个矩形坛基，因窟内曾被水浸，固坛基已风化为一堆沙土，原状不明。

第15～17窟

位置

位于第14窟的北侧，两窟相距约7米，地坪高出第14窟约0.5米，向北约18米是第20窟，其北侧上方相距5米是第18～19窟，地坪高差约6米，坐东面西，窟口方向299°。

共用的前室

洞窟形制

本窟为一组中心柱式的三佛堂组合窟，三窟共用一个前室，组合窟的平面呈一个"品"字形。现将三窟共用的前室现状陈述于下。前室平面呈矩形，面宽440，进深275，高295厘米。（见第10窟图一）

正壁：长460厘米，高288厘米，中部为第16窟的门道，壁画草泥层保存较好，壁画多磨灭。

前壁：全部塌毁。

左侧壁：长260厘米，高270厘米，中部为第15窟的门道，前端塌毁。

右侧壁：长273厘米，高292厘米，中部为第17窟的门道，塌毁。

顶部：平顶，前端塌毁，保存部分草泥层。

塑像与壁画

前室

窟外未存任何建筑遗迹，前壁完全塌毁，左右两侧壁的前端多已塌毁，现由修筑的水泥墙支撑部分前室的墙体。

正壁：中部开门道入第16窟的主室，宽128厘米，深80厘米，高212厘米。右端根部的墙体残损，下部草泥层多脱落，门道的左右两端上部保存草泥层且存绘画痕迹，原应各绘有一身尊像图，尊像的高度约2米之高，在其头光上仍可见到绘有火焰纹，绘画十分的漫漶；在立像的一侧隐约可见有竖条的榜题栏，题记磨灭；另在窟门的上方残存一则横长方形的题记栏，但字迹磨灭。

前壁：塌毁。

左侧壁：仅保存里端和上沿的少量墙体，余为修补面。中部为第15窟的门道，塌毁现修复了拱形门道入窟。

右侧壁：与左侧壁相同，中部修复拱形门道入第17窟主室，残损，拱门上方的壁面存绘画痕迹，此处原应绘有一身等人高的尊像，现残存头光的遗迹，头光的外圈仍可看到火焰纹，漫漶。

顶部：平顶，前端塌毁，里端泥层保存较好，草泥层上的粉层已脱落，仅见绘画痕迹，内容多磨灭；绘直径约50厘米的团花纹，该团花纹样与第15窟的相同，由内向外残存团花纹二列，原每列约绘有12个团花，现可见第一列残存5个，第二列残存2个，余毁。

地坪：积沙且存后人垒砌的石台。

第15窟

位置

位于前室的左端。座南向北，窟口方向15°。

洞窟形制

本窟为规模较小的中心柱纵券顶窟，现存主室与左右后三个甬道部分（图二十九）。

主室

平面呈方形，面宽244，进深255，高212厘米；门道塌毁，正壁下部的中心柱体多塌毁，上半圆壁面保存较好；前壁多塌毁；左侧壁塌毁，现为修复壁面；右侧壁墙体保存较好；左右后三甬道保存尚好。

正壁：长240厘米，高214厘米，下部地坪上残存一个半圆形的像台，宽86厘米，深70厘米，高45厘米，多残损；左右两侧下部开甬道环绕中心柱，中心柱体趋于扁平，宽约110厘米，其厚度即是甬道的深度；上部半圆面的绘画，于1991年揭取保存。

前壁：塌毁，仅保存右端的部分墙体，草泥层已无存。

左侧壁：塌毁。

右侧壁：残长256厘米，高170厘米，墙本保存完好，上沿少许壁画被揭取保存，下部绘画毁无存。

顶部：是一个拱券十分平缓的纵券顶，残损，券宽239厘米，高45厘米，顶部壁画于1991年揭取保存。

左甬道：纵券顶，宽80厘米，深80厘米，高170厘米，二分之一以下的壁面草泥层脱落，壁画毁无存，其上的壁画1991年揭取保存。

右甬道：纵券顶，宽60厘米，深80厘米，高175厘米，壁画保存情况与左甬道相同。

后甬道，横券顶，横宽260厘米，纵深80厘米，高173厘米，壁画情况与两甬道相同。

地坪：积沙。

壁画与塑像

主室

正壁：仅于上方半圆面存少量壁画，现以示意图分别描述如下（图三十）。

A．是一个装饰华丽的宝盖，其上绘有宝珠、莲花等，下沿饰有璎珞流苏及网状的帷幔。

B．此处绘有一个系帛飞舞的排箫，似有10管。

C．此处绘有一个系帛的腰鼓。

a1．飞天，黑色发髻，面向中部，裸上身，披

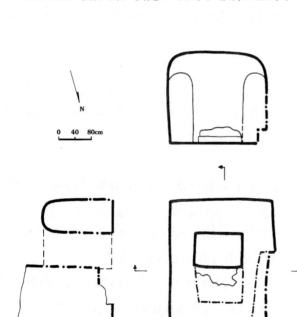

图二十九　库木吐喇窟群区第15窟平剖立面图

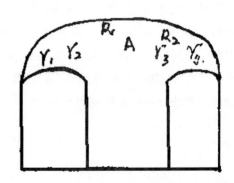

图三十　窟群区第15窟正壁壁画分布示意图

帛，跪坐于莲花座上，下着白色镶红边的长裙，双手于胸前合十，披帛环绕着身体向上腾升飞扬，座下有祥云承托（图三十一）。

a2．绘一个形体略大之的平行飞翔的飞天，面向中部，残损，裸上身，披红绿帛巾，右手于胸前托盘，盘中有香花，帛巾向身后飞舞腾升，余模糊（图三十二）。

a3．飞天，与a2对称且相向飞行，现仅残存祥云和飞舞的帛巾。

a4．飞天，与a1对称且相向飞行，束黑色的高发髻，左右两侧饰有花朵，披帛飞舞，双手于胸前托一盘。

左右甬道的口沿一周绘有团花纹样，多残损。

前壁：仅存右端上角一块壁画，满绘千佛，大多已被烟熏，不可细辨。现自上而下存有六列，第一列存1身，第二列存8身，第三列存10身，第四列存10身，第五列存8身，第六列存4身，计存41身，每列小坐佛之下均有祥云承托。

左侧壁：塌毁，壁画无存。

右侧壁：仅保存上沿两列千佛，再下绘画损毁。上起第一列存19身，第二列存4身，计19身，余不存。

顶部：纵券顶，中脊壁画仅保存里端少部分，余损毁；中脊画幅宽约45厘米，绘团花，现保存二朵，直径约28厘米，内绘莲花状的花瓣二圈，四周绘有祥云飘浮，两个团花之间绘有一只飞翔的白色大雁；左侧券顶残存四列，自上而下第一列存5身，第二列存4身，第三列存4身，第四列存3身，计16身；右侧券顶绘九列千佛，每列绘24身，自上而下第一列24身，第二列24身，第三列22身，第四列17身，第五列16身，第六列19身，第七列18身，第八列13身，第九列14身，计167身，下沿绘一列团花纹样（图三十三）；每身小千佛通高12厘米，宽10厘米，均绘有头光与背光，结跏趺坐于莲花坐垫上，身着双领

图三十一　窟群区第15窟主室正壁上方

图三十二　窟群区第15窟正壁飞天

图三十三　窟群区第15窟主室券顶下沿纹样

下垂式袈裟，内着僧祇支，双手禅定印，在每身坐佛的背光一侧均绘有一条类似云气的纹样向上飘浮。

本窟前壁右端、右侧壁上沿绘制的小坐佛形象均与顶部的小坐佛相同。

左右两甬道的内外侧壁与后甬道的正前壁均绘尊像图，现仅保存尊像上部的头光部分，余毁无存；三甬道的中脊均绘团花，形式与主室中脊相同，惜被烟熏，有无白色大雁看不清。

左甬道：内侧壁绘一身菩萨像，烟熏；外侧壁绘二身尊像，为一佛一菩萨立像，仅存头部，均绘有头光。

右甬道：内侧壁绘一身菩萨像，一侧绘有榜题，字迹磨灭。外侧壁多损毁，仅见一菩萨，残损，均绘有头光。

后甬道：正壁绘三身立像，现可见的一佛二菩萨，在立像的右侧均绘有榜题，字迹磨灭。前壁绘一佛一菩萨立像，仅存头部，榜题字迹磨灭。

地坪：积沙。

第16窟

位置

本窟是三组合洞窟中的中心洞窟，位于前室的正中，座东面西，窟口方向299°。

洞窟形制

本窟为中心柱纵券顶窟，现保存有主室及左右后三甬道，窟形基本完好（图三十四）。

主室

平面呈长方形，面宽375厘米，进深437厘米，高475厘米；正壁中部开龛，下部残存长方形像台遗迹，左右两侧下部开甬道环绕中心柱左，甬道结构相同；前壁开门道，残损；左右侧壁略有残损，二分之一以下壁面草泥层均无存。

正壁：长370厘米，高480厘米，正壁上方的拱面开一个拱形龛，宽100厘米，深89厘米，高130厘米，龛底距下部像台高300厘米；壁面下方的地坪上存一个纵长的预留体像台，宽150厘米，深214厘米，高40厘米；左右两侧的下部开甬道环绕中心柱，正壁龛下壁面的部分壁画1991年揭取保存。

前壁：长333厘米，高464厘米，中部开主室门道，门道为平顶，内宽外窄，略有残损，内宽128厘米，深80厘米，高212厘米；门道左右两端壁的根部残损。

左侧壁：长463厘米，高270厘米，上沿一节弧形的圆菱形叠涩，长460厘米，宽16厘米，壁面下部二分之一的草泥层均已脱落，上部残存壁画1991年揭取保存。

右侧壁：长435厘米，高255厘米，上沿一节叠涩，与左侧壁相同，长420厘米，宽13厘米，壁面情况同左侧壁。

顶部：纵券顶，宽355厘米，高195厘米，除残损部分外，余壁画尚存。

左甬道：宽90厘米，进深164厘米，高180厘米，纵券顶，草泥层无存。

右甬道：宽84厘米，进深152厘米，高190厘米，纵券顶，各壁面草泥层无存。

后甬道：横宽372厘米，纵深78厘米，高200厘米，横券顶。

塑像与壁画

主室

本窟的塑像均无存，因窟内湿度过大，壁面酥碱、起甲病害严重，壁画保存情况欠佳。仅于正壁、前壁、左右侧壁、券顶及甬道内保存部分壁画且十分的漫漶。

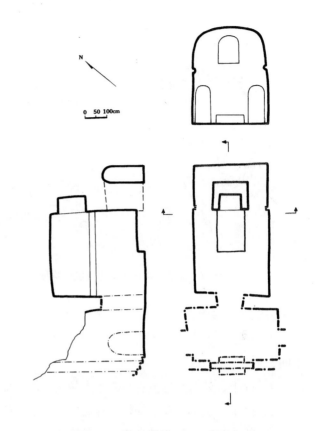

图三十四　库木吐喇窟群区第16窟平剖立面图

正壁：上方半圆面开有一个拱龛，龛内正壁大多残损，现仅于右端残存一棵花树，花树绘出了树干和圆形的树冠，在树冠上绘满了莲花状的花朵；龛内左侧壁画无存；右侧残存部分莲花、叶瓣等；中脊绘有一个大莲花，大多已残损，仅见外圈绘有绿色的莲花瓣；在左侧券顶处残存一身姿态飘逸的飞天，似立于祥云之上，头戴花冠，面向龛内正壁，袒上身，披帛，胸佩璎珞，腕戴手镯，下着红色长裙或裤，腰系绿色黑边的短裙，双腿残损，双手持排箫做吹奏状，排箫由15根竹管组成，中部有两根黑绳缠缚，两侧有黑色木框镶之，在其身前飘浮着祥云纹，空白处饰以红色的小花和绿色的叶瓣（图三十五）；龛外壁面草泥层脱落，龛下壁面绘有闻法的菩萨群像，兹将残存的壁画编号描述（图三十六）。

该处的壁画以中部的尊像为中心，两侧绘画对称且相向，人物形象与衣冠服饰亦大同小异，因此在描述时，对相同的形象只进行一次描述，不予重复，仅将不同之处做描述：

左甬上：

1. 为一身飞翔的人物，上半身已毁，只见下半身呈飞翔的姿态，身着黑色绿边的长袍，红色的脚伸出袍外，余毁，似为一个比丘。

2. 比丘[1]绘有头光，面向正壁中心，结跏趺坐于莲花座上，莲花座由飘浮的祥云承托，残损，双手

---

[1] 本处所描述的人物形象与第14窟正壁的主尊佛像十分相同，因头部均损毁，故无法判定是佛还是比丘，从没有任何装饰物及仅绘出了头光而无背光的情景来看似高僧或是佛像，在此暂称其为比丘。

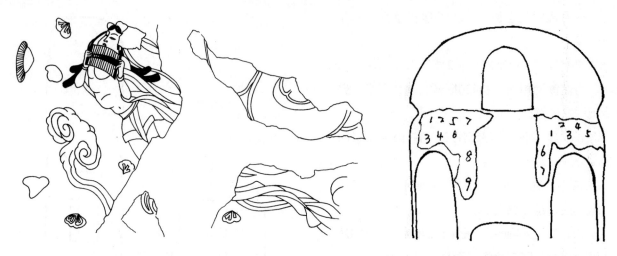

图三十五　窟群区第16主室正壁龛内券顶飞天　　　　图三十六　窟群区第16窟主室正壁壁画示意图

于胸前做印，多毁，空白处饰以红花绿叶的花朵；每尊比丘像高约35厘米，宽20厘米。

3．同上，头部与右臂损毁，外着红色袒右肩的宽大袈裟，内着白色绿边宽袖的僧祇支，双手动态不明。

4．同上，外着红色袒右肩的宽大袈裟，内着绿色宽袖的僧祇支，双手置胸前，拢袖拱手。

5．同上，头部与双手损毁，外着红色袒右肩的宽大袈裟，内着绿色白边宽袖的僧祇支。

6．头部损毁，外着红色袒右肩的宽大袈裟，内着绿色红边宽袖的僧祇支，左臂损毁，左手置胸前，掌心向外，指尖微曲，右手漫漶。

7．飞天，仅残存平行飞翔的双腿，下着长裙，余毁无存。

8、9．为两身坐于祥云之上小菩萨，除头光之外，余较漫漶；8仍可见有黑色的发髻，胸佩璎珞，披帛飞舞。

右甬上：

1．比丘，外着白褐色袒右肩的宽大袈裟，袈裟的一角撩搭于左臂上，内着绿色红边宽袖的僧祇支；面向正壁中心，双手于胸前合十，指尖向上。

2．比丘，着装同上，仅色彩有异，肩部以上损毁；外衣为红色，僧祇支为绿色白边，可见左手于胸前呈半握状。

3．同上，头部损毁，着装的色彩与式样与1相同；左手曲置左胸前，掌心向上，指尖向前，无名指与小指微曲；右手置右侧，掌心向外，指尖向上，拇食指对捻。

4．同上，肩部以上损毁，着装与色彩与2相同；左手置腹前，掌心向上，指尖向右，拇指压在手心上；右手置胸前，似掌心向上，指微曲，残损。

5．同上，面部残损，外着白色袒右肩的宽大袈裟，墨色衣纹清晰可见，内着绿色白边宽袖的僧祇支，袈裟的一角撩搭于左臂上，双手于胸前作印，多毁。

6、7．小飞天，绘有头光，戴宝冠，颈饰项圈，似袒上身，跪于祥云之上，左手于胸前，右手托一物举至右上方，漫漶。

A．此处应是本窟主尊像的位置，现仅保存少许的背光痕迹，余均损毁，背光内原绘有团花、祥云等，因残存的遗迹稀少，具体内容不可识。

前壁：窟门上方的半圆壁面，原绘有一幅涅槃图，被德国探险队割取不存。图中释迦牟尼佛右胁侧卧呈涅槃状，背景为莲花状的菩提树；佛头枕圆形花枕，绘出头光与背光，头背光内绘有团花纹样；身着红色袈裟，内着绿色僧祇支，墨色衣纹疏密有致，左手垫于腮下，右手置左腿上，掌心向下，五指平伸，双脚累足；四周围绕十余身悲泣哀痛的菩萨与弟子像，上方有乘云而降的天神，场面之大，气势之宏伟，堪称是龟兹石窟涅槃题材之最，这也是龟兹石窟寺中最为完整的一幅汉风格的涅槃图（图三十七）。

窟门左端绘一身同真人大小的菩萨立像，现多已损毁，残存头光痕迹，直径约70厘米，由头光两侧飘出帛带，双手可见手镯，左手上举持一朵花枝，右手置胸腹间，漫漶。右端绘有一身汉式供养人像，仅残存上半身，但头部毁；身着褐色宽袖长袍，双手似于胸前作拱手状，十分模糊；右肩上方存一则红褐色的榜题，字迹磨灭。两身立像的空白处均绘有花朵、叶瓣。

本窟左右两侧壁的壁画据前人研究可知[1]，两侧壁均绘大幅经变画，画面的结构与布局形式完全相同，中间为横长方形的中堂式的画面，两侧配以立轴式的条幅，左侧壁绘“观无量寿经变”，右侧壁绘“药师净土变”。因现存的壁画十分的残破，且窟内湿度太大，壁面酥碱过甚，内容十分不易辨识，仅能做一概述。

左侧壁：仅保存上部斑驳状的部分壁画内容，壁画的破损处均进行了加固修复，因画面十分的漫

图三十七　窟群区第16窟前壁涅槃图

[1]　马世长《库木吐喇的汉风洞窟》

漶，只能知其大致轮廓。参照右侧壁的画面，可
知其构图布局与右侧壁相同，也应是经变画，分
为中堂和左右两侧立轴式的条幅画。现仅保存里
端一侧的条幅与中堂的部分画面，余不存。现分
A与C两部分描述[1]（图三十八）。

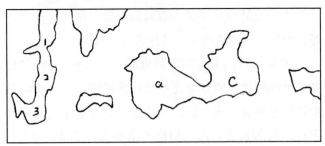

图三十八　窟群区第16窟左侧壁壁画示意图

　　A．这是本壁画面的中心位置，与右侧壁相
同是为分界线的以变画，只可惜前端损毁；a为中
心的主尊佛像，两侧原应绘有b、c两身胁侍菩萨
及众侍从与菩萨群像，现仅残存a与c两身尊像，余不存。

　　a．佛像，头部损毁，绘有头光，外着袈裟，内着红色花边的僧祇支，双手于胸前，
动态不明。

　　c．菩萨像，绘有头光，其侧绘有白色树干、茂密绿色树叶的菩提树，余不存；上方绘有华丽繁复的
华盖，华盖上饰以莲花、宝珠、流苏、帷幔等；上方可见腾升飘浮的祥云，在云纹的左上方绘有一个飞
天，损毁；其下绘有一个七孔笙簧，系结飘帛以示不奏自鸣。

　　尊像的左侧还绘有不鼓自鸣的大鼓、飞天、廊亭式的房屋等。大鼓只见凸起的鼓面，下有祥云；
飞天在左侧，身体平行飞翔，披帛飞扬，飘浮在躯体之间，右手似托一盘，损毁；飞天之下是廊亭式
的房屋，可见绘有绿色的门与红色的门框，也可说是竹质的门帘；亭的一端，立一人物，菩萨绘有头
光，头部残损，身着浅色宽大的长袍，双手于胸前，损毁；其左侧一个绿色的门帘被撩起，一个绘有
头光，颈饰项圈，身着蓝色长袍，腕戴手镯的人物，菩萨左手撩起门帘，右手置胸前，向外探望（图
三十九）[2]。

　　C．此画面应是里端立轴式条幅的一部分，画面甚残；画面的左侧为一身骑着白色大象的菩萨，绘有
头光，面带微笑，俯视其前方的房屋，坐于仰覆莲花上，莲花又置于白色大象背上精美的绿边坐垫上，
飞天头束黑色的高发髻，似戴珠冠、袒上身，颈饰项圈，披红绿色的长帛巾，帛带向身后飘荡飞舞，前
方飘浮着一个白色的系着帛带的笙簧；白色大象头有鞍带，象脖有一圈黑色带，长鼻向前翘起，脚踏蓝
色祥云，飞奔向前。其前方是一个典型中原汉风格的房屋建筑，绿色人字形的两面坡顶，屋顶有飞檐和
斗拱建筑，绿色红边的门或是墙，其上绘有深色的花朵或是兰花，白色的间柱；在屋顶的另一端仍飘浮
着一个不奏自鸣的乐器，似笛或笙簧。（图四十）

　　另有一个场景的绘画应是其下方的，因无编号，故不知其位置，是立轴条幅内的内容是无疑的。

　　中部绘一个场院，中心是一个黄褐色的双扇大门，门上绘有黑色圆形的门钉；门前地面有一个灰
色的高台，高的前方有二层的宽台阶，台阶的左右两端各有一个木质的立柱，立柱上方是一个斜坡式
的门楼，顶为蓝色砖瓦；左端是白色的围墙，围墙的下方也有灰色低台，围墙间有黄褐色的墙柱，墙
头是蓝色的砖瓦；围墙前有一个骑马人，此人身着通肩的浅黄色长袍，下着白色宽腿裤，左手持马缰
绳在腹前，右手持一长杆的花瓣形的伞盖，马为白色，鞍为黑色，奔向大门前；在白色的墙院内，有
一栋与院墙垂直的房屋或是长廊建筑，墙的一端是白墙，绘有与院外相同的高台，台上可见有立柱，

[1]　为了与右侧壁相呼应对称，故如此编号，A为中堂的画面，c为里端的条幅画面。
[2]　此图疑是前端立轴式条幅内的一个场景，因记录者图示不甚明了且描述简单，故存疑。

图三十九　窟群区第16窟观无量寿经变局部

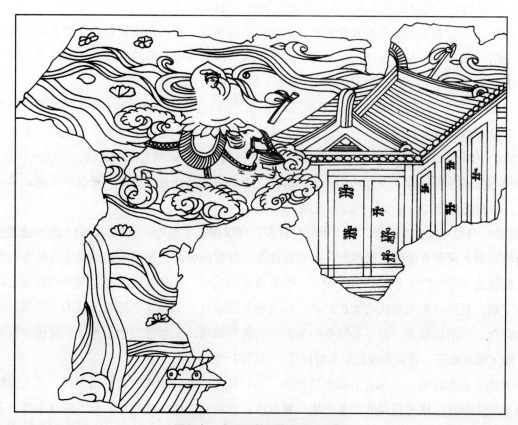

图四十　窟群区第16窟主室左侧壁

大多已损毁，房屋前有一人，面向前方跪在一个绿色的圆形垫上，身着白色宽大的长袍，黑色衣纹清晰可见，衣袖长而宽大，腰间束带，双手置于胸前，损毁。在大门的正前方还残存一个蓝色的屋顶，余毁。（图四十一）

右侧壁：本壁画面保存情况略好于左侧壁，画面可分为三个部分描述，见（图四十二），A是经变画的中堂部分，B与C是两侧立轴式的条幅部分，中堂画与条幅画之间用纹饰带间隔。

A．这是整个壁面的中心位置，为不分界线的经变画，中心为主尊佛像a，左右两侧应是胁侍菩萨b、c，围绕在三身尊像周围的应是众侍从与菩萨群像a1、b1、c1等。

a．佛像，头部损毁，绘有头光，面向正中，头光上方绘有装饰华丽的华盖，多残损，身着宽大的红褐色袈裟，内着绿色的僧祇支，结跏趺坐于莲花座上，双手损毁。

a1．比丘像，绘有头光，面向佛，身着红色袈裟，内着浅色僧祇支，双手于胸前，手指交叉合掌。

a2~a4．仅见绘有头光，红绿色的外衣，余毁。

a5．佛左侧的比丘像，肩部以上毁，面向佛，身着绿色的袈裟，左手持一白色的条状物，用拇指压在手心。

a6．比丘像，绘有头光，面向佛，身着褐色袈裟，双手于胸前做合十状。

a7~a8．为两身菩萨像，仅可见绘有头光，余毁。

a9~a10．这是位于佛像右上方上下排列的两身飞天，是典型唐代壁画的汉风格绘画技法，飞天轻盈飘逸，披帛飞舞腾升，充分体现了天空青云浮动的场面（图四十三）。

a9．位于下方，背景为绿色的菩提树叶，面向中心的华盖，束黑色高发髻，发髻上系有帛带，于正中及两侧各结一花；身体平行飞翔，袒上身，披帛，胸前佩戴一个圆形的宝珠，下着红色长裙；双臂饰有臂钏，手腕戴有手镯，左手上举做撒花状；右手于胸前托盘，盘中盛满鲜花。

a10．位于上方，其背景、装束、姿态皆与a9相同，不同之处是，身体向着中心的华盖，回首顾盼，裸上身，双乳下垂，腹部间饰有一个圆形宝珠，宝珠用花绳系之，在腹间呈十字交叉形，上两根花绳似从腋下向后，下两根花绳从腰部向后；双手前伸，右手托盘，左手欲从盘中取花状。

在佛像宝盖的帷幔处向上升起一朵祥云，祥云之上坐着两身比丘，其中一身仅存头光；另一身绘有蓝色头光，身着褐色袈裟，坐于白色的莲花座上。

b．这是一身绘有头光的尊像，但大部分已损毁，现仅保存了头光、颈和胸部以上的少量遗迹，在头光的一角仍可看到此身尊像的发髻残痕，故可知这是一身菩萨像。在菩萨像的头光上方绘有一个双重叠落式的且装饰富丽堂皇的大华盖，由上而下，华盖顶端和其下二层华盖顶的左右两端的仰莲上均放置一颗绿色的宝珠，放出红色火焰状的光芒；在二层大华盖顶端有一个仰莲承托着上层的小华盖，大华盖的上沿绘有仰莲，下沿绘覆莲，再下是绿色的流苏和白色的帷幔，在华盖的中心垂下一束由多根花绳串起的链珠，珠下垂有流苏，背景为绿色的菩提树叶。（图四十四）

在华盖的上方飘浮着一个褐色的圆形塔状物，高15厘米，宽14厘米，由祥云承托，其上方绘有一个类似雨伞形的小华盖，华盖顶端的仰莲上置一颗宝珠；下沿有一绿一红的二层台，塔身中部开有一个拱龛，内置一个宝瓶。其背景是浅淡色的墨线勾描的远山，山峰重叠。

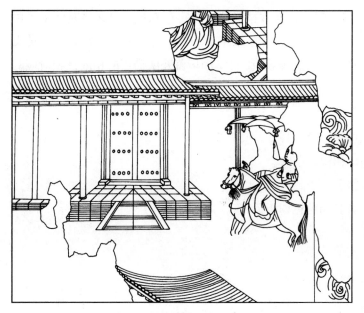

图四十一　窟群区第16窟主室左侧壁

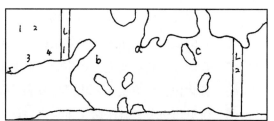

图四十二　窟群区第16窟主室右侧壁壁画示意图

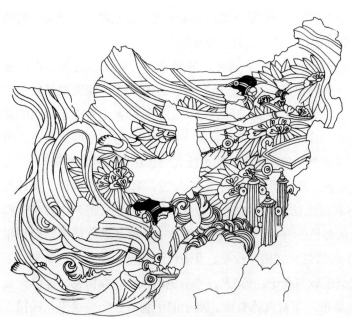

图四十三　窟群区第16窟主室右侧壁

图四十四　窟群区第16窟右侧壁华盖

b1. 仅见有蓝色的头光,头光的直径约10厘米。

b2~b4. 仅见绘有头光,或戴宝冠或存黑色发髻,b4为菩萨像,余毁。

b5. 这是下一层人物中的一个,仅存此一身且只见头光和黑色的发髻,余毁。

c. 此处应是与b对称且相向的画面,故应是一身菩萨像,头部与身体右侧损毁。外着蓝色的披衫,内着白衣，颈饰项圈，腕戴手镯，左手上举，掌心向外，拇食指对捻；双腿在衣衫内交叉拱起而坐于莲花装扮的须弥座上。菩萨上方原应绘有华盖，但已毁无存，在已毁华盖的左上方绘有两个形象，一是飞天，现仅残存红色的飞舞飘扬的帛带和飘浮的祥云；在左侧绘有一个与b华盖处所描述的相同且相对应的褐色圆形塔状物。

c1. 因甚残，仅可识为一身人物，余毁。

c2. 菩萨像，绘有头光，头部损毁，胸佩璎珞，余不详。

c3. 菩萨像，绘有头光，戴宝冠，回首与c4相视，余毁。

c4. 菩萨像，绘有头光，束黑色发髻，余毁。

c5. 仅见黑色发髻且于髻上束帛带成结，背景为白色树干。

c6. 仅可识是一身红肤色的人物，余不存。

c7. 菩萨像，绘有头光，余不存。

c8. 菩萨像，绘有头光，黑色发髻，垂有发簪，余不存。

c9. 菩萨像，绘有头光，黑色发髻且于髻上束帛带成花结。

c10. 此为一个通体红色的护法天神，头部的额中饰一朵盛开的小莲花，黑色的头发之上绘一个骷髅；双手上举似托一物，漫漶。

B. 在壁面的前端，绘有立轴式的条幅，条幅之内的画面绘有多组人物形象，最前端存一则褐色的榜题，高23厘米，宽约11厘米，存有墨书的汉文量题记。（作出榜题写字榜题1）

在榜题1、2之间及前方绘有水墨画式的远山近水的景色，远处山峰耸立，近处河水涟漪。在榜题2的一侧，有一身立佛，绘有头光，身放光芒，头部损毁，身着宽大绿色红边的袈裟，袈裟很长敷至脚腕，立于须弥式的莲花座上（此莲座的下部是一个覆莲，中部是须弥座，上方是仰莲，佛立于绿色的莲蓬上），双手于胸前，损毁；在莲花座的前方有一个方形的桌子，桌面一圈为红色带，中间为白色，四周有黄色的帷幔，桌上放有高脚供盘。桌前绘有五个唐代汉装官员的男性人物在跪拜，佛左侧第1人，面向佛，跪姿，头戴黑色的官帽，身着白黄色的长袍，腰系黑色革带，双手损毁；第2人，面向佛，头戴黑色的官帽，身着绿色长袍，腰系黑色革带，下着白色长裤（长袍两侧开叉，露出白色长裤），双手于胸前合十；第3人，位于桌前正中，面向佛，头戴黑色的官帽，身着白黄色长袍，腰系黑色革带，躬身叩拜；第4人，位于佛的右侧，面向佛，跪姿，头戴黑色的官帽，残损，身着红色长袍，腰系黑色革带，下身着白色长裤，长袍两侧开叉露出白裤，双手似于胸前合十；第5人，佛右侧的人物，面向佛，跪姿，头戴黑色的官帽，身着浅褐色的长袍，腰系黑色革带，下着白色长裤，双手似于胸前合十或拱手，残损。在此图的右侧还绘有一幅图，佛立于须弥莲花座上（莲座与上图中的大致相同），绘有头光，身着袒右的红色袈裟，内着绿色僧祇支，左手自然下垂，手势不明，右手上举，掌心向外，指尖向上（双手似如愿印与无畏印）；莲座旁有三个小鬼，左边2个，一个为灰肤色，跪姿，双手毁；另一个为绿肤色，腰系白巾，跪姿，双手合十；右侧一个，绿肤色，跪姿，双手似在胸前，模糊，三个小鬼均置身于火焰中。（图四十五）

在榜题3和榜题5之间绘有一条绿色的河，河水中卷起浪花滚滚，中绘有一月，周围有若干白点，应是月光和星星；在榜题3和榜题4之间应绘有一幅图，大多损毁，不可识，仅可见有莲花团，周围是阔叶绿树。

　　C．位于壁面的里端，是立轴式的条幅画，与B相对应；上方一块约40×60厘米的画面被探险队割取，似为日想观（图四十六），中部存一块画面，是为"┌"形的汉式回廊型的房屋建筑，通高18厘米，绿门红檐，端墙上开一窗，内有头戴黑色唐式官帽的人，窗外一人，站在台阶上，身着绿色长袍，双手拢袖观候；屋前的场地十分模糊，隐约可见有几身人物；在正房前坐有一人，红肤色，腰部围裹一帛巾，坐姿，双手向上伸；左其右下方也有一人，立姿，形象装束与其相同，周围是一片绿色；侧房前仍有一人，身着红色装，仅残存腰腿部；左此人的一侧似有一个身着黑色唐代官服的人物；与此形象相同者，在此房屋上方的画面中仍有一个，现仅可见身着黄袍，脚穿黑靴。

　　在靠近正壁处存有一则榜题，宽6厘米，字迹磨灭。

图四十五　十二窟群区第16窟右侧壁

图四十六　窟群区第16窟右侧壁日观想

画面两侧中堂与条幅之间的边饰带是由卷叶纹和团花纹组成，类似于中脊与叠涩上的纹样。

券顶：中脊画幅宽约80厘米，草泥层大多脱落，仅存边沿极少量的团花和祥云纹样，在券顶与中脊的边沿绘有三云头的祥云纹，绿、红、白、褐为一组交替排列，再向内有大卷叶，余毁（图四十七）；左右两侧券顶满绘千佛，每侧17列，每列绘34～36身不等。每身千佛高14厘米，宽13厘米，面向正中，绘有头光与背光，结跏趺坐于莲花垫上，身着红色双领下垂式袈裟，内着白色或是绿色的僧祇支，双手禅定印，头光的色彩是一白一红，背光的色彩为一白一绿均相间排列，在背光的右侧或是左侧一边[1]，均有波状的三条红线连接到其左上方坐佛的莲花坐垫上。左侧券顶自上而下现存：第一列18身，第二列30身，第三列35身，第四列36身，第五列36身，第六列35身，第七列22身，第八列19身，第九列18身，第十列19身，第十一列18身，第十二列20身，第十三列16身，第十四列19身，第十五列21身，第十六列27身，第十七列30身，计419身；右侧券顶自上而下现存：第一列10身，第二列22身，第三列17身，第四列12身，第五列11身，第六列16身，第七列25身，第八列26身，第九列32身，第十列31身，第十一列32身，第十二列31身，第十三列32身，第十四列31身，第十五列30身，第十六列29身，第十七列20身，计408身。两侧券顶的下沿设有一节半圆形的叠涩与左右侧壁连接，叠涩面绘大叶花蕊卷草纹，残损。（图四十八）

地坪：沉积细泥土且十分潮湿。

图四十七　窟群区第16窟主室券顶中脊

左右甬道的外侧壁和后甬道的正壁草泥层均不存，仅在两甬道的内侧壁及后甬道的前壁及顶部保存少量壁画，均绘尊像图，顶部残存团花纹。

左甬道：内侧壁绘尊像图，仅存头光。外端一身菩萨像，右肩处存一则榜题，仅可识一字"慈"，面向右，黑色高发髻，束白色帛带成花结；里端一身仅存头光，菩萨像，右侧榜题字迹磨灭，壁面的空白处饰以小花；顶部仅保存前端的一朵团花，中部的残毁，里端的残损；直径约30厘米，四周绘有白色

---

[1]　左侧券顶的绘在左边，右侧券顶的则绘在右边。

图四十八　窟群区第16窟主室右券枭混

图四十九　窟群区第16窟后甬道前壁飞天

的云气纹；顶壁之间绘一列小佛，高16厘米，宽11厘米，结跏趺坐于祥云之上，形象与主室券顶相同。

右甬道：内侧壁绘两身菩萨像，均绘有头光，形象与左甬道外端的菩萨像相同；一则均有榜题，字迹磨灭；顶部草泥多已脱落。

后甬道：正壁绘画无存；前壁似为一幅说法图，中心是佛像，绘有头光，上方应绘有宝盖，残损，下部损毁，姿态不明；在佛的左右两侧各绘有一身菩萨像，存头光，余不存；在佛像上方宝盖的两侧各绘有一身飞天，现仅存右上方一身，面向中心，束黑色发髻上翘，右耳边插一朵红色小花，面带微笑，红色的小嘴，身体平行飞翔，袒上身，披帛，红绿色的帛巾飞舞于身后，下着长裤，双手前伸，捧一花盘（图四十九）。

地坪：与主室相同。

第17窟

位置

位于前室的右侧，坐北面南，窟口方向169°。

洞窟形制

本窟与第15窟相同且对称开凿，为规模较小的中心柱纵券顶窟，洞窟大多已塌毁；中心柱体毁无存，现修复一个扁平的柱体支撑正壁上部的壁面（图）。

主室

平面呈长方形，面宽240厘米，残存进深260厘米，高230厘米；　正壁下部的中心柱体大部分塌毁，前壁仅保存上部左端一角，右侧壁塌毁，现为修复壁面；左右后三甬道亦残存少量遗迹[1]。

正壁：长234厘米，高230厘米，左右两侧下部开甬道环绕中心柱，从残存的遗迹看中心柱体趋于扁平，宽约110厘米，其厚度即是甬道的深度；上部半圆面保存极少且绘画多磨灭。

前壁：仅存上部左端一角，余塌毁。

左侧壁：残存长240厘米，高180厘米，保存少量草泥层。

右侧壁：全部塌毁。

顶部：平缓的纵券顶，宽228厘米，高约50厘米，前端草泥层大多已脱落，仅保存里端部分草泥层，其上残存绘画痕迹。

地坪：积沙。

左甬道：因中心柱体坍毁，故内侧壁未存；外侧壁仅存墙体，草泥层脱落；顶部，纵券十分平缓，草泥层脱落。

右甬道：全部塌毁。

后甬道：仅保存正壁的左端与左端壁，残存部分顶部，草泥层脱落。

地坪：积沙。

塑像与壁画

主室

正壁：现仅保存上沿约30厘米高的一段墙体，余塌毁，残存的壁面上遗留绘画的痕迹，壁画多已磨灭，只能看到轮廓痕。在接近中心的部位绘有一个华盖；华盖的左侧绘有一身飞天，仅看到飘舞的帛带；在其左侧残存一朵祥云纹[2]。

前壁：除保存左端上角的少量墙体外，余塌毁，草泥层无存。

左侧壁：壁面下部被侵蚀残损，上部草泥酥碱脱落，壁画毁无存。

右侧壁：与主室前壁及前室的前壁一同坍毁，现修筑水泥墙支护。

顶部：左侧券顶及里端保存相对较好，前端与右侧券顶坍毁。从左侧券顶及里端残存的绘画痕迹可知中脊绘团花及云纹，绘画形式与第15窟的顶部相同，只是看不到白色的大雁；券顶满绘小千佛，现依稀可见有8列的痕迹，约40身，原每列应与第15窟相同绘有24身。

地坪：积沙。

左甬道：因中心柱体坍毁，故内侧壁未存；外侧壁存墙体，草泥层多有脱落；顶为纵券，可见有二朵团花的痕迹。

右甬道：完全坍毁。

后甬道：正壁右端残损，草泥层无存；前壁塌毁；顶部残损。

地坪：同主室。

---

[1]　本窟坍塌过甚，目前窟内的各数据均为修复后的参考数据。
[2]　本窟的壁画从风格和内容上与对应的第15窟是大同小异，因其规模与建筑形式均是相同的，且顶部的千佛像亦较雷同。

The Archaeological Surveys of Cave 10-17 of Kuqun Region of Kumutura Grottoes

Kuqa Caves Reserch Institute

Abstract

Kumtura Grottoes are the only large-scale grotto temple initiated and constructed by monks of Han nationality. To provide detailed information for home and abroad scholars concerning and studying on Kumtura Grottoes, the archaeological report on Cave 10-17, which showcased Han style, was consolidated and presented here. Cave 10-17 highlighted the significant art features of Han nationality in central China in terms of themes, composition forms, characters, decoration designs and painting skill. It is a reflection of art styles of Buddhism in the Prosperous Period of Tang Dynasty in Central China to some extent.

库木吐喇石窟的考古研究综述

郭梦源（新疆文物局）

库木吐喇石窟位于新疆库车县境内距库车县城西南约25公里的渭干河与确尔达格山交汇的山口处，得名于河谷口西南3公里的一个名为库木吐喇村庄，地理坐标是东经82°41′，北纬41°41′。库木吐喇现保存编号洞窟112个，按地理位置分为谷口区和大沟区（窟群区），大沟区也称窟群区。谷口区南临公路，西靠渭干河，共有洞窟32个，其余80个洞窟位于大沟区。在谷口区近旁有两处大规模的地面遗址隔河相望，即玉其吐尔遗址和夏合吐尔遗址。库木吐喇石窟从洞窟规模上来说，在龟兹地区仅次于克孜尔石窟，延续开凿的时间较长，并保存了比较多的具有鲜明中原汉传艺术风格的石窟，集中地反映了龟兹与中原密切文化交流，在龟兹石窟中有着特殊地位。

库木吐喇石窟很早就引起国内学者的注意，清代的谢济世和徐松二人对其都有记述。谢济世大约在1730年巡视过库车一带，他在《戎幕随笔》中记载库木吐喇石窟的情况："丁谷山千佛洞白衣洞，即唐书所谓阿羯田山。山势自西向北迤逦趋东南，天山所分一大干也。白衣洞有奇篆十余，剥落不可识。洞高广如夏屋，屋隅有泉流出，洞中石壁上镌白衣大士像，相好端正，衣带当风，如吴道子笔。洞左复有一洞，如曲室，深窈不可穷。前临断崖，见西诸峰，无名而秀异者甚众，西日照之，雪光耀晃，不能久视。上下山谷，佛洞以百数，皆元人所凿，佛像亦为喇嘛所为，丑怪百出，不堪寓目。壁镌楷书轮回经一部，字甚拙，亦元时物，或指唐人刻者，谬也。"[1]《戎幕随笔》这段记载曾由曾浩收入他所著的《西域考古录》中，有道光年间的刻本流传。

清末经世学派地理学家徐松曾于嘉庆十七年至二十五年（1812—1820）谪戎伊犁，在此期间他对天山南北进行了大量的实地调查工作，并著有《西域水道记》等历史地理名著。在此书卷二中曰："经丁谷山西，山势斗绝，上有石窟五所，高丈余，深二丈许，就壁凿佛相数十铺，璎珞香华，丹青班驳。洞门西南向，中有三石楹，方径尺，隶书梵字，镂刻回环，积久剥蚀，唯辨建中二字。又有一区是沙门题名"[2]。徐松所记"石窟五所"是库木吐喇石窟大沟区现在编号68—72窟，俗称五连洞的石窟。在66—72窟的通道中有"建中二年"的题记。谢济世所记的应是69窟，他所记的"奇篆"即是窟内右侧壁上刻写的婆罗谜字题记。

十九世纪末二十世纪初，西方的中亚探险热潮兴起，德、日、法、俄等国的探险队都到过库木吐喇。这些考察队中，德国队公布的考察资料最早，也最详实、系统，直到今天仍有很好的学术价值。

德国探险队共三次考察库木吐喇石窟。德国队第一次是1903年4月，德国第一次考察队结束对吐鲁番

---

[1] 俞浩《西域考古录》卷12.
[2] 徐松著，朱玉麒整理《西域水道记》卷2，中华书局，2005年7月，96页。

考察途径库木吐喇，队长是格伦威德尔(A.Grünwedel)，他们仅在这作短暂考察，剥走了谷口区第23窟窟顶壁画及38窟后甬道前壁的涅　图。

第二次考察是这三次考察中考察最细致，剥取壁画最多的一次。考察从1906年1月27日至2月25日，由格伦威德尔和勒库克（Le Coq）共同率领。他们先发掘了夏合吐尔遗址，清理出一座佛堂基址，清出一尊大立佛的下肢和半圆形仰莲座，及两尊天王塑像，这些都具有早期龟兹风格。随后又清理出一座塔基和一座殿堂，发现舍利盒、佛传壁画和塑像残块，这次发掘再次说明夏合吐尔遗址是一座规模宏大的佛寺遗址。尔后，他们考察了库木吐喇石窟，着重清理的十多个壁画窟，测绘了洞窟建筑图，描绘了数十幅壁画线描图，记录了壁画题材及其分布状况。他们还绘制了大沟口外南侧的洞窟立面图，并为洞窟编了号。当然，他们也剥走了一些壁画，并将之运往德国。

第三次考察是德国的第四次探险，1913年10月，由勒库克带队，对石窟进行了测绘平面示意图，发现了45窟（德人称"飞天洞"），并割取了此窟与谷口区25窟的壁画。

格伦威德尔将这三次考察的详细情况在1912年发表于《新疆古佛寺——1905～1907年考察成果》[1]，这本书对库木吐喇石窟有壁画的14个洞窟做了准确而细致的记录，尤其是书中所绘的洞窟示意图和壁画线描。勒库克的考察成果发表于由勒柯克和瓦尔德施密特合编的《新疆佛教艺术》七大本大型论文图集[2]。这些切割的壁画全都运到了柏林。连同前两次的一起收藏在德国民俗柏林印度艺术博物馆（二战时是德国民俗博物馆，后更名为柏林亚洲艺术博物馆），有些壁画在二战时被炸毁。

德国人是最早对库木吐喇洞窟做了大致的分期。格伦威德尔按壁画风格与题材、以及建筑形制，将洞窟分为三期，第一期洞窟为谷口区23、25、27窟，一期洞窟的壁画受外来艺术影响很深，这一期洞窟大约建于公元五世纪。第二期洞窟为谷口区17窟及大沟区23、46、58窟，二期洞窟壁画与克孜尔和森木塞姆石窟的很多壁画相似，时间大约在六、七世纪。第三期洞窟有大沟区16、38、68—72窟，受中原汉风壁画影响，时间大约是八、九世纪。他还认为68—72窟是回鹘人开凿，时间是九、十世纪。另外，瓦尔德施密特（E.Waldschmidt）曾将柏林民俗博物馆收藏的库木吐喇龟兹风壁画作过分期，他将龟兹风划分为两种画风，属于第一种画风洞窟是谷口区27窟，时间约为六世纪，属于第二种画风的洞窟有大沟区23窟、谷口区17、23、28、29，时间为七世纪。

日本大谷探险队也多次来到库木吐喇盗掘，1903年5月9日，日本渡边哲信从西边来到库木吐喇，渡边曾清理过一些洞窟，发现了阿弥陀经残卷、菩萨头和手的残部。他从"韦提夫人"等榜题推定这里是在唐代开窟建寺的。他将69窟壁面的若干文字拓印下来，还发掘了谷口东岸的玉其吐尔遗址和谷口西岸的夏合吐尔遗址，他首先指出谷口西岸的夏合吐尔遗址是唐代的阿奢理贰寺，并指出玉其吐尔曾有佛寺，是文献中所载的柘厥关、白马渡。

1909年3月26日，日本野村荣三郎到库木吐喇。他曾发掘过夏合吐尔遗址、玉其吐尔遗址和玉其吐尔以南2公里的古城址，还考察和清理了一些洞窟。他曾用三节高梯登上了谷口区沿木扎提河悬崖上高达26.62米的一个无号洞窟。洞中有烧过的人骨。在大沟区辨认出"二者横有口舌"、"韦提夫人观见水

[1]　A.Grünwedel, Altbuddhistische Kultstätten in Chinesische-Turkistan, Berlin,1912。中译本《新疆古佛寺—1905-1907年考察成果》，赵崇民、巫新华译，中国人民大学出版社　,2007。

[2]　Le Coq, A. von. /Waldschmidt E. Die buddhistische Spätantike in Mittelasien, 1912～1926年，中译本管平、巫新华译《新疆佛教艺术》，新疆教育出版社，2006年5月。

变成冰"等汉文榜题，认为这壁画出自《观无量寿经　水想观》。在洞内还掘出铜印二枚，掘出木盂一件，木盂中有墨书"金沙寺"三字。野村氏后于4月6日离开。

1912年3月18日，日本吉川小一郎到库木吐喇，他考察过洞窟和谷口两岸遗址，还发掘了西岸较远的古遗址，掘得五铢钱和梵文残纸写本。吉川后于3月29日离去。

日本大谷探险队的这几位成员都将其调查经过发表在《新西域记》上[1]，由于他们大都是海军陆战队员，记录内容粗疏，缺乏条理。所盗壁画的残片也因二战后大谷光瑞的破产流散各处，给研究带来极大的不便。

1906年，俄国的别列卓夫斯基弟兄二人也来到库木吐喇石窟。外界对他们的活动不甚了解，据俄国奥登堡说，他们曾在这里割取壁画，挖掘塑像。M.M别列卓夫斯基曾测绘过夏合吐尔遗址，H.M别列卓夫斯基曾临摹洞窟壁画，拍过洞窟壁画照片。其活动仅在奥登堡的考察简报《俄国1909至1910年的突厥斯坦考察》中对他们的工作做了简单的介绍[2]。

1910年1月10日前后，俄国奥登堡到库木吐喇，他考察过地面遗址和洞窟，他曾注意到第50窟的横列因缘画中有多头佛的形象，认为这在东传系佛教国家中是独一无二的。他此行到库车只是浏览，后于1月12日离去。其活动发表在奥登堡的考察简报《俄国1909至1910年的突厥斯坦考察》中[3]。

1907年4月中旬，法国伯希和（Paul.Pelliot）率领的考察队来到库木吐喇。他们首先考察并发掘了夏合吐尔遗址，法国人称之都尔都尔——阿库尔遗址（Durdur-Aqur）。伯希和发掘了遗址范围内所有的建筑物，伯希和参照文献确定这里是玄奘《大唐西域记》中所记载的阿奢理贰寺。伯希和还调查了库木吐喇石窟，拍摄了许多洞窟壁画和汉文游人题记的照片。伯希和在世时没有发表这些考古材料，直到1967年和1982年，韩百诗（Louis Hambis）、玛德琳　哈拉德（Madeleine Hallade）等人才根据伯希和当年留下来的日记和现藏于巴黎集美博物馆(Guimet Museum)的文物，先后整理出版了《库车》（Koutcha）两部书，为《伯希和探险团考古档案》的第3、4卷。第3卷为图板，整理者依据伯希和留下的笔记和照片大致对寺院的情况进行了描述，绘制了详尽的线图。第4卷为解说，内容包括对建筑基址的描述和对雕塑壁画以及其他出土文物的研究，伯希和拍摄的库木吐喇壁画照片，可对库木吐喇剥走壁画的复位研究，也可补充日本与德国对洞窟记录的不足，对研究具有重要价值。

1908年，英斯坦因（Stein）曾在库木吐喇作短暂停留，但斯坦因并没有发表这一次考察活动的情况。

1928年9月3日，黄文弼作为中国和瑞典联合组织的西北科学考察团的成员，来到库木吐喇石窟进行考察，同时也调查了玉其吐尔和夏合吐尔遗址。他认为此二处遗址为《大唐西域记》中记载的东西昭怙厘二伽蓝，并根据文献记载推测其年代为3世纪末至9世纪末。黄文弼成为科学考察新疆石窟的第一人。他考察发掘的主要是有汉文游人题记的洞窟。记录了窟内外的绝大部分汉文游人题记。大沟口内附近的第49窟是僧房，他也记录了壁面刻画的汉文游人题字。他还识辨了一些经变画的内容。黄文弼将这次考察的成果发表于《塔里木盆地考古记》[4]。

[1] 上原芳太郎 《新西域记》上下卷，有光社，东京， 1936 年。
[2] Rycc Ordenburg,Russkaia Turkestanstaia ekspeditsiia, 1909—1910(《俄国1909至1910年的突厥斯坦考察》)，Sergei Fedorovich, 1914。
[3] Rycc Ordenburg, Russkaia Turkestanstaia ekspeditsiia, 1909—1910,(《俄国1909至1910年的突厥斯坦考察》)，1914。
[4] 黄文弼《塔里木盆地考古记》，科学出版社，1958年。

　　1953年，前西北行政委员会文化局组织的新疆文物调查组，曾于9月间来到库木吐喇进行调查，调查组曾把大沟区的洞窟作了编号。当时调查组统计两区洞窟共有90多个。这次调查的成果由武伯伦著《新疆天山以南的石窟》[1]。另外，常书鸿先生也根据这次调查写成《新疆石窟艺术》一书，他认为库木吐喇石窟就是玄奘《大唐西域记》中所记昭怙厘伽蓝，并从艺术风格上将库木吐喇石窟的第一期定为公元3世纪左右，第二期为7至9世纪中叶，是古龟兹艺术全盛时期的作品。第三期为9世纪下半叶至11世纪，他认为这一时期的洞窟壁画风格上与题材上仍受中原汉族的影响，并与回鹘西迁，信仰佛教有关。

　　1961年，中国佛教协会与敦煌文物研究所联合组成新疆石窟调查组，调查新疆天山以南的石窟，其中包括库木吐喇石窟。北京大学教授阎文儒先生是调查组负责人，他考察了库木吐喇绝大部分洞窟，发表了《龟兹境内汉人开凿汉僧主持最多的一处石窟—库木吐拉》[2]，文章辨认了石窟中的汉系壁画题材，增补记录了大沟深处的第76、78窟内外的汉文游人刻记，报道了其中有些刻记已被人挖掉的消息。关于建窟年代，他选出壁画保存较好的三十一个洞窟，按画风分为三期，他认为：

　　第一期为两晋时期，有三个洞窟：2、46、63。

　　第二期为南北朝到隋代，有八个洞窟：26、28、29、31、33、34、54、58。

　　第三期为唐代，有二十个洞窟：4、9、10、11、12、13、14、15、16、36、37、38、42、43、45、60、61、62、65、71。

　　70年代末期以后，对龟兹石窟考察与研究活跃起来。1979年9月起，北京大学考古系由宿白教授率领当时该系佛教考古研究生马世长、晁华山和许宛音，以及世界宗教研究所研究生丁明夷，到新疆考察佛教石窟，也多次考察库木吐喇。通过这几次的考察，晁华山先生发表了《库木吐拉石窟初探》，文章从洞窟分布、石窟考察史、洞窟种类、洞窟族系、石窟寺院及年代六个方面探讨了石窟开凿的顺序。另外马世长先生发表了《库木吐拉的汉风洞窟》，文章认为在窟群区的80个洞窟中，汉风洞窟为32个，龟兹风洞窟为16个，其他属僧房窟或壁画全毁无法判断的有32个，并初步确认有汉风壁画遗存的洞窟是：7、8、9、10~17、22、24、30、36~38、79；41、42、45、46附1、74、75。通过对汉风洞窟的分布及其各洞窟形制、壁画遗存、题材内容和形式，认为汉风洞窟的出现与唐朝在龟兹设立安西都护府，大量汉兵屯戍，汉僧移居，有着密切关系。他利用66窟至68窟隧道中发现的"建中"纪年题刻与日本人渡边哲信在42窟发现的汉文题记中有"□戌八年六月十八日"的字样，将壁画中出现的云头纹与茶花纹与莫高窟同类有纪年壁画的对比，并参考碳14数据，推测了早期汉风洞窟的年代上限不早于天宝年间，下限为回势力控制龟兹之前，约为8世纪中至9世纪中，这段时期又可分为唐朝控制龟兹阶段（约8世纪下）和吐蕃控制龟兹阶段（约9世纪上），属于这一期的洞窟有10~17、22、24、30、36~38、79；41、42、45和74；晚期汉风洞窟是回　期汉风洞窟，属于这一期的有7、8、9、75、79、12和46附1，时间上限为9世纪下，下限为10至11世纪。文章还提出库木吐喇石窟的开凿，应始于谷口区。谷口区未见到汉风洞窟，壁画大都属于龟兹风，且又邻近寺院遗址。从库木吐喇洞窟的初步分期来看，龟兹风洞窟早于汉风。而谷口区3窟是库木吐喇规模最大的大像窟，同类大像窟在克孜尔大都是早期洞窟。文章还简要地介绍了库木吐喇密教题材壁画，提出此类题材可能受到中原地区密教流传的影响。另外梁志祥、丁明夷发表了《记

[1]　武伯伦《新疆天山以南的石窟》，《文物参考资料》1954年第10期。

[2]　阎文儒《龟兹境内汉人开凿汉僧主持最多的一处石窟—库木吐拉》，《现代佛学》1962年第1期。

新发现的几个洞窟》，文章发布了新发现的新1窟、新2窟及75窟、79窟的形制、壁画题材与分布以及新发现的题记做了准确、详实的记录。同时，日本的中野照男先生也发表了《二十世纪初德国考察队对库木吐喇的考察及而后的研究》。以上四篇文章后都收入平凡社与文物出版社出版的《中国石窟　库木吐喇石窟》这一大型图录中[1]，这一图录也是目前研究库木吐喇石窟最优秀的工具书之一。

1986年至1990年，库车文管所的同志也陆续发表了一些关于库木吐喇石窟的文章，如庄强华著《库木吐喇第79窟初探》[2]、刘增祺著《库木吐喇45窟壁画浅析》[3]、袁廷鹤《从库木吐喇看龟兹壁画的演变》[4]及盛春寿《库木吐喇窟群沟口区20、21号窟初探》[5]，这也是有关近几年新发现洞窟研究的新材料。

另外，吴焯《库木吐拉石窟壁画的风格演变与古代龟兹的历史兴衰》[6]，文章把库木吐喇石窟的壁画作一类比，大致将其分成以下三种基本的艺术样式：

1克孜尔样式，属于这一样式的洞窟有2、23、24、26、27、28、29、31、33、34、43、46、50、54、56、58、63、沟口区20、21等20个窟。

2敦煌样式，属于这一样式的洞窟有4、11、12、13、14、15、16、17、36、42、45、61、66、71、75。

3柏孜克里克样式，属于这一样式的洞窟有9、38、79。

另外，他的另一篇文章《克孜尔石窟兴废与渭干河谷道交通》[7]，利用古代龟兹王城向北通行的便捷交通路线，即"渭干河谷道"，来确定"柘厥关"和"白马渡"两处关隘和"拨换城"的地理位置，他认为应把渭干河谷道东西两端的克孜尔和库木吐喇两处石窟寺联系起来，作为一个石窟总体来考察研究，以达到对龟兹石窟的整体发展有一个清晰的认识。

1994年，法国乔治　皮诺来库车考察，发表《库木吐喇新发现的吐火罗语题记：佛教发愿故事》[8]，解读了34窟侧壁榜题栏中的题记，发现这些题记多与壁画内容相关。

近年来，龟兹石窟研究所配合联合国教科文组织援助的保护工程，开始库木吐喇资料收集工作，李丽等编著作出版了《库木吐喇石窟总录》[9]。在此书的前面《库木吐喇石窟概论》中，将石窟壁画分为以下四种风格：

1犍陀罗艺术风格，代表洞窟有谷口区第20、21窟。

2龟兹风格，代表洞窟有沟口区17、22、23和窟群区2、23、31、46、63窟。

3汉地风格，代表洞窟有窟群区11、14~17、62、62A窟。

4回鹘风格，代表洞窟有窟群区38、42、45、46A窟。

[1]　《中国石窟　库木吐喇石窟》，文物出版社，1992年3月。

[2]　庄强华《库木吐喇第79窟初探》，《新疆文物》1986年第1期。

[3]　刘增祺著《库木吐喇45窟壁画浅析》，《新疆社会科学》1988年第一期。

[4]　袁廷鹤《从库木吐喇看龟兹壁画的演变》，《文物天地》，1987~1988年，后收入《龟兹佛教文化论集》，新疆美术摄影出版社，1993年。

[5]　盛春寿《库木吐喇窟群沟口区20、21号窟初探》，《新疆文物》1991年第三期。

[6]　吴焯《库木吐拉石窟壁画的风格演变与古代龟兹的历史兴衰》，载新疆龟兹石窟研究所编《龟兹佛教文化论集》，新疆美术摄影出版社，1993年。

[7]　吴焯《克孜尔石窟兴废与渭干河谷道交通》，载巫鸿主编《汉唐之间的宗教艺术与考古》，文物出版社，2006年6月。

[8]　法　乔治　皮诺著，廖　译《库木吐喇新发现的吐火罗语题记：佛教发愿故事》，载新疆龟兹学会编《龟兹文化研究》第一辑，香港天马出版有限公司，2005年。

[9]　新疆龟兹石窟研究所编《库木吐喇石窟内容总录》，文物出版社，2008年。

综上所述，可以看到百年来中外探险家、考古学者对库木吐喇石窟及其邻近的夏合吐尔和玉其吐尔遗址的考古发掘与考察研究。与龟兹地区规模最大的克孜尔石窟相比，库木吐喇石窟的研究相对较弱，与其本身所具有的重要历史文化艺术价值不相称。

石窟考古研究之根本还是分期问题，格伦威德尔一开始就将库木吐喇石窟的考察看作对克孜尔石窟考察的准备工作。格伦威德尔认为，只有记录库木吐喇石窟，才能叙述库车地区石窟的结构变化以及对其风格的分类概况，但他们库木吐喇的研究并不透彻，这与他们对汉风洞窟不如斯坦因和伯希和那样熟悉有关。国内学者对库木吐喇的分期研究有很大推动，尤以1992年文物出版社出版的《中国石窟库木吐喇石窟》为最。其后，对库木吐喇石窟的研究一直停滞不前。笔者认为，目前库木吐喇石窟的分期研究最为彻底的部分是汉风洞窟部分，汉风之前的龟兹风洞窟的年代一直是龟兹石窟研究的难题，若要解开这个谜团，库木吐喇较其他龟兹石窟有着不可比拟的优势。库木吐喇石窟谷口区邻近的夏合吐尔遗址，经伯希和的发掘考察证实是一寺院遗址。马世长等学者大都认为这一寺院遗址与谷口区有密切关系，谷口区石窟当时可能与地面寺院为一体，那么地面寺院的科学发掘对解决龟兹风洞窟的年代有重要价值。

另外，库木吐喇石窟壁画的题材研究尚不充分，这不利于了解当时的佛教部派及教义。伯希和曾在夏合吐尔和玉其吐尔（法国人称之"都尔都尔阿库尔"）遗址发现一些汉文文书，这些文书已由童丕、张广达先生整理出版，对这些汉文文书的出土地层的了解，以及内容的解读可以更好的理解整个库木吐喇遗址的性质，以及周围的民族、聚落，佛教的部派流变等。

An Overview of Archaeological Research on Kumutura Caves

Guo Mengyuan（Cultural Relics Bureau of Xinjiang Uygur Autonomous Region）

Abstract

The paper summarized exploration and research work at Kumtura Caves and its neighbor sites since 1730, with focus on the efforts on listing caves chronologically, and highlighted the significance of phase research at Kumtura Caves as well as the combination of Kumtura phase research and research at Xiahe'er Site.

库木吐喇石窟病害调查

何　林　彭啸江　刘　勇　吾机　吴丽红（库木吐喇石窟病害调查组）

一、前　言

库木吐喇石窟地处天山山脉中段南麓确尔塔格山口南坡，渭干河自北向南从山中流出，石窟分布在渭干河切割的东岸崖壁及洪水冲积形成的沟谷中。其行政区划隶属库车县管辖。1961年公布为全国重点文物保护单位。

库木吐喇石窟现有洞窟112个，石窟按其分布区域分布为沟口区与大沟区，其中大沟区洞窟较多，共有80个。因受到自然以及人为活动的影响，库木吐喇石窟的洞窟形制、壁画、塑像等都受到不同程度的破坏，为了能采取合理、有效的保护措施，前期的病害现状调查收集工作不可或缺。只有了解各个洞窟内病害产生的类型、范围以及严重程度，才能综合各种资料与数据后找到病害产生的原因，以及病害破坏的速度，为壁画保护修复手段的选择（如监测、维护、抢救等保护措施方法）提供可靠的数据支撑。

病害调查项目从2002年5月开始，历经3年时间完成了项目的预定目标，洞窟病害调查内容包括调查日期、洞窟位置、大小、尺寸、现存壁画位置、面积及其历史、价值、病害现状、安全问题以及实际状况等。三年之中，病害记录组完成了大沟区10、14、16、23、29、31、34、45、46、50、52、56、58、59、62A、63、65、68、71、79、沟口区新1（20窟）、新2（21窟）的等22个洞窟的石窟档案病害图绘制工作（石窟档案病害图共计1450张）；完成大沟区2、9、10、11、13、14、15、16、17、22、23、27、28、29、30、31、3445、46A、46、、52、53、54、55、56、58、59、60、61、62、62A、63、64、65、68、69、70、71、72、79、50、沟口区新1（20窟）、新2（21窟）、17、19、22、23等47个洞窟病害文字纪录。为了能够最直观反映石窟现状，包括石窟的环境状况、形制特点、突出病害、历史遗迹、艺术风格等方面的内容，三年之中，协助摄影记录组完成了摄影记录12000千余幅，其中黑白照片1600余幅，彩色照片近800幅，反转片近9000幅，数码摄影近9000幅。

通过此次调查，已经基本掌握了库木吐喇石窟大多数洞窟内的壁画病害类型、面积、特点、分布区域等情况，这为今后保护修复工作提供了重要的数据参考。

二、壁画病害现状调查

调查方法

此次病害调查方式，主要借鉴了敦煌研究院对于莫高窟第85窟病害调查的经验：用不同的符号来标示病害，工作方法以及步骤如下：

第一步，首先制定出库木吐喇石窟所出现的各类病害名称以及与之相适应的病害符号。用符号来表示病害，可以在所绘制的病害图上清晰的标示出病害的位置和范围。简洁和实用的符号不仅可以大大提高绘图人员的工作效率，而且在以后的病害调查工作中更加方便的应用病害图。此次病害调查共制定病害符号21种。

第二步，用数码相机对病害进行拍摄。将每一个洞窟的各个壁面均分成小块，用数码相机分幅拍摄。由于库木吐喇石窟大部分洞窟空间有限，尤其是左右甬道非常狭小，给拍摄工作带来了诸多不便，所以在拍摄距离上，所有洞窟没有采取统一的拍摄距离，而是尽量保证每个洞窟内拍摄距离一致。在拍摄的过程中为了能使所拍摄的每个壁面画面连贯与拼接方便，首先对所拍摄的壁画表面等距离逐行划分，再与壁面等距离逐行逐幅拍摄。由于每个洞窟内光照条件不同，在条件不具备时采用荧光灯作为辅助光源。

第三步，打印图片。将所拍摄的壁画图像输入电脑，用A4纸打印成彩色图片。将绘图用涤纶薄膜裁减成与相片同样大小后附在照片之上。用涤纶薄膜的主要目的在于如果将病害直接绘制在照片上造成图片的凌乱，不便于辨识。

第四步，进行现场记录描述。在洞窟内对照壁画的现状，将出现的各种病害按照相对应的病害符号绘制在涤纶薄膜上。绘制时为了保证病害绘制的连贯性和准确性，采取了一个工作人员绘制一个壁面的办法。病害图绘制完毕后，根据病害出现的位置与范围，再绘制整个洞窟病害分布示意图，并测量病害面积后做文字纪录。

第五步，资料入档。将绘制好的病害图扫描，存储成电子档案，可以在计算机中对所做的病害图像进行管理与保存。由于在病害图的绘制过程中用铅笔做绘图用的工具，因此为了防止绘制的图片在今后的使用过程中病害区域线条的缺失，故将扫描后的病害纪录打印到涤纶薄膜后附在相对应的壁画照片上，以便于今后能直观与洞窟内壁画现状作比较。

病害分类

我们根据库木吐喇石窟壁画出现的各种病害成因以及表象，将其主要病害描述如下：

1. 地仗层脱落：即壁画地仗层脱离岩体露出崖壁。

2. 空鼓：壁画地仗层因为受到某种外力的原因而脱离岩体，但脱离区域周围的地仗仍然与岩体黏结；

3. 酥碱：是指岩体中的可溶盐在水分的作用下在地仗中不断溶解，迁移，结晶，从而造成壁画地仗酥松，植物纤维糟朽，土质粉化，地仗黏结力降低，进而造成壁画脱落。

4. 起甲：壁画由于自身强度的降低以及周围环境的影响，表面出现颜料层和白粉层开裂翘起，呈鳞片状。

5. 霉变：壁画部分区域在洞窟内潮湿的环境下，加速了表面的微生物生成代谢，微生物尸体在壁画表面堆积，造成壁画表面的污染。

6. 白霜：因为盐分从岩体内部迁移，富集至壁画表面，形成白色的结晶物。

7. 颜料脱落：表现方式为颜料层大面积脱落，残留白粉层。

8. 裂隙：包括岩体裂隙和壁画自身出现的裂隙。　由于长期地质作用，导致岩体和壁画开裂；或者由于地仗自身收缩等原因出现的开裂。

9．动物排泄物：因为洞窟在长期处于无人管理的时期内，大量的动物排泄物散落在壁画表面，污染壁画。

10．涂泥：在部分洞窟内因为雨水的渗透带来的泥浆附着于壁画表面。

11．划痕：人为原因造成的壁画表面的损伤。指在洞窟处于无人管理时期内，游客或其他人员在洞窟内用利器或颜料在壁画表面刻画。

12．烟熏：因为人为原因在洞窟内燃烧木材等燃烧物时，由于未充分燃烧的缘故，大量的碳与燃料中的有机质沉降在壁画表面后形成黑色膜状物。

13．盐碱：由于岩体中的盐分大量富集于壁画或岩体表面结晶，使得壁画或岩体呈层状硬壳。（后附主要病害示意图、洞窟病害描述图）

表一　洞窟主要病害以及现象

位置	窟号	主要病害	面积	区域	备注
大沟区沿河底层洞窟	2	空鼓	0.37m²	主室左侧壁左侧中部	中心柱窟，该窟前室塌毁，仅存主室和后室。壁画大部分布于墙体中上部。 主室：正壁佛像无存，壁画主要分布于壁面中上部，壁画表面划痕较多，上端壁画表面有烟熏； 甬道：右甬道右侧壁壁画分布于里端上部，左侧壁中上部开龛，壁画分布于龛内及其周围；券顶：壁画表面有少量划痕； 左甬道左侧壁保存大量壁画，右侧壁壁画分布于上部；券顶，壁画分布于里外两端。 后室：壁画主要分布于壁面中上部，，表面有少量划痕。 地面有大量原始石膏地坪。该窟做过草泥边缘加固，80年代安装木门。
		酥碱	1.48m²	右甬道下部地仗层	
			0.87m²	右甬道左侧下部地仗层	
			0.73m²	左甬道左侧壁中下部	
			0.36m²	左甬道右侧壁下部地仗	
			0.38m²	后室正壁中部和下部地仗	
			0.17m²	后室前壁下部	
		霉变	0.78m²	主室左侧壁	
			0.27m²	右甬道左侧壁上端壁画边缘	
			0.37m²	左甬道左侧壁中下部	
大沟区沿河一号围堰内	10	裂隙	2条	贯穿两侧壁及券顶	中心柱窟，该窟由前室、主室和后室组成。前室塌毁，仅存主室和后室。壁画分布于主室券顶，人为划痕较多，其余壁面壁画揭取后存放在谷内区43窟。裂隙处有漏沙现象发生。 81年安装铁栅门。壁画边缘采用草泥抹面加固。
	11	裂隙	1条	贯穿两侧壁及券顶	方形窟，该窟由前室和主室组成。前室塌毁，仅存主室。正壁，壁画揭取存放于谷内区43窟。券顶，保存大量小千佛壁画。前壁，上部壁画人为划痕较多。 地坪主室里端设有坛基。原始地面不详，后抹水泥地面。80年代安装铁栅门。
	12	裂隙	1条	贯穿两侧壁及券顶	中心柱窟，该窟由前室、主室和后室组成。前室塌毁，仅存主室和后室。 整窟壁画被揭取存放在谷内区42窟。大裂隙处中部存在严重的漏沙现象。地坪 原始地面不详，后抹水泥地面。
	13	裂隙	1条	贯穿主室两侧壁及券顶	中心柱窟该窟由前室、主室和后室组成。前室塌毁，仅存主室和后室。 主室券顶两侧部分保留有壁画。大裂隙处有严重的漏沙现象。 壁画边缘采用三合土和草泥抹面加固。下部脱落处采用水泥抹面加固。主室前壁修保护墙，80年代安装铁栅栏。地坪为水泥地面。
		盐碱	7.7m²	主室水泥加固面	
	14	盐碱	4.3m²	正壁下部	方形窟，该窟由前室和主室组成。前室塌毁，仅存主室。 券顶，保存大量精美小千佛壁画，局部出现颜料层脱落现象。 两侧壁和中部壁画揭取存放在谷内区42窟。 壁画中脱落处采用三合土和草泥抹面加固。76年安装铁栅门。 沙土堆积，原始地面不详。
			0.41m²	右券里端下部	
			1.23m²	右侧壁	

表一 （续一）

大沟区沿河一号围堰内	15	酥碱	0.62m²	右甬道券顶	中心柱窟，该窟由后室、主室和前室组成。15、16、17窟共用一前室，前室前壁塌毁。 主室无壁画，左侧壁保护墙。右侧壁下部有严重的盐碱。 后室以及甬道壁画边缘采用三合土加固；中心柱塌毁，后采用水泥修复加固；地坪原始草泥地面。
			2.3m²	后室券顶和左甬道券顶	
		空鼓	0.68m²	后室券顶和左甬道券顶	
		起甲	0.43m²	后室券顶和左甬道券顶	
		脱落	0.08m²	后室券顶和左甬道券顶	
	16	烟熏		券顶外端	中心柱窟，该窟由后室、主室和后室组成。前室前壁塌毁，后修保护墙。 主室正壁上部龛内和龛外下部保留少量壁画；左侧壁壁画1991年8月壁画揭取存放在谷内区43窟；后室及甬道壁画揭取存放在谷内区42窟；券顶保留有精美小千佛壁画，地仗层脱落区域，大部采用三合土、草泥、水泥加固地坪原始草泥地面。
		盐碱	0.43m²	后室正壁下部	
	17	盐碱	1.78m²	主室和左甬道左侧壁地仗层	中心柱窟，该窟的右侧壁岩体全部塌毁，整个洞窟中心柱柱体及右侧壁采用水泥做窟体复原加固；主室正壁上部左侧保留壁画；券顶壁画有部分粉笔划痕；右券岩体塌毁，岩面风化严重 。 地坪原始草泥地面。
	22	裂隙	1条	券顶贯通于两侧壁	方形窟，该窟由前室和主室组成。前室塌毁，后修保护墙加固，仅存主室。 壁画主要分布于主室正壁、右侧壁以及左侧壁门道两侧下端，壁画边缘采用草泥、三合土抹面加固 地坪，中部设坛基，四周地面残存部分原始草泥层
	23	裂隙	1条	券顶中部有一条裂隙贯通于两侧壁	中心柱窟，该窟由前室、主室和后室组成。前室塌毁，仅存主室和后室。 主室壁画存在人为剥落及划痕，边缘采用三和土加固，后室壁画烟熏现象发生。 地坪，残存部分原始石膏地面。
	27	盐碱	3.2m²	两侧壁下部岩体	中心柱窟，该窟由前室、主室和后室组成。前室塌毁，仅存主室和后室。76年修保护墙，安装铁栅门。 主室 正壁以及前壁壁画划痕较多，边缘做三合土和草泥加固。其余部分地仗层脱落为岩体。 地坪，沙土堆积，原始地面不详。
			2.4m²	后室四壁下	
	28	空鼓	0.16m²	主室前壁右侧中下部	中心柱窟，该窟由前室、主室和后室组成。前室塌毁，仅存主室和后室。80年代修保护墙，并安装铁栅门。 壁画边缘经三合土抹面加固，下部为水泥加固。 主室右侧壁岩体塌毁，后修保护墙，左侧壁水泥抹面加固。 地坪，原始地面不详。
			1.3m²	主室券顶左券外端	
		酥碱	0.31m²	主室前壁右侧中下部	
			0.12m²	主室券顶左券外端	
		盐碱	2.9m²	后室正壁和左甬道左侧壁上部水泥浆涂面	
				主室左侧壁水泥抹面中上部	
	29	霉变	0.3m²	主室正壁壁画中部	中心柱窟，该窟由前室、主室和后室组成。前室塌毁，仅存主室和后室。前壁80年代修保护墙，安装铁栅栏，两侧壁1976年修保护墙，左侧安装铁栅门。 壁画边缘经三合土加固，龛内及四周岩面采用水泥抹面加固。 壁画表面人为划痕较多。 左侧壁岩体大部塌毁， 地坪，沙土堆积，原始地面不详。 28、29窟窟口共用一座水泥台阶，于80年代修建。
			0.31m²	券顶两侧	
		酥碱	0.28m²	主室正壁壁画中部	
			0.27m²	主室前壁	
		空鼓	0.42m²	主室前壁	
		盐碱	1.6m²	主室两侧壁水泥浆涂面	
			2.3m²	后室水泥抹面四壁	

表一（续二）

大沟区沿河一号围堰内		裂隙	1条	券顶主室中部	龛窟，该窟前室塌毁，仅存主室。 主室正壁壁画右侧小部壁画有酥碱脱落；壁画边缘以及地仗层脱落处经三合土抹面加固。 地坪：原始地面不详。
		空鼓		主室左侧壁右侧上部	
			0.83m²	主室券顶	
			0.16m²	主室右侧壁	
		酥碱	0.4m²	主室右侧壁	
				主室正壁左侧下部	
	31	空鼓	0.94m²	主室正壁空鼓主要分布在龛右侧下部及龛左侧上部	该窟有前室、主室、后室组成。前室已毁，仅存主室和后室。 近门道两侧壁岩体残失，后经砌砖加固。 壁画边缘为三合土草泥以及水泥加固，岩体为水泥抹面。 地坪：原始地坪不详，地面潮湿尤为严重，因为该窟1999年河床水位上升地坪一直比较潮湿，后干燥了一段时间，但在2002年9月7日再度进水直接危及洞窟安危。
			0.52m²	主室前壁	
			1.19m²	主室券顶左侧	
			0.6m²	主室券顶右侧	
		起甲	1.82m²	主室前壁壁画中部边缘	
			2.1m²	主室券顶左右券下端	
			2.1m²	主室正壁龛右侧下部边缘	
		酥碱	1.23m²	主室券顶	
				后室四壁水泥抹面	
				主室前壁	
		盐碱		主室右侧壁整壁	
	34	空鼓	0.25m²	前壁壁画右下部及中部	方型窟，该窟由主室和前室组成，前室已毁，仅存主室。 主室； 壁画采用三合土和水泥砂浆抹面加固。 地坪：大部分石膏地坪已毁，仅于边角残存少量原始石膏地面。 该窟曾经遭到烟熏，于1983年清洗，药剂配方不详，大概有氢氧化钠、硫酸钠、大苏打。有梁志祥负责，参与人员有买卖提·木沙、袁庭鹤、庄强华、李丽、朱育萍、吐孙古丽等七人。
			0.4m²	主室右侧壁壁画上部边缘及两端主室穹隆顶人物头部和腰部以下	
			0.55m²		
		酥碱	0.2m²	主室左侧壁壁画下部	
		霉变		主室右侧壁左上方	
				主室左上方右侧壁	
	37				中心柱窟，该窟由前室、主室和后室组成。前室塌毁，仅存主室和后室。 壁画边缘底层采用水泥，表层用石膏抹面加固。两甬道边缘采用草泥修复加固。地仗脱落区域大部采用水泥浆涂面加固。前壁岩体塌毁，在1976年修保护墙，并安装木门。现存壁画表面有烟熏痕迹。 地坪：残存部分原始草泥地面
	37	片状脱落		券顶左券里端和右券大部	方形窟，烟熏洞窟该窟由前室和主室组成。前室塌毁，仅存主室。门道两侧及上部塌毁，1981年修保护墙，并安装木门。 现存壁画表面有烟熏痕迹，壁画表面多划痕。壁画边缘采用三合土抹面加固。 券顶中部有烟熏壁画清洗迹象。地坪 中央设坛基，四周原始草泥地面。
		起甲		券顶左券里端和右券大部	
	38				中心柱窟，该窟由前室、主室和后室组成。前室塌毁，仅存主室和后室。两侧壁修保护墙现存壁画表面有烟熏痕迹，壁画边缘采用三合土、水泥和草泥加固，后室壁画于1991年8月揭取后存放在谷内区42窟。 地坪：残存部分原始石膏地面，主室正壁下方设像台，像台部分残失，但保留部分壁画。

表一（续三）

大沟区沟内洞窟	46				中心柱窟，该窟有后室，主室和前室组成，但前室塌毁，仅存主室和后室。在80年代修保护墙，并安装木门。壁画部分为人为划痕较多。
	46A	酥碱	0.37m²	正壁左侧壁下部	中心柱窟，该窟由前室主室和后室组成。前室塌毁，仅存主室和后室。壁画边缘采用三合土加固。部分壁画有少量利器划痕。地坪：草泥地面。主室前壁塌毁时，窟前流沙高过洞窟，导致大量流沙进入洞窟，于1976清理出洞窟积沙，修主室前壁保护墙，并安装木门。在窟前修水泥台阶一座。但窟前流沙逐年增加，掩埋了水泥台阶。流沙侵蚀洞窟现象十分严重。
		空鼓	6.2m²	正壁左侧壁下部	
		疱疹状	0.9m²	左甬道左侧壁中部脱落	
		起甲	1.7m²	中部左侧壁左甬道	
				右甬道右侧壁起甲里端上部，	
			0.21m²	右甬道左侧壁里端	
		霉变		后室左侧壁里端	
				右甬道券顶壁画外端	
		烟熏		右甬道券顶	
				右甬道左侧壁上部	
				后室前壁上部	
	52				中心柱窟，前室和主室大部已毁，仅存后室大部。壁画主要分布在后室正壁右侧，券顶里端中脊少量壁画，外端大部塌毁无存。
	53	空鼓		主室正壁地仗层上部	中心柱窟，该窟前室塌毁仅存主室和后室，本窟存在着严重的酥碱问题。现存壁画表面有烟熏痕迹。壁画部分区域有少量粉笔划痕，壁画边缘采用三合土作为加固材料，其余岩体用水泥抹面加固。主室左侧壁岩体松散，含盐碱较多，上部加固部分因岩体松散，全部脱落，只留下水泥加固。右侧壁岩壁表面呈疱疹状非常严重。下部水泥抹面加固。后室左侧壁下部水泥加固因受上部挤压上沿加固的水泥形成碎块。地坪：原地面不详。
			0.8m²	主室券顶左券下端空鼓	
			0.96m²	右甬道右侧壁上部地仗层	
		酥碱	0.84m²	正壁右侧壁上部地仗层边缘	
			0.17m²	后室左侧壁上部地仗层边缘	
		裂隙	1条	后室左侧壁上部地仗层中	
	54	白霜	1.3m²	主室左侧壁上部	中心柱窟，该窟是由后室、主室和前室组成，主室前壁和前室已毁，仅存主室正壁和后室。前壁70年代安装铁栅门。现存壁画表面有烟熏痕迹，大部壁画表面有粉笔划痕，边缘采用三合土加固，下部水泥抹面加固。地坪：原始地面不详。
			2.1m²	后室正壁岩体中	
		起甲		券顶后室局部	
		酥碱	0.1m²	右甬道券顶外端	
				左甬道左侧壁	
			1.3m²	左甬道券顶外端	
				主室前壁壁画边缘	
		空鼓		右甬道右侧壁中部	
				右甬道左侧壁中部	
	55	坍塌	1.38m³ 4.9m³	后室中心柱塔柱底 主室右侧壁	中心柱窟，该窟主室前壁和前室已毁，仅存主室和后室。前壁塌毁无存，1981年安装铁栅门。现存壁画表面有烟熏痕迹，表面有少量粉笔划痕，壁画边缘采用草泥抹面加固。后室四壁在1982年进行过水泥抹面加固，地坪原始地面不详。
		白霜	1.1m²	后室券顶里端	
		盐碱		后室四壁	

表一（续四）

大沟区沟内洞窟	58	空鼓		主室正壁龛两侧	中心柱窟，该窟是由后室、主室和前室组成，前室已毁，仅存主室正壁和后室。壁画边缘有部分曾做三合土和水泥抹面加固。券顶中部裂隙处有少量岩块连带壁画曾在60年代塌毁，裂隙处有漏沙现象发生。右券内端中部大裂隙处有涂泥析出，污染右券外端部分壁面。后室壁画表面有较多动物粪便。地坪：原始地面不详。
				主室右侧壁	
		酥碱		主室正壁龛左侧壁画边缘	
				主室壁画边缘右侧壁	
				后室壁画边缘甬道券顶	
				后室券顶	
		霉变		主室正壁龛两侧	
		裂隙	1条	主室券顶右券内端贯通于左侧壁	
	59				方型窟，该窟前壁及右侧壁已毁，仅存正壁、左侧壁和少量顶部。该窟常年暴露在外，无任何防护措施。壁画边缘采用三合土抹面加固，加固面上涂泥较多，是由外部崖壁雨水冲刷所致。地坪：地面不详。
	60	酥碱		主室正壁地仗边缘	方型窟，该由主室和前室组成，前室塌毁仅存主室。前壁岩体塌毁无存，70年代安装防护铁栅门。壁画边缘采用三合土抹面加固。主室正壁酥碱部位植物纤维糟朽土质粉化，下部岩体中盐碱呈薄皮壳状覆盖在岩体表面。地坪：积土较厚，地面不详。
			0.14m²	主室左侧壁地仗层下部边缘	
				主室右侧壁上部	
		盐碱		主室正壁下部地仗	
	61	盐碱	4.41m²	主室左侧壁	中心柱窟，该窟由前室、主室和后室组成。前室塌毁，仅存主室和后室。该窟部分壁画揭取存放在谷内区43窟现存壁画表面有烟熏痕迹。壁画边缘为三合土和水泥抹面加固。地坪：残存少量原始石膏地面。
				左甬道外侧壁中下部岩体	
				右外侧壁中下部岩体	
		酥碱	0.52m²	主室左侧壁	
			2.04m²	后室券顶地仗层	
		起甲	0.47m²	主室左侧壁	
			2.73m²	主室前壁	
	62A				中心柱窟，该窟前室和主室已毁，仅存后室。该窟和邻窟都处在同一个岩体塌毁面上，窟体没有采取保护性措施。正壁因崖壁雨水冲刷，淤泥堆积在台面达1平方米。塔柱底部，采用砌石水泥加固。壁画表面以及地仗层人为损伤壁面较多。
	62B				中心柱窟，该窟由后室、主室和前室组成，前室、主室已毁，仅存后室。现存壁画表面划痕较为严重。正壁及上部崖壁塌毁后形成一个断面，中部有少量地仗层，但无壁画，其余为岩体。主室地面松软，鼠洞较多。该窟现敞露在外，地坪下部采用砌石水泥抹面加固。
	64				中心柱窟，该窟由前室、主室和后室组成。前室塌毁，仅存主室和后室。现存壁画表面有烟熏痕迹，壁画表面有部分粉笔划痕。地坪：残存部分原始草泥层地面。
	65	裂隙	3条	主室右侧壁，中部一条贯通于整壁	中心柱窟，该窟由前室、主室和后室组成。前室塌毁，仅存主室和后室。现存壁画表面有烟熏痕迹，壁画表面粉笔划痕较多，壁画边缘采用三合土抹面加固。右侧壁保存大量地仗层，上部外端有烟熏壁画清洗现象。地坪：残存部分原始草泥地面。

表一（续五）

大沟区沟内洞窟	71			中心柱窟，该窟由后室、主室和前室组成，现存壁画表面有烟熏痕迹，壁画表有大量粉笔划痕，地仗层脱落主要分布在中下部。正壁中部石胎坐佛地仗层大部脱落，只保存头光外部分地仗层，头光上部有部分粉笔划痕。，顶部壁面大部有涂泥发生。主室和前室都有重层壁画现象。 地坪：残存部分原始草泥地面。
	72			中心柱窟，该窟由前室、主室和后室组成。 主室。 现存壁画表面有烟熏痕迹，壁画表有大量粉笔划痕，正壁上部有鸟类排泄物。前室前壁大部塌毁，只残留部分岩体，正壁及两侧壁发现有重层壁画现象。 地坪：残留部分原始草泥地面。
大沟区沿河上层洞窟	79	空鼓	前壁壁面左端下部	该窟由前室和主室组成。前室已毁，仅存主室，两侧壁和前壁及穹窿顶大部塌毁，只残存部分墙体。主室内端正中设坛基，左侧外端地坐泥塑佛像一尊。 壁画边缘地仗层采用草泥抹面加固。
			右侧壁下部壁画	左侧壁外端塌毁部分曾采用水泥、石块砌筑而成。下部岩体中有部分壁画，在砌墙保护施工中安放在此处。
			坛基右侧壁	泥塑坐佛，头部、手部、脚部已残失，胸部曾做修复加固，腿部以下土质酥软，表层脱落特别严重，胳膊肘关节处断裂明显，急需抢救性加固。塑像长期坐于地面，受地面潮湿和窟顶雨水
		起甲	前壁壁面左端下部	渗漏，泥水滴溅于泥塑坐佛表面形成土质酥软，形成片状脱落，需要采取保护措施加以修复。
			坛基右侧壁	地坪：原始地面采用草泥涂层。
		酥碱	前壁壁面左端下部	1982年7月是由库车县文管所的梁志祥、袁廷鹤、买买提·木沙、庄强化、刘松柏等文管所工作人员清理。
			坛基右侧壁	1982年7月库车县文管所修筑79窟主室前壁保护墙，架设窟顶，并安装木门。1982年10月库车县文管所工作人员对壁画进行保护加固，并将前壁部分脱落回鹘供养人壁画，存放在县文管所，同年文管所对泥塑佛像进行加固，1988年有对主室坛基前壁壁画空鼓和部分壁画脱落损毁处，进行修复和复位。80年代初，库木吐拉石窟保护修缮工程启动时，曾对79窟做了保护墙和木顶保护简单处理。后出现顶部漏雨现象，在窟内正壁和地面从窟顶流下来的泥水痕迹清晰可见。
沟口区2号沟内洞窟	新1	空鼓	0.8m² 主室左侧壁壁画中部及左侧	该窟由主室、门道和前室组成。前室塌毁，仅存主室和门道。
			0.5m² 门道两侧	部分壁画草泥抹面加固。左侧壁壁画划痕较多。
			1.9m² 主室券顶	1977年清理新1窟时，岩体疏松，于是对主室门道用木板进行支护，同时给新1窟装门。1981年修筑窟前砖房。1983年梁志祥所长派人对新1窟主室穹窿顶进行支护，当时窟内潮湿、风化特别
			门道右侧龛内两侧壁面	严重，壁画颜料层粘接力降低，遇外界气候对流，都会造成颜料层呈片状脱落，1993年由敦煌研究院对窟内裸露岩体进行PS
		酥碱	门道右侧壁左侧中部	加固，同时又对壁画做了边缘草泥加固。参加人员有李云鹤、孙洪才、赵新成、付有旭和我所人员莫合塔尔、吾机等。
			门道右侧壁地仗层上部	
			0.1m² 主室券顶	
	新2	酥碱	主室壁画边缘及中下部左侧	该窟由前室、主室组成，前室塌毁。仅存主室和门道。 壁画边缘有草泥抹面加固过。
			主室右侧壁左侧地仗层	右侧壁：上部左上角残存小部壁画，壁画边缘曾采用草泥抹面加固。
		空鼓	主室穹窿顶	1982年对新1窟主室穹窿顶进行支护加固，并在窟前盖砖房一座。
			门道左侧壁中部	该窟曾在1993年由敦煌研究院工作人员，对窟体进行喷洒PS加固。
			门道右侧壁中部	2001年冬至因地质作用导致主室穹窿顶局部壁画塌毁。

三、洞窟内湿度调查

在库木吐喇病害调查的过程中，诸如酥碱、霉变、白霜、盐碱等受水分影响的病害在库木吐喇出现的较为频繁，而且面积较大。签于此，在病害调查过程中，我们对影响洞窟湿度的诸多数据做了收集工作。

不同区域内主要洞窟湿度变化表

洞窟内空气湿度以及地面的湿度（距地表10厘米处）的检测数据来源于大沟区第一围堰内地势较低的31窟、大沟区沟内58窟、沟口区新1窟。选择这3个洞窟进行气象检测，主要是由于它们是在不同区域内具有典型代表的石窟，而且这3个洞窟内影响到洞窟壁画安全的主要病害出现的类型也不同（由于检测设备的问题，只保存有两年的数据）。

表二 2004–2005年度窟内湿度与地面湿度检测表

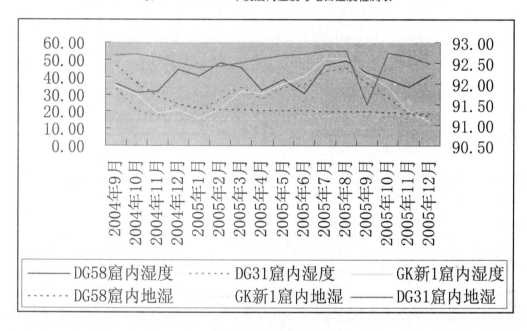

从上图可以看出，2004年至2005年期间，大沟区沿河1号围堰内31号窟窟内地面湿度最大，最大值出现在2005年8月，达到92.8%，最小值出现在2005年9月，达到91.51%，其湿度年达到均为92.55%；而其他区域洞窟地面湿度相对较小，其中大沟区沟内58窟地面湿度最大值为2004年9月，达到46.15%，最小值出现在2005年12月，达到17.09%，为23.13%；沟口区新1窟地面湿度最大值为2005年9月，达到18.16%，最小值出现在2002年9月，达到14.90%年均为16.29%。

窟内空气湿度随着季节的变化而变化，大沟区沿河1号围堰内31号窟窟内空气湿度最大值出现在2005年8月，达到44.66%，最小值出现在2004年9月，为17.06%，年均为28.75%；大沟区沟内58窟窟内湿度最大值出现在2005年8月，达到49.98%，最小值出现在2005年6月，达到30.37%，年均为39.46%；沟口区新1窟窟内湿度最大值出现在2005年7月，达到50.64%，最小值出现在2005年12月，达到14.06%，年均为30.69%。

从以上数据中可以看出，大沟区31窟地面湿度值最大，且每月的平均值变化幅度不大，这与其所处位置有着直接的关系，31号窟距离渭干河距离较近，加之所处位置较其他洞窟低，因此其受地下水位的影响最大，而大沟区沟内以及沟口区地面湿度则相对较小。洞窟内空气湿度变化幅度最大的洞窟是位于沟口区的新1窟，而地面湿度最大的大沟区31窟窟内相对湿度在一年内的数值变化幅度较小，这估计是由于两个洞窟与外界空气交换速度有关，大沟区31窟安装铁栅门，洞窟与外界的空气交换速度快，而沟口区新1窟前部修有砖瓦房，窟内环境相对密闭，空气流通速度缓慢。

窟前地下水位与水库库前水位关系

为了便于观察库木吐喇石窟窟前地下水水位的变化，在大沟区1、2号围堰内开凿了用于观察地下水位的6口探测井，利用这六口探测井中地下水水面高度的变化与东方红水电站库前水位做了以下图表。

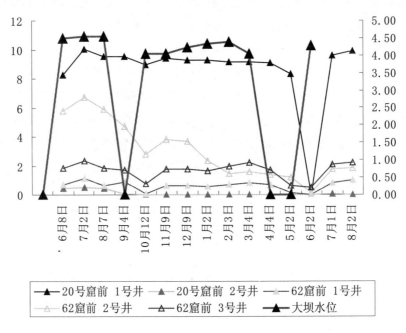

表三   2004—2005年度库木吐喇石窟窟前地下水位表

从上图可以看出，大沟区石窟窟前地下水位的升降变化与东方红水电站库前水位的变化有着明显的联系，大沟区沿河洞窟的地面湿度过大，与此有着直接的关系。

四、结　语

1. 危岩体是库木吐喇石窟洞窟安全的主要隐患。裂隙切割诱发石窟岩体的开裂、变形、坍塌破坏等石窟岩体的稳定性问题长期严重威胁着库木吐喇石窟的安全，尤其部分洞窟从裂隙内部流出的细沙，每年在洞窟内地面大量堆积的情况可以看出，库木吐喇石窟部分洞窟内裂隙有活动的迹象。其中大沟区五连洞所在山体底部因为掏蚀造成的洞窟稳定性问题、一号围堰内10～13窟的卸荷裂隙、79号窟上部的边坡稳定性问题、沟口区新1、2号窟上部的边坡稳定性问题等都严重地影响到洞窟的自身安全以及今后在开放过程中游客的安全，因此要加强裂隙和危岩体监测，并尽快完成整个库木吐喇石窟群的危岩体加固与治理。

2. 库木吐喇石窟病害存在的种类较多，如地仗层酥碱、壁画起甲、空鼓、盐碱、霉变等，目前严重影响到洞窟壁画安全的主要病害是壁画空鼓以及水分作用下出现的大量盐类病害。壁画空鼓在大沟区、沟口区的洞窟内都有大量存在。其中沟口区新1、新2窟、大沟区58、79窟等空鼓尤为严重，在遇到诸如地震等外力的作用下极易出现壁画脱落的现象；因为水分原因造成的诸多盐类病害，在沟口区石窟中也有存在，但范围与危害大的病害主要位于大沟区沿河的底层洞窟内，目前已有部分壁画由于酥碱等病害出现脱落，粉化。上述两类问题已经严重影响到洞窟壁画安全，因此对病害的修复治理是库木吐喇石窟目前首先要亟待解决的问题。

3. 壁画烟熏、刻痕以及画痕等人为原因造成的洞窟病害在大沟区、沟口区分布较为广泛，尤以大沟区洞窟内大部分壁画表面覆盖黑色膜状物和粉笔划痕，这些由于人为原因造成的壁画附着物严重影响到壁画的的观感，应运用修复手段予以去除。

4. 加强对库木吐喇周边环境的治理。目前库木吐喇石窟病害发展速度最快的是因为水分作用造成的各类盐类病害，尤其是大沟区沿河洞窟的问题最为明显，这与其岩体内的水分有直接的关系，尤其是大沟区沿河底层洞窟地下水位受东方红电站的蓄水高度的影响最大，部分洞窟内地面长期潮湿，湿度加大，加剧洞窟内壁画盐类病害的发展；其次由于库木吐喇石窟洞窟数量多、分布区域极广，在安全防卫问题上困难众多，因此对于库木吐喇周边环境的治理是解决洞窟壁画病害发展以及安全的重要因素。

5. 加强对库木吐喇石窟的监测。目前库木吐喇石窟由于岩体以及壁画的病害已严重影响到其自身的安全，因此抢救性保护措施的实施是库木吐喇亟待解决得问题，但为了今后更加科学、规范的对库木吐喇石窟进行保护，各种监测手段必须实施。目前所进行的病害调查工作对于库木吐喇石窟大部分洞窟内的病害现状有了非常清楚的认识，但一些结论的正确与否尚待其他方面的数据来验证。同时由于缺乏库木吐喇石窟病害机理研究，这影响到了库木吐喇病害的根本治理。洞窟的监测主要针对于气象环境、各类病害的变化趋势等，只有进行监测所得到的各类数据才能对于所出现的问题给出正确的解释。

6. 对库木吐喇石窟壁画进行更加全面的科学研究。通过此次调查工作，虽然对于库木吐喇石窟的各类病害有所掌握，但由于时间及其他方面的原因，并没有彻底对库木吐喇所有洞窟进行病害调查，所以继续深入开展病害调查工作势在必行。其次由于在调查工作中对于诸如壁画颜料分析、胶结物分析、岩体内可溶盐的分析等科技手段运用较少，所以在了解库木吐喇石窟壁画方面还有不少差距，因此加强对库木吐喇石窟全面的科学研究是今后工作的重点。

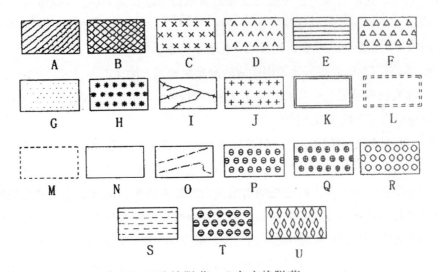

A加固　B地仗脱落　C疱疹状脱落

D酥碱　E空鼓　F起甲　G点状脱落

H白霜　I裂隙　J泡状起甲方　K颜料层残存

L白粉层残存　M颜料层脱落　N白粉层脱落

洞窟内主要病害符号示意图

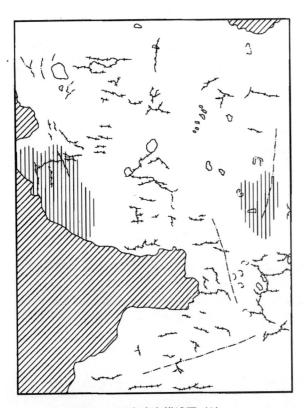

附图一　洞窟病害描述图（1）

附图二　洞窟病害描述图（2）

库木吐喇石窟档案记录经验总结

彭啸江

库木吐喇石窟位于新疆维吾尔自治区库车县以西25公里的渭干河畔，始建于公元5世纪，弃于11世纪。窟群分南北两区（大沟区和谷口区），依山傍水而建，南北延伸约5公里，东西宽约1.5公里，现存有编号洞窟112个，是新疆境内仅次于克孜尔石窟的第二大石窟群。库木吐喇石窟体现了多种文化相互交融，壁画风格集龟兹风、汉风、回鹘风于一体，是佛教石窟艺术中难得的珍品。由于石窟废弃时间久远，长久以来缺乏有效的管理和维护，加之自然应力和人为的破坏，特别是受到文革时期兴建的东方红水电站蓄水发电的持续影响，库木吐喇石窟危在旦夕。

1999年联合国教科文组织官员和日本国公使沿丝绸之路考察时，初步决定将一批文物维修资金投入岌岌可危的库木吐喇石窟进行抢救性保护。2001年9月，联合国教科文组织援助的库木吐喇石窟保护维修工程正式开始实施，前期开展的工作包括近景摄影、地形测绘、水文地质调查、规划编制和洞窟记录档案等几大部分，其中记录档案要求专业性很强，自治区文物局指定由新疆龟兹石窟研究所承担。

由于客观条件制约，此前无论是库车县文管所还是后来的新疆龟兹石窟研究所，都从未针对库木吐喇石窟展开过系统全面的基础资料采集和整理工作，没有建立起最基本的石窟档案，因而建立科学翔实的洞窟档案资料是非常迫切的。根据要求，新疆龟兹石窟研究所于2001年9月向库木吐喇石窟保护维修工程专家组提供了一份《库木吐喇石窟79窟档案》，作为记录档案的样本。2002年初，专家组审阅样本后建议库木吐喇石窟的记录档案应根据龟兹石窟自身的特点，借鉴敦煌莫高窟第85窟的保护档案的成功经验，丰富病害记录等方面的内容，进一步完善记录档案内容并逐步实现数字化电子档案。

2002年5月新疆龟兹石窟研究所根据现场工作的需要，成立了库木吐喇石窟档案记录工作组，并制订了库木吐喇石窟档案记录工作计划，计划分三年完成56个洞窟的记录档案，筛选出形制相对完整、壁画保存较好的洞窟展开工作。项目总负责人为石窟研究所所长王卫东，现场负责人为彭啸江，工作组成员共九人（后期又增派三人参与），专业类型涉及保护、考古、美术、摄影等方面。

档案记录工作组于2002年5月26日进驻库木吐喇石窟展开工作。根据此项工作的特点，工作组分成5个小组，即测绘组、摄影组、考古记录组、病害记录组及计算机录入组，各小组的工作相对独立，同时彼此密切协作。工作组首先针对急需抢救的库木吐喇石窟谷口区新1、新2窟、大沟区79窟展开工作。经专家组协调，敦煌研究院徐淑青老师应邀前来进行现场指导，她介绍了莫高窟第85号窟所采用的病害记录方法，为库木吐喇石窟档案记录提供了可贵的帮助。

在库木吐喇石窟档案记录开展初期，就对各小组都提出了严格要求。要求考古记录对洞窟内外残存的遗迹进行科学记录，准确判断相邻洞窟之间的关系，详细描述窟内空间状况和壁画内容等；摄影要保持相对统一的尺度，维持成像色彩的真实性，全面记录石窟现状，在后甬道狭小的空间操作时必须克服困难，保证不遗漏；考古测绘工作是在很原始的条件下进行的，但是要求保持很高的精度，必须反复校验以确保误差控制在允许范围内；病害记录要求准确辨识每一种病害类型，并用图形符号在涤纶薄膜上绘出其范围，并作相关的文字记录，这项工作量非常大，每人每天最多只能绘出六张；最终，每天在窟内所采集的数据都在晚上汇入计算机进行归类、编号、打印和存档。2002年6月中旬，渭干河上游持续降雨，克孜尔水库泄洪阻断道路，7月24日至30日，洪水更是达到创纪录的1000立方米/秒。在此期间，档案记录组有时不得不背着器材和干粮翻山越岭进入窟区展开工作，同时监测洪水对石窟的影响。

为了探索出科学的石窟档案记录方法，档案记录组还积极向来访的专家请教，认真听取了前来龟兹石窟考察的北京大学李崇峰教授和魏正中先生的建议，并组织当年参与了库木吐喇石窟管理和保护的有关人员召开座谈会，就库木吐喇石窟管理、保护、研究等方面的信息进行搜集整理，补充了库木吐喇石窟遗失的部分历史信息。

2002年9月，档案记录工作组提交了一份比较全面的《库木吐喇石窟第79窟档案》记录样本，得到了专家组的一致好评。该文本由洞窟的考古调查、病害记录、保护修复、资料汇编等几大部分构成，图文并茂，囊括石窟概况、现状调查记录、考古发掘记录、洞窟清理记录、历史遗迹记录、出土文物记录、壁画临摹记录、形制图测绘记录、壁画线描稿记录、古文字题刻摹写记录、病害调查记录、保护工程记录、修复记录、科学实验记录、相关研究资料及目录索引、历史资料搜集汇编等方面内容。专家认为，"这样完整全面的石窟档案记录在该地区尚属首例，这不仅对库木吐喇石窟今后的保护起到重要的作用，乃至包括克孜尔石窟在内的整个龟兹石窟的保护和研究都起到积极的推动作用，这是龟兹石窟保护史上的创举"。专家们要求承担记录档案的每个人员要充分认识其重要意义，要创出国内一流的记录档案样本。

参加档案记录的每一位工作人员，都非常珍惜这一难得的机会，在承担任务的三年中，他们忍受蚊虫叮咬，战高温斗酷暑，跋山涉水，克服一切困难，积极向中外专家学者请教，勇于探索创新，比较圆满地完成了所承担的艰巨任务，为建立龟兹石窟记录档案摸索出了一条新路子。新疆龟兹石窟研究所高度重视本项目的实施，除了购置必备的设备，后期还抽调了三人到档案记录工作组，进一步充实现场的业务力量。到2004年9月底，档案记录组共计调查122个洞窟和3处遗址，完成形制测绘图770余幅，拍摄照片12000余幅，考古记录13.5万余字，病害绘图1450余幅，病害记录2万余字，相关资料搜集8万余字。通过此项目还催生了新疆龟兹石窟研究所一直想做而没有条件做的《库木吐喇石窟内容总录》（文物出版社，2008年）一书，完成了库木吐喇石窟附近一处石窟的调查报告《新和县"三佛洞"遗址调查报告》（《新疆文物》）。与此同时，档案记录工作组还积极配合协助水文地质勘察、地形图测绘、气象站建立、规划编制、防风化和灌浆加固材料的本地试验、日方专家壁画修复实验等其他项目的工作开展。

通过参与联合国教科文组织援助项目，档案记录小组的每个人都取得了可贵的实践经验，综合业务能力和个人素质得到了全面提升，石窟研究所文物保护、管理、研究和对外合作交流等各方面的工作取得了长足的进步。联合国教科文组织援助的库木吐喇石窟保护工程的实施，使库木吐喇石窟这一珍贵的人类历史文化遗产将得到更加持久有效的保护，对当地政府和人民的文物保护的观念是一次革新，对促进龟兹历史文化研究推动当地经济发展起到了积极的影响。

库木吐喇石窟自动气象站的建立

吾机·艾合买提（新疆龟兹石窟研究所）

库木吐喇石窟是新疆古龟兹地区第二大石窟群，位于库车县城西约25公里处的库木吐喇村北面雀尔达格山口，渭干河水自北向南从石窟前流过。石窟开凿在河东岸长约4.5公里崎岖蜿蜒的雀尔达格山山崖上。依雀尔达格山山势走向被自然分为两个区域，分别称其为谷口区和窟群区（图1）。两区现已编号的洞窟共112个，保存着古龟兹地区及其他石窟群内所罕见的数量可观的汉风洞窟。

库木吐喇石窟处于新疆天山南麓、塔里木盆地北缘，属典型的大陆沙漠干旱气候。石窟开凿在地形复杂的沙砾岩体上，四周群山环绕其间渭干河水穿流而过。石窟所处的位置在气象学上称为"山谷峡管"地带。这里一年四季气候复杂多变，昼夜的干湿及温差变化显著。据(库车气象站)工作区多年平均气温9.56℃，月平均最高气温在7月份25.4℃，极端最高气温39.8℃，月平均最低气温在1月份-10.9℃，极端最低气温-27.0℃。据克孜尔水库水文站观测，该区多年平均降水量82.6毫米，最大一日降50.8毫米（1970年7月23日），多年平均蒸发量1839.1毫米。夏季山区多雨，常常形成洪水灾害。库木吐拉石窟面临的渭干河，年径流量22.1亿立方米。据库车气象站资料统计，多年平均风速1.0米/秒。年平均有20天大风日，夏季最多，占全年的52%；秋季较少，占10%；4月至8月大风集中出现，占全年大风日数的85%。风向以N和NW向为主，其次为偏东风。最大风速22米/秒（1979年4月10日），最大持续最长时间为12小时，大风出现时常伴有沙暴，风后浮尘有时持续数天。受塔克拉玛干沙漠影响，区内空气湿度偏低，12月份为64%，3～10月均在40%以下（1951年～1978年平均值）。

库木吐喇石窟开凿建造一千多年来，遭到自然营力侵蚀破坏（地震、雨水冲刷、洪水侵蚀、岩体开裂垮塌等）和人类活动破坏的威胁（石窟荒芜时被牧人、游客、异教徒当作临时生活场所的破坏；20世纪70年代在石窟下游渭干河上修建水电站，引发河水上涨对石窟、壁画严重损害等）。威胁库木吐喇石窟安全的主要病害有岩体开裂、垮塌致使重要石窟的残损破坏；珍贵壁画的剥落、垮塌、风化褪色等破坏；洪水侵蚀破坏等。通过近几年的观察发现，石窟壁画由于所处环境因素的影响，产生了各种类型的病害。最典型的病害是，由于降雨造成雨水直灌窟顶崖体裂隙而进入窟内，导致洞窟湿度增大，使壁画地仗层与崖壁失去粘接，最终使壁画局部空鼓甚至脱落。此外，由于洞窟顶部长年受雨水的冲刷，窟顶逐渐变薄，水分渗入窟内，造成岩体中可溶盐类的运移，使壁画地仗层发生酥碱病变，造成岩体崩塌、风蚀、渗水，退化和人为的破坏，进而使壁画颜料层龟裂、卷翘、起甲、变色、褪色、霉变等病害。

这几类病害可细介绍：

1. 崩塌

石窟所在崖体结构不稳定，产生的横向崖边裂隙和纵向垂直裂隙，造成石窟崖体错落失稳，裂隙还为水分入渗与盐分运移提供通道，危及文物。

2. 风蚀

库木吐喇石窟位于却勒塔格山的崖壁上，由于西北、东北西南多风向的作用，却勒塔格山大量的沙物质进入窟区，造成积沙，污染环境，影响景观；风沙掏蚀崖壁，造成崖壁危石，威胁洞窟安全；污染磨蚀壁画和彩塑，使表面颜料脱落，失去光彩，影响视觉效果。

3. 渗水

雨水冲刷崖壁，形成冲沟；大气降水从石窟上层薄顶洞窟裂隙入渗；在20世纪50年代以前，由于长期无人管理，库木吐喇石窟大部分下层洞窟埋在沙中，上面的雨水和对面河水灌入有积沙的洞内，使下层洞窟长期处于饱水沙的浸泡之中；水的渗入，导致岩体中可溶盐类运移，危及壁画。

4. 退化

各种原因使壁画和彩塑产生病害，造成其退化。主要有：

（1）崖壁裂隙或其他原因使壁画地仗层与崖壁失去粘接，导致壁画局部空鼓，有的造成大面积脱落，甚至坠毁。

（2）水分入渗，造成岩体中可溶性盐类的运移，使壁画地仗层酥碱，严重者壁画完全毁坏。

（3）颜料用胶不当，导致壁画颜料层龟裂，状似鳞甲，甚至起片卷翘脱落，画面成了空白。

（4）光照潮湿或颜料间的相互作用，致使壁画某些颜料变色，影响艺术魅力。

（5）壁画颜料层的颜料颗粒逐渐脱落减少，造成画面色调晦暗，形象模糊，一些壁画作品失去了艺术魅力。

（6）壁画生长霉菌，昆虫碰撞和遗留在壁画表面的排泄物，污染壁画颜料层，改变了壁画原有的面貌。

5. 人为破坏

（1）烟火熏燎形成的烟炱，污染画面甚至使画面完全变黑，无法辨认。

（2）涂写刻画，损伤画面，破坏了壁画艺术的完整性。

（3）本世纪初外国探险队的切割、揭取破坏了壁画的完整性。

库木吐喇石窟一带常年风沙不断，洞窟常被风沙掩埋，严重影响到洞窟及窟内壁画的安全。总之，产生各种病害的主要原因之一是石窟遗址一带复杂多变的气候因素。因此进行环境监测是对石窟进行保护研究的最基础的工作，也为石窟加固、壁画保护选用材料及其施工工艺能够提供科学依据。库木吐喇石窟自动气象监测站的建立，可为石窟文物的研究保护及管理提供科学的实况环境气象信息和历史资料。

2002年库木吐喇石窟被列入联合国教科文组织援助维修工程之一，为配合这项工程，新疆文物局委托新疆气象局下属恒博公司，承建库木吐喇石窟文物保护区自动气象站。该公司于2003年10月15日正式施工，以《中华人民共和国气象法》（2000年）为依据，根据气象规范要求和《中华人民共和国文物保护法》的规定选站址，在观测场地内架设风杆、传感器、百叶箱，开挖地沟、铺设传感器通信电缆，其他设备安装在室内。施工全过程分为四个阶段进行；即施工准备、施工阶段、调试开通和竣工验收阶段。该工程于2003年11月3日完工并投入试用。

建库木吐喇石窟文物保护区使用的自动气象监测系统软件采用Borland公司的C++Builder作为前端开发环境，Mirosoft公司的SOLServer作为后台数据库支持。系统能够运行于Windows98和Windows2000Server操作系统之上，最佳使用分率为1024X768，是该公司采用当今选进的电子、计算机技术，自动控制与通讯技术，利用气象局新开发研制的一套自动采集温、湿、压、降雨、风等气象数据并实时显示和保存气象数据的应用软件系统。此系统软件采用标准的WINDOWS图形三维人机界面标准风格编程，并且可实时多任务运用。系统的界面全汉化，并配以丰富的图形提示，观测员只需按提示选择或输入即可。系统可对洞窟附近区域的风向、风速、大气温度、湿度、气压、降雨等气象要素进行实时监测采集数据，并自动刷新、更新。

目前新开发的气象监测系统借助自动气象检测仪（国产zzll型）发送来的实时监测数据，以数字和图形两种方式同时显示在计算机界面上，并将历史数据以文件和数据库的方式分别存储。而且每天定时从保存历史数据的文件里按气象统计规范标准自动统计前一天24小时／次的气象日报表。气象观测员可以用手动的方式统计任意日期的历史数据，通过统计界面显示来查看或打印保存在数据库中的各种气象要素历史数据，如气象日报表、月报表、年报表、日曲线，年曲线等（见下图）。

为了保障自动气象站的正常运行，日常维护工作由管理人员经常巡检维护。一般故障由龟兹石窟研究所技术人员就地处理，以确保信息资料的准确性；如出现重大故障，则将设备送回负责承建的公司或厂家处理。

此系统在新疆的石窟文物保护工作中首次采用。随着科学技术在文物保护事业中的不断推广和深入，建库木吐喇石窟的文物保护工作也步入了新的阶段。

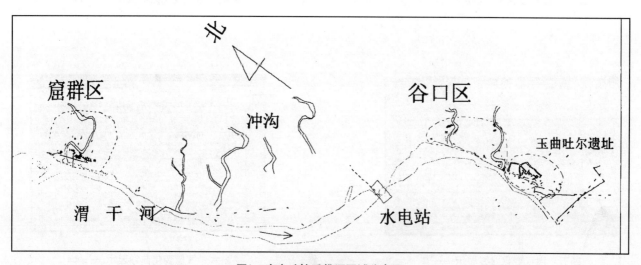

图1   库木吐拉千佛洞区域分布图

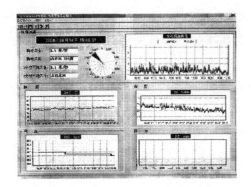

图一　库木吐拉石窟自动气象站—气象六大要素显示窗口

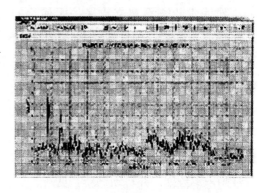

图二　实时风速曲线显示—平均风速米／秒

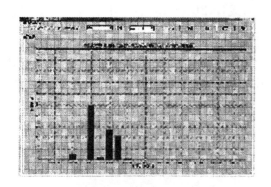

图三　降水变化曲线显示——mm

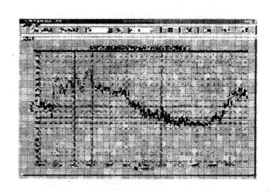

图四　显度变化曲线显示——%RH

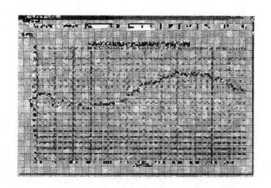

图五　温度变化曲线显示——℃

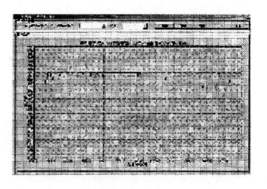

图六　气压变化曲线显示——hpa

库木吐喇千佛洞稳定性分析及锚固计算

方　云（中国地质大学）

王金华（中国文化遗产研究院）

乌布里·买买提艾力（新疆维吾尔自治区文物局）

前　言

库木吐喇千佛洞石窟位于新疆维吾尔自治区库车县以西，距县城25千米，地理坐标东经82°41′，北纬41°41′。

库木吐喇千佛洞开凿于南北朝（公元4～5世纪），鼎盛于唐代（公元7～8世纪），废止于宋初（公元11～12世纪），是现存古代龟兹地区仅次于克孜尔的第二大石窟群。现存编号石窟112个，有壁画的62个，断续分布于渭干河中下游出山口东岸近5平方千米的范围内。

库木吐喇千佛洞为古代丝绸之路中龟兹文化遗存的重要组成部分，保存有丰富独特的石窟建筑、壁画、塑像、题记等，反映了古代龟兹与中原地区密切的文化交流，具有重大的历史、文化艺术、宗教、科学价值。1961年被国务院公布为全国第一批重点文物保护单位。

库木吐喇千佛洞自开凿至今，已有1500余年的历史。一千多年来，库木吐喇千佛洞在自然营力（地震、雨水冲刷、洪水侵蚀等）的长期侵蚀作用下，产生了各种环境地质病害，如崩塌、淘蚀、风化等。人类活动对千佛洞石窟造成了严重的破坏，牧人、游客将石窟当作临时生活场所造成的烟熏破坏；20世纪60～80年代在石窟所处的渭干河上下游修建的水电站，改变了石窟原来的赋存环境，库水倒灌和毛细作用对石窟、壁画造成的严重损害等。自然环境和人类活动的破坏使现存的洞窟无论在外部结构，还是内部形制、壁画、塑像等方面，均遭受了不同程度的破坏。

目前石窟区内分布的众多危岩体时刻威胁着洞窟和游客的安全。库木吐喇千佛洞的岩体稳定性问题是区内最严重的环境地质病害，使石窟面临被毁坏的危机。必须尽快采取紧急的抢救性保护措施，保护这一在中国和世界历史上具有重要意义的历史遗存。

受新疆维吾尔自治区文物局的委托，中国地质大学(武汉)文化遗产与岩土文物保护工程中心于2003年9月赴库木吐喇石窟区进行了现场环境地质病害调查和地球物理探测。在辽宁有色勘察研究院工程地质勘察和水文地质勘察的基础上，重点对石窟区内的危岩体进行了现场勘测。在现场采取岩样，进行岩石薄片鉴定，X衍射矿物成分测试和扫描电镜分析。对石窟区内岩体的破坏模式进行了机理分析和稳定性计算，提出了危岩体的加固治理对策。其主要目的是为库木吐喇千佛洞石窟区的保护规划和抢救性加固保护工程设计提供科学依据。

第一章　库木吐喇千佛洞石窟地质环境

一、地形地貌

　　库车县位于天山南部中段，塔里木盆地北缘，北靠东西绵延起伏的天山支脉却勒塔格山，南面为广阔平坦的塔里木盆地。

　　库木吐喇千佛洞地处新疆天山山脉中段南麓的却勒塔格山的南坡，渭干河东岸的崖壁及沟谷中。渭干河自北向南流经石窟区。河流及冲沟对却勒塔格山的冲蚀和切割作用形成的陡壁，为石窟的开凿提供了地貌条件。由石窟区向南过山前平原后即为塔里木盆地之塔克拉玛干大沙漠。

　　却勒塔格山山体陡峭，分水岭清晰。在积雪与冰川的融水、夏季的降水侵蚀作用下，形成了渭干河、库车河等河流以及众多的冲沟。库木吐喇千佛洞区域内的山体海拔高程1030～2040米，相对高差1000米，属中高山。山体基岩裸露，植被稀少。库木吐喇石窟区地形险峻、复杂，山中沟谷幽深，多呈紧闭型"V"字谷，谷底宽3～10米，两侧分布悬崖绝壁，相对高差20～60米。

　　库木吐喇千佛洞，按石窟分布的区域分为窟群区和谷口区，均位于渭干河的东岸。窟群区的龛窟大部分主要开凿在渭干河切割形成的崖壁上。在窟群区渭干河的东岸发育有一条冲沟，冲沟平时干涸，降雨时形成洪水灾害。部分石窟开凿在冲沟内的陡崖上。谷口区的龛窟主要开凿在冲沟的崖壁上。

　　石窟所在的崖壁陡峭直立，由于风化剥蚀和垮塌，使局部崖壁呈倒坡状，不利于石窟岩体的稳定。山体崖顶多呈缓坡状。降雨（特别是大暴雨）形成的地表径流对山体具有极强烈的剥蚀作用。

二、气候条件

　　库车县地处暖温带，属典型的暖温带大陆性干旱气候，多风沙，气候干燥，降雨稀少，夏季酷热，冬季严寒，年温差和日温差都较大。

　　据克孜尔水库水文站气象园1985～1989年5年资料统计，研究区多年平均气温9.56℃。月平均最高气温在7月，平均气温为25.4℃，极端最高气温为39.8℃(库车站)。月平均最低气温在1月，平均气温为-10.9℃，极端最低气温为-27.0℃（库车站）。

　　据克孜尔水库水文站气象园1964～1979年采用口径为20厘米的雨量器观测，多年平均降水量为82.6毫米，最大日降水量为50.8毫米(1970年7月23日)。多年平均蒸发量为1839.1毫米。夏季山区多雨，常常形成洪水灾害。渭干河的年径流量为22.1亿立方米。

　　降雨形成的地表径流对洞窟的顶部岩体具有极强的剥蚀破坏作用，特别是暴雨时更为强烈，是造成浅埋洞窟窟顶渗水的主要因素。

　　据库车气象站资料统计，多年平均风速为1.0米/秒，最大风速为22米/秒(1979年4月10日)。年平均有20天大风日，大风持续最长时间为12小时。夏季最多，占全年的52%；春季次之，占37%；秋季较少，占10%；冬季偶有大风出现，占1%。4月至8月大风集中出现，占全年大风日数的85%。风向以北和北西向为主，其次为偏东风。大风出现时常伴有沙尘暴，风后浮尘有时持续数天。

由于库木吐喇千佛洞岩体结构松散，强度低，伴有大量沙尘的大风对石窟岩体产生风蚀作用，形成风蚀凹槽，常造成凹槽上部岩体失稳。

受塔克拉玛干大沙漠的影响，区内空气湿度偏低，12月份为64%，3～10月均在40%以下（1951年～1978年平均值）。

三、地质构造条件

区域上，石窟区位于天山地槽褶皱带与塔里木地台两大构造单元的接触部位，属天山褶皱系却勒塔格背斜南翼。该背斜呈NEE—SWW向展布，北翼较陡而南翼较缓，为一不对称背斜。石窟区内岩层倾向SE150°～170°，倾角5°～20°。

背斜轴部发育多条大规模纵向低角度逆冲断层。区域构造应力场的方向：最大主压应力为NNW—SSE，最大主拉应力为NEE—SWW。

石窟区内未见大的断裂构造，主要发育平行崖壁的卸荷裂隙和构造裂隙。窟群区共发现规模较大、影响崖壁岩体稳定的主要裂隙39条，其中4条为构造裂隙，其余均为卸荷裂隙。

四、地层岩性

研究区内出露的地层为第三系上新统、第四系上更新统和全新统的地层。第三系上新统(N2)的地层主要由砂岩、砾岩、粉砂岩、泥岩互层组成，为河湖相沉积，厚度巨大，地貌上形成基岩型山体，是区内石窟开凿的主要地层。第四系地层为洪积、冲积、冲洪积、风积、坡积和崩塌堆积等，主要分布在渭干河两岸、沟谷两侧、坡脚或山顶坡面上。

1. 第三系上新统(N2)

(1)硅质石英砂岩、粗粒杂砂岩：褐黄色、青灰色、灰绿色。多为粗粒结构或粗粒－巨粒结构，层状构造。泥质胶结为主，钙质胶结次之，多为基底式或孔隙－基底混合式泥质胶结，钙质胶结部分多为薄层扁豆状硬核，胶结强度低。颗粒形状为尖棱角状～半滚圆状。层理明显，交错层理和斜层理发育。岩质疏松，遇水易崩解。

软砂岩具极强的遇水崩解性，4×5×6厘米的岩块完全浸水后，3～9分钟内即彻底崩解。

(2)砾岩：青灰色，巨厚层状，砾石成分复杂，磨圆较好，砾径较大，一般在20～70毫米之间，最大可达250毫米，砾石为骨架，泥砂质充填胶结，胶结强度低，局部地段的砾石间空隙极大，几乎无胶结物，呈半成岩状态，遇水易崩解。

(3)粉砂质泥岩或泥质粉砂岩：黄褐色、灰色，泥质胶结，致密、较坚硬，层状构造，层位稳定，遇水易软化，伊利石含量较高，具弱膨胀性。

粉砂岩具粉砂结构，片理化定向构造较明显。颗粒形状为尖棱角状～半滚圆状，孔隙式或基底式黏土矿物胶结。

中-强风化粉砂质泥岩，遇水易崩解，4×5×6厘米的岩块完全浸水后，10分钟内即彻底崩解。

(4)砂砾岩：由薄层状砂岩与砾岩呈互层状或透镜状交替产出组成。褐黄色、灰绿色，泥质胶结为主。层理清晰，交错层理和斜层理发育。砾石成分复杂，但砾径较小，多在5～30毫米之间，最大不超过100毫米，砾石一般不起骨架颗粒作用，砾岩遇水易崩解。

中-强风化砂砾岩多为盐类胶结，干燥时胶结强度较高，遇水即失去胶结作用，变得松散破碎，难以取到完整的砾岩岩块。

沟口区以砾岩为主，夹有砂岩层。砾岩层厚度巨大、层数较多、砾石的砾径较大，胶结强度极低，遇水时极易产生掉块、坍塌。而窟群区地层以砂岩、砂砾岩、泥岩互层为主，且砾石的砾径较小，胶结强度相对较高。

相比较而言，沟口区砾岩的工程地质性质比窟群区的砾岩更差。

各类岩石的工程特性为：岩体强度低，抗风化能力和耐崩解性能差，对水的作用反应敏感。

由X衍射物相半定量分析成果可知，石窟区砂岩中石英含量较高，粉砂岩和泥岩中黏土矿物含量较高。砂岩、粉砂岩中方解石含量均较高。

由砂岩和泥岩的化学成分分析成果可知，砂岩和泥岩的化学成分以SiO_2为主，其次为CaO和Al_2O_3。

区内各类岩性的岩层中均含有一定量的易溶盐成分，浸水蒸发后表面易产生盐化现象。11窟～31窟区域内最下面的一排石窟底面高程低于地表，内壁的析出物结壳，形成泥皮。X衍射物相半定量分析结果表明，主要为石膏类。表层析出物的化学分析成果表明，析出物的化学成分以$NaCl$为主。

表1 岩石物理力学性质成果表

项目			砂岩	砾岩	粉砂质泥岩
含水率（%）			0.04	0.12	0.75
块体密度（g/cm³）			1.901	2.034	2.060
块体干密度（g/cm³）			1.894	2.032	2.036
耐崩解性指数	坚硬部分 Id2(%)		4.29	41.28	33.43
	软质部分Id1(%)		首次循环6-9分钟全部崩解		首次循环10分钟全部崩解
自然吸水率（%）（坚硬部分）			13.899	7.426	
毛细水最大上升高度（cm）			70	65	7.5
单轴抗压强度(垂直层理)(MPa)			2.03		4.79
抗拉强度(垂直层理)(MPa)			0.18		0.40
抗剪强度	内聚力（kPa）	垂直层理	350.8		971.0
		平行层理	184.0		
	内摩擦角（度）	垂直层理	47.3		54.2
		平行层理	46.6		

表1为石窟区内岩石的室内物理力学性质指标。

砂岩和粉砂岩的扫描电镜结果如下：

（1）粉砂岩主要由绿泥石、伊利石、石英、长石、文石和方解石组成。绿泥石集合体呈绒球状，单晶呈鳞片状；伊利石多呈叶片状；石英为不规则粒状；长石多呈长柱状，由于受后期的溶蚀作用，沿解理缝形成淋滤结构，钾长石多蚀变成伊利石，斜长石蚀变成绿泥石；文石呈针状。岩石结构相对致密。泥质胶结。孔隙包括原生孔隙和次生孔隙，原生孔隙主要是粒间孔，次生孔隙主要是溶蚀孔和淋滤孔，孔隙大小一般为 $10 \sim 100 \mu m$。

（2）杂砂岩主要由石英、长石、方解石、绿泥石和伊利石组成。绿泥石和伊利石呈叶片状；石英包括不规则状的低温石英、六方双锥状的高温石英以及次生加大石英；长石呈长柱状，表面多蚀变成伊利石。结构松散。孔隙较大，孔隙包括原生孔隙和次生孔隙，原生孔隙主要是粒间孔，次生孔隙主要是溶蚀孔和淋滤孔。粒间孔隙一般为 $0.5 \sim 3$ 毫米，晶间孔隙为 $0.2 \sim 10 \mu m$，孔隙含量约 $25 \sim 30\%$；孔隙充填式胶结，胶结物为绿泥石、伊利石和石英。

（3）硅质石英砂岩主要由石英、长石、方解石、文石、绿泥石和伊利石组成。绿泥石和伊利石呈叶片状；石英呈不规则粒状和六方双锥状，长石有两类，包括斜长石和钾长石，呈长柱状，钾长石多蚀变成伊利石，斜长石蚀变成绿泥石；方解石为菱面体；文石呈放射状。孔隙包括原生孔隙和次生孔隙，原生孔隙主要是粒间孔，次生孔隙主要是溶蚀孔和淋滤孔，孔隙含量约 15%，孔隙大小一般为 $5 \sim 100 \mu m$，泥质含量相对较杂砂岩高。

对石窟窟壁析出物结晶体所做的扫描电镜分析结果表明，析出物主要由石膏组成。石膏晶体发育成板状，其集合体呈纤维状，由于长期沿石膏的解理面溶蚀，形成淋滤结构，导致结构松散。孔隙一般为粒间孔和晶间孔（溶蚀孔和淋滤孔），孔隙一般为 $30 \sim 100 \mu m$。

对石窟窟壁生长的菌类所做的扫描电镜分析结果表明，石窟内生长的微生物主要为丝状放线菌。放线菌属于好氧菌，生存于洞窟内潮湿环境的岩石表面和石膏晶体粒间。由于受微生物的影响，石膏晶体溶蚀强烈，晶体不完整。

2．第四系上更新统(Q3)：

很少见，主要分布在新1窟附近的高山上，与第三系上新统呈不整合接触，多为含巨大漂砾的混杂堆积。

3．第四系全新统(Q4)：

分布在窟前、沟谷及河漫滩中。主要有坡积土、崩积土、冲积砂卵石、河漫滩或冲沟底部分布的黏性土、粉细砂等层位，分布不均。

五、水文地质条件

库木吐喇千佛洞区域最显著的水文特征是渭干河的河水位变化和季节性洪水。它不仅直接影响库木吐喇千佛洞崖壁岩体的安全稳定，受其影响所产生的地下水位变化，也对石窟岩体、壁画的安全造成危害。

渭干河是天山南坡3条大河之一。上游的干流称为木扎提河（克孜尔河入口以上），先后接纳了流经拜城盆地的卡木斯浪河、特里维其克河、卡拉苏河、克孜尔河四条支流。渭干河穿越却勒塔格山脉，流经库木吐喇千佛洞后，向南进入山前平原，最终汇入草湖或塔里木河，其源头为冰雪融水。渭干河天然流水状态时的年径流量为22.2×108立方米，实测月平均流量最小值为21.8立方米/秒（1957年5月），实测月平均流量最大值为261立方米/秒（1958年5月），实测最大洪峰流量为1840立方米/秒（1958年8月13日）。

在流经库木吐喇千佛洞的出山口处，建有东方红电站(1969年建成)；在库木吐喇上游32千米处，建有克孜尔水库（1990年建成）。两处水利工程建成后，完全改变了渭干河的天然流水状态。

东方红电站是以灌溉调水为主兼发电的小型水利工程，现阶段限定最高蓄水位为1044.5米，库区影响范围约4千米长，可以达到五连洞上游500米左右。窟群区和沟口区均在库区影响范围之内。

而克孜尔水库是以灌溉防洪为主兼顾发电的大型水利水电工程。相应库容$6.07×10^8$立方米，正常蓄水位1149.0米，兴利库容4.77×108立方米，设计洪水时(P=0.1%)最大泄洪量2669 立方米/秒。

根据《上千佛洞水电站工程可行性研究报告》中的洪水计算结果，天然状态时，渭干河克孜尔水库的最大24小时洪水量为$40.7×10^6$立方米，最大3日洪水量为$87.2×10^6$立方米，最大5日洪水量为$128×10^6$立方米，最大7日洪水量为$66×10^6$立方米，（水文系列年限1951～1989年）。

经1989年和2002年两次特大洪水的检验，下游渭干河最大流量不超过1000立方米/秒。说明流经石窟区的河水流量完全受克孜尔水库放水的控制。据调查，克孜尔水库的放水量系根据库车、新和、沙雅三县用水情况而确定，一般在200～400 立方米/秒之间。

控制临河石窟地下水位的决定因素是克孜尔水库的放水量，克孜尔水库放水量在200～400立方米/秒之间，东方红电站限定最高蓄水位1044.5m，对临河石窟无直接影响。若克孜尔水库放水量大于600米/秒，在东方红电站水位保持1044.5m时，对洞窟开始产生直接影响。随着放水量增大，危害程度增加。除地下水位提高会诱发石窟病害外，还会对五连洞前崖壁岩体及沿岸道路产生侧向侵蚀性破坏。

由于山中植被稀少、基岩裸露，雨季来临时，地表径流除对窟顶岩体造成冲刷侵蚀破坏外，极易汇聚到沟谷中形成季节性洪水。洪水发生时，水体中夹带大量泥沙和砾石，沿沟谷向外涌出。由于沟谷的坡降较大（平均大于7%），洪水流速高，对沟谷两侧洞窟崖壁岩体的根基具有极强的侵蚀破坏作用，并会产生岩体稳定性问题。特别是沟谷被坍塌的岩石截流时，洪水流量大，流速高，破坏力极强。窟群区横跨大沟连接两个围堰的小桥1991年曾被洪水冲毁。

地表径流和冲沟内的洪水对通向窟区的道路也具有极强的破坏作用。

六、地 震

从大地构造位置上看，库木吐喇千佛洞地处相对稳定的塔里木地台和相对活动的天山褶皱带的过渡带上。据新疆地质局1965年编制的1∶200万大地构造图，由石窟区向南10千米左右，发育着一条深大断裂，为这两个有着强烈差异运动的一级分界深大断裂。由石窟区向北紧临东西向的却勒塔格背斜轴部及其间发育有纵向新生代活动断裂带。石窟区是一个地震活动强烈和频繁的地区。自1893～1987年年以来，共发生中强地震和大地震21次，其中6级以上的就有4次。

近年来本区弱震也较频繁，从库车气象站弱震记录可以看出，地震频度有逐年增加的趋势，而且地震延续时间也较长。

综上所述，石窟区的大地构造位置、地形特征、断裂情况、以及地震活动历史等构成了区内的危险地震条件。由于区内岩石的强度较低，沟谷幽深，崖壁陡峭，地震对石窟区崖壁岩体的稳定性构成了极大的威胁。2002年7月16日，由于发生有感地震，致使窟群区10号窟上部危岩体产生垮塌。

地震是影响库木吐喇千佛洞石窟岩体稳定性的最主要的外力之一。

参考兰州地理物理所1967年对克孜尔水库地震基本烈度的意见，以及新疆地震局1984年对克孜尔水库地震基本烈度的复核意见，并根据《建筑抗震设计规范》（GB 50011—2001）附录A《我国主要城镇抗震设防烈度、设计基本地震加速度和设计地震分组》之规定，石窟区内的抗震设防烈度为8度、设计基本地震加速度值为0.2g，设计地震分组为第一组。

第二章　石窟区危岩体稳定性分析评价

库木吐喇石窟开凿于南北朝时期（公元4～5世纪），雕琢在第三系（N2）砾岩和砂岩互层的陡壁上，至今已有1500余年的历史。在长期的自然引力作用下，岩体结构破碎，风化严重。因卸荷裂隙切割，立壁岩体与后侧山体开裂脱离，形成多个危岩体，时刻威胁着石窟和游人的安全。

根据现场调查，库木吐喇石窟立壁崖面上共发现7处危岩体。具体划分为：

1．1号危岩区—五连洞（69～73窟）

2．2号危岩体—79～80窟

3．3号危岩区—新1．2窟

4．4号危岩体—64～66窟

5．5号危岩区—54～63窟

6．6号危岩区—19～31窟

7．7号危岩区—10～18窟

这些危岩体随时有发生破坏崩塌的可能，严重影响了洞窟整体的稳定性，是库木吐喇石窟区最严重的环境地质病害。

一、危岩体现状调查

1．1#危岩区

位于窟群区的北端，为五连洞（69～73窟）所在部位。五连洞由5个互相贯通的大型洞窟连接而成。五连洞所在崖壁位于渭干河主河道的冲蚀凹岸。由于岩体结构疏松，抗冲蚀能力低，在河水长期的侵蚀作用下，崖壁底部形成了一个巨大的冲蚀凹槽。据勘察资料，该冲蚀凹槽水平方向上深16.5米，凹槽的最大高度达12米。目前五连洞洞口以下的崖壁呈倒坡状。过去曾采取人工砂石回填方法对该处的岩体进行过加固。本次调查查明，回填的砂石土已在自重作用下产生了沉降，与岩体凹槽顶部脱开，未起到任何支撑作用。上部岩体在自重作用下，发生朝向临空面的位移和朝下的位移，使岩体变形拉裂，调查发现，五连洞相邻的几个洞窟内壁和中间3个窟的窟顶均产生了贯通的张拉裂隙，窟前部位的岩体目前仍处于蠕动变形状态，若不采取抢救性保护工程措施，五连洞有毁灭的危险。

目前在该区域存在3个危岩体，分别编号为：W1-1 、W1-2和W1-3。

W1-1危岩体，高11米，宽41米，厚0.4～2米，呈片状陡倾角附着在五连洞上方（图1）。

W1-2高7.0米、宽7.0米、厚0.4米，位于69窟下部，其破坏面产状为90º∠70º（图2）。该危岩体后

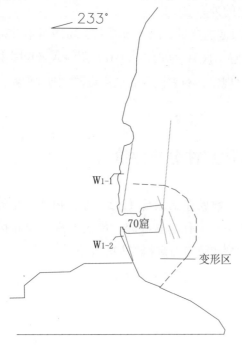

图1　1#危岩区现状调查图

图2　1#危岩体W1-2（南侧）

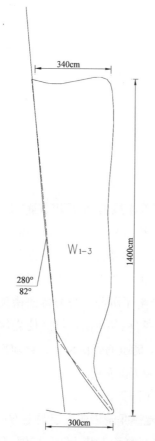

图3　危岩体W1-3剖面图

图4 2#危岩体（北侧）

缘破坏面已大部与山体脱离，现仅靠危岩体下部砂岩的抗拉力维持平衡。

W1-3高14.0米、宽9.2米、厚3.0米，破坏面产状280º ∠82º（图3）。

2. 2#危岩体

2#危岩体位于窟群区79～80窟所在崖壁的上部，该危岩体的中部存在一层厚约80厘米的泥岩软弱夹层，危岩体可能沿泥岩夹层剪切破坏，也可能沿底部产生破坏，构成2个可能的潜在破坏面，分别编为W2-1、W2-2（图4）。

W2-1为重力作用下的局部滑动破坏，滑动块体高4.8米、宽1.7米、厚2.5米；W2-2为整体剪切滑动破坏，滑动块体高8.3米、宽1.7米、厚2.5米。破坏面产状280º ∠82º。

3. 3#危岩区

位于谷口区新1、新2洞窟所在立壁上部，区内存在2个危岩体，分别编号为W3-1和W3-2。W3-1高6.7米、宽4.25米、厚1.0米；W3-2高4.9米、宽1.87米、厚1.3米(图5)。在危岩体W3-1、W3-2的后缘发育有平行于立壁面的卸荷裂隙。

4. 4#危岩体

位于窟群区64～66窟所在立壁的上部。该危岩体内存在3条大的卸荷裂隙，形成3块危岩体（图6），分别编号为W4-1、W4-2和W4-3。

W4-1高7.8米、宽5.5米、厚1.5米，破坏面产状190º ∠85º；W4-2高8.8米、宽10.1米、厚2.0米、破坏面产状185º ∠82º；W4-3高23.0米、宽20.5米、厚5.2米，破坏面产状190º ∠85º。

图5　3#危岩体（北侧）　　　　　　　　　　　　　　　图6　4#危岩体

图7　5#危岩体

5. 5#危岩区

位于窟群区54~63窟所在立壁的中上部。该区域内发育的卸荷裂隙规模较大，主要发育2条与崖壁反倾的卸荷裂隙。外侧裂隙的切割，造成56~63窟外室毁塌，现构成2个危岩体（W5-1、W5-2）的后缘切割面。内侧裂隙主要分布在60~61窟之间，隙宽较大，达5~7c米。2条裂隙之间的间距为1~3米，形成第3个危岩体（W5-3）。图7为5#危岩区的剖面图。

W5-1高7.0米、宽7.0米、厚0.8米，破坏面产状450∠800。W5-2高3.7米、宽34.0米、厚1.2米，其最可能的破坏方式为单面滑动破坏。W5-3是由贯穿54~62窟的2条卸荷裂隙切割形成的危岩体。但由于2条裂隙的隙宽较大，漏砂渗水，该危岩体已经与后壁山体脱离，在地震等因素的影响下，可能诱发岩

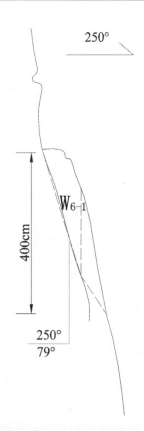

图8　6#危岩体

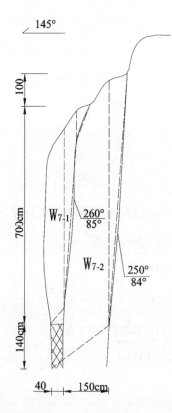

图9　7#危岩体

体变形，产生新的稳定问题，最终导致失稳破坏。

6. 6#危岩区

位于窟群区19～31窟所在立壁的中部，存在3块危岩体，分别编号为W6-1(图8)、 W6-2和W6-3。

W6-1高4.0米、宽2.4米、厚0.6米，破坏面产状250º∠79º；W6-2位于24号窟之上，高5.6米、宽6.5米、厚0.5米，破坏面产状235º∠83º。W6-3位于21号窟之上，高8.0米、宽13.0米、厚0.5米，破坏面产状230º∠78º，破坏形式为单面滑动破坏。

7.7#危岩体

位于10˜18窟所在立壁的中下部，该区内发育2条大的卸荷裂隙，切割岩体，形成W7-1和W7-2 2个危岩体。W7-1位于13～14窟上方，高7.0米、宽9.0米、厚1.0米，破坏面产状260º∠85º。W7-2体量较大，分布范围为13～18窟，高9.4米、宽27.6米、厚2.5米，破坏面产状250º∠84º。在13～14窟W7-1和W7-2相叠伴生（图9）。W7-3位于12窟之上，高10.8米、宽9.0米、厚1.0米，破坏面产状304º∠82º。在W7-3的底部曾经用水泥进行修补，现水泥修补均已脱落。

二、危岩体稳定性分析计算

1. 计算参数

根据辽宁有色勘察研究院的"库木吐喇千佛洞工程地质报告"，砾岩和砂岩的平均重度取 γ =19.6kN/m³；砂岩岩块垂直、平行层理方向的抗剪强度参数均取c=267.4kPa，φ=46.6º，由于库木吐喇石窟区岩体风化严重，结构十分破碎，砂岩岩体的抗剪强度参数取c=26.0kPa，φ=23.0º；砂岩的抗拉强度取 σ_{ct}=180.0kPa。根据野外勘察结合室内实验，危岩体潜在破坏面的平均抗剪强度参数取c=10.0kPa，φ=20.0º。由于危岩体沿破裂面张开，裂隙中充填粉砂质黏土，沿裂隙面几乎不具有抗拉强度，在计算中取危岩体破坏面的平均抗拉强度为 σ_{mt}=1kPa。

2. 破坏形式和计算公式

危岩体的破坏形式可分为单滑面破坏、多滑面破坏和重力作用下倾倒破坏3种类型。

当危岩体最可能的破坏形式为单面滑动破坏时，按单面滑动破坏方式进行分析计算，其计算公式为：

$$K = \frac{W_r}{W_s} = \frac{G \times \cos\alpha \times \tan\phi + c \times S}{G \times \sin\alpha}$$

考虑地震力作用时，其计算公式为：

$$K = \frac{W_r}{W_s} = \frac{(G \times \cos\alpha - Q \times \sin\alpha) \times \tan\phi + c \times S}{G \times \sin\alpha + Q \times \cos\alpha}$$

式中：

K—危岩体稳定性系数；

W_r—抗滑力（kN）；

W_s—滑动力（kN）；

G—危岩体重力（kN），$G=\gamma \times A \times B$；

α—危岩体滑面与水平方向的夹角（°）；

Q—作用在危岩体上的水平地震力（kN），$Q=\alpha_h \times G$；

α_h—水平地震影响系数；

ϕ—危岩体破坏面的内摩擦角（°）；

c—危岩体破坏面的黏聚力（kPa）；

S—危岩体潜在破坏面黏着部分的面积（m^2）。

当危岩体最可能的破坏形式为多面滑动破坏时，用剩余推力法进行危岩体稳定性分析计算，其计算公式为：

$$K=\frac{\sum_{i=1}^{n-1}(R_i \prod_{j=1}^{n-1}\psi_j)+R_n}{\sum_{i=1}^{n-1}(T_i \prod_{j=1}^{n-1}\psi_j)+T_n}$$

式中：

ψ_i—第i块段的剩余下滑力传递至第i+1块段时的传递系数（j=i），

$\psi_i=\cos(\alpha_i-\alpha_{i+1})-\sin(\alpha_i-\alpha_{i+1})\times \tan \phi_{i+1}$；

R_i—作用于第i块段的抗滑力（kN/m），

$R_i=N_i \times \tan \phi_i+c_i \times S_i=G_i \times \cos \alpha_i \times \tan \phi_i+c_i \times S_i$；

T_i—作用于第i块段破坏面上的滑动分力（kN/m），

$T_i=G_i \times \cos \alpha_i$；

考虑地震力作用时：

$R_i=(G_i \times \sin \alpha_i-Q_i \times \cos \alpha_i)\times \tan \phi_i+c_i \times S_i$；

$T_i=G_i \times \cos \alpha_i+Q_i \times \sin \alpha_i$；

当危岩体最可能的破坏形式为重力作用下倾倒破坏时，用力矩平衡法对危岩体进行稳定性分析计算，其计算公式为：

$$K=\frac{M_r}{M_s}$$

考虑地震力作用时：

$$K=\frac{M_r}{M_s+M_Q}$$

式中：

　　M_r—危岩体抗倾覆力矩（kN·m）；

　　M_s—危岩体倾覆力矩（kN·m）；

　　M_Q—作用在危岩体上的地震力力矩（kN·m）。

危岩体计算中其他相关参数意义如下：

　　L—危岩块体沿剖面方向上破坏面的长度（m）；

　　δ—根据危岩体形状的折减系数；

　　A—危岩体的剖面面积（m²）；

　　B—垂直剖面方向的等效宽度（m）。

3. 判别依据

考虑文物的价值和不可再生的特殊性，按国家现行的《岩土工程勘察规范》（GB50021—2001），库木吐喇地区考虑地震力作用时，按地震烈度Ⅷ设防，水平地震影响系数取 $\alpha_h=0.2$（即水平地震加速度值为2.0m²/s）。

当K=1.0时，危岩体处于极限平衡状态。在工程实践中，K值等于1或稍大于1，并不能说明岩体处于稳定状态。工程上K值必须满足一个最起码的安全需要，称为容许安全系数，用K_f表示。对于石刻文物岩体加固的容许安全系数，目前尚无明确规定。由于文物的重要性，建议分析石刻岩体的稳定性时，取$K_f=1.3$作为容许安全系数，并按下述标准进行稳定性分析。

　　　K<1.0　　　　不稳定

　1.0≤K≤1.3　　　欠稳定

　　　K>1.3　　　　稳定

三、危岩体稳定性分析计算

1. 1#危岩体稳定性计算

W_{1-1}危岩体（图1）在重力作用下，局部可能发生倾倒崩塌破坏或单面滑动破坏。采用单滑面计算公式进行稳定性分析计算如下。

Ⅰ 不考虑地震力作用时：

A=5.50m²；α=80°；B=1.0m；（取单位宽度）

L=11.17m；S=L×B=11.17m²；

G=γ×A×B=19.6×5.50×1.0

　=107.80kN，

$$K = \frac{W_r}{W_s} = \frac{G \times \cos\alpha \times \tan\phi + c \times S}{G \times \sin\alpha}$$

$$= \frac{107.80 \times \cos 80° \times \tan 20° + 10 \times 11.17}{107.80 \times \sin 80°} = 1.12$$

Ⅱ考虑地震力作用的影响：

地震力：Q= G×α_h=107.80×0.2=21.56kN；

$$K = \frac{W_r}{W_s} = \frac{(G \times \cos\alpha - Q \times \sin\alpha) \times \tan\phi + c \times S}{G \times \sin\alpha + Q \times \cos\alpha}$$

$$= \frac{(107.80 \times \cos 80° - 21.56 \times \sin 80°) \times \tan 20° + 10 \times 11.17}{107.80 \times \sin 80° + 21.56 \times \cos 80°} = 1.01$$

由计算结果可知，目前W_{1-1}处于欠稳定状态，在Ⅷ度地震作用下极可能失稳。

W_{1-2}（图2）危岩体后缘破坏面已大部与山体脱离，现仅靠危岩体下部砂岩的抗拉力维持平衡。该危岩体所在崖壁为倒坡状，在重力作用下可能发生拉断倾覆破坏。现采用力矩平衡法进行稳定性分析计算如下。

Ⅰ不考虑地震力作用的影响：

A= 2.46m²；B=7.0m；

危岩体底部厚h=0.4m；重力力臂l=0.7m；

G= γ×A×B×δ

=19.6×2.46×7.0×0.4=135.0kN；

危岩体重力产生的倾覆力矩：

M_s=G×l=135.0×0.7=94.50 kN·m

危岩体底部砂岩的抗倾覆力矩：

M_r=σ_{ct}×B×h×h/2

=180×7.0×0.4×0.4/2=100.8 kN·m

$$K = \frac{M_r}{M_s} = \frac{100.8}{94.5} = 1.07$$

Ⅱ考虑地震力作用的影响：

地震力：Q= G×α_h=135.0×0.2=27.00kN；

地震力矩：M_Q=Q×L_Q=27.00×2.3=62.10kN·m

$$K = \frac{M_r}{M_s + M_Q} = \frac{100.8}{94.50 + 62.1} = 0.64$$

由计算结果可知，W_{1-2}目前接近于极限平衡状态，在Ⅷ度地震作用下将失稳破坏。

由现场勘察可知，W_{1-3}（图3）的破坏方式为多面滑动破坏。现采用剩余推力法进行稳定性分析计算：

Ⅰ不考虑地震力作用的影响：

A_1=1.87m², A_2= 36.43m², $α_1$=82°, $α_2$=45°, B=9.20m, L_1=9.36m, L_2=5.54m,

S_1=L_1×B =86.11 m², S_2= L_2×B =50.97 m²,

G_1= γ×A_1×B=19.6×1.87×9.2=337.20kN,

G_2 = γ×A_2×B×δ=19.6×36.43×9.2×0.5=3284.53 kN,

$ψ_1$=cos（$α_1$-$α_2$）-sin（$α_1$-$α_2$）×tanφ₂=cos(82°-45°)-sin(82°-45°)×tan23° =0.54

R_1=G_1×cos$α_1$×tanφ₁+c_1×S_1=337.20×cos82°×tan20° +10×86.11=878.18kN

R_2=G_2×cos$α_2$×tanφ₂+c_2×S_2=3284.53×cos45°×tan23°+26×50.97=2311.07kN

T_1=G_1×sin$α_1$=337.20×sin82°=333.92kN

T_2=G_2×sin$α_2$=3284.53×sin45°=2322.51kN

$$K = \frac{R_1 \times ψ_1 + R_2}{T_1 \times ψ_1 + T_2} = \frac{878.18 \times 0.54 + 2311.07}{333.92 \times 0.54 + 2322.51} = 1.11$$

Ⅱ考虑地震力作用的影响：

Q_1= G_1×$α_h$=337.20×0.2=67.44kN

Q_2= G_2×$α_h$=3284.53×0.2=656.91 kN

R_1=（G_1×cos$α_1$- Q_1×sin$α_1$）×tanφ₁+c_1×S_1

　　=（337.20×cos82°-67.44×sin82°）×tan20° +10×86.11=853.87kN

R_2=（G_2×cos$α_2$- Q_2×sin$α_2$）×tanφ₂+c_2×S_2

　　=（3284.53×cos45°-656.91×sin45°）×tan23° +26×50.97=2113.90kN

T_1=G_1×sin$α_1$+ Q_1×cos$α_1$=337.20×sin82°+67.44×cos82°=343.30kN

T_2=G_2×sin$α_2$+ Q_2×cos$α_2$=3284.53×sin45°+656.91×cos45°=2787.02kN

$ψ_1$ =0.54

$$K = \frac{R_1 \times ψ_1 + R_2}{T_1 \times ψ_1 + T_2} = \frac{853.87 \times 0.54 + 2113.90}{343.30 \times 0.54 + 2787.02} = 0.87$$

由计算可知，W_{1-3}目前处于欠稳定状态，在Ⅷ度地震作用下极可能失稳。

2. 其他危岩体稳定性计算

由现场勘察可知：W_{2-1}和W_{2-2}的破坏方式均为多面滑动破坏，分别用剩余推力法进行稳定性分析计算：

由计算可知，无论是否考虑地震因素的影响，W_{2-1}的稳定性系数均低于W_{2-2}，因此 2#危岩体最可能的破坏方式是沿W_{2-1}的滑动面产生滑动破坏。目前，该危岩体处于欠稳定状态，在Ⅷ度地震作用下极可能失稳。

2#危岩体位于窟群区 12～14 窟所在崖壁顶部，地处风口。在风蚀作用下，该处的岩体呈蜂窝状，十分松散破碎。目前风蚀作用仍在不断侵蚀 2#危岩体的基底，若不及时对风蚀岩体进行加固处理，2#危岩体和 79～80 窟随时可能发生坍塌破坏。

3. 3#危岩体稳定性计算

由现场勘察可知，危岩体W_{3-1}、W_{3-2}的破坏方式均为多面滑动破坏。

由计算结果可知，W_{3-1}和W_{3-2}目前均处于欠稳定状态，在Ⅷ度地震作用下都极可能失稳。

新1窟、新2窟所在的谷口区的岩体结构以松散砾岩为主，夹透镜状薄层状砂岩和泥岩。其中砾岩的砾石粒径较大，结构松散，胶结强度极低，抗风化能力极差。每遇大风或雨季，砂砾纷纷脱落，危及洞窟和游人的安全。砂岩和泥岩的成岩性较好，具有一定的抗风化能力。调查发现，谷口区砂岩的抗风化能力最高，泥岩次之，砾岩最差。由于差异性风化作用，在崖壁上形成众多大小不一的近水平状风化凹槽。风化凹槽深度最大可达 3m 以上，高度最大超过 1.8m。当风化凹槽与陡倾角的卸荷裂隙贯通时，往往产生滑塌破坏或倾覆式破坏。这是谷口区立壁岩体的主要破坏模式。

4. 4#危岩体稳定性计算

由现场勘察可知，W_{4-1}、W_{4-2}和W_{4-3}破坏方式均为多面滑动破坏。

由计算可知，无论是否考虑地震因素的影响，W_{4-1}的稳定性系数均低于W_{4-2}和W_{4-3}，因此 4#危岩体最可能的破坏方式是沿W_{4-1}的滑动面产生滑动破坏。目前，该危岩体处于欠稳定状态，在Ⅷ度地震作用下极可能失稳。

5. 5#危岩体稳定性计算

由现场勘察可知：W_{5-1}的破坏形式为岩体在重力作用下的拉断倾覆式破坏，采用力矩平衡法进行稳定性计算分析。W_{5-2}最可能的破坏方式为单面滑动破坏，采用单面滑动破坏法进行稳定性计算分析。

由计算可知，W_{5-1}目前处于极限平衡状态，在Ⅷ度地震作用下极可能失稳。W_{5-2}目前处于欠稳定状态，在Ⅷ度地震作用下稳定状态将恶化，接近极限平衡状态。

W_{5-3}是由贯穿 54～62 窟的 2 条卸荷裂隙切割形成的危岩体，目前该危岩体暂时处于基本稳定状态，不会产生破坏。但由于 2 条裂隙的隙宽较大，漏砂渗水，该危岩体已经与后壁山体脱离，在地震等因素的影响下，可能诱发岩体变形，产生新的稳定问题，最终导致失稳破坏。因此，也应对W_{5-3}危岩体进行加固处理。

6. 6#危岩体稳定性计算

由现场勘察可知，危岩体W_{6-1}、W_{6-2}的破坏形式为多面滑动破坏，采用剩余推力法进行稳定性计算分析。W_{6-3}破坏形式为单面滑动破坏，采用单面滑动破坏法进行稳定性计算分析。

由计算结果可知：目前W_{6-1}处于欠稳定状态，W_{6-2}和W_{6-3}处于极限平衡状态，在Ⅷ度地震作用下都可能失稳。

7. 7#危岩体稳定性计算

由现场勘察可知，W_{7-1}和W_{7-2}的破坏方式均为多面滑动破坏，采用剩余推力法进行稳定性计算分析。W_{7-3}的破坏方式为单面滑动破坏，采用单面滑动破坏法进行稳定性计算分析。

由计算结果可知，目前W_{7-1}和W_{7-3}接近极限平衡状态，W_{7-2}处于欠稳定状态，在Ⅷ度地震作用下都可能失稳。

表2给出了库木吐喇石窟区危岩体稳定性分析计算的成果表。

表2 危岩体稳定性分析计算成果

危岩体编号		潜在破坏方式	天然状态		考虑地震（烈度Ⅷ）	
			稳定性系数	稳定性评价	稳定性系数	稳定性评价
1#	W_{1-1}	单面滑动破坏	1.12	欠稳定	1.01	欠稳定
	W_{1-2}	倾倒崩塌破坏	1.07	极限平衡	0.64	失稳破坏
	W_{1-3}	多面滑动破坏	1.11	欠稳定	0.87	失稳破坏
2#	W_{2-1}	多面滑动破坏	1.14	欠稳定	0.88	失稳破坏
	W_{2-2}	多面滑动破坏	1.22	欠稳定	0.96	失稳破坏
3#	W_{3-1}	单面滑动破坏	1.13	欠稳定	0.87	失稳破坏
	W_{3-2}	单面滑动破坏	1.13	欠稳定	0.89	失稳破坏
4#	W_{4-1}	多面滑动破坏	1.10	欠稳定	0.89	失稳破坏
	W_{4-2}	多面滑动破坏	1.19	欠稳定	0.96	失稳破坏
	W_{4-3}	多面滑动破坏	1.28	欠稳定	0.95	失稳破坏
5#	W_{5-1}	倾倒崩塌破坏	1.05	极限平衡	0.38	失稳破坏
	W_{5-2}	单面滑动破坏	1.20	欠稳定	1.10	欠稳定
	W_{5-3}	暂时处于基本稳定状态，但裂隙的隙宽较大，漏砂渗水，该危岩体已与后壁山体脱离，在地震等因素的影响下，可能诱发岩体变形，产生新的稳定问题，最终导致失稳破坏。				
6#	W_{6-1}	多面滑动破坏	1.13	欠稳定	0.97	失稳破坏
	W_{6-2}	多面滑动破坏	1.07	极限平衡	0.92	失稳破坏
	W_{6-3}	单面滑动破坏	1.04	极限平衡	0.97	失稳破坏
7#	W_{7-1}	多面滑动破坏	1.02	极限平衡	0.84	失稳破坏
	W_{7-2}	多面滑动破坏	1.16	欠稳定	0.85	失稳破坏
	W_{7-3}	单面滑动破坏	1.09	极限平衡	0.85	失稳破坏

由表2知，在目前状态下，W_{1-2}、W_{5-1}、W_{6-2}、W_{6-3}、W_{7-1}、W_{7-3}这6处危岩体的稳定性系数均小于1.10，在1.02～1.09之间，接近极限平衡状态，随时有倾覆或滑塌的可能，急需加固治理。W_{1-1}、W_{1-3}、W_{2-1}、W_{2-2}、W_{3-1}、W_{3-2}、W_{4-1}、W_{4-2}、W_{4-3}、W_{5-2}、W_{6-1}、W_{7-2}这10处危岩体，除W4-3的稳定性系数为1.28外，其余的危岩体稳定性系数均在1.10～1.20之间，处于欠稳定状态。2#危岩体最可能的破坏形式是沿中部的软弱夹层发生破坏。4#危岩体的破坏模式是一种渐进式破坏，首先沿W_{4-1}的滑裂面发生局部破坏，然后逐渐发展为沿W_{4-2}和W_{4-3}的破裂面发生滑塌。

在地震烈度Ⅷ时，除W_{5-2}危岩体的稳定性系数为1.10外，其他危岩体的稳定性系数均小于1.00，均将发生破坏。

这些危岩体的存在时刻影响着危岩体附近洞窟的整体稳定性，严重威胁着石窟和游人的安全。因此，对这些危岩体必须尽快进行抢救性加固治理。

第三章　锚固力计算

考虑到文物的价值和不可再生的特殊性，参考《岩土工程勘察规范》（GB50021—2001）的有关规定，对以上危岩体进行加固治理时，要求加固后的危岩体的安全系数均达2.50以上，并按此值进行加固设计。在计算以上危岩体加固治理所需的锚固力或锚固力矩时，均按天然状态和地震烈度Ⅷ时的两种情况分别计算。

一、锚固力计算公式

考虑锚固力的安全系数计算公式为

$$K_s = \frac{W_r + T_t}{W_s}$$

危岩体加固设计计算时，所需的锚固力可按下式计算：

$$T_t = K_s \times W_s - W_r$$

式中：

　　K_s：加固后的稳定性系数（K_s=2.5）；

　　T_t：危岩体加固所需的锚固力（kN）；

　　W_s：滑动力（kN）；

　　W_r：抗滑力（kN）。

二、锚固力计算

以 1#危岩体为例进行锚固力计算如下：

1．不考虑地震力作用的影响

W_{1-1}：危岩体加固时所需的锚固力

$$T_t = K_s \times W_s - W_r = 2.5 \times 106.16 - 118.51$$
$$= 146.89 \text{kN}$$

W_{1-2}：危岩体加固时所需的锚固力矩

$$T_t = K_s \times W_s - W_r = 2.5 \times 94.5 - 100.8$$
$$= 135.45 \text{kN} \cdot \text{m}$$

W_{1-3}：危岩体加固时所需的锚固力

$$T_t = K_s \times (T_1 \times \psi_1 + T_2) - (R_1 \times \psi_1 + R_2)$$
$$= 2.5 \times (333.92 \times 0.54 + 2322.51) - (878.18 \times 0.54 + 2311.07)$$
$$= 3471.78 \text{kN}$$

2. 考虑地震力作用的影响

W_{1-1}：危岩体加固时所需的锚固力

$$T_t = K_s \times (W_s + W_Q) - W_r = 2.5 \times (109.91 + 21.56) - 110.78$$
$$= 210.90 \text{kN}$$

W_{1-2}：危岩体加固时所需的锚固力矩

$$M_t = K_s \times (M_s + M_Q) - M_r = 2.5 \times (94.5 + 62.1) - 100.8$$
$$= 290.70 \text{kN} \cdot m$$

考虑岩体的几何形状和锚杆布置，取集中作用力力臂 L=1.0m，可以算出所需锚固力

T_t=290.7kN

W_{1-3}：危岩体加固时所需的锚固力

$$T_t = K_s \times (T_1 \times \psi_1 + T_2) - (R_1 \times \psi_1 + R_2)$$
$$= 2.5 \times (343.3 \times 0.54 + 2787.02) - (853.87 \times 0.54 + 2113.90)$$
$$= 4856.02 \text{kN}$$

将各危岩体加固所需的锚固力计算结果列于表 3。在对危岩体进行加固施工时，取加固后的岩体稳定性安全系数为 2.50。

将各危岩体加固所需的锚固力计算结果列于表3。在对危岩体进行加固施工时，取加固后的岩体稳定性安全系数为2.50。

表3　危岩体加固所需的锚固力（安全系数Ks=2.5）

危岩体编号		潜在破坏方式	天然状态		考虑地震（烈度Ⅷ）	
			稳定性系数	所需锚固力（kN）	稳定性系数	所需锚固力（kN）
1#	W_{1-1}	单面滑动破坏	1.12	146.89	1.01	210.90
	W_{1-2}	倾倒崩塌破坏	1.07	135.45	0.64	290.70
	W_{1-3}	多面滑动破坏	1.11	3471.78	0.87	4856.02

（表3续）

2#	W$_{2-1}$	多面滑动破坏	1.14	205.40	0.88	294.71
	W$_{2-2}$	多面滑动破坏	1.22	280.78	0.96	696.4
3#	W$_{3-1}$	单面滑动破坏	1.13	407.66	0.87	595.48
	W$_{3-2}$	单面滑动破坏	1.13	140.52	0.89	217.93
4#	W$_{4-1}$	多面滑动破坏	1.10	520.09	0.89	693.10
	W$_{4-2}$	多面滑动破坏	1.19	1179.31	0.96	1613.09
	W$_{4-3}$	多面滑动破坏	1.28	14024.06	0.95	8640.0
5#	W$_{5-1}$	倾倒崩塌破坏	1.05	614.86	0.38	2444.14
	W$_{5-2}$	单面滑动破坏	1.20	1904.75	1.10	2074.95
	W$_{5-3}$	暂时处于基本稳定状态，但裂隙的隙宽较大，漏砂渗水，该危岩体已与后壁山体脱离，在地震等因素的影响下，可能诱发岩体变形，产生新的稳定问题，最终导致失稳破坏。				
6#	W$_{6-1}$	多面滑动破坏	1.13	109.43	0.97	132.28
	W$_{6-2}$	多面滑动破坏	1.07	394.10	0.92	464.73
	W$_{6-3}$	单面滑动破坏	1.04	1626.01	0.97	1825.95
7#	W$_{7-1}$	多面滑动破坏	1.02	1064.56	0.84	1294.94
	W$_{7-2}$	多面滑动破坏	1.16	6771.68	0.85	4000.0
	W$_{7-3}$	单面滑动破坏	1.09	809.37	0.85	1014.49

第四章　库木吐喇千佛洞洞窟稳定性加固对策

根据上述分析，制定库木吐喇千佛洞洞窟稳定性加固对策如下：

1. 降雨形成的地表径流对洞窟的顶部具有极强的剥蚀破坏作用，尤其是暴雨时更为强烈，是造成浅埋洞窟漏顶、渗水和上部岩体失稳的主要原因。如53～58窟等处的洞窟渗水病害，79～80窟基脚不稳等病害。应对窟顶采用加固剂进行表层加固处理，以提高窟顶表层岩体的抗风化抗冲蚀能力。

2. 由于库木吐喇千佛洞岩体胶结性差，结构松散，强度低，大风伴着沙暴，造成石窟岩体的风蚀破坏，形成风蚀凹槽，威胁着凹槽上部石窟岩体的稳定性。谷口区位于风口之处，风蚀病害尤为突出。风化凹槽深度最大可达3米以上，高度最大超过1.8米。当风蚀凹槽与陡倾角的卸荷裂隙贯通时，往往产生滑塌破坏或倾覆式破坏。应采用短锚杆喷射轻型泡沫混凝土技术对风蚀凹槽进行充填加固处理。

3. 卸荷裂隙平行崖壁分布，构成危岩体的后缘切割面或滑动面。危岩体在重力作用下，往往沿卸荷裂隙拉开，产生倾覆破坏，或沿卸荷裂隙产生滑动破坏。卸荷裂隙是影响区内岩体和洞窟稳定性的最主要的构造因素。应采用锚杆技术，穿过卸荷裂隙，将危岩体和山体连接在一起，进行锚固处理。对库木吐喇石窟区的危岩体进行锚固时应采用非预应力锚杆，同时对卸荷裂隙采用抗硫酸盐水泥＋PS双浆液进行灌浆黏结加固，以增强立壁岩体的整体性。为增加锚杆体的抗剪强度，在卸荷裂隙部位应安设抗剪钢管。

4. 由于沟谷坡降较大（平均大于7%），洪水流速高，对冲刷岸洞窟立壁的根基具有极强的侵蚀破坏作用，影响洞窟立壁的稳定性。如窟群区大沟内41～45窟所在岩体的立壁根基，受洪水的冲刷作用，破坏了原有的防冲刷护坡，引起上部岩体变形失稳。谷口区新1窟、新2窟西面的沟壁根基受洪水冲刷，造成上部岩体失稳拉裂等。应在有石窟分布的冲刷岸地段砌筑钢筋混凝土防洪坝，进行防冲刷护坡加固处理。

5. 地震是影响库木吐喇千佛洞石窟岩体稳定性的最主要的外力之一，危岩体加固设计必须考虑地震因素。参考兰州地理物理所1967年对克孜尔水库地震基本烈度的意见，以及新疆地震局1984年对克孜尔水库地震基本烈度的复核意见，并根据《我国主要城镇抗震设防烈度、设计基本地震加速度和设计地震分组》之规定，石窟区内的抗震设防烈度为8度，设计基本地震加速度值为0.2g，设计地震分组为第一组。

6. 五连洞所在崖壁位于渭干河主河道的冲蚀凹岸。由于岩体结构疏松，抗冲蚀能力低，在河水长期的侵蚀作用下，崖壁底部形成了一个巨大的冲蚀凹槽，水平方向上深16.5米，凹槽的最大高度达12米。过去回填的人工砂石在自重作用下已产生沉降，与岩体凹槽顶部脱开，未起到任何支撑作用。上部岩体在自重作用下，发生朝向临空面的位移和朝下的位移，使岩体变形拉裂。目前五连洞相邻的几个洞窟内壁和中间3个窟的窟顶均产生了贯通的张拉裂隙，窟前部位的岩体目前仍处于蠕动变形状态，若不采取抢救性保护工程措施，五连洞有毁灭的危险。建议采用钻孔灌注桩加承台的方法，在凹槽部位建造钢筋混凝土框架，进行支撑加固，桩基必须坐落在新鲜基岩上。

7. 新1窟、新2窟所在的谷口区的岩体结构以松散砾岩为主，夹透镜状、薄层状砂岩和泥岩。其中砾岩的砾石粒径较大，结构松散，胶结强度极低，抗风化能力极差。每遇大风或雨季，砂砾纷纷脱落，危及洞窟和游人的安全。建议在新1窟、新2窟上部采用PS材料喷涂的方法对松散砾岩进行表层加固，以提高砾岩的强度和抗风化能力。

第五章　结论与建议

1. 在自然营力（地震、雨水冲刷、洪水侵蚀等）的长期侵蚀作用下，库木吐喇千佛洞产生了各种环境地质病害，如崩塌、淘蚀、风化等。人类活动对千佛洞石窟造成了严重的破坏，如人为毁坏、烟熏、上下游修建的水电站对石窟赋存环境的改变等。目前石窟区内分布的众多危岩体时刻威胁着洞窟和游客的安全。库木吐喇千佛洞的岩体稳定性问题是区内最严重的环境地质病害，使石窟面临被毁坏的危机。必须尽快采取紧急的抢救性保护措施，保护这一在中国和世界历史上具有重要意义的历史遗存。

2. 库木吐喇千佛洞石窟岩体主要由砂岩、砾岩、粉砂岩、泥岩互层组成，为河湖相沉积，厚度巨大，地貌上形成基岩型山体。库木吐喇千佛洞的岩体胶结强度低，岩质疏松，抗风化能力和耐崩解性能差，对水的作用反应敏感，极易产生掉块、坍塌。

3. 地震是影响库木吐喇千佛洞石窟岩体稳定性的最主要的外力之一，危岩体加固设计必须考虑地震因素。

4. 对库木吐喇千佛洞岩体立壁上的风蚀凹槽，采用短锚杆喷射轻型泡沫混凝土技术对风蚀凹槽进行充填加固处理。

5．对五连洞所在崖壁底部的冲蚀凹槽，采用钻孔灌注桩加承台的方法，在凹槽部位建造钢筋混凝土框架，进行支撑加固，桩基必须坐落在新鲜基岩上。

6．建议采用非预应力锚杆，对库木吐喇石窟区的危岩体进行锚固处理，同时对卸荷裂隙采用抗硫酸盐水泥＋PS双浆液进行灌浆黏结加固，以增强立壁岩体的整体性。为增加锚杆体的抗剪强度，在卸荷裂隙部位应安设抗剪钢管。

7．对新1窟、新2窟所在的谷口区立壁岩体砂砾脱落的现象，建议采用PS材料喷涂的方法对松散砾岩进行表层加固，以提高砾岩的强度和抗风化能力。

致　谢

本项目的研究过程中，得到了UNESCO驻北京办事处项目官员杜晓帆博士的热情帮助和指导，得到了新疆维吾尔自治区文物局盛春寿局长、新疆龟兹石窟研究所王卫东所长的关心和指导。中方专家黄克忠、马家郁、兰立志等、日方专家泽田正昭、矢野和之、中泽重一、甲斐章子和中野照男对项目进行了具体细微的指导，中日专家的学术交流和密切配合是项目顺利进行的保证。新疆龟兹石窟研究所的技术人员对研究项目给予了支持和帮助，使项目得以顺利完成。仅此一并致以深切的感谢！

Stability Analysis and Anchoring Force Calculation
of Kumtura Thousand Buddha Caves

Fang Yun（China University of Geosciences）

Wang Jinhua（Chinese Academy of Cultural Heritage）

Wubuli Maimaitiaili（Cultural Relics Bureau of Xinjiang Uygur Autonomous Region）

Abstract

Commissioned by State Cultural Relic Bureau Xinjiang Uygur Autonomous Region, the field investigation in the Kumutula Grottoes had been conducted by the China University of Geosciences and the Xinjing Kucha Grottoes Institute in September, 2003. The focal point of geological survey is the scene investigation of unstable rock mass. Then the rock samples had been gathered. The thin section analysis, the mineral composition of rocks by X diffraction determination and the SEM analysis of rocks had been conducted. The failure model of rock mass in the Grottoes area Cave had been built. The stability analysis and the anchoring force calculation of Kumutola Grottoes had been conducted. These achievements will provide some scientific references for the conservation programme and the design of reinforcement and restoration project of the Kumutula Grottoes. Conclude as following:

1. In the natural forces (earthquakes, rain erosion, floods erosion, etc.) long-term erosion, the Kumutula Grottoes had suffered from various environmental geology diseases, such as collapses, scouring erosion, weathering and so on. At present the distribution of many unstable rock mass in the caves area are threatening the safety of the rocks caves and tourists. The rock mass stability of Kumutula Thousand Buddha Caves is the most serious environmental geology disease in the region, so that the destruction crisis is facing caves. Need to take urgent and emergency protection measures to protect the history remain which is of great significance in the history of China and the world.

2. Earthquake is one of the most important external forces affecting the stability of the Kumutula Thousand Buddha Caves, the seismic factors must be considered in the strengthening design of dangerous rocks.

3. We had proposed that the non-prestressed bolt should be used to anchor handling of dangerous rocks in the Kumutula Cave area, while the sulphate resisting cement slurry grouting + PS pairs liquid should be used to bonded reinforcement for the unloading fissures in order to enhance the integrity of rock mass. To increase the shear strength of bolt body, the shear crack pipe should be erection in the unloading area.

· 保护规划 ·

库木吐喇千佛洞文物保护规划

沈 阳

2003年，受新疆维吾尔自治区文物局委托，中国文物研究所承担了新疆库木吐喇千佛洞文物保护规划的编制工作。

同年，中国文物研究所专业人员两次赴新疆库车，对库木吐喇千佛洞进行全面考察。

规划编制过程中，新疆自治区文物局、新疆龟兹石窟研究所、库车县文物局等方面给予积极的支持与配合，多次同规划人员一道对库木吐喇千佛洞及周边地区进行考察全面考察，探讨规划思路和内容。

联合国教科文组织北京办事处项目官员杜晓帆从整个项目工作过程中，积极协调联络，随同现场考察，提出建设性意见。

中国文物研究所原副所长黄克忠、辽宁有色地质勘察设计研究院副总工程师兰立志、日本文化财保存计划协会代表取缔役矢野和之、中泽技术事务所工学博士中泽重一、日本筑波大学人间综合科学研究科世界遗产专攻教授泽田正昭、东京文化财研究所美术部主任中野昭男、日本文化财保存协会主任甲斐章子等中日专家对规划方案提出过宝贵的意见。

一、文物价值和现状评估

文物保护规划必须建立在对规划对象的内涵、价值和现存问题的全面、客观评估之上。因此，首要工作是准确界定和深刻认识被规划对象，进而对其文物价值进行全面恰当的评估。

库木吐喇千佛洞，作为全国重点文物保护单位，现有已确认的有编号洞窟112 个，根据石窟分布状况可划分为谷口区和大沟区两部分，其中谷口区有洞窟32个，大沟区有洞窟80个。另外在相对的渭干河西岸，也残存数个形制简单但无壁画存在的残缺洞窟。在石窟区的南侧、渭干河两岸，还有与千佛洞同时代的玉曲吐尔遗址和夏合吐尔遗址。整个石窟区分布面积约24平方公里，除了上述各类文物外，还有山形水系等自然和人文环境因素的存在。必须将所有文物及相关要素纳入到规划范畴，才能够真正做到全面有效地维护文物及其北京环境的安全。

在全面认定文物构成基础上，将库木吐喇千佛洞放在历史的环境背景之下，从历史、艺术、科学和社会等几方面，对文物价值进行了客观评价。

库木吐喇千佛洞开凿时代略晚于克孜尔千佛洞，规模也不及克孜尔千佛洞。但是，它是龟兹文化鼎盛时期的代表，风格成熟，具有极高的历史和艺术价值。库木吐喇千佛洞保留有从印度佛教艺术、龟兹艺术、唐代汉民族画风，以及在此基础上形成的新龟兹风格等不同风格的壁画作品，在现存众多的古龟兹石窟寺中占据特殊地位。作为龟兹境内汉人开凿汉僧主持最多的一处石窟寺群，现存洞窟内有大量汉文题记和具有中原文化特点的壁画，展示了中原汉族文化的影响和不同文化的融合。库木吐喇千佛洞地处古代中原通向西域的交通要道之上，是古代丝绸之路上的重要文化遗迹。紧邻的玉曲吐尔遗址和夏合吐尔遗址是龟兹时期重要的文化遗址，丰富了库木吐喇千佛洞的文物构成，外延了库木吐喇千佛洞的文化内涵。经过评估认定，库木吐喇千佛洞具有唯一性、典型性、多民族性、不可替代性和不可再生性，具有进一步发掘、研究、维护和展示的价值。通过有效保护和合理利用，有助于新疆南部地域文化旅游事业发展，进而带动地方相关产业的发展，改善当地社会经济状况，是响应党和国家开发西部的重大决策的具体体现。

对库木吐喇千佛洞及其周边环境存在的各种问题进行了比较全面的调查、分析，做出客观的评估，是保护规划编制的基础工作，为规划提出相应的保护和管理措施提供依据。规划对库木吐喇千佛洞及相关文物遗存的保存、管理、展示利用现状进行评估，发现存在的主要问题。这些问题产生的原因有自然方面的，也有人为造成的。前者主要是洞窟所依附的岩体风化、开裂、坍塌造成洞窟损坏，大风、洪水和渗水造成壁画损坏。后者则有管理薄弱、多头管理，以及克孜尔水库和库木吐喇水电站对石窟的影响。

二、保护区划的调整

通过评估，发现现行文物保护区划的问题，并根据新的保护要求，调整完善保护区划和管理要求，是文物保护规划的重要内容。

库木吐喇千佛洞保护区划划定的主要依据文物本体状况和周边环境状况确定，以保护文物环境的完整性、真实性为前提，以满足文物及其环境的保护为基本要求，确保对文物及其环境实施有效保护。从地域环境看，库木吐喇千佛洞的东侧、北侧均为山地，渭干河西岸河滩以外也为高山地区，这些区域基本不具备生活条件，所以在确定保护范围和建设控制地带时，满足文物保护基本要求，保证视线范围内的环境的控制权即可，避免过大的地域范围给管理带来的影响。千佛洞和玉曲吐尔遗址以南主要是渭干河冲积扇区域，地势开阔，目前存在的建设项目主要有314国道和地下通讯光缆等，尚无较突出的地面建筑设施，在未来的保护管理中，以控制开阔通透的视觉环境为主。

保护的重点区域是以千佛洞和玉曲吐尔遗址为核心、靠近渭干河东岸的部分，以及玉曲吐尔遗址东侧的用地。有效管理这些用地的未来发展对文物保护有着至关重要的意义。

本规划根据千佛洞洞窟分布情况，把文物保护范围在细化为两个层次，即重点保护区和一般保护区。其目的是根据文物遗存的分布情况和价值，区分档次，分别给予不同程度的管理和保护。

重点保护区主要是谷口区和大沟区两片洞窟集中区域，是未来库木吐喇文物保护工作的重中之重。在重点保护区内的一切活动都必须严格执行国家所有的文物保护相关法律法规。一般保护区所确定的谷口区和大沟区之间的区域，目前看，主要是洪水冲刷后泥沙沉积形成的坡地地区，靠东有相对低矮的山峦。现状勘察在个别地点有残存的洞窟痕迹，或许在泥沙掩埋之下还会有未被发现的洞窟或其他遗迹。所以在这一区域内也禁止安排与文物保护无关的设施，从事有关文物保护的建设，必须事先做好考古勘察，如果拟建设地点确实存在文物遗迹，建设项目必须变更地点，另行设计。

需要强调的是，文物主管部门对文物保护范围内的重点保护区的土地拥有绝对使用管理权，地方政府应依法核发《国有土地使用证》。对一般保护区，规划提出维持现在的土地使用性质，但如果可能，建议将这部分土地也划归文物部门使用，以便于统一管理，更有效地维护文物的完整性。重点保护区和一般保护区的土地使用性质为文物保护用地，一般不得改变。一般保护区内用地如需改变土地使用性质，必须依法上报审批。

保护范围内严禁与文物保护、环境保护和文物管理无关的一切动土工程，以确保文物遗存整体和所处环境不受任何破坏、干扰和影响。为文物保护和展示服务的管理设施的规模、形式也应该严格加以控制，以满足使用要求底限为宜。

保护范围内的自然生态景区要保护其自然景观环境、山型水系和植被不受破坏和污染。实施建设、绿化、水利工程，必须经过科学论证，除了确认其对环境的影响，还应该分析对环境质量的影响，比如温度、湿度、空气气流的大小和走向等。这些因素在以往的建设活动中重视不够，而其给文物本体、载体和环境带来的影响是至关重要的。

在保护区划中，对渭干河西岸残留的洞窟给予了一定的考虑，但因为其价值、质量比谷口区、大沟区洞窟差很多，且不便到达，所以其关注等级相对较低。但是，由于此部分文物所处用地归属新和县，在管理上存在不同地域管理的问题，所以建议此部分划归新疆龟兹石窟研究所统一管理，以便于保证文物保护和管理的完整性。

另外，千佛洞对岸的夏合吐尔遗址，被东方红水电站生活区占据，地面遗存保存很少，遗址范围不清。特别是，该遗址的行政管理归属库车县文物保管所，与千佛洞分别归属不同部门，所以本规划，对夏合吐尔遗址的保护区划未作进一步探讨，依然按照库车县确定的保护区划范围界定，在保护、研究和管理上提出一些参考性建议。

另外，在建设控制地带之外，还划出一定范围作为建设控制区，主要针对一些景观环境和生态环境进行适当的限制，目的是更加有效地维护保持较好的库木吐喇千佛洞背景环境。

三、保护措施

保护规划针对库木吐喇千佛洞文物本体、载体，以及环境存在的问题，提出了相应的保护措施。主要包括：加固存在结构性隐患的洞窟；对山体上存在的可能对文物本体构成破坏的结构性裂隙、崩塌、失稳和危岩体，实施防护性结构加固或清理；文物本体表面保护；对地处偏远、长年面临河水浸泡的洞窟内无法实施有效保护的洞窟壁画可考虑异地保存；对已采取异地保存的壁画按馆藏文物标准实施有效保护；加强监测，修筑有效防护设施，应对洪水、地震等自然灾害；综合考虑防风、水土流失和环境治理、生态保护问题，减少间接对文物造成不安全影响的环境因素；加强管理，制止人为破坏。

其中，保护工程有加固工程、防洪工程、修复工程、异地保护工程、清理工程等不同性质的工程项目。科技保护方面则有壁画病害防治、补强技术、危岩体加固、结构加固、岩体表面加固、壁画表面加固、防渗防漏等，以及对以往失当维修措施的补救和更正等。

在环境整治方面，主要工作有：改善道路系统；清理搬迁重点保护区内的民房建筑和现代构筑物；改造影响环境景观的电气线路；配备环保型垃圾设施。特别提出的是，在规划中期，要终止库木吐喇水电站发电功能，拆除发电设施，完善灌溉、泄洪功能；并最终拆除水电站。清理改造水电站生活区用房，用于旅游服务。

四、管理措施

在管理方面，库木吐喇千佛洞及其周边文物存在的最大问题是管理权属归属多家。

该区域的行政区划以渭干河为界，河东为库车县，河西为新和县。由于行政区划和管理的影响，库木吐喇千佛洞及其周边的遗址也分属于不同的管理单位。

库木吐喇千佛洞东岸部分由新疆龟兹石窟研究所管理；与千佛洞毗邻的玉曲吐尔遗址归库车县文物管理所管理；渭干河西岸的千佛洞残窟和夏合吐尔遗址归新和县管理。这种多头管理互相牵制、互相影响，一旦关联机制出现差错，就会导致保护和管理出现矛盾或制约。

加强对库木吐喇千佛洞和玉曲吐尔遗址等遗存的管理，特别是加强对对文物遗存的日常管理和监测，是和文物保护同等重要的工作，应该引起各级政府的足够重视，履行各自应承担的文物保护职责。

对库木吐喇千佛洞的保护管理，必须坚持"保护为主，抢救第一，合理利用，加强管理。"的文物保护方针，有利于遗存的展示和人文资源旅游活动的开展，有利于社会效益和经济效益的同步发展。

管理首先应建立必要的管理机构和机制。目前已存在的新疆龟兹石窟研究所库木吐喇工作站和库车县文物管理所，以及新和县尚不能完全履行库木吐喇千佛洞的保护、研究和管理职责。规划建议尽快建立库木吐喇千佛洞文物管理所，隶属于新疆龟兹石窟研究所，具体负责库木吐喇千佛洞及其周边文物遗址和库木吐喇千佛洞博物馆的日常管理、宣传陈列、日常监测与维护、科学研究等工作，其办公地点设在即将新建的博物馆内。

库木吐喇千佛洞及周边文物存在多头管理的问题，库木吐喇千佛洞的主要部分，渭干河东岸洞窟由新疆龟兹石窟研究所管理，与千佛洞有部分叠压关系的玉曲吐尔遗址和夏哈吐尔遗址规库车县文物保管所管理，千佛洞渭干河西岸洞窟则属新和县管理。为了保护库木吐喇千佛洞文物及其环境的完整性，保障该区域文物保护的有效性和统一性，本规划建议将这几处文物统一划归新疆龟兹石窟研究所管理。库车县文物保管所，作为地方文物保护工作的管理机构，指导和监督库木吐喇千佛洞文物遗存的保护、管理工作。

五、展示利用

库木吐喇千佛洞及玉曲吐尔遗址反映了龟兹中晚期历史文化发展的进程，其展示也应该重点突出这一特点，以便与同属龟兹时代的克孜尔千佛洞有所区别，共同构成完整展示龟兹历史发展的。

由于库木吐喇千佛洞和玉曲吐尔遗址自身的脆弱的特性，展示必须是有节制的，尤其是避免对文物遗址的过度开放给文物带来严重威胁。这一方面要控制文物区域的建设行为，另一方面要严格控制旅游和游客给文物及其环境带来的影响。有条件地限制洞窟的开放，规范游人参观路线，控制游客容量，使有效保护、合理利用必须尊崇的原则。

根据对千佛洞的文物价值和现状及其承受能力的评价，本规划把洞窟的展示划分为积累，对具有极高历史、艺术价值的洞窟将采用数字虚拟技术或复制洞窟形式加以展示，原洞窟限制开放。对有一定文物价值，其活动空间又具备一定条件的洞窟，则在实施全面保护后，选择定期轮换开放的办法展示。那些保留壁画较少、或艺术价值相对较低的洞窟在实施保护后长期开放。通过这种分层次的展示手段，即可以满足文物保护的基本要求，又可以满足游客参观的需要。同时通过建设库木吐喇千佛洞博物馆，运用多种现代展示技术手段，更深入地揭示库木吐喇千佛洞的文物内涵，与文物本体展示共同构成新的展示体系。

由于文物展示区域面积狭长，文物遗存相对集中，地形多为峭壁，上下山道路窄小陡滑，对游人容量的控制也是保证游人安全和文物遗存安全重要措施。限制游人量的主要依据是对千佛洞洞窟和玉曲吐尔遗址的现场勘查，选定部分具有代表性又可以开放展示的洞窟作为计算基础，通过面积法核定参观人数。总的原则是适度开放，适当限制参观人数。规划的计算数字只是作为一种限制参考，在具体实施中还应该作进一步的科学测算，并根据时间变化和保护技术条件的改善，逐步调整。

规划还详细安排了管理用房、游客中心、景观绿化、生态和环境保护等方面的内容，制定了规划工作分期，提出了规划经费概算。

Conservation Master Plan of Kumtura Thousand Buddha Caves

Shen Yang

Abstract

The conservation master plan of Kumutula thousand Buddha Grottos is the one of the conservation project which reinforced by UNESCO (United Nations Educational, Scientific and Cultural Organization) and Trust Fund of Japan government, and China Academy of Cultural heritage finished the conservation master plan entrusted by Sinkiang cultural property bureau.

The plan get to re-understand the plan object, and make the evaluation, conclusion and analysis on value of cultural property, preservation and conservation condition, and the management and exhibition etc. Base on the evaluation, adjusting the demarcation of the boundaries and buffer zone, and make the conservation plan measures of protection, management, exhibition and research, to make the mission and requirement for the conservation project of Kumutula thousand Buddha Grottos during the period of master plan.

新疆库木吐喇千佛洞修复保护工程试验及设计

王金华（中国文化遗产研究院）

一、概　述

库木吐喇千佛洞为古丝绸之路上重要的古代文化遗产之一。库木吐喇千佛洞开凿建造一千多年来，遭到了自然营力侵蚀威胁的破坏（地震、雨水冲刷、洪水侵蚀、岩体开裂垮塌等）和人类活动威胁的破坏。此后的几百年间，石窟荒芜，被牧人、游客当作临时生活场所，破坏严重；石窟岩体开裂、变形位移、垮塌破坏；20世纪70年代在石窟下游修建水电站，河水上涨引发对石窟、壁画严重损害等。更为遗憾的是：现在库木吐喇千佛洞遭受的自然、人类活动的破坏，还没有得到有效的制止或治理，部分石窟面临着毁灭破坏的危险。库木吐喇千佛洞抢救保护时间紧迫，意义重大。为保护中国丝绸之路区域的古代文化遗产，联合国教科文组织利用"文化遗产保存日本信托基金"，选择库木吐喇千佛洞作为丝绸之路地域文化遗产保护项目。

项目实施的目标：

近期目标—对库木吐喇千佛洞进行抢险加固保护。针对威胁库木吐喇千佛洞安全保存的岩体开裂、垮塌；珍贵壁画的剥落、垮塌破坏；洪水侵蚀破坏；重要石窟的残破等病害，进行抢救性加固保护，确保库木吐喇千佛洞的安全保存。

长期目标—利用保护工程的成熟技术、经验、管理方法，进行长期的管理和保护，整治环境，建造必要且较完善的基础设施和游览参观设施，使库木吐喇千佛洞的管理和保护科学化、日常监测、维护规范化，满足、达到公开展示、参观、欣赏、教育的要求和条件。

项目实施程序及过程：（1）项目考察团，现场讨论、确定了库木吐喇千佛洞保护工作内容、计划和时间表（2000年4月）。（2）资料收集及勘察工作，包括库木吐喇千佛洞地形测绘（1：200，1：500，1：2000）、近景摄影测绘、工程地质勘察、水文地质勘察、壁画保存状况高密度物探测试、龛窟现状调查档案记录与测绘、资料收集等前期调查工作（2002年）。（3）试验研究工作，包括现场锚固试验、岩层加固试验、裂隙灌注试验、锚杆拉拔试验、壁画防剥落加固及材料试验，以及室内岩样分析和加固材料试验(2004年10月)。（4）修复保护工程设计，包括基本设计（2003年12月）和详细设计（2006年3月）。（5）保护工程施工（2008年10月）。

项目内容：本项目性质为库木吐喇千佛洞抢救性保护工程，其工作内容：（1）抢救性保护工程——危岩体的抢险加固保护、新1、2窟壁画的抢救性保护、防止洪水冲刷破坏的防洪堤坝、79-80窟区段坡体加固、五连洞凹槽区域悬空岩体支护加固等；（2）修复工程——63窟、79窟修复保护。同时为满足库木吐喇千佛洞岩体性质和工程的需要，必须进行岩层加固、裂隙灌浆、壁画防剥落、锚杆拉拔等试验研究工作。

二、库木吐喇千佛洞存在主要病害的调查及分析

2.1　保存状况

库木吐喇千佛洞是现存古代龟兹地区仅次于克孜尔千佛洞的第二大石窟群，现存石窟编号112个，其中有壁画和石窟建筑形式保存较好的石窟有62个。按地理位置分布分为窟群区（或大沟区）、谷口区。1950年以前的百年间，由于社会动荡，库木吐喇千佛洞基本处于荒芜状态，石窟曾被军队驻扎养马，牧民做临时棚圈、生活场所等，保存较差

基础设施差，管理严重不足。

库木吐喇千佛洞区内缺乏完善的管理、办公用房，没有公路，交通现在只能依靠马车或徒步，区内没有明确标志或指示的参观道路、路线，区内外无通信联络。区内的道路、台级，游览不便，而且危险，现今还不具备对公众开放、游览观赏的条件。

虽然设置有专门的文物管理机构，但没有熟知石窟价值、历史的研究人员和保护专业人员驻守管理，遇有慕名而来参观、研究的游人，只有临时看管人员照管，不利于库木吐喇千佛洞的管理、保护，不利于库木吐喇千佛洞价值的认知和弘扬。

部分石窟建筑及壁画面临毁灭的险情。

由于自然营力（作用力）的侵蚀破坏—地震振动、洪水（或河水）冲刷侵蚀、岩体开裂变形等，库木吐喇千佛洞存在十分严重的安全危机。

石窟崖壁岩体失稳、石窟渗水、壁画（与地仗相连）垮落、壁画、铭文褪色等，尤其是石窟岩体的垮塌，对石窟建筑的安全存在造成严重威胁；新1、2窟天井精美的壁画有垮塌破坏的危险，只得采取支撑木柱的措施进行临时加固。

1969年建成东方红水电站几十年间，渭干河河床淤积抬高，河水位上涨及地下水位升高，窟群区临河下部石窟受到水的侵蚀、破坏以及水诱发的盐类积聚、盐化破坏，1976～1978年为消除或降低河水、地下水抬升的破坏，建造围堰，安装两台抽水机排水，降低水位，但都没有起到作用，许多精美的壁画坍塌、破坏，部分壁画被迫切割、揭取，暂时堆置在较高位置石窟内保存。虽然采取了一些小规模的紧急、临时性加固措施，但无法解决石窟及其壁画面临毁灭的危机。

库木吐喇千佛洞石窟岩体安全稳定形势严峻。

库木吐喇千佛洞主要的、属于抢救性的病害有：千佛洞石窟崖壁岩体因裂隙切割形成的危岩体；渭干河河水冲蚀凹槽对千佛洞岩体基础破坏诱发的岩体开裂、变形（69～73窟—五连洞窟）；新1、2窟壁

画的开裂、残破、垮塌破坏；79—80窟区域坡体松散岩体的垮塌破坏；季节性洪水对千佛洞石窟岩体的冲蚀破坏（谷内冲沟）；63窟、79窟石窟壁画的破坏问题；渭干河水位抬升或水位变化诱发低位置石窟岩体、壁画的破坏等。其中危害性最大的是危岩体。

2.2 危岩体

危岩体—具有垮塌、滑动、倾覆等破坏危险，危及石窟建筑安全存在的岩体，或岩体开裂、变形破坏石窟建筑，裂隙进一步扩展，稳定状态恶化的岩体。根据库木吐喇千佛洞价值的重要性和岩体的工程地质条件，危岩体的评价标准—(抗滑动、抗倾覆)安全稳定系数小于1.5的岩体认定为危岩体。

库木吐喇千佛洞石窟岩体危岩体分布区域为：（1）1号危岩区域—五连洞（69～73窟）（2）2号危岩体—79～80号窟；（3）3号危岩区域—新1、2窟；（4）4号危岩区域——64～66号窟；（5）5号危岩体区域—54～63窟；（6）6号危岩区域—19～31窟；（7）7号危岩区域—10～18窟；（8）8号危岩体—5窟崖壁上方岩体。

根据库木吐喇千佛洞危岩体的形态、构造条件，危岩体的破坏形式（地质模型）、稳定性分析计算（数学分析模型）有三种形式：单面滑动破坏、多面滑动破坏、重力作用下倾倒或崩塌破。

库木吐喇千佛洞岩体稳定性评估。库木吐喇千佛洞各种参数：砾岩和砂岩的平均容重取 γ =19.6kN/m3；砂岩岩块垂直、平行层理方向的剪切强度参数C=267.4kPa，ϕ=46.60，由于库木吐喇石窟区岩体风化严重，结构破碎，砂岩岩体的剪切强度参数取C=26kPa，ϕ=230；危岩体破坏面剪切强度参数平均值取C=10kPa，ϕ=200；砂岩的抗拉强度取 σ ct=180 kPa；危岩体的破坏面几乎不具有抗拉强度，在计算中危岩体破坏面的平均抗拉强度取 σ mt=1kPa。库木吐喇地区考虑地震力作用时，按地震烈度Ⅷ设防，水平地震影响系数取 a h=0.2（即水平地震加速度值2平方米/秒）。

1号危岩区域——五连洞（69～73窟）：

1号危岩区域——五连洞危岩体位于窟群区千佛洞的北端，存在的病害有两个方面：（1）崖壁岩体由于裂隙切割发育有3块危岩体。（2）由于渭干河河水冲刷、淘蚀破坏，在崖脚形成凹槽诱发其上部石窟岩体的开裂、变形破坏。

五连洞区域崖壁岩体的稳定状态与地形特征密切相关，并受裂隙构造控制。五连洞区域崖壁的地形特征呈倒坡状，具有单面滑动破坏的趋势；历史上，五连洞的崖脚为渭干河主河道的凹岸—急流转弯处，处于河水的强侵蚀、淘蚀区域，加之岩体结构松散，软化系数小，耐崩结性能低，在水的浸蚀、淘蚀作用下，形成了向内深入崖壁岩体16.5米，向下深12米的淘蚀凹槽，后期对凹槽进行了人工回填，但回填砂石土下沉与上部岩体脱离，并未起到支护作用，上部岩体仍处于失去支撑的悬空状态；在岩体自重力作用下，五连洞前部崖壁岩体出现了拉张性裂隙，并有近期开裂、活动的痕迹，说明淘蚀凹槽已诱发石窟前部悬空的岩体开裂变形，并且正处于蠕动变形活动状态，其发展趋势十分危险（参见图2-1）。

根据水平钻孔探测，五连洞区域崖壁石窟岩体40厘米、5米、7.6米的位置发育有平行崖壁的卸荷裂隙，将岩体切割分离。按危岩体的分布和形态编号划分为：1-1#、1-2#、1-3#三块危岩体，其稳定性评价：

1-1#危岩体高7米，宽7米，厚0.4～2米，其特征是存在多条裂隙滑动破坏面，在重力和地震等外力

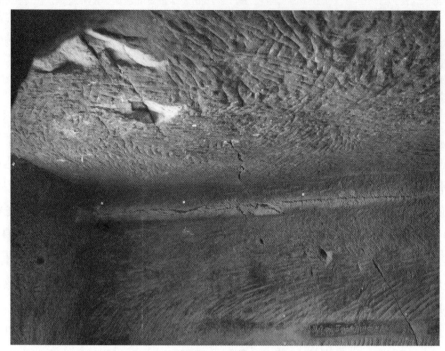

图2-1　69窟内崖壁岩体上的拉张性裂隙

图2-2　1-2#危岩体

图2-3　1-3#危岩体

作用下，易发生局部、小块体的滑塌破坏或垮塌破坏；

　　1-2#危岩体高7M，宽7M，厚0.4M，位于69窟下部，滑动面几乎贯通，仅靠危岩体底部的拉应力维持平衡，在重力作用下易产生拉断倾覆破坏，按抗倾覆安全稳定计算，现状抗倾覆安全系数为1.07，为极限平衡状态，在地震烈度Ⅷ的地震作用下，抗倾覆安全系数仅为0.64，将发生倾覆破坏。

　　1-3#危岩体位于67窟附近，高14M，宽9.2M，厚3M，形态上为一楔形堆体，为多条滑动面破坏。按抗滑动安全稳定计算，现状抗滑动安全系数为1.11，为基本平衡状态，在地震烈度Ⅷ的地震作用下，抗滑动安全系数为0.87，将发生滑动破坏。

2号危岩体——79～80号窟

　　2号危岩体位于窟群区12-14窟顶部的崖壁岩体，此区域岩体存在的主要问题：1）存在两个可能滑动破坏的危岩体2-1#、2-2#；2）80窟风化淘蚀破坏严重。

　　2-1#危岩体发育多条风化裂隙、卸荷裂隙，岩体松散、破碎，易发生危石脱落破坏，遇有雨水冲刷、地震作用，将发生垮塌破坏。

　　2-2#危岩体位于79窟上方，80窟右侧，高8.3米，宽1.7米，厚2.5米。由于卸荷裂隙切割和中部软弱夹层的风化淘蚀破坏，危岩体处于岌岌可危的状态。按抗滑动安全稳定计算，现状抗滑动，安全系数为1.14，为基本平衡状态，在地震烈度Ⅷ的地震作用下，抗滑动安全系数为0.88，将发生滑动破坏。如果2-2#危岩体发生滑塌破坏，将对79窟造成毁灭性破坏，危害极大。

图2-4　2-2#危岩体

图2-5　80窟风蚀破坏状态

80窟的风化淘蚀破坏：80窟位于2号危岩区域的左侧，由于石窟位置较高，岩体结构松散、破碎，处于风口，而库车地区每年大风多，在大风的吹蚀下，石窟的原有壁面已被破坏，壁面岩体风化成蜂窝状，并且还在恶化。80窟岩体的风化破坏，不仅对80窟造成严重破坏，而且引发局部岩体垮塌破坏，并影响2号危岩区域岩体的稳定，同时危及低层13号~18号区域岩体的稳定。

79~80窟崖壁岩体上方的岩体因风吹蚀破坏、雨水冲刷、裂隙切割松散、破碎，形成一些危险的块石，随时有垮落、崩塌破坏，危及79窟的安全（参见图2-6）。

松散、破碎坡体的垮塌破坏：79窟~80窟至下部崖壁区域的坡体岩体因裂隙切割，松散、破碎，表层为一层厚15~60厘米，由风化坡积物、块石、砂土等形成的松散堆积物，常常出现风吹滚落块石，降雨形成的水流夹带泥沙滑塌破坏；有些块石孤立、悬空，随时有崩塌、垮塌破坏的危险。遇有短时的暴雨极易发生小型泥石流滑塌破坏，既危及79窟、80窟岩体稳定，又损害下层石窟的安全（参见图2-7、2-8）。

3号危岩区域——谷口区新1、2窟

3号危岩区域（新1、2窟）位于谷口区，20世纪70年代在此区域新发现的新1、2窟保存的壁画十分精美，具有重大价值，也是此次保护工程的重点龛窟。

3号危岩区域存在的危岩体有三个方面：1）裂隙切割形成的危岩体：3-1#、3-2#；2）崖壁岩体危石的垮塌破坏，3）差异风化凹槽危及岩体稳定。

3-1#危岩体位于新2窟崖壁岩体右上方，高6.7米，宽4.25米，厚1米，为卸荷裂

图2-6　79窟上方松散、破碎的岩体

图2-7　79~80窟下方坡体松散、破碎状态

图2-8　79~80窟坡体上岌岌可危的危石

隙切割形成危岩体。根据抗滑动安全稳定计算，现状抗滑动安全系数为1.13，为基本平衡状态，在地震烈度Ⅷ的地震作用下，抗滑动安全系数为0.87，将发生滑动破坏。如果3-1#危岩体发生滑塌破坏，不仅破坏石窟岩体的环境，危及人员安全，而且岩体垮塌造成的振动，将对新1、2窟壁画的安全存在造成严重威胁（参见图2-9）。

3-2#危岩体位于新1窟崖壁岩体左侧，高4.9米，宽1.87米，厚1.3米，为卸荷裂隙切割形成危岩体，卸荷裂隙由于拉张作用、风化作用，呈张开状态，危岩体处于孤立状态。根据抗滑动安全稳定计算，现状抗滑动安全系数为1.13，为基本平衡状态，在地震烈度Ⅷ的地震作用下，抗滑动安全系数为0.89，将发生滑动破坏。如果3-2#危岩体发生滑塌破坏，使得新1窟窟壁岩体更为单薄，稳定性降低；

图2-9　3-1#危岩体　　　　　　　　　　　图2-10　3-2#危岩体

岩体滑塌破坏的，振动影响新1窟中对外力作用敏感—壁画的安全存在（参见图2-10）。

危石脱落：新1、2窟崖壁岩体主要为砾岩，夹有薄层砂岩、泥岩，砾岩层厚度大，层数较多，砾石砾径较大，结构松散，胶结强度极低，岩体质量差。在重力作用下易产生砾石崩塌、脱落、坍塌等破坏，遇有大风吹蚀、雨水冲刷，砾石、砂砾纷纷脱落，危及人员安全，并危及崖壁岩体稳定。

风化凹槽的危害：新1、2窟崖壁岩体岩性不同，有砂岩、粉砂岩、泥岩、砾岩，泥岩在质地密实，在干燥、少雨的环境条件下，抗风化能力强，砂岩、粉砂岩、砾岩抗风化能力较差，在风吹、雨水侵蚀作用下容易风化剥落，形成大小不一，深浅不同的凹槽，使上部岩体处于悬空状态，诱发岩体开裂、变形破坏。新1、2窟崖壁岩体发育的有风化凹槽区域：3-1＃危岩体的左上方、下部，3-2＃危岩体下部（参见图2-11、2-12）。

图2-11　3-1＃危岩体左上方的凹槽

图2-12　3-2＃危岩体下部的凹槽

4号危岩区域

4号危岩区域位于窟群区64窟-67窟所在的崖壁岩体上，该区域岩体的特征是各类裂隙发育，岩体结构破碎，66-68窟沿崖壁开凿有过廊，岩体整体性差。各类裂隙的切割，形成三块具有滑动破坏危险的危岩体：4-1#、4-2#、4-3#。（参见图2-13、2-14、2-15）。

4-1#危岩体高7.8米，宽5.5米，厚1.5米，根据抗滑安全稳定性计算，现状安全稳定系数为1.10，为基本平衡状态，在地震烈度Ⅷ的地震作用下，抗滑动安全系数为0.89，将发生滑动破坏。

4-2#危岩体高8.8米，宽10.1米，厚2米，根据抗滑安全稳定性计算，现状安全稳定系数为1.19，为基本平衡状态，在地震烈度Ⅷ的地震作用下，抗滑动安全系数为0.96，将发生多面滑动破坏。

4-3#危岩体高23米，宽20.5米，厚5.2米，根据抗滑安全稳定性计算，现状安全稳定系数为1.28，为基本平衡状态，在地震烈度Ⅷ的地震作用下，抗滑动安全系数为0.95，将发生多面滑动破坏。

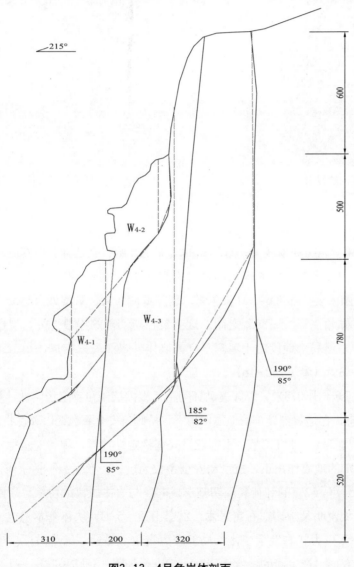

图2-13　4号危岩体剖面

图2-14　66窟内的裂隙

图2-15　4号危岩体上部的破碎状态

5号危岩体区域

5号危岩体区域发育的卸荷裂隙规模较大，自54窟的右侧壁开始一直延伸到61窟的右侧，由两条反倾的主贯通裂隙构成，其间距1～3米，外侧裂隙所切割岩体的下盘已大部分塌毁，造成56窟至63窟外室石窟岩体毁灭性破坏、里侧裂隙主要分布在60-61窟之间，裂隙宽度较大，最宽处可达5～7厘米（61窟门前顶部），倾向与坡面相反，倾角在75°～80°之间。这组裂隙所切割的塌毁部分，现已采用毛石混凝土横墙或纵墙进行了支撑保护，但局部地段由于墙基下沉或墙体外张而失去支撑作用。此区域发育有三块危岩体：5-1#、5-2#、5-3#（参见图2-16）。

5-1#危岩体高7米，宽7米，厚0.8米，以倾覆破坏为主，根据抗倾覆安全稳定性计算，现状安全稳定系数为1.05，为基本平衡状态，在地震烈度Ⅷ的地震作用下，抗倾覆安全系数为0.38，将发生倾覆破坏。

5-2#危岩体高3.7米，宽34米，厚1.2米，根据抗滑安全稳定性计算，现状安全稳定系数为1.20，为基本平衡状态，在地震烈度Ⅷ的地震作用下，抗滑动安全系数为1.10，产生裂隙扩张或发生滑动破坏。

5-3#危岩体是由贯穿54窟-62窟的卸荷裂隙切割形成的、与岩体脱离的块体，裂隙宽1～5厘米，隙宽较大，裂隙漏沙、渗水现象说明裂隙切穿石窟岩体，贯穿山顶。5-3#块体基本稳定，不会产生滑动或倾覆破坏，但裂隙切割使岩体应力状态发生变化，局部应力集中，另外，风化破坏、渗水及地震作用加剧破坏卸荷裂隙，诱发新的变形，产生新的稳定性问题，应进行加固，预防裂隙进一步变化、扩张。

岩体压裂性破坏：54窟至57窟区段，由于裂隙切割使切割部分崖壁岩体与山体岩体分离，切割部

图2-16　5号危岩体区域

图2-17　55窟下部岩体压裂性破坏

图2-18　6号危岩体区域全景

分的岩体将重力全部集中到崖壁脚根部，形成应力集中；另外，崖壁脚根部的岩体为泥岩，泥岩遇水软化系数小（20世纪70~80年代因渭干河水位升高，石窟内曾形成积水现象），强度降低。两者相互作用产生崖壁脚根部岩体压裂性破碎破坏，造成石窟岩体破坏（参加图2-17）

6号危岩区域——19~31窟

6号危岩区域位于窟群区的19窟~31窟崖壁上，岩体稳定性与此区域崖壁开凿上下双层开窟、岩石强度极低及卸荷裂隙有关（参图2-18）。此区域21~24窟开凿于距现地面以上6米高处，呈悬空状。26窟开凿于24窟对应的地下2米处。岩体坡面呈直立或倒坡状。经水平探孔验证，水平向20米深范围内，岩体组成以砂岩为主，胶结强度极低，呈半胶结状态，极疏松破碎，抗风化力极差。区内的卸荷裂隙自21窟的南侧壁，横贯22窟至23窟的后侧壁，裂隙具有分支、复合状。主裂隙倾向与坡向一致，倾角80°，裂面呈张开状，最宽处可达4厘米，该裂隙对22窟的危害性最大。

根据崖壁岩体的结构、形态，存在3个可能滑动破坏的危岩体：6-1#、6-2#、6-3#。

6-1#危岩体高4M，宽2.4M，厚0.6M，根据抗滑安全稳定性计算，现状安全稳定系数为1.13，为基本平衡状态，在地震烈度Ⅷ的地震作用下，抗滑动安全系数为0.97，将发生滑动破坏。

6-2#危岩体高5.6米，宽6.5米，厚0.5米，根据抗滑安全稳定性计算，现状安全稳定系数为1.07，为基本平衡状态，在地震烈度Ⅷ的地震作用下，抗滑动安全系数为0.92，将发生滑动破坏。

6-3#危岩体高8米，宽13米，厚0.5米，根据抗滑安全稳定性计算，现状安全稳定系数为1.04，为基本平衡状态，在地震烈度Ⅷ的地震作用下，抗滑动安全系数为0.93，将发生滑动破坏。

7号危岩区域

此段岩体内发育两条组平行卸荷裂隙，走向与坡面走向一致。裂隙在平、剖面上均呈分支复合状，形成一个裂隙带，将岩体切割为块体状，裂隙向上延伸出山体。对10、11、12、13四个洞窟的窟顶岩体造成破坏。

具有随时坍塌破坏的危险。2002年在10号窟的上方发生了巨大岩块塌方破坏。下部塌落部分现已采用毛石墙进行了支撑防护（参见图2-19、2-20）。

7号危岩区域存在三块危岩体：7-1#、7-2#、7-3#。

7-1#危岩体高7米，宽9米，厚1米，根据抗滑安全稳定性计算，现状安全稳定系数为1.02，为基本平衡状态，在地震烈度Ⅷ的地震作用下，抗滑动安全系数为0.84，将发生滑动破坏。

7-2#危岩体高9.4米，宽27.6米，厚2.5米，根据抗滑安全稳定性计算，现状安全稳定系数为1.16，为基本平衡状态，在地震烈度Ⅷ的地震作用下，抗滑动安全系数为0.85，将发生滑动破坏。

图2-19　7号危岩体区域全景

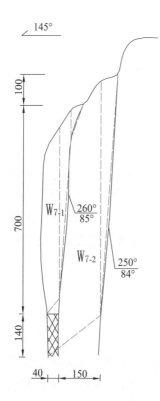

图2-20   7-1#、7-2#危岩体

图2-21   13窟裂隙漏砂问题

图2-22   8号危岩体区域全景

7-3#危岩体高10.8米，宽9米，厚1米，下部曾经进行砌筑支护，现已脱落、破坏。根据抗滑安全稳定性计算，现状安全稳定系数为1.09，为基本平衡状态，在地震烈度Ⅷ的地震作用下，抗滑动安全系数为0.85，将发生滑动破坏。

开裂裂隙漏砂问题：切穿11、12、13窟的卸荷裂隙延至崖顶，由于裂隙张开性大，细砂沿裂隙进入13窟，形成漏砂、积砂问题；降雨时产生漏水病害（参见图2-21）。

8号危岩体

8号危岩体位于窟群区入口，5号窟附近，由一突出的孤立岩体构成，岩体的危险性受卸荷裂隙的控制，卸荷裂隙规模较大，自山顶一直延伸至山根，裂隙倾向与坡向一致，倾角75°～85°，裂隙呈上宽下窄状。危岩体的中部地段夹有一软质砂岩层，受差异风化作用，软质砂岩风化呈凹槽，随着凹槽的加大、扩张，上部岩体悬空，危险性加大。上部岩体垮塌将诱发下部岩体破坏。

8#危岩体最危险的部分是凹槽以上的岩体部分，此部分岩体高9.4米，宽27.6米，厚2.5米，发育一组卸荷裂隙。由于风化破坏作用根据抗滑安全稳定性计算，现状安全稳定系数为1.16，为基本平衡状态，在地震烈度Ⅷ的地震作用下，抗滑动安全系数为0.85，将发生滑动破坏（参见图2-22）。

2.3　新1、2窟壁画的开裂、残破、垮塌破坏

新1、2窟位于谷口区，为20世纪70年代发现，在新1、2窟穹顶保存有比较完整的壁画，壁画色泽鲜丽、古朴、深厚，人物形象精美绝伦，绘画技巧特征明显，具有鲜明的龟兹艺术特征，是龟兹壁画艺术的珍品。

20世纪70年代，壁画发现时比较完整，但近几年出现了壁画垮塌破坏（新2窟），极其可惜。为查明新1、2窟壁画的保存状况，采用高密度声波测试技术进行了勘察、测试，发现新1、2窟壁画部分区域脱离起鼓，危及壁画的安全。新1、2窟存在的主要病害：

起鼓、脱空、垮塌破坏：新1、2窟壁画的绘制工序：人工开凿出穹顶——用1层、2层或3层草泥抹出光滑穹面——铺设灰底——绘制壁画。由于新1、2窟所在的岩体为砾岩，结构松散，砾石大小不一，在开凿穹顶时，很难开凿出光滑的穹顶壁面，常常出现凹凸不平，只有靠地仗——抹草泥，其结果是地仗层——草泥层厚薄不一。根据新2窟垮塌部分的测试，地仗层厚2厘米、3厘米、5厘米、7厘米不等。新1、2窟壁画的穹顶，具有很好的相互支撑、稳固作用。但是，在一千多年的时间中，地仗的自重作用、地仗与岩体交接面区域的风化作用、地震的振动、岩体垮塌的振动等作用，部分区域地仗层与岩体脱离、起鼓，受振动的影响，产生垮塌破坏。新2窟壁画垮塌部分，是由于山顶岩体垮塌产生的振动，诱发脱空部分垮塌破坏。图片2-23、2-24显示，新1窟地仗层与岩体脱离或脱空的区域为1.9平方米，新2窟地仗层与岩体脱空或脱离的区域为2.1平方米，新2窟严重，而且，新2窟出现了垮塌破坏。

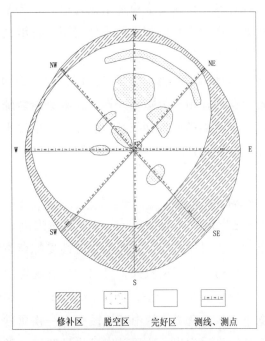

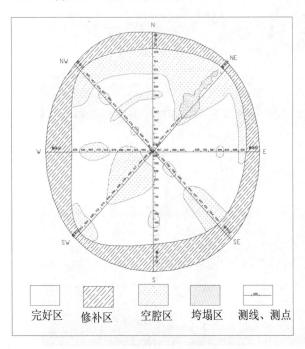

图2-23　新1窟穹顶壁画保存测试图　　　　　**图2-24　新2窟穹顶壁画保存测试图**

2.4 洪水对石窟岩体的冲蚀破坏

由于山中植被稀少、基岩裸露，雨季来临时，地表径流除对窟顶岩体造成冲刷侵蚀破坏外，极易汇聚到沟谷中形成季节性洪水。洪水发生时，水体中夹带大量泥沙、砾石沿沟谷向外涌出，由于沟谷坡降较大(平均大于7%)，洪水流速高，对沟谷两侧洞窟的根基具极强的侵蚀破坏作用，特别是沟谷被坍塌的岩石截流时，当其被突然冲开后，水量大、流速高，破坏力极强。窟群区横跨大沟连接两个围堰的小桥正因如此而被冲毁(1991年)。

暴雨产生的洪水对石窟岩体产生冲刷破坏，影响石窟岩体稳定的沟谷、区段有：窟群区大沟的42窟、43窟区段的岩体、45窟区段的岩体和谷口区新1、2窟区段的岩体。洪水发生在 6、7、8月。各月出现比例分别为：21.7%，52.2%，26.1%。

42窟、43窟区段的洪水破坏：42窟、43窟区段位于窟群区大沟急转弯的凹岸，此区域或位置洪水的冲刷破坏力最大。由于长期的冲刷破坏，冲沟主流道紧逼崖壁岩体的崖脚，严重威胁此区域崖壁岩体的稳定。为防止洪水对崖壁岩体的冲刷破坏，曾采取了砌筑防洪坝保护措施，起到了一定防护作用，但由于防洪坝坝基较浅，防洪作用受到限制，面临被洪水冲毁破坏的危险。

45窟区段的洪水冲刷破坏：45窟区段位于窟群区大沟里段，由于冲沟主流道紧邻崖壁崖脚，洪水的冲刷破坏危及崖壁岩体的稳定。在45窟右侧崖壁岩体上雕凿有多款古文字题刻，十分珍贵，如果崖壁岩体垮塌，古文字将毁灭性破坏。

新1、2窟区段岩体的洪水破坏：新1、2窟位于谷口区，在新1、2窟左侧发育一条冲沟（冲沟情况

图2-25　2002年百年洪水时窟群区大沟洪水状况

图2-26　42窟、43窟区段洪水的冲刷破坏

参见表6、7、8），冲沟在新1、2窟区段处于沟谷转弯的凹弯处，季节性洪水夹杂着沙石直接冲刷崖壁岩体，对崖脚岩体造成严重破坏。新1、2窟左侧的崖壁岩体因裂隙切割、雨水冲刷，岩体结构松散、破坏，为危岩体。如果崖脚继续冲刷，基础遭到破坏，极易产生垮塌破坏，并对新1、2窟的安全存在构成威胁。

窟群区、谷口区冲沟现状情况、暴雨情况、冲沟洪水量参见表2-1、表2-2、表2-3：

图2-27　新1、2窟崖壁崖脚洪水破坏及上部破碎岩体

表2-1　窟群区大沟、谷口区冲沟现状

冲沟编号	流域面积 (km2)	最远流程 (km)	流程高差(m)	平均坡降(%)	m值	备注
窟群区大沟	12.7	8.0	950	11.9	1.39	影响41-43、45窟区段岩体
新1、2窟的冲沟	1.8	4.0	300	7.5	1.28	影响新1、2窟区段岩体

表2-2　暴雨表　　　　　　　　　　　　　　　　　　单位:毫米

项目	均值	CV	Cs／ω	P=1%	P=2%	P=3%	P=5%
最大1小时	8.0	0.9	3.5	37.57	30.87	26.08	22.4
最大6小时	14.5	0.9	3.5	68.1	56.0	47.2	40.55
最大1日	16.5	0.95	3.5	81.79	66.68	55.90	47.58

表2-3　冲沟洪水计算成果表　　　　　　　　　单位：立方米／秒

概率 P（%）	窟群区大沟			新1、2窟冲沟		
	最大1小时	最大6小时	最大1日	最大1小时	最大6小时	最大1日
1	16.14	25.21	28.92	5.25	8.20	9.41
2	13.93	21.77	24.81	4.53	7.09	8.08
3	12.27	19.15	21.74	4.00	6.23	7.08
5	10.95	17.10	19.26	3.56	5.56	6.27

注：P=1%概率相当于100年一遇、P=2%概率相当于50年一遇、P=3%概率相当于25年一遇、 P=5%概率相当于10年一遇。

2.5　63窟、79窟石窟壁画的破坏问题

63窟位于窟群区北段，63窟的前部石窟岩体发育有一条卸荷裂隙，历史上，被卸荷裂隙切割的岩体垮塌，63窟的前室遭受毁灭性破坏。前室岩体破坏后，石窟穹顶残存，并且保存有壁画。为保护暴露在外的穹顶壁画，前人曾建造过保护性窟檐，也已经垮塌，20世纪60、70年代在现存石窟口砌筑了保护挡墙，但挡墙砌筑的结构、形式与石窟建筑不符，而且没有完全保护好壁画，穹顶的壁画仍暴露在外遭受雨水、风侵蚀（参见图28）。

79窟位于窟群区南段，12～14窟段山顶部。79窟原有石窟窟顶已经垮塌，现存有左、右、后壁、坛座、塑像，在左、右、后壁面和坛座壁面上，保存有精美的壁画，十分珍贵。窟顶坍塌后，后人用石块、土泥砌筑了一个简易保护房，对壁画、塑像起到了保护作用。但保护房存在一些问题，对壁画、塑像的安全保存产生损害。

（1）门没有起到有效的遮护作用：79窟位于山顶上，正处于顺渭干河吹来的风口位置，由于房门直接对着风口，风及风沙直接进入窟内，对壁画、塑像造成风蚀破坏，并在窟内形成沙土堆积。降雨时，雨水漂入窟内，对壁画、造像造成浸湿破坏。

（2）保护房小、墙壁薄，不能起到恒温、恒湿的保护作用，随着外界温湿度的剧烈变化，窟内温湿度也剧烈变化，不利于壁画、塑像的保存。

（3）保护房四周存在渗水或浸湿病害，对壁画造成破坏作用。79窟左、右、后壁嵌入山体中，保护房四周、上部缺乏有效的排水措施，降雨时，地面坡水流向79窟左右后三面，造成　渗水、浸湿病害，加剧壁画的风化破坏。（参见图2-30：上部圆圈区域的壁画由于窟顶地面水的浸湿，风化破坏较下部壁画严重）。

图2-28　63窟前室垮塌后的现状

图2-29　79窟外景

图2-30　79窟侧壁渗水造成壁画的风化破坏

2.6　渭干河水位抬升或水位变化对低位置石窟岩体、壁画的破坏

　　窟群区10~37窟区段，由于东方红水电站的修建，低位置的石窟曾遭受过河水的浸泡，其后又被掩埋（现低位置石窟近一半的部分掩埋在现地面以下），窟群区前的堆积为沙卵石冲积物、坡积物，透水性能良好，与渭干河的水力联系良好。渭干河水位受大气降水、上游克孜尔水库调控水量、下游东方红水电站放水、控制水位标高的综合控制。区域降雨量大时，为防洪需要，上游克孜尔水库放水，渭干河水位升高，低位置石窟的地下水位上升，毛细水活动加剧，造成石窟崖壁、壁画含水量加大，随着渭干河水

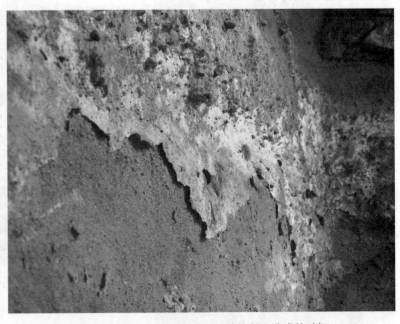

图2-31　窟内进水及毛细水作用造成石窟
崖壁、壁画的破坏

图32　毛细水作用干湿变化、盐类积聚造成的破坏

位的降低，石窟崖壁、壁画含水量降低。岩体中的可溶性盐随着含水量的变化产生循环结晶、溶解作用，盐类聚集在岩石的表面，产生表面盐化作用，形成一层坚硬的外膜，膜下岩体表面已被胀裂风化，不断加厚形成外壳时就会翻卷、起鼓，产生坍塌掉块、层层剥落破坏，对石窟岩体、壁画造成严重破坏。

为防止渭干河水位抬升及水位变化对石窟壁画的破坏，龟兹石窟保护研究所不得已采取切割搬迁的方法，将低层石窟中的部分搬至较高位置的42号、43号石窟内保存，免遭毁灭破坏。

三、保护工程试验研究

库木吐拉千佛洞特殊的岩体结构、岩性特征和环境条件，要求加固技术措施和材料性能必须适应石窟岩体的工程地质条件和环境条件。为此项目开展了：（1）锚杆粘结加固材料和施工工艺试验，对加固施工时拟采用的施工机具及施工工艺的有效性进行检验，确定几种规格锚杆的极限抗拔力，为施工设计提供可靠的依据。（2）裂隙岩体灌注试验，并通过试验选取适用于库木吐喇岩体加固和裂隙灌注的性能优越的材料、方法和施工工艺，提高岩体加固和裂隙灌注的有效性和优越性。（3）风化凹槽岩石加固试验，选择密度适中，同时满足强度要求的材料。（4）风化岩石加固试验，并通过试验选取防止风化岩石加固方法和施工工艺。

3.1 锚杆粘结加固材料和施工工艺试验

3.1.1 锚固试验内容

试验分别在砂岩层和砂砾层中分两次进行锚固试验，均为全长锚固。

现场试验选择3米和4米两种锚固长度，孔径选择75毫米和100毫米。

粘结材料选择抗硫酸盐水泥砂浆和普通硅酸盐水泥砂浆（325#水泥）。

砂选用洁净细砂，配合比为水：灰：砂=0.5：1：1。

锚筋选用直径25毫米的螺纹钢，长度为4米和5米两种。

锚杆体灌浆28日后，进行锚杆体拉拔试验对比。表3-1中1～12#位于谷内砂岩层；12～18#位于谷外砂砾岩层。

表3-1　锚固试验实施表

编号	岩层	锚固材料	锚固长度	孔　径	锚筋长度	试验孔数
1～3	砂岩层	抗硫酸盐水泥砂浆	3米	100毫米	4米	3个
4～6			4米	75毫米	5米	3个
10～12			4米	上部3米孔径100毫米，底部1米扩孔120毫米	5米	3个
7～9		普通硅酸盐水泥砂浆	3米	75毫米	4米	3个
13～15	砂砾岩层	普通硅酸盐水泥砂浆	4米	75毫米	5米	3个
16～18			3米	75毫米	4米	3个

对砂岩层进行了抗硫酸盐水泥砂浆和普通硅酸盐水泥砂浆对比试验，不同孔径的对比试验，不同锚固长度的对比试验，以及锚杆底部扩孔和不扩孔的对比试验。对砂砾岩层仅采用普通硅酸盐水泥砂浆进行了同一孔径不同锚固长度的对比试验。

3.1.2　试验步骤（工艺流程）

钻机安装就位——钻孔——清孔——锚杆制备，预埋聚乙烯灌浆管——灌注材料配置、搅拌——灌浆——拔出灌浆管——二次补灌（表面做旧）——养护——张拉试验。

所钻进的砂岩层产状为165°∠14°，锚杆倾角为25°～31°；砂砾岩层产状为216°∠12°，锚杆倾角为8°～13°。

锚孔钻进采用风冷钻进成孔，该工法具有快捷，易于组织等优点。砂岩层中的砂岩多为中细粒结构，强度低，层理明显，钻进顺利，由于表层风化严重，岩芯无法采取。砂砾岩层中的钻进考虑到砾石成分复杂，砾径较大，且较为坚硬，分别采用金刚石和合金钻进，钻进中出现烧钻、钻具严重磨损等现象以及钻杆扭断事故，在施工工程中应予充分重视。

砂浆灌注压力为0～0.4MPa，单孔灌注后均有不同程度的补灌。无需注浆塞，较小灌注压力即可达到要求。

3.1.3　试验成果分析

表3－2为锚杆拉拔试验的成果，图3－1（a—f）给出了抗拔力（Q）和锚杆位移（S）关系的曲线图。据此可以得到如下结论：

1．由Q—S曲线图可知：锚固长度为3米时（图3－1(a)、(c)），抗硫酸盐水泥砂浆的破坏锚固力为185.2~217.5kN，上拔位移量为50.9～87.4毫米；普通硅酸盐水泥砂浆的极限锚固力为217.5～241.7kN，上拔位移量为59.0～84.4毫米。锚固长度为4米时，抗硫酸盐水泥砂浆的破坏锚固力为217.5～241.7kN，上拔位移量为47.9～71.5毫米。抗硫酸盐水泥砂浆的极限锚固力略低于普通硅酸盐水泥砂浆，能承受的最大位移量略强于普通硅酸盐水泥砂浆（图3－2）。

表3－2　锚杆（索）拉拔试验成果表

编号（#）	试验最大荷载（kN）	破坏荷载（kN）	极限荷载（kN）	上拔位移（mm）	卸荷后位移（mm）	备注
1	217.5	217.5	209.4	55.02	53.54	
2	217.5	217.5	209.4	87.04	85.65	
3	185.2	185.2	177.2	50.90	47.50	锚杆编号均为面向山体由左至右顺序编号。1～12#位于窟群区谷内砂岩层；12～18#位于谷口砂砾岩层。
4	217.5	217.5	209.4	66.10	63.96	
5	233.6	233.6	225.5	71.54	69.28	
6	217.5	217.5	209.4	52.50	50.66	
7	241.7	241.7	225.5	76.02	72.74	
8	217.5	217.5	209.4	58.98	58.31	

9	233.6	233.6	225.5	84.40	83.64	
10	217.5	217.5	177.2	66.74	66.24	
11	217.5	217.5	209.4	47.88	47.59	
12	225.5	225.5	209.4	48.37	47.57	锚杆编号均为面向山体由左至右顺序编号。1~12＃位于窟群区谷内砂岩层；12~18＃位于谷口砂砾岩层。
13	241.7	241.7	225.5	51.18	47.78	
14	241.7	241.7	225.5	54.70	52.72	
15	209.4	209.4	177.2	33.57	32.06	
16	241.7	241.7	225.5	56.16	53.39	
17	241.7	241.7	225.5	54.70	51.91	
18	241.7	241.7	225.5	54.06	50.99	

校核：王焕新　　　试验：胡世玉　王焕新　　　日期：2004年10月10日

2．孔径相同的条件下，抗硫酸盐水泥砂浆的极限锚固力为217.5~241.7kN，与普通硅酸盐水泥砂浆相同，上拔位移量为52.5~76.0毫米，能承受的最大位移量略低于普通硅酸盐水泥砂浆（图3-1(b)．(c)）。

3．同样采用抗硫酸盐水泥砂浆，在锚固长度相同的条件下，锚杆底部扩时的极限锚固力为177.2~209.4kN，上拔位移量为47.9~66.7毫米；不扩孔时的极限锚固力为209.4~225.5kN，上拔位移量为52.5~71.5毫米。锚杆底部扩孔灌浆对增高锚固力的作用不明显（图3-1(a)．(d)）。

4．同等锚固条件下，抗硫酸盐水泥砂浆可以达到与普通硅酸盐水泥砂浆相同的效果，两者的Q-S曲线也非常接近。抗硫酸盐水泥砂浆可以用于库木吐喇石窟区的锚固工程。

5．在砂砾岩层中同样采用普通硅酸盐水泥砂浆，孔径均为75毫米，锚固长度为4米时最大锚固力为225.5kN，与锚固长度为3米时相同。能承受的最大位移量也非常接近（图3-1(e)、(f)）。

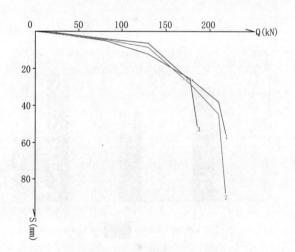

图3-1(a)　谷内锚杆Q—S曲线(1-3＃)

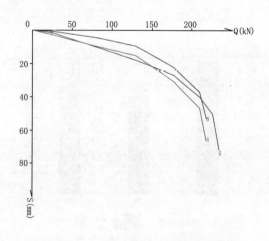

图3-1(b)　谷内锚杆Q—S曲线(4-6＃)

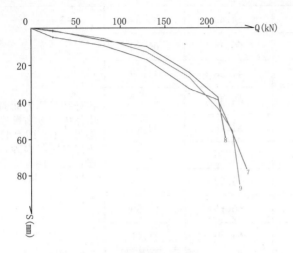

图3-1(c)　谷内锚杆Q—S曲线(7-9#)

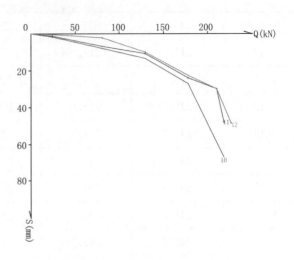

图3-1(d)　谷内锚杆Q—S曲线(10-12#)

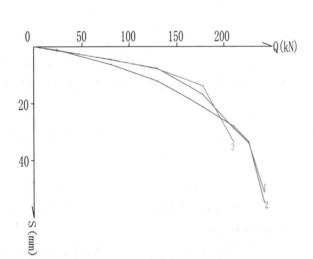

图3-1(e)　谷口锚杆Q—S曲线(1-3#)

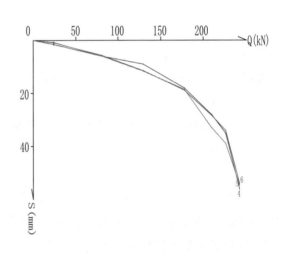

图3-1(f)　谷口锚杆Q—S曲线(4-6#)

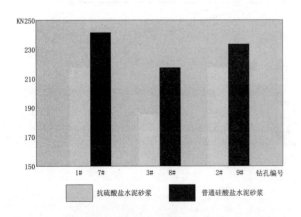

图3-2（a）　3米锚固长度时破坏荷载比较直方图

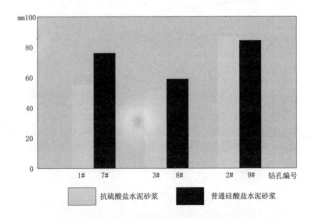

图3-2(b)　3米锚固长度时上拔位移比较直方图

3.2　灌注试验

3.2.1试验内容

五连洞67～69窟、新1、2窟、65～66窟、79窟等石窟崖壁上发育一些由裂隙切割形成的破碎危岩体。由于岩体结构松散、强度低，体积较小，无法采取锚杆加固措施，只能采取裂隙灌浆的方法进行粘接加固。选取PS加粉煤灰（PS+F）和超细水泥两种材料进行现场和室内试验，从中筛选出适合库木吐喇石窟区的性能优越的材料。

进行开裂破碎岩体灌注试验时，先进行裂隙口封堵试验。必须对揭露的裂隙口进行封堵，防止浆液外泄影响灌浆效果或污染石窟。裂隙口的封堵要求适合岩体的结构条件，封堵密实，强度适宜，又便于今后做旧处理。

图3-3　灌注试验试验块体

在窟群区冲沟内75窟对面选择一典型裂隙危岩体（图3-3）进行裂隙灌注试验。该危岩体后壁裂隙宽10厘米，最大张开度达15厘米，从上往下直通地面。裂隙面上窄下宽，上部宽度1.6米，下部宽度3.2米，高6.7米，裂隙面积为16平方米。裂隙面两壁岩体中无明显的裂隙发育。

灌注试验采用裂隙口灌浆，共分为二个部分，对其下部灌注PS+F，然后对上部灌注超细水泥。

3.2.2、试验步骤（工艺流程）

1．采用空压机在0.5MPa压力下送风，清除裂隙中的砂土灰尘。

2．裂隙口封堵前，对裂隙口周围的松散岩体喷洒PS稀溶液进行预加固。

3．选用PS加粘土（PS+C）制作的胶泥对裂隙口进行封堵（采用浓度4%的PS加抗硫酸盐水泥做为封堵材料，效果也比较好），粘土可选用现场的河泥，制备胶泥的配合比为PS:水:粘土 = 1：4：12，由下而上封堵裂隙口，使封堵胶泥与岩体紧密粘结。

4．封堵胶泥时，预先埋设灌浆管（图3-4），灌浆管采用φ10毫米软管，间距0.5～1米，埋置深度0.2～0.4米。

5．封堵胶泥固化24小时后，再用4-5%浓度的PS材料对封堵的胶泥及裂隙两侧岩体进行喷淋加固。

6．根据预先埋设的灌浆管由下而上灌注PS+F浆液（灰：PS：水=2：1：1），灌注压力不小于0.4MPa，每根管灌至灌浆管溢出浆液时，停止灌浆。

7．封堵灌浆管，进行上一个灌浆管的灌浆，依次进行，直至完成PS+F浆液灌浆。

8．使灌注的PS+F浆液固化24小时。

9、然后，重复以上不步骤6和7在裂隙上部灌注超细水泥（水灰比为0.8）。

10、灌浆加固14日后，进行钻孔取芯和人工开凿破坏，揭露灌注裂隙面，检测裂隙面灌浆体的密实性、胶结性及分布特征。

3.2.3试验成果分析

1．图3-5为裂隙面下部灌注完成后的照片，底部棕黄色部分的是封填胶泥，中间蓝色部分为PS加粉煤灰灌注料。喷淋PS加固处理后，使裂隙两侧岩体表面的颜色变深。

整个灌浆过程从2003年7月29日9：20开始至8月1日10：30结束。完成灌浆面积约平方米。试验灌注记录表明灌注压力以不大于0.4MPa为宜（表3-3）。

表3-3　　现场试验灌浆记录表

时间（2003年）		PS用量（kg）	灌注压力（Mpa）	描　述
7.29	9：20-11：30	20		表面变硬、致密
7.30	17：00-17：30	20	0.3	无异样
	17：50-18：20	15	0.3	无异样
	18：40-19：20	10	0.4	孔口跑浆，重新封堵，暂停。
8.1	9：40-10：30	15	0.4	压力加大，裂隙体底部跑浆，孔口溢出，表明已灌满。

图3-4　封堵和灌浆管埋设

图3-5　下部灌注PS+F试验

2．钻孔取芯的情况

灌浆加固14日后，首先对上部超细水泥灌注体钻孔取样，钻进至裂隙填充处，进尺减缓，说明该部位加固效果较好，厚度在8厘米左右，所取岩芯长5厘米。随后对下部PS加粉煤灰灌注体（PS+F）钻孔，进尺均匀，无法取得完整岩芯，原因是PS+F的凝固强度较低。

3．破坏观察

破坏观察的位置选在超细水泥和PS加粉煤灰灌注体的分界处，左右距地面2米高处分别拆除灌浆面上盘的岩体，揭露内部的灌浆体，观察灌注效果。共揭露面积0.2平方米。

图3-6为左部被揭露的灌浆体。图中红线以上浆体为超细水泥，其颜色较浅，裂隙被完全填充，灌浆体致密，无大的孔洞，与砂岩体的胶结较好，强度较高。红线以下为PS+F灌注体，颜色较深，孔隙完全填充，致密；与周边砂岩体完全胶结，强度较高。

图3-6　裂隙灌浆体破坏后

3.2.4 结论

现场观察、强度测试和微观结构分析的结果显示：

1、对砂砾岩体裂隙建议采用低压灌注，浆液必须具有良好的流动性。

2、PS+F的渗透性更好，浆液凝固后与砂岩体结合紧密，无脱离。

3、PS+F与超细水泥灌注体的强度均高于砂岩，但前者的灌注效果和对微裂隙的填充作用均优于后者，其与原岩体的结合更具有协调性；可选择PS+F为灌注首选材料。

3.3风化凹槽支护加固试验

3.3.1、试验内容

在窟群区冲沟内锚固试验区对面的崖壁岩体底部选择一风化凹槽（图3-7）作为试验区。凹槽是受洪水冲刷和风化作用而形成的，外口最大高度约50厘米，最大深度80厘米。凹槽所在层位的岩性为粉砂质泥岩，颗粒均匀，无裂隙。岩体结构松散，抗风化能力低，手抠即纷纷散落。

采用短锚杆和泡沫混凝土进行支护加固试验，试验重点是在保证泡沫混凝土的低密度同时使其具有一定的力学强度。

3.3.2试验步骤（工艺流程）

1．对凹槽表面进行人工开凿，清除风化层及附着物，露出基岩面。

2．根据凹槽的形态规模，钻孔、安设锚杆（钻孔长度30～40厘米，孔径10毫米左右，锚筋选用直径8mm的螺纹钢）。

3．安设外模，外模选用泥岩块体围设，缝隙处用碎块填塞。

4．采用现场配制，现场浇筑的方法，配制泡沫混凝土。发泡剂选用CCW-95混凝土发泡剂，与水按1∶50的比例混合，用高速旋转搅拌器搅拌4-6分钟，直至泡沫中没有大泡，泡沫颗粒细小均匀，泡沫体积不再增加（图3-8）。

图3-7　凹槽加固试验区

图3-8　发泡剂搅拌

图3-9　泡沫混凝土浇注体

5. 在特定容器中按灰砂比1∶1，水灰比1∶0.8，调配均匀，配制抗硫酸盐水泥砂浆。

6. 在调配好的水泥砂浆中逐渐加入少量调配好的发泡剂，搅拌15～30分钟，使发泡剂与混凝土充分混合；发泡剂的加入量根据设计密度控制。现场调配的方法是：现场称量水泥、砂的重量，按1克/立方厘米的密度计算需要的浆体体积，逐渐加入发泡剂，直至满足要求。

7. 将调配好的发泡混凝土浇注至清理后的锚杆凹槽内。浇筑时要注意外表形态与崖壁岩体一致。

8. 混凝土固化24小时后拆除外模。

图3-9为拆除外模后的的泡沫混凝土浇注体。

3.3.3 试验成果分析

1. 完成发泡混凝土浇注0.12立方米，施工简单快捷，发泡混凝土质轻，流动性好，可以选择泵送浇注。

2. 外模拆除后，浇注体与原砂岩体存在较大色差，实际施工时要做好外表作旧措施。

3. 浇注体凝固后质地坚硬，无收缩变形，与上部砂岩岩体结合紧密，结构稳定。

4. 浇注材料往岩体中的渗入量很少，对砂岩和泥岩的加固作用不明显。

5. 据室内试验结果：泡沫混凝土的单轴压缩强度为1.645MPa，高于原岩的0.9MPa，其抗风化能力比砂岩高。

3.3.4 结论

1. 发泡混凝土质轻，具有一定强度，以其作为风化凹槽的填充材料是合适的。

2. 现场试验制备的发泡混凝土密度过高，可适当降低。

3. 施工工艺简单易行，不受场地限制，在该地区可推广使用。

4．施工结束后要求养护，并进行作旧处理。

3.4 表层风化岩体渗渍加固试验

3.4.1 试验内容

表层岩体渗渍加固试验选择三种材料：PS溶液、BU加固剂（非水分散体）和氟硅乳酸液。

试验地点选在窟群区冲沟75窟左下方的崖壁风化岩体上，试验地点为一小山嘴，岩体风化程度高，呈松散砂状，手触即纷纷散落。

图3-10　表层风化岩体渗渍加固试验

在该试验点崖壁面选取七块面积进行加固材料对比试验（图3-10），单试验面积50×50平方厘米。图3-8中左侧2块为氟硅乳酸液试验区，中间3块为BU加固剂试验区，最右侧1块为PS溶液试验区，右数第2块为高浓度氟硅乳酸液试验区。

3.4.2 试验步骤（工艺流程）

1．清除崖壁表面的杂物，划分试验区块。

2．调配不同浓度的试验液

3．采用喷壶，在试验块内进行人工喷淋，要求喷洒均匀。

4．采用塑料薄膜养护

5．干透后检查记录渗透深度、表面硬度、色差和泛盐碱情况

6．重复步骤3～5，喷淋的遍数不少于6次。

7．固化15日后分别对未加固区域和加固区域进行对比观测。

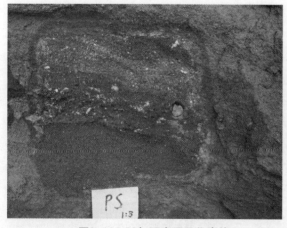

图3-11　PS加固表层风化岩体

图3-12　氟硅乳酸液加固表层风化岩体

3.4.3 试验成果分析

1．渗透深度

渗透深度的检查采用喷淋后即时检查和干燥后检查相结合的方法，如图3-11、12中的小孔即为深度检查孔。试验结果表明：三种材料的渗入深度相近，在7厘米左右。浓度越低，渗入越深。

2．表面硬度

现场观测各试验点加固后的表面强度，氟硅乳酸液的加固效果最好，PS材料次之，BU剂最低。但三者加固后的表面强度均远高于原岩体，表层非常坚硬。

3．色差及泛盐碱情况

从图3-10、11、12可看出：三种材料在喷淋完成后与原岩色彩上的协调均较好。喷淋液的浓度越低，对原岩的色彩越小。

原岩表面经PS溶液与高浓度氟硅乳酸液喷淋后，最初颜色无太大变化，15日后均出现泛白现象，泛白现象一般均产生于砂岩体中大颗粒周围。BU剂加固试验体有异味。

3.4.4 结论

1、从表层加固效果来看，三种溶液的渗透深度均满足要求，表面强度的差别不大。

2、扫描电镜的结果显示PS材料的微观结构与原岩最接近，是该区最为有效表层加固试剂。

3、考虑文物保护的原则，表层加固的材料应不改变原岩特征和周围环境。PS溶液与高浓度氟硅乳酸液所产生的泛白现象有必要引起重视，BU剂所产生的异味必须解决。

四、加固、修复保护工程设计

本项目加固、修复保护设计的主要内容：加固保护工程——危岩体的加固除险设计；五连洞凹槽钢筋混凝土框架支护加固；新1、2窟壁画脱空、起鼓、垮塌部分的粘结、加固设计；79窟坡面松散岩体加固设计、43窟区段、45窟区段、新1、2窟区段冲沟的防洪加固设计。修复保护设计—— 63窟、79窟修建保护建筑设计。

4.1 危岩体抢险加固设计

危岩体的加固保护采用锚杆加固、裂隙灌浆粘结加固相结合的措施。采用锚杆加固技术加固石窟危岩体，在龙门石窟、麦积山石窟、榆林石窟、大足石刻、新疆克孜尔石窟等石窟寺的岩体加固工程都得到应用，取得了良好的效果。但库木吐喇千佛洞岩体的工程地质条件具有其特殊性，锚固技术、施工工艺等需要进行必要的改进。

库木吐喇千佛洞岩体为第三纪的砂砾岩、砾岩、砂岩、泥岩，岩体胶结性差，结构松散、破碎，强度低，遇水强度急剧降低，因而锚杆不能采用预应力锚固技术，只能采用非预应力锚杆。由于非预应力锚杆不能主动阻止岩

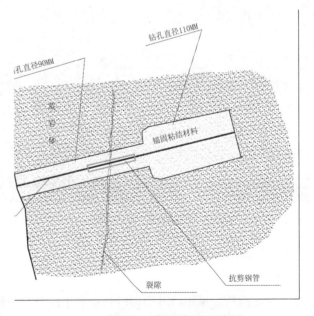

图4-1　锚杆体结构示意图

体的变形、位移，为增强危岩体的安全性，对开裂岩体进行锚杆加固时必须进行灌浆粘结加固，增强裂隙危岩体的整体性，提高岩体安全稳定系数。

库木吐喇千佛洞的锚杆结构采用扩孔变径锚固技术，即自由段锚孔直径90毫米，锚固段锚孔110MM，同时为增加锚杆体的抗剪强度，在裂隙滑动面区段安设抗剪钢管（参见图4-1）。

试验表明，对于孔径φ90毫米、Φ25毫米的锚杆，锚固深度大于2.5米时，破坏荷载为201.90KN，极限抗拔力为185.08KN，与所采用Φ25钢筋的屈服拉力相同。

为消除水泥砂浆固化收缩造成锚固力降低或锚固作用失效，以及适应库木吐喇千佛洞岩体含盐量大，对锚筋腐蚀破坏问题，锚固材料选用抗硫酸盐水泥+PS双浆液，此材料的特点是固化时间可以人为控制，收缩率低——结石率100%（水灰比1∶1的纯水泥结石率为85%），强度高——可达10~20MPA，无污染，适于0.2毫米以上裂隙的灌浆，尤其适合新疆地区干燥地区。

库木吐喇千佛洞锚杆设计的技术参数：钻孔——自由段孔径90毫米，锚固段孔径110毫米，；锚固钢筋——Φ25毫米的螺纹钢；单根锚杆的设计抗拔力——T=180KN；抗剪钢管——长2米，壁厚5毫米；锚固粘结材料——抗硫酸盐水泥+PS双浆液；钻进技术——采用风力排渣，跟套管，锚固段扩孔。

根据库木吐喇千佛洞价值的重要性和岩体的脆弱性，危岩体加固安全稳定系数为2.5，各危岩体所需的锚固力，每个危岩体所需锚杆数以N=P/T。（参见表4-1）：

表4-1　危岩体所需锚固力和锚杆数

危岩体编号		所需锚固力（P=KN）	所需锚杆数（N=根数）	备注
W_1	W_{1-1}		20	进尺139M
	W_{1-2}	290.70	2	进尺10M
	W_{1-3}	4856.02	27	进尺188M
五连洞悬空岩体			12	进尺228M
W_2	W_{2-1}		10	进尺46M
	W_{2-2-}	696.4	4	进尺24M
W_3	W_{3-1}	595.48	3（添加结构加固小锚杆10根）	进尺52M
	W_{3-2}	217.93	2（添加结构加固小锚杆4根）	进尺27M
W_4	W_{4-1}	693.10	4	进尺17M
	W_{4-2}	1613.09	9	进尺42M
	W_{4-3}	8640	48	进尺364M
W_5	W_{5-1}	2444.14	14	进尺68M
	W_{5-2}	2074.95	12	进尺67M
	W_{5-3}		20	进尺110M
W_6	W_{6-1}	132.28	1（添加结构加固小锚杆3根）	进尺21M
	W_{6-2}	464.73	3	进尺17M
	W_{6-3}	1825.95	10	进尺101M

W₇	W₇₋₁	1294.94	8	进尺45米
	W₇₋₂	4000	22	进尺170米
	W₇₋₃	1014.49	6	进尺40米
W₈		4860	27	进尺192米
小　计		加固锚杆数271根，总进尺1968米		

库木吐喇千佛洞岩体的破碎、松散、低强度的特性，决定了岩体不能局部承受很大的作用力，因而锚杆采取非预应力锚杆，且采取群锚作用。锚杆需要安设抗剪钢管的危岩体为：1-2#、1-3#，2-2#，3-1#、3-2#，4-1#、4-2#，5-1#、5-2#，6-1#、6-2#，7-1#、7-2#、7-3#，8#。

4.2　崖壁岩体风化凹槽的加固

2号危岩区域（79号窟）2-2#危岩体中部、8号危岩体中部、3号危岩体区域下部、上部发育的风蚀凹槽严重影响此区域危岩体的稳定性，并且还在进一步恶化，如果任其发展，即使进行锚杆加固，仍诱发岩体垮塌破坏，尤其对于库木吐喇千佛洞岩体结构松散、强度低的特性。为防止凹槽进一步风化、淘蚀，采取锚杆喷射混凝土的措施在凹槽部位首先安设3～4米的小锚杆，然后浇筑混凝土，对凹槽进行封堵、加固，锚杆混凝土表面做旧，使浇筑的混凝土与山体基本协调。由于岩体强度低，承载能力较差，如果浇筑的混凝土体量大，重力较大，将影响加固区域岩体的稳定性。因而要求浇筑的混凝土选用轻型泡沫混凝土。

泡沫混凝土的配比、技术参数：CCW-95混凝土发泡剂，与水按1：50的比例混合，用高速旋转搅拌器搅拌4～6分钟，直至泡沫中没有大泡，泡沫颗粒细小均匀，泡沫体积不再增加。抗硫酸盐水泥砂浆灰砂比1：1，水灰比1：0.8，调配均匀。

4.3　开裂岩体裂隙灌注加固

对于危岩体滑动面区域呈张开性的裂隙面进行灌浆粘结加固，需要对裂隙进行灌浆粘结加固的危岩体有：1-2#、1-3#，2-2#，3-1#、3-2#，4-1#、4-2#，5-1#、5-2#，6-1#、6-2#，7-1#、7-2#、7-3#，8#。库木吐喇千佛洞的岩体，松散破碎，强度低，锚杆不能施加预应力，不能依靠点（局部）受力，对开裂性裂隙进行灌浆加固，增加开裂岩体与山体的粘结强度，增加岩体的整体性、稳定性，是一项十分重要的措施。裂隙灌浆前，对石窟的裂隙口，选用环氧树脂胶泥或PS+粘土胶泥等进行封堵，防止跑浆污染。封堵胶泥的材料需经过现场试验确定。灌浆材料选用PS+超细水泥浆或PS+粉煤灰的复合材料。

4.4　五连洞悬空、开裂变形岩体的加固

五连洞崖壁岩体下部的冲蚀凹槽使上部岩体处于悬空状态，悬空区域岩体破坏模式有两种：（1）倾覆力矩作用产生的开裂、变形破坏；（2）悬空岩体重力作用下的开裂、变形破坏。采用在悬空岩体的凹槽部位建造钢筋混凝土框架，平衡悬空岩体重力和锚杆体加固，平衡悬空岩体倾覆破坏力矩相结合的措施，防止岩体蠕动位移、开裂变形破坏。锚杆加固扰动性小，对石窟环境干扰小，能够利用岩体自身平衡能力，有效平衡悬空岩体的倾覆力。但由于加固区域岩体结构松散，锚杆体不能施加预应力，不能主

动施加作用力，加固措施是被动的。钢筋混凝土框架与岩体达到密实接触，框架结构受力能够主动有效平衡岩体的破坏力——重力，起到有效加固支护作用（参见图4-2）。

锚杆加固措施。

以69窟剖面为例，假定裂隙上部(窟顶以上)愈合，下部贯穿危岩体，窟内隔墙发挥向上的拉结作用（参见图4-3）。

G总=39211(KN)

G地震=αG=6274(KN)

τ=S1-3　τc=7621(KN)

考虑岩体偏心重力，下部悬空岩体断面按50%分配重量，则

G=G总×50%=19605(KN)，

该危岩体在强震作用时，岩体所需锚固力（T=T1=T2=180KN）：

T×（19+7）+τ×19= G×6+ G地震×10

（按力矩平衡模型计算）

T=1368（KN）

需要锚杆数：　　N= K×T/P=12（根）（K=2.5）

锚杆布置分为两排，五连洞石窟上一排——6根，凹槽内一排——6根，总进尺228米，锚头用现场浇筑的钢筋混凝土连接、面状受力。

钢筋混凝土框架支护加固：

支护加固岩体的对象：五连洞（68～72窟）区域凹槽悬空岩体石窟区域的岩体产生了开裂、变形，

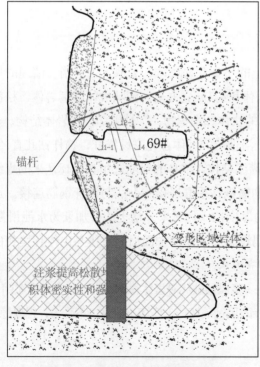

图4-2　五连洞岩体加固剖面示意图

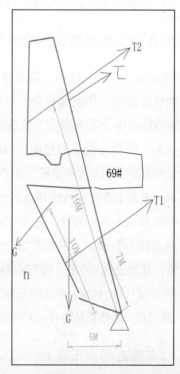

图4-3　五连洞变形岩体锚杆加固模型图

加固支护的对象为石窟区域的开裂岩体，长41米凹槽内部的悬空岩体勘查没有开裂、变形现象，不做加固支护。

设计荷载：钢筋混凝土框架的设计荷载，根据辽宁有色勘察研究院《新疆库木吐喇千佛洞工程地质勘察报告》的地质模型和稳定评估，石窟窟顶5米以上的崖壁岩体整体稳定，窟顶以下的岩体被裂隙切割贯穿，是本次支护加固的对象。设计荷载120540KN（平均截面积150×计算长度41×岩体密度19.6KN/M³）。

钢筋混凝土框架结构：人工开挖、清理凹槽内的杂填土，开挖出工作面，开挖至基岩。为保证开挖杂填土的安全性，开挖时须选在渭干河的枯水期，并进行排水降水。开挖的杂填土安全坡角小于45°。钢筋混凝土框架做混凝土地板，在框架12的高度浇筑一个混凝土板工作平台，钢筋混凝土框架结构及尺寸参见设计图31、32。工作平台的作用是根据凹槽岩体的形态，分段安设模板浇筑混凝土，保证混凝土与岩体接触紧密。工作区域的杂填土及岩石中含有大量的盐类，具有腐蚀作用，为保证钢筋混凝土框架安全、稳定性，混凝土选用抗硫酸盐水泥。

4.5　55窟破碎岩体的加固、修复

55窟后壁、侧壁破碎岩体的加固采取钢筋混凝土支护加固的措施。首先开凿、清除已破碎的岩体，剔凿出工作面。根据破碎部分后部岩体的完整程度和基础的岩体的完整性、承载力，确定剔除破碎岩体的工作量、开凿基槽的尺寸、基础的深度。如果基础岩体质量较差，承载力低，可在基础中增设锚杆，增强基础第承载力。浇筑混凝土壁面低于石窟崖壁面5厘米。浇筑混凝土固化后，选择乳胶、粘土、当地风化的砂砾石进行作旧、修复，恢复原石窟崖壁的形态、色泽，保持石窟环境、结构的统一性。为解决地下水中盐类对混凝土的腐蚀破坏，浇筑混凝土的水泥选用中抗425＃抗硫酸盐水泥。开凿岩体工作量15立方米，锚杆体进尺20米，浇筑钢筋混凝土15立方米。

4.6　79～80窟前坡体松散岩体的加固除险

清除小型的危岩块体：对于堆积、散落在坡体上的小型危岩块体，采取人工开凿、清理的措施，清除具有滑动、垮塌危险的危岩体或堆积物。清理危岩体积约150立方米。清除坡体的危岩体、松散堆积物时，注意不能全部清除坡体上的堆积物，只清除危险的块体和堆积物，严禁破坏坡体岩体结构。

采用锚杆、挂网、喷射混凝土的措施加固坡体：清理后的坡体首先安设锚杆，锚杆钻孔直径40毫米，钻孔深度1.5～2.5米，深度深浅间隔布孔，水泥砂浆灌注粘接，锚杆的锚筋选用直径18毫米的螺纹钢，锚杆露头长度10厘米，孔距1.5米挂网选用直径6毫米的圆钢，采取焊接的办法与锚杆钢筋连接。连接好锚筋与钢筋后，喷射掺加粘土的混凝土，喷射混凝土的厚度12～15厘米。粘土的掺加量为水泥用量的20%.喷射混凝土的坡面为凹凸的糙面，并在坡面上人工码设碎石，保持加固后的坡体与山体环境相协调。锚喷混凝土的工程量：钻孔进尺400米，喷射混凝土200立方米。

为防止2号危岩区域（79-80窟）的80窟窟壁岩体进一步风蚀破坏对岩体稳定的影响，在80窟窟门口砌筑土坯墙，封堵80窟的窟门口，其作用是防止风对80窟进一步的风蚀破坏，土坯墙不承重、不受力，但要稳固。

4.7　新1、2窟壁画的加固设计

新1、2窟壁画的加固设计主要解决的问题是：（1）新2窟壁画垮塌区域的抢救性加固和修复；（2）新1、2窟影响壁画安全的脱离地仗区域的加固。

根据勘察、测试，新2窟垮塌区域周围壁画地仗已经脱空，垮塌区域的壁画地仗厚度不一，结构松散，对外力反应敏感，近几年一直处于壁画色彩、地仗片状、块状剥落状态，并且面临进一步垮塌破坏的危险，是本次保护工程的重点。

新1、2窟壁画地仗其脱空区域不是全部加固。对脱空地仗区域加固，必须在地仗上开凿一个小孔，以便将加固材料注射入空腔中，起到加固保护作用，但对壁画有一定的破坏作用。脱空区域的加固原则是针对脱空区域大、威胁壁画地仗安全区域，也就是抢救性除险加固。新1、2窟地仗脱空加固区域参见图4-4、4-5。

加固材料有三种可以选择：（1）高模数PS材料（敦煌研究院）；（2）乳状环氧树脂材料（日本）；（3）钙质充填加固材料（德国）。三类材料各有优劣：高模数PS材料在西北干燥地区榆林石窟、

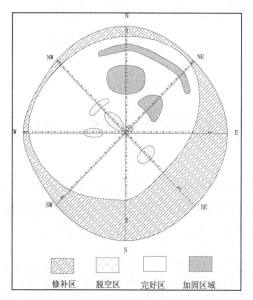

图4-4　新1窟壁画地仗脱空加固区域（红色区域）

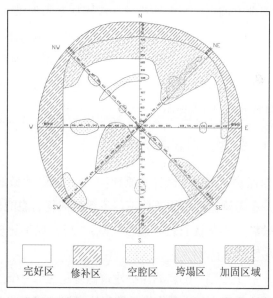

图4-5　新2窟壁画地仗脱空加固区域（红色区域）

西藏的　壁画做过保护工作，取得了明显的效果，但库木吐喇千佛洞的岩体特征是松散、含盐量高，PS材料为高碱性材料，充填在地仗壁画后长期会不会产生"泛碱"破坏。在实施需要进行模拟新1、2窟岩体特征的室内试验和现场试验比较对比。

新1、2窟壁画地仗加固材料的原则要求是：具有适当强度的粘结加固性能，强度太大对壁画地仗有损害作用，太小起不到加固作用；具有与岩体、地仗相近的性质；具有较好的耐老化性；可灌性好，利于工艺操作；材料选择的另一个原则是充填材料的密度必须小，选择硅粉或珍珠岩等轻质充填材料，减轻地仗的负担。

施工工艺：根据周口店模拟现场试验，脱空地仗与岩体间的表面上附着有细小的粉尘，这些粉尘阻碍或降低加固材料的粘结性能，使加固材料失去加固作用。因此注射加固材料前必须空腔区域的预加固，使粉尘坚固的附着在腔体表面，增强加固效果。

工艺程序：确定加固区域——专用钻机钻注射孔（孔径6~8毫米即可）——注射预加固材料（在进行预加固时观察腔体的联结状况，什么地方漏浆、跑浆）——用软肥皂或橡皮泥等软质、易清除材料封

堵有可能漏浆、跑浆的裂隙——预加固7日左右——注射加固材料（如出现跑浆，立即用软肥皂封堵，防止污染壁画）——封堵注浆孔——加固材料固化后修补封堵的裂隙、注浆孔。

新2窟垮塌区域加固后，用草泥进行修复，保持穹顶地仗整体的受力状态，修补（复）的地仗比原地仗低2～3毫米，以示区别，垮塌区域的壁画不进行重新描绘。

新1、2窟的修复加固应在进一步工作试验研究基础上，做出专项设计。

4.8 防洪坝设计

为了防止洪水对石窟崖壁岩体的冲蚀破坏，在洪水冲蚀破坏严重区域或对石窟岩体破坏严重，影响石窟岩体稳定的区段——42窟、43窟区段；45窟区段；新1、2窟区段砌筑钢筋混凝土防洪坝，防洪坝的位置、规模参见附件——防洪坝设计。

根据洪水调查，区内冲沟洪水成因属暴雨型洪水，为单峰型，历时较短，一般在1～6小时左右。考虑冲沟洪水的破坏性、库木吐喇千佛洞岩体的脆弱性、石窟价值的珍贵性，冲沟防洪水破坏设计：按百年一遇，最大6小时的洪水流量，即窟群区大沟洪水的设计流量52.21立方米/秒，新1、2窟区段沟谷8.2立方米/秒，坝体基础座落在冰冻深度（线）以下，库车地区冻土平均深度80厘米，最大120厘米，坝体基础设计深度大于120厘米。

4.9 63窟、79窟保护建筑设计

63窟保护建筑修复设计的原则：（1）以保护暴露在外的壁画、石窟建筑为主要目的，建筑只起到保护作用，在无确凿证据的条件下，不臆断恢复石窟的原有建筑形式；（2）保护现有残存的遗迹、石窟结构，不破坏、不干扰石窟的遗存信息；（3）保护建筑必须坚固、安全；（4）保护建筑形式、外观必须与石窟环境基本协调。

基于以上原则，63窟的保护建筑修复是在62—63之间上部崖壁岩体，现有石窟垮塌迹线以上，修建保护窟檐或遮雨棚，解决雨水沿崖壁岩体漫流对63窟壁画或遗迹的破坏。窟檐外观参照山体的质地、形态，与石窟崖壁岩体质地形态接近，近似山体差异风化凸出岩体与凹槽的状态。外观效果参见图4-6中红线圈定的区域。窟檐与山体的连接处做防渗水处理，起到防止阳光直接曝射和雨水漫流、飘落的侵蚀破坏。

79窟现有的保护建筑是根据79窟窟顶坍塌后残存的石窟建筑形式建造的，建造时利用了保存的石窟左、右、后壁面，现左、右、后壁面还保存有壁画，同时将垮塌破坏的石窟壁面残块（上有壁画）砌筑在墙体上，因而，79窟的原有保护建筑宜原状保存，如果拆除，对79窟壁画、石窟建筑的干扰、损伤太大。

79窟保护建筑设计的原则是：（1）保留现有的保护建筑；（2）新修建的保护建筑以保护功能为主，主要功能防止雨水的渗漏侵蚀，防止风沙直接吹蚀壁画、塑像，为壁画、塑像的保存提供一个稳定、安全的环境；（3）与石窟环境基本协调；（4）保护建筑必须坚固、安全，能起到防止上部山体垮石对79窟的破坏。

79窟保护建筑，以原有建筑为中心，在左、右、后三边外50CM的位置建造钢筋混凝土保护建筑，进门在右侧，与现有窟门成垂直方向，前面墙体高位置留有窗口通风。建筑外观参考山体的质感、形式做旧，建筑左、右、后三面与山体接触位置做好防渗排水措施，解决渗水病害。

·项目研究与展望·

有关库木吐喇千佛洞之未尽课题

矢野和之（日本文化财保存计划协会）

库木吐喇千佛洞的此次项目结束了，但这并不意味着所有的项目计划都结束了。今后也有必要恰当地继续保护工程。另外，丝绸之路遗迹将被注册成为世界遗产的资产(property)。本篇报告将围绕上述课题阐述。

一、广域网络的构筑

在新疆维吾尔自治区，存在着许多佛教遗迹和古代都市遗迹等多种多样的古迹。这些古迹不但散落在旷阔的地域当中，且作为古迹规模也相当宏大，其中大部分遗迹是土质结构的建筑物。另外，风化作用原本就很猛烈，加之其又被暴露在了地球的气候变化之中。因此，对这些庞大的遗迹的保存状况进行综合的把握以及有效的处理是相当困难的。

此外，要使参观者和观光客对古迹的全貌有所了解并留下印象，还存在很多困难，这就有必要利用易于传达信息的一些手段。

因此，日后在丝绸之路列入世界遗产名录之际，不只是此次预定列入名录的古迹，包含其他的千佛洞和佛教遗迹、古城等在内的古迹，都有必要建立广域的文化遗产保护网络。为此所必要的是建立详尽的数据库，掌握保护和公开的状况。在此基础之上，制定未来综合保护及公开有效利用的相关计划。另外，还有必要构建以其为工作中心的研究组织，加以配备研究调查设施和卫星设施，使其成为调查研究和信息传输的基地。

另外，还有必要为参观者和观光客完善相互联通的交通网络及统一的指示标识，为此还需制作高水平的主要语言的导览手册。

二、新疆维吾尔自治区内的千佛洞的公开

柏孜克里克千佛洞，接近吐鲁番市的交河古城和高昌古城，在以《西游记》闻名的火焰山脚下，有许多游客前来观光访问。针对此遗迹的保存状况被认为应利用新技术进行重新修复。克孜尔千佛洞，很久以来就在与日本等国的国际合作之下，进行着对其保护和公开有帮助的调查研究，创造了许多的成果，对新疆维吾尔自治区的文化遗产保护、千佛洞保护起到了指引作用。但是，目前保护参观设施和参

观路线等景观性设施仍存在欠考虑之处，所以有必要考虑未来继续将其完善。

虽然吐峪沟千佛洞很长时间未被公开，但是在2005年，从传统村落开始延伸的参观路线被修整出来，并对一部分洞窟进行了保存设施的施工工作。这些整修被认为还不完全，但是和克孜尔千佛洞的修缮手法相比还是有所发展。它的园路使用木质结构建造而成，具有对残存的遗留结构的负荷较小等优点，对于景观保护来说也是非常出色的。

另外，已有计划将传统村落作为文化景观进行保护，但我们更应该计划把当地居民积极地运用于千佛洞的管理之中，积极地由促使当地来保护文化遗产。

只是也许应尽可能避免由于成为了世界遗产，来此村落的参观者和游客日益增多，从而土特产店层出不穷的现象发生。同时，利用传统房屋的休息场所、清洁的厕所等便捷的设施，以及解说吐峪沟千佛洞价值的小型资料馆也应是必要的。重要的是，以避免过度观光的形式，着眼于与居民生活和谐平衡的发展。

三、库木吐喇千佛洞的修整

作为学习的场所。

库木土喇千佛洞目前没有解说其价值的相关设施。因此，有必要为参观者建立资料馆。特别是该古迹分为公开部分和非公开部分，但是为了让参观者看到基于保护原因而不能公开的场所，就有必要通过模型、影像和照片等将其展示出来。对于公开部分，考虑到自由参观会造成对遗存结构的的损伤，有必要建立采用解说和监控兼顾的由导游人员组成的向导系统。另外，最理想的是导游人员尽可能由具备必要专业知识的人才来担任。

设施的场所或许可以考虑设在水坝之前的村落之中。

建立维持管理的体制。

本次项目中，对各洞的保存状况能够详细地记录实为重大成果。为了有效地利用这一成果，有必要进行定期的监控。为此，有必要完善监控的体制，确定监控日程和监控地点。

作为监控体制，管辖克孜尔千佛洞等整个库车地区的文化遗产研究所，应该设立监控遗迹保存状况的部门，并由专家进行定期的检查。

关于监控内容，涉及到相同内部的壁画保存状况、洞窟结构的保存状况、洞中可能出现的地形变化、微观气象的变化、河川水位的变化等，除了要挑选主要的观测地点每年观测之外，还要考虑伴随不同的状况，每5年到10年进行千佛洞整体的综合观测。

地区建设。

文化遗产依照中央政府和地方政府的要求开展着保护工作。这种方式虽然被认为是不会变化的，但是以后该文化遗产的所在的地区的居民的力量会逐渐变得必要起来吧。在库木土喇周边，没有像吐峪沟千佛洞一样能够被评价为文化景观的村落。虽不知道如何能够建立起其与地区的联系，但我还是希望能够摸索着建立起由当地居民来维持保护的机制，并有效地利用在地区建设上。

文化观光的据点。

像库木吐喇千佛洞一样的丝绸之路的古迹观光，本身是把历史和文化作为对象的文化观光。它的主题在于"民族的兴亡和文化的交流"。西方的文化和东方的文化得以交融，此种场景不愧为丝绸之路上的古迹。由此可见，通过丝绸之路的遗迹来探求消失往昔的文化轨迹并口述相传是完全可能的。

单纯的观光和文化观光的差异在于通过遗迹传达的信息的质和量。在保存古迹具有的本质价值的同时，更重要的在于对其进行调查研究，并且为了展示研究成果，进行遗迹的整修和信息的传达。

四、周边景观的保护

作为在世界遗产名录不可缺少的东西，为了保护上榜资产的周边，缓冲区的设立就变得十分必要了。库木吐喇千佛洞的周边景观，由穆扎尔特河以及沙赫特拉古迹构成，此外，水库发电设施、用水路、村落、道路等也是组成其周面景观的要素。

其中，穆扎尔特河面对着五串洞等千佛洞中的大部分，位于河川之前的千佛洞景致极好。不过，因水库的影响水位上涨，保护上会受到影响。现在发电设施停止了发电机能，农业用水路的分水和堆积的砂土的处理等较大的课题仍然存在，所以关于废弃、更换水坝以及由此引发的水位降低的问题，进行慎重地推敲计划是相当必要的。

在新1、新2号洞窟建立通常的通道是有一定的困难的，所以以后有必要建造安全的管理用道路兼参观道路。这条道路只能因其地形沿河建设，有可能给景观带来较大的影响。因此，参观路线应照顾到景观，需要避免将其设置得过于夸张。

关于缓冲区的设定

世界遗产条约的缓冲区的概念同时代一起变化着，其中有1977年版操作指导方针(以下OG)、1980年版OG、1988年版OG、2005年版OG。

　1980年版OG(英文)

在有必要对文化遗产、自然遗产进行恰当保护的时候，应该在遗产的周边筹划恰当的"缓冲区"，并应给予必要的保护。所谓缓冲区，定义成为遗产的物理状态以及（或者）对遗产的理解方法具有决定性影响的周边地带。应该成为缓冲区的地区，必须根据技术分析决定。展示其大小、特点、边界的地图必须包含在其推荐书里。

　1988年版OG(英文)

在有必要对文化遗产、自然遗产进行恰当保护的时候，必须设立适当的缓冲区，或者给予其必要的保护。缓冲区可定义为，为加之以新一层次的保护而设立的可制约遗迹使用的周边区域。

　2005年版OG(英文)

为了对被推荐的遗产施行有效的保护，缓冲区是从法律上或习惯上对遗产的利用及开发产生补充性制约作用的周边地带。

缓冲区必须必须包括有被推荐遗产的直接背景，支持遗产及对其保护的重要功能的其他地区或者附属物。缓冲区须包括推荐遗产的直接背景、重要的风景、支持遗产及对其保护的重要功能的其他地区或者附属物。

推荐书中必须含有正确用图示标明的文化遗产及其缓冲区的边界的被许可的该缓冲区的使用方法。

缓冲区如何保护遗产，必须明确说明。

不设立缓冲区的时候，必须在推荐书上附加不需要缓冲区的理由。

缓冲区通常不是被推荐议案的一部分，但是在列入世界遗产名录之后，在缓冲区附加的任何变更都必须获得世界遗产委员会的同意。

以库木吐喇千佛洞来说，如果把洞窟分布的整个地区作为资产范围的话，构成它的周边地形应该涵盖的范围将包括从含有河对岸在内的若干观景点的眺望范围。当然，其中也必然包括沙赫特拉古迹以及在水库附近的小村落。虽然库木吐喇千佛洞分成了几个地区，但是缓冲区应该包括了其间全部的区域。

クムトラ千佛洞のこれからの課題

矢野和之（文化財保存計画協会）

　クムトラ千佛洞の今回のプロジェクトは終了するが、計画されたすべてが終わった訳ではない。今後も保存工事を適切に続けていく必要がある。その他、シルクロード遺跡の世界遺産の資産（property）としての登録が予定されている。このための課題に言及する。

①広域ネットワークの構築

　新疆ウィグル自治区には、仏教遺跡や古代都市遺跡など多様な遺跡が数多く存在する。これらは広大な地域に点在している上に、遺跡としても大規模なもので、その大部分が土で構成される構造物である。また、ただでさえ風化が激しい上に、地球の気候変動に晒されている。これらの膨大な遺跡の保存状況の把握を総合的に行って、有効な対処をすることが難しい。

　さらに、訪れる見学者・観光客にとっても遺跡の全容を把握し、イメージするのが難しいものが多く、判り易い情報伝達手段を必要としている。

　このため、今後シルクロードの世界遺産登録にあたって今回の登録予定資産だけでなく、他の千佛洞や仏教遺跡、都市遺跡などを含めて、広域文化遺産保存ネットワークの構築が必要であろう。このために必要なことは、詳細なデータベースをつくりあげ、保存と公開状況の把握をすることである。その上で、今後の総合的な保存と公開活用の計画をつくり上げる。また、その中心となる研究組織を構築し、加えて研究調査施設とサテライトの施設をつくり、調査研究と情報発信の基地とすることが必要である。

　また、見学者や観光客のためには、ネットワークを互いに結ぶ交通路の整備、統一した案内標識の整備が必要となり、レベルの高い主要言語によるパンフレットの作成が必要である。

②新疆ウイグル自治区内の千佛洞の公開

　ベゼクリク千佛洞は、トルファン市の交河故城や高昌故城に近く、西遊記で有名な火焔山の麓にあり、観光客が多く訪れている。この遺跡の保存状況も新たな技術をもって見直すことが考えられる。キジル千佛洞は、古くから日本など国際協力のもと保存と公開のための調査・研究が行われ、数々の成果を生み、新疆ウィグル自治区の文化遺産保存・千佛洞保存のリーダー的役割を果たしてきた。ただ、現時点では保存見学施設や見学路など景観的な配慮が十分でないところがあるし、将来再整備も考える必要がある。

　トヨック千佛洞は長らく非公開となっていたが、２００５？年に伝統的集落からアプローチする見学路が整備され、一部の洞の保存施設工事が行われた。この整備はまだ完全ではないとみられるが、キジル千佛洞の整備手法と比較して進んでいる。園路が木造で構築されており、残存遺構に対する負荷が少なくできるなどの利点があり、景観の保全についても明らかに優れていると考えられる。

　また、伝統的集落を文化的景観として保全する計画となっているが、ここの住民を積極的に千佛洞の管理に活用し、積極的に地域で文化遺産をまもることを計画すべきである。

　ただ、世界遺産となってこの集落に見学者や観光客が多くなってくると、土産物を売る店があまりに増加することは避けるべきであろう。伝統的家屋を利用した休憩施設や清潔な便所などの便益施設、トヨック千佛洞の価値を解説する小型の資料館が必要であろう。過度の観光にはならない形で、住民の生活とのバランスのとれた発展を目指すことが重要である。

③クムトラ千仏洞の整備
・学習の場として

　クムトラ千仏洞は、現状ではその価値を解説するための施設がない。このため、見学者のための資料館が必要である。特に公開部分と非公開とする部分があるが、保存上公開できない場所を見学者にみてもらうためにも、模型や映像や写真などを展示することが必要である。公開部分についても、自由に見学させると遺構を傷つけることが考えられるため、解説と監視を兼ねたガイドによる案内システムが必要である。このガイドは、できれば必要な専門的知識をもつ人材があたることが望ましい。

　施設の場所は、ダムの前の集落の中などが考えられる。

・維持管理のための体制づくり

　今回のプロジェクトで、各洞の保存状況が詳細に記録されたことは大きな成果である。この成果を活かすためには、定期的なモニタリングが必要とされる。このためには、モニタリングの体制整備、モニタリングスケジュールとモニタリング地点を決めておく必要がある。

　モニタリング体制としては、キジル千仏洞などクチャ地区の全体を管轄する文化財研究所が、遺跡の保存状況をモニタリングする部門を設けて専門家による定期的チェックを行うようにすべきである。

　モニタリング内容に関しては、同内部の壁画の保存状況、洞構造の保存状況、洞のある地形の変化、微気象の変化、河川水位の変化などにわたるが、主要な観測地点を選んで毎年観測する他、状況に伴い千佛洞全体の総合的観測を５年から１０年毎に行うことが考えられる。

・地域づくり

　文化遺産は、中央政府や地方政府によって保存がなされている。このあり方の基本は、変わらないと思われるが、今後徐々にその文化遺産の存在する地域住民の力を必要となってくるだろう。トヨ

ック千佛洞のようにクムトラには文化的景観として評価できる集落は周辺にはなく、地域との関係を
どのように構築できるかわからないが、いずれ地域住民によって維持保存ができる仕組みの構築を模
索し、地域づくりに活かしていくこと　　　が望ましい。

　・文化的観光の拠点
　クムトラ千佛洞のようなシルクロードの遺跡観光は、歴史と文化を対象とした文化的観光そのも
のである。そのテーマは「民族の興亡と文化の交流」にある。西の文化と東の文化が交わった、まさ
にその現場がシルクロードのこれらの遺跡といえる。このことから、過去に消えていった文化の軌跡
を解明し、語り継ぐことがシルクロードの遺跡を通して可能である。
　　　単なる観光と文化的観光の違いは、遺跡で発信する情報の質と量にある。遺跡のもつ本質的価
値を保存するとともに、調査研究を進め、その結果を表現するための遺跡の整備と情報の発信を行う
ことが重要である。

④周辺景観の保全
　世界遺産登録に不可欠のものとして登録資産の周辺の保全のためのバッファゾーンの設定が必要
になる。クムトラ千仏洞の周辺景観は、ムザルト川及びシャハトラ遺跡で構成される他、ダム・発電
施設、用水路、集落、道路によってなりたっている。
　この内、ムザルト川は五連洞など千佛洞の多くが面しており、川を前にした千佛洞の景観は素晴
らしいものである。ただ、ダムの影響で水位が上がり、保存上の影響を受けている。現在発電施設は
その機能を停止しているが、農業用水路への分水や、堆積した土砂の処理などの大きな課題が残って
いるので、ダムの廃棄ならびに造り替えによって水位を下げることに関しては、慎重に計画を練る必
要がある。
　新１、新２窟など通常のアプローチが困難なものがあり、今後安全な管理用道路兼見学路をつく
る必要がある。この道路はその地形からムザルト川沿いに建設するしかなく、景観に大きく影響を与
える可能性がある。このため、見学路は景観に配慮したものとし、過大のものとならないように考慮
する必要がある。

　バッファゾーンの設定について
　世界遺産条約のバッファゾーンの概念は、時代と共に変化している。１９７７年版のオペレーシ
ョナルガイドライン（以下OG）、１９８０年版OG、１９８８年版OG、２００５年版OGがある。
　・１９８０年版ＯＧ（英文）
　文化遺産・自然遺産の適切な保護に必要な時は、遺産の周辺に適切な「バッファゾーン」を計画
すべきであり、必要な保護を与えるべきである。バッファゾーンとは、遺産の物理的状態及び・また
は遺産と理解する方法に決定的な影響をもつ周辺地帯と定義できる。バッファゾーンとなるべき地域
は、技術的分析に基づいて決定されなければならない。そのサイズ、性格、境界を示す地図は推薦書

にふくまれなければならない。

　・１９８８年版ＯＧ（英文）

　　文化遺産または自然遺産の適当な保護に必要なときは、適切なバッファゾーンが設けられなければならならず、またそれに必要な保護が与えられなければならない。バッファゾーンは、新たなレベルの保護を加えるために、遺跡の利用に課される制約となる周辺地帯と定義できる。

　・２００５年版OG（英文）

　　推薦された遺産の効果的な保護のため、バッファゾーンは、補充的に遺産の利用および開発を法的および・または慣習的に制約する周辺地帯である。

　　バッファゾーンは、推薦された遺産の直接の背景、遺産とその保護を支える重要な機能をもつ他の地域または付属物を含まなければならない。バッファゾーンは、推薦された遺産の直接の背景、重要な風景、遺産とその保護を支える重要な機能をもつ他の地域または付属物を含まなければならない。

　　資産とそのバッファゾーンの正確な境界を図示したバッファゾーンの許可された利用方法は推薦書に含まなければならない。

　　バッファゾーンがいかに遺産を保護するか、明確に説明しなければならない。

　　バッファゾーンが設けられない場合は、推薦書にバッファゾーンが必要でない旨の理由を付さなければならない。

　　バッファゾーンは、通常は推薦された案件の一部ではないが、世界遺産リストへの登録後にバッファゾーンに加えたいかなる変更も世界遺産委員会の同意を得なければならない。

　　クムトラ千仏洞の場合、洞が分布する全体の地域を資産範囲とするならば、それを構成する周辺地形と、川の対岸を含むいくつかのビューポイントからの眺望範囲を含む範囲とすべきであろう。もちろん、シャハトラ遺跡とダム付近にある小集落も含まなくてはならない。クムトラ千佛洞はいくつかの地区に分かれているが、バッファゾーンはそのすべてを含むエリアとすべきである。

古墓壁画的保存环境和库木吐喇
千佛洞的颜料

泽田正昭（国士馆大学）

肥塚隆保　高妻洋成　降旗顺子　辻本与志一　胁谷草一郎（奈良文化研究所）

李丽（新疆克孜尔千佛洞艺术文化研究所）

杜晓帆（联合国教科文组织北京事务所）

序　言

　　将丝绸之路列为世界遗产的活动正在如火如荼的进行。提起丝绸之路，在中国陕西省咸阳市西北方8公里的位置，农民在掘土的时候发现了西渭桥的184根桥墩。那是发生在1988年的事情，发掘现场位于现今渭河以南2公里的地方。如果根据古迹和与相关史料试着想象一下，在公元1世纪，一座宽16米、长524米大桥架立在渭河之上是何等的壮观[1]。这座桥才必定是通往丝绸之路的起点。想必这样的光景会浮现于眼前：两列横队的马车在这座桥上悠然地前进，人们奋力挥手，送别家人和朋友。不过，我并不认为西安这里是丝绸之路在东方的尽头。因为远大的丝绸之路渡过日本海，而后到达奈良，使得诸多出色的文化相互结合。在奈良县明日香村，存有建造于古墓时代末期(7世纪)的高松塚和龟虎两座古墓，每个古墓的石室里都绘有五彩缤纷的壁画。高松塚古墓的石室东西两侧墙壁上所描绘着的人像，据说是源自中国西安的唐代古墓壁画。画师及其描画技术都是从古代中国传入的，可见其必然受到了大陆极强的影响。

　　去年，由于这两座古墓的壁画在现有位置开展保护工作存在困难，文化厅采取了大规模的救济措施。高松塚古墓中的壁画连同其附着的石室被部分拆解，并通过特别安装的保存设备移至他处。龟虎古墓的壁画由于灰泥涂层已经从石壁上剥离，所以仍需放在室内保存。

1．古墓石室的环境

　　在古代的日本，古墓是作为豪门大族及权贵们的墓穴而建的。墓土高高堆起的坟墓根据其形状可以分别称为圆坟、方坟、前方后圆坟等。这种形态的差异显示着时代的变迁和地域的特征。此外，

图1　高松塚古墓　东壁人物像

从绘制在古墓里的壁画也能够了解其建造的时期以及当时的文化。在日本，于奈良县明天香村发现的高松塚古墓已广为世人所知。它是在古墓时代末期（6世纪末到7世纪初）修建的。

根据美术工艺品、建筑物、考古资料等种类不同，文化遗产的保存修护的方法当然也就不同。如果地域、国家不同的话，文化遗产所处的风土和环境也就不同，那保存修护的方法也不一样。据说给高松塚古墓的壁画带来强烈影响的中国唐代古墓，是通过深入挖掘地表，在地下修筑墓室，然后在此基础上盖上封土构成完整的坟墓。另一方面，就高松塚古墓来说，与其说是在地里，倒不如说在地上构筑石室，然后再在其上以盖碗一样的形式加以封土。高松塚古墓石室的环境条件是湿度100%、常温。研究表明，这与橿原市周边的地下5米深的土中的条件大致一致。因此，高松塚古墓和中国古墓在构造及建筑技术有许多共通点，在保存修护对策的问题上相互交换信息也就变得十分重要了。

位于奈良县的高松塚古墓的石室，大致位于封土建造成形的坟丘中央，由凝灰岩石材组合而成。石材厚度经推断在45~60厘米。石室从南面开口，由地板石3块、内壁用石1块、东西两面侧壁用石各3块、门石1块、天花板用石4块构成。石室的内侧进深是2.655米、宽度1.035米、高度1.134米。高松塚古墓的石室在封闭状态下，全年保持在温度7~10℃，湿度96~99%这样一个相对稳定的环境中。在初期阶段，高松塚古墓的"应急保存对策调查会"的委员们，为了壁画的调查和保存每30分钟轮换出入于石室之中。如此出入曾使石室内部的湿度一度下降至将近80%。不过，这类石室若在完工后将之封闭，一夜之内就能够恢复到较高的湿度。在调查过程中，也有过湿度显著下降的时候，工作人员就会启动加湿器，如果还是来不及的话，就用淋湿的毛巾吊在石室入口（盗墓挖掘口）来保持石室的湿润状态。

提起壁画的保存工作，通常情况下都会把安全的博物馆环境作为一个大体上的目标。但是湿度接近100%的环境对于壁画来说，不得不说是遥不可及且过于严苛的环境条件。在奈良县内，全年气温的最低最高值是大约3~27℃。与之相对的，在保存修缮工作以前的高松塚古墓石室内，温度大约是10~17℃，保存修缮之后大约是13~16℃。相对于外界气温的最高最低的变动幅度的24℃，修缮以前的石室内温度的变动幅度是7℃，而修缮之后的石室内高低温差显示为3℃左右更小的数值。因此我们了解到，如果封闭状态保持良好的话，就会构成温度变动幅度更小，更稳定的环境。在古墓的保存修缮中，要装填封土并完好地遮掩石室。为了避免此前所说出入石室的时候，户外空气的影响波及石室内部，工作人员设立了三个隔间，构成了配合石室内部的环境条件而开设的入口的结构。

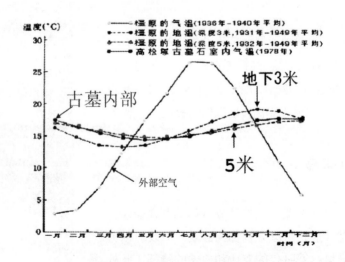

图2　高松塚古墓石室内部的气温和周边气温[2]

16块厚度为40厘米左右的凝灰岩相互组合，构成了石室。有一定厚度的凝灰岩热传导率很小，因此不易受到外界气温的影响。此项特质表现在坟丘的修缮前后温度的变动幅度的差距。另一方面，将修缮前后的状态，与几年来农林水产省测定的　原地区的土中温度放在一起来看的话，就可明确修缮以前的石室内温度的变动幅度跟地下3米的温度相似，而在用土料进行细致的填充修缮之后，石室内温度就酷似地下5米的土中温度，这是一个颇有意思的测定值。此外虽然温度的变动幅度得到了很大的缓和，但是在石室内部也能够看到夏季高温、冬季低温这种所谓与外界气温变化相呼应的循环周期。进一步说，外界气温在8月显示为最高值，在12月显示最低值，而石室内部的温度显示最高值的时间是从10月一直到11月期间，相反4月中旬才显示出最低温度。外界气温对石室内部气温所产生的影响在时间上滞后3、4个月。此外，我们还了解到封闭状态保持得越好，温度的变动幅度就会越小，而此趋势是由于受到了石室设定的位置距地表深度，还有土壤的热传导率、热容量等影响。

高松塚古墓中二氧化碳浓度为0.22～0.3%，大约是户外空气的5.5～7.5倍。这个数值是已经打开入口之后的数值而不是挖掘调查以前的数值。坐落在爱媛县松山市的叶佐池古墓群3号墓的测定结果，可以作为打开入口之前的测定先例。其二氧化碳浓度为1.3%，约相当于户外空气的32.5倍。1973年8月，工作人员对坐落在茨城县的虎塚古墓进行了挖掘调查。古墓在打开墓口以前的温度为15℃，湿度为92%。那时户外气温为32℃，湿度为65%。石室内的二氧化碳浓度是1.80%，约相当于户外空气的50倍。

古墓时代的某天，遗体被收入了棺中。通常情况下，衣服、装饰品、武器等等会被用来为死者殉葬。虽然不太被提及，但是树木果实和鱼类贝类等也有被盛在器皿中作为殉葬品的前例。这样在收纳陪葬品及遗体的这段时间里，石室会与户外空气相通，也会有空气流入。关闭石室，使其成为密封状态，墓室内部的空气就会渐渐变得稀薄。如果遗体被收纳在木棺或者涂漆的棺材里，遗体连同棺材不久就会腐朽，棺内和墓室内的空间就会融为一体。如果墓室是木质结构的话，墓室将与木棺一同朽烂，墓室空间就会消失掉。而如果是石质结构的墓室，石室空间会保持建造时的状态。而在墓室内部，会有微生物滋生，并开始分解遗体和有机质的陪葬品。石室内空气构成中，空气（氧气）含量不断减少。由于微生物的滋生导致遗体和陪葬品被分解，生成了二氧化碳、阿摩尼亚、胺酸、甲烷等。在漫长的时空之中，石室内氧气变得稀薄，石室环境逐渐转化为还原状态。另外，在一千几百年漫长的岁月之间，也出现了雨水和地下水侵入石室的情况；根据古墓选定地点的条件，植物的根和小动物的侵入也是有可能的。这样的现象意味着些许空气的补充，有时也会稍稍逆转氧化的方向吧。我们能够推断，在很长一段时间内，密封的石棺内部逐渐过渡到还原性的空气组成，进而间歇性到达平衡状态。在这样的环境条件下，二氧化碳浓度变高是当然的。如果密闭度足够好的话，也可达到大气中的二氧化碳浓度的30～50倍。

表1　古墓石室内的二氧化碳浓度

古墓名	二氧化碳浓度	温度(℃)	湿度(%)
龟虎古墓	0.34%	11-13	93-94
高松塚古墓	0.22-0.3%	14-18	96-99
藤之木古墓	0.52-0.68%		
虎塚古墓	1.80%	年平均	92-98
叶佐池古墓	1.3%	15	98
大　气	0.03-0.04%	20	

2．古代壁画保存的方向

确定适合保存文化遗产的环境条件有两种想法。一是通过对文化遗产资料的材质和构造的分析，理论地构筑对文化遗产来说理想的保存环境。二是只管维持多年以来文化遗产资料所成功适应的环境，这种无可非议的手法。后者的想法，是不急于改变现有条件，一边观察目前的情况，以最终要过渡到前者的条件作为前提。因此，不一定非要符合基于理论根据的条件，即使有不适合的条件，也全然没有关系。

理论根据姑且不论，与讨论构筑适当的环境恰恰相反，伴随着全球变暖，环境恶化在全球范围进行着。为了保护文化遗产，宏观上要保护地球环境或者说要采取避免让文物直接接触室外空气的博物馆环境及收藏设施的防护策略。不过，作为今后文化遗产的保存对策，这种只专注于防御的措施应该是无法完全应对全球水平的异常情况的吧。这就需要具有能和恶劣环境共生的自我防卫力的保存技术。保存古墓壁画的时候，并非与逆境对抗，而是和它共生，进一步摸索文化遗产本来应有的样子。

对古墓和洞窟设立保护设施的时候，以遮断室外空气或者尽可能远离室外空气为原则。在对保护石室内部环境而经常研讨的案例之中，就有高松塚古墓。对保存修复位于我国的古迹的相关人员来说，这是第一次对有彩色壁画的古墓的保护工程。从各角度慎重研讨的结果为："力求再现古墓至今为止以良好的状态存留下来的环境，即再现发掘以前的环境条件来保存壁画。"

颜料的剥落和灰泥的崩塌等物理作用方面还残留着一些问题。关于壁画保存来说，如果没有温湿度的急剧变化和空气流通就没有问题，但是地震造成的震动和周边生长的树木被大风摇动给予的振动都会给壁画带来影响。另外，遗迹周边的交通情况也大有关系。对策之一就是设置像在高松塚古墓所见到的一样的保存设施。另外，在修缮周边区域的同时，还要考虑到树木的采伐和剪枝、流出封土的重置修理和灌木的种植和修剪，以此方式来缓解石室内环境变化也很重要。用于预防地下水的侵入的排水对策是基本的重要课题。

至于开放状态的古墓，由于石材表面的风化破损、因目地和基石缝隙的粘土的脱落而造成的基石松动是令人担心的地方。在有彩色壁画的古墓中，我们必须想出针对颜料退色磨损、着色的剥落、来自石材的析出物、地下水的流入造成的铁分的沉积、还有微生物、藻类等带来的污损等等的对策。

3．库木吐喇千佛洞壁画的调查

库木土喇千佛洞的保存修缮计划，首先对洞窟进行构造力学方面的强化以及壁画和塑像的修理，然后制定针对总体的保存管理、运营、有效利用的计划。但是在本期修复工程的实施中，重点地进行岩盘本身的强化。今后的重要课题，就要从测定洞窟内部的环境，寻找壁画和塑像磨损的主要原因开始。我们还必须讨论温度、湿度的测定、射入洞窟内的光线、特别是紫外线辐射量等的测定，以及以颜料的物理化学性质为基础的防止剥落的方策等。我们使用非破坏手法进行了颜料成分的确定，以及对若干保存状况进行了观测，以下是有关此内容的报告。

3.1 壁画颜料的非破坏分析

使用便携式XRF设备进行壁画分析。

　　使用可携带型荧光X射线分析装置，进行了壁画颜料的非破坏测定。该装置由高压电源和控制器、包括X射线管的头部构成，其上装备着从200V到100V的变压器、真空泵等。测定的时候，作为测定对象的样品将被设定在距分析装置的头部尖端5毫米的位置。激发电压为40kVp，电流为0.25mA、激发用X射线管带有钯元素(Palladium)、测定时间为100～300秒。

　　测定位置主要选定在已变色的部分和颜料剥落没有良好地存留的部分等。关于测定的结果，虽然有必要花些时间做分析，但从壁体表层的白色墙底检测出了钙和硫，由此推断出使用了石膏类的东西。不过，也有必要讨论石灰二次变质成为石膏的可能性。

　　检测出铅的部分中大多数都变成了黑色，可以推断那些部分是原来使用的铅白及铅丹的部分发生了变质、变色。造成变色的原因应该有很多种，其中光线，特别是紫外线等所产生的影响是不能无视的。另外，虽然不能够确定，但是其中检测出了砷元素。今后，要进行精密的频谱分析，进行成分确定。

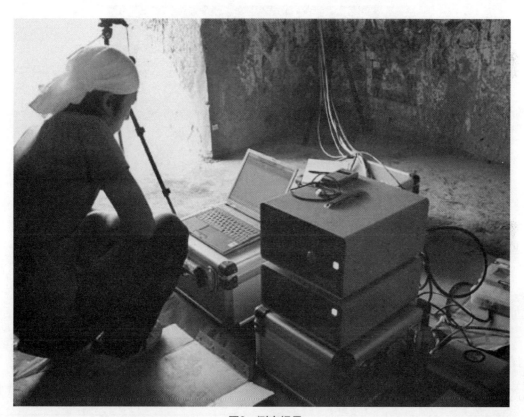

图3　测定场景

壁画颜料由XRF设备采用非破坏性方法进行分析。

据推断，壁画表面白色涂层将会发现钙元素和硫元素，石膏也曾被使用。

然而，因为石膏也有可能是石灰发生二次质变而产生的，所以充分检查是必要的。

发现含铅的很多部分变成黑色，据推断是采用白色和红色含铅颜料的部分变色导致的。

图4　测定下壁画面及红外线照片

表2　23号洞窟的调查

23号岩洞，2002年9月25日。库车，23号洞窟的调查测量点

坐标：纬度/经度，N41,42',31''. E82,40',32''.

No	测量点			文件	
01	右壁　　4号图像　第3人　圆光　灰色			23—R—04—3—CIRCLE—GREY	
02	同上　　　　　　　　　　　白色			23—R—04—3—Circle—W	
03	同上　　　　　　　　　　　　绿色			23—R—04—3—Circle—Green	
04	同上　　　　　　　　面部　灰色			23—R—04—3—face—Grey	
05	同上　　　　　　　面部眼球　灰色			23—R—04—3—eye—Grey	

06	同上　图像　第4人　轮廓黑线	23—R—04—4—Ci—Black	
07	同上　上述轮廓的下层　赤茶色	23—R—04—4—Ci—Brown	
08	同上　轮廓黑色一部分呈淡土色	23—R—04—4—Ci—Lightbrown	
09	同上　　青色轮廓	23—R—04—4—Ci—Blue	
10	同上　　青色轮廓的灰青色部分	23—R—04—4—Ci—Greyishblue	
11	同上　　面部的白色	23—R—04—4—Face—White	
12	同上　　面部线条的红色	23—R—04—4—Face—Red	
13	同上　圆光　黑色	23—R—04—5—Ci—Black	
14	同上　圆光　赤茶色	23—R—04—5—Ci—Brown	
15	同上　5号图像　花朵图像　灰土色	23—R—05—4—Grey1	
16	同上　　第5人　　白色	23—R—05—4—White	
17	同上　　十字带、袈裟的灰色	23—R—05—4—Grey2	
18	同上　　面部　黑色	23—R—05—5—Black	
19	同上　首饰　红色	23—R—05—5—Red	
20	同上　花朵部分　　淡灰土色	23—R—05—5—Grey（淡土灰色）	
21	同上　6号图像　第6人　黑色	23—R—06—3—Black	
22	同上　灰色	23—R—06—3—Grey	
23	同上　淡青	23—R—06—3—Blue	
24	同上　头部毛发　　绿色	23—R—06—3—Green1	
25	同上　鼻子　淡茶色~淡土色	23—R—06—3—Lightbrown1	
26	同上　嘴上方的胡子　绿色	23—R—06—3—Green2	
27	同上　头　淡褐色	23—R—06—3—Lightbrown2	
28	同上　花朵中央　浓灰色	23—R—06—5—Darkgray1	
29	同上　眼睛　　灰色	23—R—06—5—Darkgray2	
30	同上　第6人　面部轮廓　淡红色	23—R—06—6—Lightred	
31	同上　3号图像　下段第3-4人绿色	23—R—03—4—Green	
32	同上　青灰色	23—R—03—4—Grey	
33	同上　脚　茶褐色	23—R—03—4—Brown1	

34	同上　脚　白色	23－R－03－4－White	
35	同上　胸　茶褐色	23－R－03－4－Brown2	
36	同上　头　赤茶色－褐色	23－R－03－4－RedBrown	
37	同上2号图像的下框.黑圆形　灰色	23－R－02－Grey	
38	中央菩萨像内侧圆光赤褐色－暗红色	23－R－02－light brown	

图5　23号洞窟右壁画面

表3　23号洞窟的测定结果
23号岩洞，2002年9月25日，测量数据

No.	颜色	检验（元素）	文件代码	判定
01	灰色	Pb．(Fe)	200209251343	Hce
02	白	Ca．S．Fe．(Pb)	200209251347	Gyp
03	绿	Cu．Fe．Ca．S	200209251352	Mal
04	灰色	Pb．(Fe)	200209251357	Hce
05	灰色	Pb．(Fe)	200209251400	Hce
06	黑	Pb．(Fe)	200209251408	
07	茶色	Pb．(Fe)	200209251429	
08	淡褐色	Pb．(Fe)	200209251437	

09	青	Ca．S．Fe．Si．(Pb)	200209251445	Lap
10	青灰色	Fe．Ca．S．Si	200209251450	Lap
11	白	Ca．S．Fe．(Pb)	200209251454	Gyp
12	红	Fe．Ca．S．(Pb)	200209251458	Hem
13	黑	Pb．(Fe．Si)	200209251627	
14	茶色	Fe．Ca．S．Si	200209251635	
15	灰色	As．Fe．Ca．S．(Cu)	200209251642	
15	灰色	As．Fe．Ca．S．(Cu)	200209251642	
15	灰色	As．Fe．Ca．S．(Si)	200209251747	
16	白	Ca．S．Fe	200209251754	
17	灰色	Pb．Fe．Ca．S	200209251758	
18	黑	Pb．(Fe．Ca)	200209251801	
19	红	Pb．(Fe．Ca)	200209251812	
20	灰色	As．Fe．Ca．S	200209251815	
21	黑	Pb．(Fe．Ca)	200209251820	
22	灰色	Pb．(Fe．Ca)	200209251850	
23	青	Fe．Ca．S．Si．(Pb)	200209251854	
24	绿	Cu．Fe．Ca．S	200209251857	
25	淡褐色	As．Fe．Ca．S．(Si)	200209251901	
26	绿	Cu．Fe．Ca．S．(As)	200209251908	
27	淡褐色	As．Fe．Ca．S．(Si)	200209251911	
28	暗灰色	Pb．Fe．Ca	200209251918	
29	暗灰色	Pb．(Fe．Ca)	200209251928	
30	红	Pb．Fe．Ca．S	200209251934	
31	绿	Cu．(Fe．Ca．S)	200209251944	
32	灰色	Ca．S．Fe	200209252004	
33	茶色	Pb．(Fe．Ca)	200209252008	
34	白	Ca．S．Fe	200209252011	
35	茶色	Pb．(Fe．Ca)	200209252017	
36	茶色	Pb．Fe．(Ca)	200209252021	
37	灰色	As．Fe．Ca．S．Si	200209252033	
38	红	Fe．(Ca．S．Si)	200209252039	

3.2. 库木吐喇千佛洞的颜料的考察

采用非破坏手法进行的颜料分析是针对在23号洞窟、45号洞窟和79号洞窟的被限定部分实施的。以上所说洞窟中，均出现在将砂（砾）层挖开而成的洞窟的内壁上，用泥构筑的壁体，并形成了构成壁画墙底的白色层。在关于白色层的前期调查中，在薄薄的石膏（Gypsum：$CaSO_4.2H_2O$）中确认检测出了从细砂至淤泥质土壤等的混合物。从构成壁体的淤泥质土壤中检测出了石英（Quartz），方解石（Calcite）粘土矿物等。另外，壁体看似和在这些洞窟周边采样的土壤由大致相同的矿物所构成，并又进一步从中检测出了相同种类的矿物。被用于壁体的土壤似乎是在洞窟的周边提取的。以下，对于从3个洞窟的壁画确认的颜料，尝试了有助于按色彩差异进行成分确定的考察。但是，这些只是在采用非破坏方法的元素分析的结果的基础之上的推断，我想写明这些仅仅是推测而已。

白色层、白色颜料：从表面的白色层中检测出了钙(Ca)、硫(S)、硅(Si)等。虽然这是基于采用非破坏方法进行的元素分析的结果而做的成分确认，仅仅是推定而已，但是可以肯定其中使用了石膏。此外关于这石膏层，可以想象原本灰泥(石灰碳酸钙、Calcite：$CaCO_3$)这种物质在自然环境之下度过漫长的时空，有可能会变质为石膏，但是从库木吐喇千佛洞周边的环境状况来看，不存在硫化物生成的主要条件。由此判断，没有这种变质的可能性。

绿色颜料：在库木土喇千佛洞里能够看到的绿色颜料大多数有呈现淡绿色的特征。即使使用放大镜观察也无法看到鲜明绿色的颜料粒子。我们知道，绿色系无机颜料中有代表性的有：铜绿(Malachite)、绿盐铜矿(碱性氯化铜、Atacamite)、以及海绿石(Glauconite) 等。根据测定的结果，检测出了铜(Cu)和氯(Cl)，由此可以推定其中使用了碱性氯化铜。不过，考虑到氯是来自于岩盐(Halite)，所以就对绿色之外的部分进行了氯元素的确认。氯元素是仅仅从绿色部分对典型性特征检测出的，所以是绿盐铜矿(碱性氯化铜)的可能性较大。

青色颜料：壁画上残存的青色颜料除了鲜明的青色之外，还有从带有灰色的青色到淡青色等各种各样的青色。作为青色系无机颜料为人熟知的颜料中，包括了蓝铜矿(Azuraite)和琉璃(Lapis-lazuri)。从战国时代直到汉代，汉青(Han-blue)就被作为人工颜料使用。另外，虽然不是库木吐喇地区，水合硫酸铜(Brochantite：$CuSO_4$　$3Cu(OH)_2$)等可能也被使用过。因为对于库木吐喇千佛洞的调查没有检测出铜，所以没有是蓝铜矿的可能性。硅、硫、钙、铁(Fe)等物质均被检测出。不过，因为青色部分的颜料层非常薄，所以硫和钙也可能来源于墙底的石膏。结果，从青色部分中完全没有检测出除铁之外的金属元素，由此推断使用的是琉璃(Lapis-lazuri)。

红色颜料：红色的颜料均呈现黑暗的色调，看不到鲜明的红色。红色系无机颜料包括赤铁矿(氧化铁、Hematite：Fe_2O_3)等铁系氧化物矿物和辰砂(朱砂，Cinnaber：HgS)、铅丹(Minium：Pb_3O_4)，鸡冠石(Realgar：As_2S_2)等。由于没有从红色系颜料部分检测出水银(Hg)和砷(As)，因此可以知道该颜料并非硫化汞（朱砂）和硫化砷为主要成分的矿物颜料。而且，由于检测出了铁、铅（Pb），所以可以推断所使用的颜料为氧化铁和铅丹。另一方面，此次测定虽然没有检测出水银，但是也有通过进一步调查检出的可能性，所以不能否定朱砂的存在，需要在将来进行详细的调查。

黄色、橙色颜料：在此次的调查中，没有观测到黄色和橙色的颜料被存留下来。在23号洞窟的分析区域（图像No4）的花瓣部分(从灰色到淡土色)中检测出了砷元素。此为含有砷元素化合物的雌黄的可能性很大。此外，从这个部分同时检测出了少量的铜，所以也需要考虑使用砷化物和其他颜料混合后上色的可能性。

从黑色到褐色系的颜料：黑色～褐色系颜料大多数为变质、变色的，可以说二次生成的可能性最大。从黑色颜料中，检测出的铅(Pb)占据了非常显著的部分，还有同时检测出铁、锰(Mn)、以及铅的部分。前者能够明显推断为基于变质的颜料。后者由于检测出大量的锰(79号洞窟、右壁上段的分析重点11、12、13)，因此被认定使用了铁、锰的氧化物为主的矿物。另外，由于其也含有铅成分，因此被认为使用了茶褐色系的混合色。还有，从灰色的部分也检测出了大量的铅(45号石窟中央佛像右侧的线光部分、分析重点05等)。另一方面，从上述的23号洞窟4号图像的分析重点15的花瓣儿部分，完全没有检测出铅，而提取出了砷。铅系的颜料，即铅丹和水白铅矿(Hydrocerussite：$Pb_3(CO_3)_2(OH)_2$)如果变质，就会变为黑色～灰色，成为为人所知的块黑铅矿(金红石族、Plattnerite：PbO_2)、硫酸铅矿(Anglesite、$PbSO_4$)等。块黑铅矿一般呈现铁黑系的色调。硫酸铅矿稍软弱，由于其摩斯硬度为2.5-3.0左右，所以很容易剥落，因此保存处理的时候需要给予充分的注意。

3.3. 颜色种类指示符号的确认

在23号洞窟，已经成功确认了一些符号（文字），从中可以看出画师头领指示画师同伴在各处涂抹的颜色种类。虽然符号本身由于被颜料涂抹使得肉眼无法看到，但是随着岁月的流逝颜料开始剥离，或者是因为颜料层逐渐变薄，使得这些符号用肉眼也能够辨识了。在23号洞窟，成功确认了至少6处这样的地方。此外，这类符号通常能够通过利用红外线摄影机放映出来。

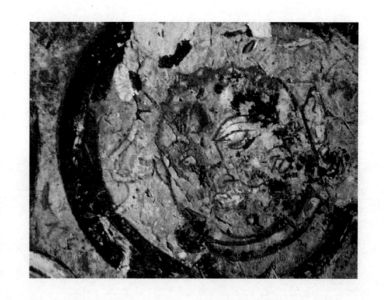

符号是使用被用于画稿和轮廓线等的红褐色颜料(推断为氧化铁)而绘制的。另外，若进行符号的破译，对照颜料种类和符号，就可以明确当时画师们的作业规则了吧。

在23号洞窟，能够见到许多肌肤颜色接近于黑色的红褐色的人物像。我们看到了那些人物能够和肤色接近于白色的人物像配对的例子。接近于黑色的颜料，可以认为原本是接近于白色的肤色颜料发生了变质、进而变色，但是也有可能只是那个人物的手掌和脚掌被涂成了白色，就是说手背和手掌分别涂了不同的颜色。假如是那样的话，那么具有接近于黑色的红褐色的皮肤的人物像应该是保持了原有的姿态，例如绘画印度系的红褐色肌肤的人物的可能性也是有的。另一方面，画有接近于黑色的红褐色的人物像的壁画，大体上大象被作为主题描绘出来，由此了解其受到了印度文化的影响。就像在23号洞窟的壁画上看到的那样，直到7世纪左右的壁画中呈现黑色系的肤色的人物像被描画了很多，但是像45号洞窟壁画那样，随着时代的变迁，这类人物像却越变越少。

参考文献

① 《渭水桥脚的应急措施》，《考古与文物》第3期、中国西安考古与文物，107～111页，1992年5月。

② 《国宝高松塚古墓壁画——保存和修理》，文化厅，第一法规出版股份有限公司，1987年3月。

③ 《复苏的古代——对藤之木古墓的说明》，季刊考古学增刊1，雄山阁，1989年3月。

④ 《特别展——古代文化交流之探索》，奈良县立橿原考古学研究所，附属博物馆特别展图录，第31册，明新印刷股份有限公司，1989年4月。

⑤ 《斑鸠藤之木古墓概况——第1次调查~第3次调查》，奈良县立橿原考古学研究所编，吉川弘文馆，1989年6月。

⑥ 《斑鸠藤之木古墓第1次调查报告》，奈良县立　原考古学研究所，便利堂，1990年2月。

⑦ 《藤之木古墓与东方国家的古代文化》，第35次计划特别展，群马县立历史博物馆，上毛新闻社出版局，1990年4月。

⑧ 登石健三《遗构的发掘与保存》，雄山阁考古选读15，1977。

古墳壁画の保存環境とクムトラ千仏洞の顔料

沢田正昭（国士舘大学）

肥塚隆保　高妻洋成　降旗順子　辻本与志一　脇谷草一郎（奈良文化財研究所）

李　麗（中国・新疆・キジル千仏洞芸術文化研究所）

杜暁帆（ユネスコ北京事務所

まえがき

　シルクロードを世界遺産に登録しようとの運動が活発になっているらしい。シルクロードといえば、中国・陝西省咸陽市の西北8kmの位置で、農民が土取りをしていて西渭橋の橋脚184本を見つけた。1988年のことである。その場所は今ある渭河の南2kmのところに位置する。遺跡や関連の史料から想像を逞しくしてみると、紀元1世紀には幅16m、長さ524mの大橋が渭河に架けられていた（参考文献(1)）。この橋こそがシルクロードへの出発点だったにちがいない。二列横隊の馬車がこの橋をゆったりと進み、人々は力いっぱい手を振り、家族や友を見送る、そんな光景が見られたことだろう。しかし、ここ西安がシルクロードの東の端だとは思わない。遠大なシルクロードは日本海を渡って奈良の都にたどり着き、優れた幾多の文化を結晶させているからである。奈良県・明日香村には、古墳時代終末期（7世紀）に造られた高松塚古墳やキトラ古墳があり、いずれの石室にも極彩色の壁画が描かれている。高松塚古墳の石室東西壁に描かれている人物像（図1）は、その源流が中国・西安の唐代古墳壁画にあるといわれ、絵師やその描画技術は古代中国から移入されたもので、きわめて強い大陸の影響を受けていることに間違いない。

　昨年、これらの古墳壁画は現位置で保存することが困難として、文化庁は大規模な救済措置を講じた。高松塚古墳は、壁画が張り付いたままの石室を解体して、特別に設置された保存施設に移設した。キトラ古墳の壁画は、漆喰の層ごと石室の壁から剥離し、やはり室内で保存している。

1．古墳石室の環境

　古代の日本では豪族や有力者たちの墓として古墳が構築された。土を高く盛りあげた墳墓は、その形状から円墳・方墳・前方後円などと呼ばれている。その形態の違いは時代的な変化や地域

図1　高松塚古墳壁人物像

的な特徴をあらわしている。さらには、そこに描かれる壁画からは造営時期や当時の文化などをうかがい知ることができる。日本では、奈良県明日香村で発見された高松塚古墳がよく知られている。それは古墳時代の終末期（6世紀末から7世紀初頭）に築造された。

　文化財の保存修理方針は、美術工芸品や建造物、考古資料などのジャンル別に異なるのは当然のことである。地域や国が違えば、文化財のおかれている風土や環境も異なり、保存修理の哲学も違う。高松塚古墳の壁画に強い影響を与えたといわれる中国・唐代古墳は地上面を掘り下げて地下に墓室を築造している。その上に封土を盛り上げて墳墓を構築している。他方、高松塚古墳の場合、地中というよりはむしろ地上に石室を構築し、その上にお椀を被せたような形に盛土している。高松塚古墳石室の環境条件は、湿度100%、温度である。それは、橿原市周辺の地中5m深さにおける土中の条件とほぼ合致することがわかっている。したがって，中国古墳の構造や築造技術との共通点も多く，保存修理対策に際しては相互に情報交換することも肝要となろう。

　奈良県所在の高松塚古墳の石室は、封土が形造る墳丘のほぼ中央に位置し、凝灰岩の切石を組み合わせている。その厚さは45〜60cmと推定される。石室は南面に開口があり、床石3枚、奥壁1枚、東西の側壁各3枚、扉石1枚、天井石4枚からできている。石室の内法の奥行きは2.655m、幅は1.035m、高さ1.134mである。高松塚古墳の石室が閉ざされた状態では、年間を通してみると温度が7〜10℃、湿度が96〜99%でやや安定した環境を保っている。初期の段階では、高松塚古墳の「応急保存対策調査会」の委員たちが、壁画の調査と保存のために30分ごとに交代で石室内に出入りされた。こうした出入りが行われた際には、石室内部の湿度は一時的に80%近くにまで降下したことがある。しかし、この種の石室内では、作業のあと閉塞することで、一夜のうちに高湿度に回復したものである。調査中に湿度が著しく降下した際には、加湿器を作動し、それでも間に合わなくて濡れタオルを石室の入り口（盗掘口）に吊して湿潤状態を維持したこともあった。

　通常、壁画保存といえば安全な博物館環境をひとつの目安にすることがあるが、湿度が100%に近い環境は壁画にとってはおよびもつかないほどの過酷な環境条件といわねばならない。奈良県下における年間を通じた気温の最低−最高値はおよそ3−27℃である。これに対して、保存整備以前の高松塚古墳石室内ではおよそ10−17℃で、保存整備後のそれは13−16℃であった。外気温の最高・最低の変動幅は24℃にもなるのに対して、整備以前の石室内温度の変動幅は7℃である。整備後の石室内は3℃程度のさらに小さい数値を示している。閉塞状態が良好になれば温度の変動幅はさらに小さく、安定した環境を構築していることがわかる。古墳の保存整備では、封土を盛りつけて石室をしっかりと覆い隠す。前面には出入りする際に外気の影響が石室内に及ばないように3つに仕切った部屋を設け、石室内部の環境条件に合わせてから開口するしくみになっていた。

　石室は40cm程度の厚い凝灰岩16枚を組み合わせて石室を構成していた。厚みのある凝灰岩は熱伝導率が小さく、外気温の影響を受けにくかったのである。そのことは、墳丘の整備以前と後の温度の変動幅の差に表れている。他方、整備前・後の状態を、年頃に農水省が測定した橿原地域の土中温度に合わせてみると、整備以前の石室内温度の変動幅は地下3mの温度に似ており、風土がきちんと盛られた整備後のそれは地下5mの地中温度に酷似していることがわかり、興味深い測定値である。さらに

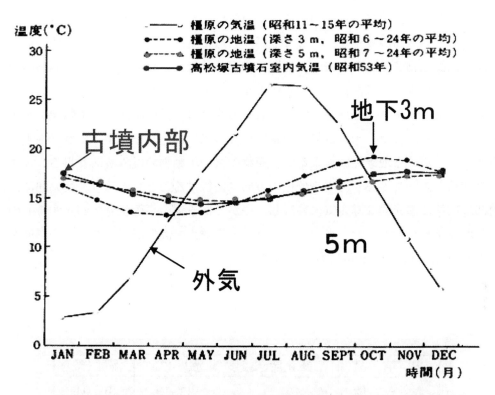

図2　高松塚古墳石室内部の温度と周辺気温（参考文献2）

は、温度の変動幅は大いに緩和されるものの，夏季には高温になり，冬季には低温になるという外気温の変化に呼応したサイクルは石室内部でもみることができる。すなわち、外気温は8月に最高値を示し、12月に最低値を示すのだが、石室内部の温度は最高値を示すのが10月から11月にかけてである。逆に最低温度は4月半ばに表れる。外気温の影響が石室内に及ぶのは3，4ヶ月ずれてあらわれるのである。また，閉塞状態が良好であればあるほど温度の変動幅が小さくなること、こうした傾向は石室の設定位置の地表面からの深さ、さらには土壌の熱伝導率・熱容量などの影響を受けることがわかる。

　高松塚古墳では炭酸ガス濃度が0.22〜0.3%で、外気の約5.5〜7.5倍であった。この数値は、すでに開口したあとの数値であり、発掘調査以前の数値ではない。開口前の測定例としては、愛媛県松山市所在の葉佐池古墳群3号墳の測定結果がある。炭酸ガス濃度は1.3%で、それは外気の約32.5倍に相当する。1973年8月に発掘調査がおこなわれた茨城県所在の虎塚古墳は、古墳の開口以前の温度が15℃、湿度は92%であった。その時の外気温は32℃、湿度は65%である。石室内の炭酸ガス濃度は1.80%で、外気の約50倍に相当する。

　古墳時代のその日、棺の中に遺体が納められた。通常では、死者のために衣類・装身具・武器などが副葬される。あまり言及されないが、木の実や魚介類などが器に盛られた例もあろう。こうした副葬品や遺骸を納めるまでの間は外気と通じており、空気の流入もある。石室が閉じられ、密封状態になると、墓室内部は空気が希薄になっていく。遺体が木棺や漆塗りの棺に納められておれば、その棺も含めてやがて腐朽し、棺内と墓室内の空間は一体化することになる。墓室が木造であれば、木棺と合わせて朽ち果て、空間が無くなってしまうが、石造の墓室では石室という空間が形成されたままである。内部では微生物が発生し、遺体や有機質の副葬品などを分解し始める。石室内の雰囲気は、空気（酸素）の量が減少するばかりで、微生物の発生により遺体や副葬品が分解され、炭酸ガス・アンモニア・アミン酸・メタンなどが生成する。石室の環境は、長い時空の中で酸素が希薄になり、還元状態に移行していく。また、千数百年もの長い年月の間には、石室の中に雨水や地下水が侵入することもあろうし、古墳の立地条件にもよるが、植物の根や小動物の侵入もあり得る。こうした現象は多少の空気の補給を意味しており、やや酸化の方向に逆行することもあろう。長い間には、密封された石棺の内部は次第に還元的な雰囲気に移行し、やがてある種の平衡状態に到達するものと推定できる。こうした環境条件のもとでは、当然のこととして炭酸ガス濃度が高くなる。密閉度が良ければ、大気中の二酸化炭素濃度の30〜50倍にもなるのである。

古　墳　名	二酸化炭素濃度	温度(℃)	湿度(%)
キトラ古墳	0.34%	11-13	93-94
高松塚古墳	0.22-0.3%	14-18	96-99
藤ノ木古墳	0.52-0.68%		
虎塚古墳	1.80%	年平均	92-98
葉佐池古墳	1.3%	15	98
大　　気	0.03-0.04%	20	

石室内の二酸化炭素濃度

表1　古墳石室内の二酸化炭素濃度

2．古代壁画保存の方向

　　文化財の保存に適した環境条件の設定にはふた通りの考え方がある。ひとつは，文化財資料の材質や構造の解析から理論的に構築した、文化財にとって理想的な保存環境である。他のひとつは、長年にわたって資料が馴じんできた環境をひたすら維持する無難な手法である。後者の考え方は、急激に条件を変えずに当分の間ようすを見ながら、いずれ前者の条件に移行させていくことを前提にしたものである。したがって、それは必ずしも理論的根拠にもとづく条件に見合っていなくてもいいし、不適当な条件であってもいっこうにかまわないのである。

　理論的根拠はともかく，しかるべき環境の構築をはかろうとする対極では，地球温暖化にともなう地球レベルで環境の劣悪化が進行している。文化財を保護するためには，大きくは地球環境の保全，あるいは外気に直接触れないように博物館環境や収蔵施設の防護策を講じる。しかし，これからの文化財保存対策としては，こうした防御一点張りでは地球レベルの異常事態に対応しきれなくなるであろう。劣悪な環境と共生していける自己防衛力を備えた保存技術が求められる。古墳壁画の保存に際しても，逆境に背を向けることなく、これと共生しつつ，文化財本来のあるべき姿を模索していきたいものである。

　古墳や洞窟に保存施設を設ける場合には外気から遮断すること、あるいは外気から可能な限り遠ざけることが原則である。石室内部の環境保全のためによく検討された例に、高松塚古墳がある。我が国における遺跡保存修復関係者にとっては、初めての極彩色壁画古墳の保存事業であった。あらゆる角度から慎重に検討された結果、「今日まで古墳が良好な状態で遺存してきた環境、すなわち発掘以前の環境条件を再現して壁画の保存をはかる」ことになったのである。

　顔料の剥落や漆喰の崩落など物理的な作用には問題が残る。壁画保存に関して、温湿度の急激な変化や空気の流れがなければ問題はないが、地震による震動や周辺に生える樹木が大風に揺れて与える振動が壁画に影響を及ぼす。また、遺跡周辺の交通事情も大いに関係する。対策のひとつは、高松塚古墳にみられるような保存施設の設置であろう。また、周辺整備に際しては、樹木の伐採や剪定に配慮し、流出した封土の盛り直しや灌木の植栽による石室内環境変化の緩和をはかることも重要である。地下水の侵入を防ぐための排水対策は基本的な重要課題である。

　開口状態の古墳においては、石材表面の風化・破損、目地や積み石の隙間を埋めている粘土の欠落による積み石のゆるみなどが危惧されるところである。彩色壁画をもつ古墳では、顔料の退色・摩耗、彩色の剥落、石材からの析出物、地下水の流入による鉄分の沈着、あるいは微生物・藻類等による汚損などに対する方策を講じなければならない。

３．クムトラ千仏洞壁画の調査

　クムトラ千仏洞の保存修理計画は、まず洞窟の構造力学的な面からの強化、そして壁画や塑像の修理をおこなうことである。そして全体の保存管理、運営、活用の計画を立てるのだが、今期の修復工事では、岩盤自体の強化が重点的に行われた。今後の重要な課題は、洞窟内部の環境を測定し、壁画や塑像の劣化要因を探ることから始める。温度・湿度の測定、洞窟内に差し込む光、特に紫外線量などの測定、顔料の物理的化学的性質をふまえた剥落防止の方策などを検討していかなければならない。以下、非破壊的手法による顔料の同定、ならびに若干の保存状況を観察したので報告する。

３．１．壁画顔料の非破壊分析
Analysis of wall paintings by Portable XRF device
ポータブル型蛍光X線分析装置を用いて、壁画顔料の非破壊測定をおこなった。装置は、高圧電源部とコントローラ、X線管を含むヘッド部で構成し、これに２００Vから１００Vへの変圧器、真空ポンプなどを装備している。測定に際しては，分析装置のヘッド部先端から５mmの位置に測定対象となる試料が設定されるようにする。励起電圧は40kVp、電流は0.25mA、励起用X線管にパラジウム（Palladium）、そして測定時間を１００〜３００秒とした。

　　測定箇所は主として変色していると考えられた部分や剥落して顔料が良好に残存していない部分などを選んだ。測定の結果については時間をかけて解析する必要があるが、壁体表層の白下地からは、カルシウムと硫黄が検出されることから石膏系が使用されているものと推定された。しかし、二次的に石灰が変質して石膏に変質した可能性も検討する必要がある。

　　鉛を検出した部分の多くは、黒色になっており、それらはもとは鉛白や鉛丹が使用されていた部分が変質し、変色したものと推定される。変色の原因はいろいろ考えられるが、光、特に紫外線などによる影響も無視できないだろう。また、確定的ではないのだが砒素を検出した。今後、精密なスペクトルの解析をおこない、同定することにしている。

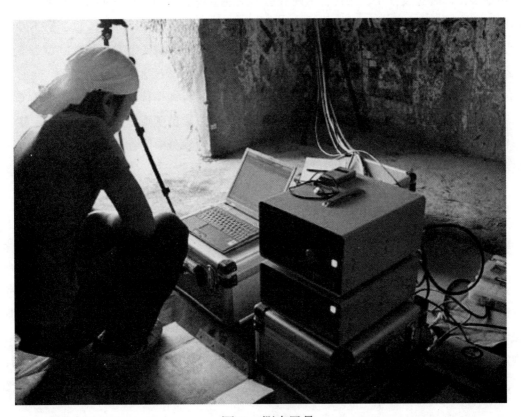

図３　測定風景

No.23 CAVE

図4　測定下壁画面と赤外線写真

表2　23号窟の調査

Cave No.23, Sept.25.2002.　クチャ　23号窟の調査　Measurement point
loc. latitude／longitude, N41, 42', 31''. E82, 40', 32''.

No	point	File	
01	右壁　図像No4　3人目円　灰色	23-R-04-3-CIRCLE-GREY	
02	同上　　　　　　　　白色	23-R-04-3-Circle-W	
03	同上　　　　　　　　緑色	23-R-04-3-Circle-Green	
04	同上　　　　　　顔　灰色	23-R-04-3-face-Grey	
05	同上　　　顔の目の玉　灰色	23-R-04-3-eye-Grey	
06	同上　　図像4人目　輪郭黒線	23-R-04-4-Ci-Black	
07	同上　上記輪郭の下層　赤茶色	23-R-04-4-Ci-Brown	
08	同上　輪郭の黒の一部が淡土色に	23-R-04-4-Ci-Lightbrown	

09	同上　　　　青色の輪郭	23-R-04-4-Ci-Blue	
10	同上　　　青色の輪郭の灰青色部	23-R-04-4-Ci-Greyishblue	
11	同上　　　顔の白色	23-R-04-4-Face-White	
12	同上　　　顔の線画の赤色	23-R-04-4-Face-Red	
13	同上　円　黒色	23-R-04-5-Ci-Black	
14	同上　円　赤茶色	23-R-04-5-Ci-Brown	
15	同上　図像No5 花の図像　灰土色	23-R-05-4-Grey1	
16	同上　　5人目　白色	23-R-05-4-White	
17	同上　　襷、袈裟の灰色	23-R-05-4-Grey2	
18	同上　顔　黒色	23-R-05-5-Black	
19	同上　首飾り　赤色	23-R-05-5-Red	
20	同上　花の部分　淡土灰色	23-R-05-5-Grey（淡土灰色）	
21	同上　図像No6　6人目　黒色	23-R-06-3-Black	
22	同上　灰色	23-R-06-3-Grey	
23	同上　淡青	23-R-06-3-Blue	
24	同上　頭毛　緑色	23-R-06-3-Green1	
25	同上　鼻　淡茶色～淡土色	23-R-06-3-Lightbrown1	
26	同上　口髭　緑色	23-R-06-3-Green2	
27	同上　首　淡褐色	23-R-06-3-Lightbrown2	
28	同上　花の中央　濃い灰色	23-R-06-5-Darkgray1	
29	同上　目　灰色	23-R-06-5-Darkgray2	
30	同上　6人目　顔の輪郭　淡赤色	23-R-06-6-Lightred	
31	同上　図像No3　下段3-4人目緑色	23-R-03-4-Green	
32	同上　青灰色	23-R-03-4-Grey	
33	同上　足　茶褐色	23-R-03-4-Brown1	
34	同上　足　白色	23-R-03-4-White	
35	同上　胸　茶褐色	23-R-03-4-Brown2	
36	同上　頭　赤茶色—褐色	23-R-03-4-RedBrown	
37	同上　図像No2の下枠.丸の黒　灰色	23-R-02-Grey	
38	中央菩薩像の内側の円赤褐色—暗赤色	23-R-02-light brown	

図5　23号窟右壁画面

表3　23号窟の　定果

Cave No. 23, Sept. 25. 2002. Measurement Data

No.	Color	Detection (Elements)	File Code	Estimation
01	灰色	Pb. (Fe)	200209251343	Hce
02	白	Ca. S. Fe. (Pb)	200209251347	Gyp
03	緑	Cu. Fe. Ca. S	200209251352	Mal
04	灰色	Pb. (Fe)	200209251357	Hce
05	灰色	Pb. (Fe)	200209251400	Hce
06	黒	Pb. (Fe)	200209251408	
07	茶色	Pb. (Fe)	200209251429	
08	淡褐色	Pb. (Fe)	200209251437	
09	青	Ca. S. Fe. Si. (Pb)	200209251445	Lap

10	青灰色	Fe. Ca. S. Si	200209251450	Lap
11	白	Ca. S. Fe. (Pb)	200209251454	Gyp
12	赤	Fe. Ca. S. (Pb)	200209251458	Hem
13	黑	Pb. (Fe. Si)	200209251627	
14	茶色	Fe. Ca. S. Si	200209251635	
15	灰色	As. Fe. Ca. S. (Cu)	200209251642	
15	灰色	As. Fe. Ca. S. (Cu)	200209251642	
15	灰色	As. Fe. Ca. S. (Si)	200209251747	
16	白	Ca. S. Fe	200209251754	
17	灰色	Pb. Fe. Ca. S	200209251758	
18	黑	Pb. (Fe. Ca)	200209251801	
19	赤	Pb. (Fe. Ca)	200209251812	
20	灰色	As. Fe. Ca. S	200209251815	
21	黑	Pb. (Fe. Ca)	200209251820	
22	灰色	Pb. (Fe. Ca)	200209251850	
23	青	Fe. Ca. S. Si. (Pb)	200209251854	
24	绿	Cu. Fe. Ca. S	200209251857	
25	淡褐色	As. Fe. Ca. S. (Si)	200209251901	
26	绿	Cu. Fe. Ca. S. (As)	200209251908	
27	淡褐色	As. Fe. Ca. S. (Si)	200209251911	
28	暗灰色	Pb. Fe. Ca	200209251918	
29	暗灰色	Pb. (Fe. Ca)	200209251928	
30	赤	Pb. Fe. Ca. S	200209251934	
31	绿	Cu. (Fe. Ca. S)	200209251944	
32	灰色	Ca. S. Fe	200209252004	
33	茶色	Pb. (Fe. Ca)	200209252008	
34	白	Ca. S. Fe	200209252011	
35	茶色	Pb. (Fe. Ca)	200209252017	

36	茶色	Pb. Fe. (Ca)	200209252021	
37	灰色	As. Fe. Ca. S. Si	200209252033	
38	赤	Fe. (Ca. S. Si)	200209252039	

３．２．クムトラ千仏洞顔料の考察

　非破壊的手法による顔料分析は、２３号窟・45号窟・79号窟における限られた部分について実施した。いすれの窟も砂（礫）層を剥り抜いた洞窟の内壁に、泥で壁体を構築し、壁画の下地となる白色層を形成している。白色層に関する事前調査では、薄い石膏（Gypsum:$CaSO_4. 2H_2O$）に細砂からシルト質の土壌などの混合物であることを確認している。壁体を構成するシルト質土壌からは石英（Quartz），方解石（Calcite），粘土鉱物などを検出している。また、これらの窟周辺から採取した土壌とほぼ同じような鉱物から構成されており、また同じ種類の鉱物を検出した。壁体に使われた土壌は窟の周辺で調達されたらしい。以下、３窟の壁画から確認した顔料について、色別に同定のための考察を試みた。ただし、これらは非破壊的方法による元素の分析のみの結果をもとに推定したものであり、推測の域を出なかったことを明記しておきたい。

　白色層、白色顔料：表面の白色層からはカルシウム(Ca)、硫黄(S)、珪素(Si)などを検出した。非破壊的方法による元素分析の結果からの同定なので推定の域を出ないが、石膏が使われていることがわかる。なお、この石膏層については、もともと漆喰（石灰・炭酸カルシウム、Calcite:$CaCO_3$）であったものが自然環境のもとで長い時空を経て石膏に変質した可能性も考えられるのだが、クムトラ千仏洞周辺の環境状況からみて硫化物生成の要因は存在しない。そのためこのような変質の可能性は無いと判断した。

　緑色顔料：クムトラ千仏洞でみられる緑色顔料の多くは淡緑色を呈する特徴をもつ。ルーペによる観察でも鮮やかな緑色の顔料粒子をみることができない。緑色系無機顔料の代表的なものは、緑青（Malachite）、　緑塩銅鉱（塩基性塩化銅，Atacamite）、そして海緑石（Glauconite）などが知られている。測定の結果、銅(Cu)と塩素(Cl)を検出したことから塩基性塩化銅が使われたと推定される。しかし、塩素は岩塩（Halite）に由来することも考えられるので、緑色以外の部分について塩素の確認をした。塩素は，緑色部分からのみ特徴的に検出されたので緑塩銅鉱（塩基性塩化銅）の可能性が高い。

　青色顔料：壁画に残存する青色顔料は、鮮やかな青色の他、灰色を帯びた青色から淡青色などさまざまである。青色系無機顔料として良く知られているものに、藍銅鉱（Azuraite）、瑠璃（Lapis-lazuri）がある。戦国時代から漢代にかけては漢青（Han-blue）が人工顔料として用いられていた。また、クムトラ地域ではないが，水タンバン（Brochantite:$CuSO_4・3Cu(OH)_2$）なども利用されたかもしれない。クムトラ千仏洞の調査では銅が検出されなかったので、藍銅鉱である可能性はない。珪素、硫黄、カルシウム、鉄(Fe)などが検出された。しかし、青色部分の顔料層は極めて薄いので、硫黄やカルシウムは下地の石膏に由来するものであろう。結果、青色部分からは鉄以外の金属元素が検出されなかったことなどから、瑠璃（Lapis-lazuri）が使われたと推定した。

　赤色顔料：赤色の顔料は全体に暗い色調を呈しており、鮮やかな赤色は見られなかった。赤色系無機顔料には赤鉄鉱（弁柄，Hematite:Fe_2O_3）などの鉄系酸化物鉱物や辰砂（朱，Cinnaber:HgS）、鉛丹（Minium:Pb_3O_4），鶏冠石（Realgar:As_2S_2）などがある。赤色系顔料の部分からは水銀（Hg）、砒素（As）は検出されなかったので、硫化水銀（朱）や硫化砒素を主成分とする鉱物顔料ではないことがわかる。そして、鉄、鉛（Pb）が検出されることから弁柄（べんがら）や鉛丹であることが推定される。他方、今回の測定では水銀を検出していないが、さらなる調査で検出される可能性もあり、朱の存在を否定することなく、将来の詳しい調査をおこなう必要がある。

　黄色・橙色顔料：今回の調査では黄色や橙色の顔料が残存している部分は観察されなかった。23号窟の分析箇所（図像No4）の花びらの部分（灰色から淡土色）から砒素が検出された。これは砒素化合物をもつ石黄の可能性が高い。さらにこの部分からは同時にわずかに銅が検出されているので他の顔料との混合による彩色の可能性も考えられる。

　黒色から褐色系顔料：黒色～褐色系顔料の多くは、変質し、変色した、いわば二次的に生成された可能性が最も大きい。黒色顔料からは、鉛（Pb）の検出がきわめて顕著な部分、あるいは鉄、マンガン（Mn）、そして鉛が同時に検出される部分がある。前者は明らかに変質にもとづく顔料であることが推定できる。後者はマンガンが多量に検出される（79号窟、右壁上段の分析ポイント11, 12, 13）ことから鉄－マンガンの酸化物系鉱物が使用されていたと考えられる。また、鉛成分も含有していることから茶褐色系の混合色がつかわれたと思われる。また、灰色の部分からも多量の鉛が検出された（45号石窟中央仏像の右側の線光部分、分析ポイント05など）。他方、前述の23号窟図像No4分析ポイント15の花びらの部分からは鉛が全く検出されず、砒素，が検出された。鉛系の顔料，すなわち鉛丹や水白鉛鉱（Hydrocerussite:Pb3(CO_3)2$(OH)_2$）が変質すると、黒色～灰色に変色するものにプラットネライト（金紅石族，Plattnerite:$PbO2$）、硫酸鉛鉱（Anglesite、$PbSO_4$）などが知られている。プラットネライトは一般的に鉄黒系の色調を呈する。硫酸鉛鉱はやや軟弱で、モース硬度2.5-3.0程度なので剥落しやすいので保存処理の際には充分な配慮が必要となろう。

　3．3　色の種類を指示した符号の確認

　23窟において、リーダーが絵師仲間に各所に塗るべき色の種類を指示したとみられる符号（文字）を確認することができた。符号自体はそこに塗られる顔料のために肉眼では見えないのだが、時間の経過と共に顔料が崩落し、あるいは顔料層が薄れてきたために肉眼でも確認することができるようになったものである。23窟では、少なくとも6箇所で確認することができた。なお、この種の符号は、通常では赤外

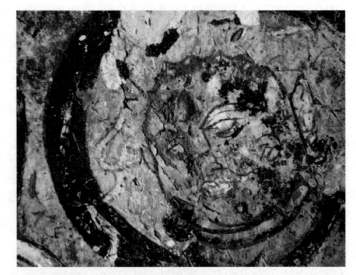

線を利用したビデオカメラなどで映し出すことができる。

　　符号は、下絵や輪郭線などに使われている赤褐色の顔料（ベンガラと推定）で描かれている。また、符号の解読をおこなえば、顔料の種類と符号を照合し、当時の絵師仲間におけるルールを明らかにすることができるであろう。

　　２３窟では、肌の色が黒色に近い赤褐色の人物像を多数見ることができる。その人物像は、白色に近い肌色の人物像と対を成している例がみとめられる。黒色に近い顔料は、もともと白色に近い肌色だったものが変質し、変色したものと考えることもできるが、その人物の手のひらや足の裏だけが白色に塗られているなど、手の甲と手のひらを異なる色に塗り分けていたと可能性がある。そうだとすれば、黒色に近い赤褐色の肌をもつ人物像は本来の姿であり、たとえばインド系の赤褐色肌の人物が描かれた可能性がある。他方、黒色に近い赤褐色の人物像が描かれている壁画には、たいてい象がモチーフとして描かれており、インド系文化の影響を受けたことがわかる。２３窟の壁画にみられるように７世紀頃までの壁画には黒色系の肌色を呈した人物像が多く描かれているが、４５窟の壁画のように時代が下るとこの種の人物像は少なくなる。

参考文献

① 「渭水橋脚の応急的措置」，「考古興文物」第3期、中国西安考古興文物，107〜111頁，1992年5月。

② 『国宝　高松塚古墳壁画－保存と修理－』、文化庁、第一法規出版株式会社、1987年3月。

③ よみがえる古代・藤ノ木古墳が語るもの、季刊考古学・別冊1、雄山閣、1989年3月。

④ 特別展・藤ノ木古墳－古代の文化交流を探る－、奈良県立橿原考古学研究所　附属博物館特別展図録、第31冊、明新印刷株式会社、1989年4月。

⑤ 斑鳩藤ノ木古墳概報－第１次調査〜第３次調査－、奈良県立橿原考古学研究所編、吉川弘文館、1989年6月。

⑥ 斑鳩・藤ノ木古墳・第１次調査報告、奈良県立橿原考古学研究所、便利堂、1990年2月。

⑦ 藤ノ木古墳と東国の古代文化、第35回企画・特別展、群馬県立歴史博物館、上毛新聞社出版局、1990年4月。

⑧ 登石健三『遺構の発掘と保存』雄山閣・考古選書15、1977。

東京国立博物館保管壁画仏坐像を通して見た
クムトラ石窟第45窟壁画の諸問題

中野　照男（東京文化財研究所）

Ⅰ．東京国立博物館保管壁画仏坐像の彩色の現状とその材料

　平成8年に東京国立博物館が新たに購入し、収蔵した壁画仏坐像（TA616、図1）は、クムトラ石窟第45窟から将来されたと考えられる壁画断片である。東京国立博物館は、これまでに塑像頭部7点 をはじめとして、大谷探検隊がクムトラから将来したいくつかの考古学的な遺品を保管していたが、その中にはクムトラ石窟の壁画は含まれていなかった。本壁画断片の新たな収蔵によって、西域壁画に関わる展観の充実をはかることができたばかりでなく、クチャ地域における絵画様式の展開や絵画技法の特徴を総体的にとらえることが可能となった。本稿では、この壁画仏坐像の主題や彩色技法等を検討することによって、この壁画断片がクチャ地方の絵画史のなかで占める美術史的な価値について考察したい。

　壁画仏坐像は、縦52.5cm、横27.0cmの断片である。やや右を向いた仏が、赤い衣を通肩に着し、結跏趺坐している。両腕は衣の下に隠れている。頭光と身光を二重に負っている。仏は、衣の下に淡い緑色の裙を着け、腹前に白い帯を結んでいるが、この帯には輪郭線がなく、没骨風に塗られ、さらに現在はかなり退色しているために、肉眼ではやや確認しがたい。しかし、壁画断片に波長を制御した可視光をあて、蛍光を励起させて撮影を行うと、この帯の部分が蛍光反応を示すために、その形状を容易に確認することができる 。

　ポータブル蛍光X線分析装置を使ってこの壁画断片の彩色材料を調査した 。その結果は以下の通りである。（表1）

表1　壁画仏坐像（TA616）の蛍光X線分析結果

番号	測定個所	色	蛍光X線強度 (cps)						
			カルシウム (Ca-Kα)	鉄 (Fe-Kα)	ヒ素 (As-Kα)	銅 (Cu-Kα)	ストロンチウム (Sr-Kα)	水銀 (Hg-Lβ)	鉛 (Pb-Lβ)
1	額	赤	42.7	19.7					20.3
2	左目上	濃赤	45.9	48.1					9.5
3	唇	濃赤	32.8	56.6			1.8		7.6
4	右肩衣	薄赤	23.2	29.2					27.5
5	三道	濃赤	28.3	35.3					28.4
6	胸	薄赤	41.4	12.3					22.8

7	頭光	濃赤	19.1	47.8		45.2
8	頭光	薄黒	8.4	9.0	1.8	109.7
9	左肩	黒	8.7	5.4		111.4
10	頭光	薄赤	67.9	13.4	2.5	6.5
11	左耳輪郭	黒	14.6	19.1		70.5
12	左肩衣の襞	黒	36.2	36.9		15.2
13	左頬の下土	—	28.8	71.9		0.2
14	身光	濃赤	41.4	74.8		2.3
15	腹部	薄緑	67.9	38.8	11.3	
16	腹部の帯	白	74.0	28.0	0.2	0.3

　また、高精細のデジタル記録媒体によって、カラー画像の撮影、近赤外線画像の撮影、可視光をあてて蛍光を励起させた画像の撮影などを行った　。それらの手法によって得られた画像の情報を要約すると、以下の通りである。

　1．顔貌

　肌を白色に塗り、灰色っぽい黒線で顔の輪郭を描いている。目や耳、鼻などには、輪郭線に沿って赤い隈を施している。唇は赤色に塗り、その外縁に黒い線を引いている。目の上まぶたと下まぶたを灰色っぽい黒線で描き、白目の部分を淡い灰色に塗り、瞳の部分に赤色を点じている。顔の輪郭線と同様に、上まぶた、下まぶた、眼窩、眉、鼻梁、耳朶などを灰色っぽい黒線で描くが、眉の上縁や鼻梁の内側には輪郭線に沿って黒色の線を引き、眼窩の上縁や耳朶の外縁には輪郭線に沿って濃い赤色の線を引いている。これらの部分は、あたかも輪郭線を二重に引いたように見えるが、そうではなく、色によるハイライトの効果を、線によって同様に求めたのではないかと推測する。肉髻をもつ頭髪部には、全体に灰色っぽい黒色を塗っているが、左額上の部分などにやや濃い黒色が見られる。三道を一本のやや濃い黒線と二本の太い赤色の線で表現している。

　蛍光X線分析によれば、額の赤い隈の部分から、少量の鉄と鉛が検出された（表1、番号1）。鉄は、左頬などの露出した下土からも検出されている（表1、番号13）ので、下土に由来することも考慮しなければならず、この淡い赤色が、鉄あるいは鉛のどちらの元素に由来するのかは判定しがたい。黒い線に可視光をあて、蛍光を励起させて観察すると、黒には二種類あることがわかる。やや灰色がかった黒で描かれた顔や頭の外郭線、眉、上まぶた、下まぶた、鼻梁、耳朶などの灰色っぽい黒線、やや濃い黒に塗られた頭髪部分などについて、蛍光を励起させて撮影を行うと、その部分がさらにやや黒っぽくなり、また近赤外線撮影を行うと、より明瞭に線を認識すること可能となる。衣の左肩部分の襞に見られる黒線について、蛍光励起による撮影や近赤外線撮影を行うと、同様の反応を示す。蛍光X線分析によると、この襞の黒線からは、後述する濃い黒色と違って、鉛分をあまり検出しない（表1、番号12）ので、この黒は、おそらく墨（炭素）に由来するものではないかと考えている。これに対して、眉の上に引かれた濃い黒線、眼窩を表す黒線、白目部分の灰色、唇の外郭線、鼻梁の内側に引かれた黒線、耳朶を表す黒線、三道の黒線、頭髪の淡い灰色などは、蛍光を励起させて観察すると、明るい発色を示す。これらのうち、眉の太い黒線や耳朶の濃い黒線を蛍光Ｘ線分析で調べると、鉛がかなり強く検出されることから、この黒色が鉛に由来すると判定できる（表1、番号9、11）。しかし、鉛がどのような化合物を形成しているのかはわからない。眼窩を示す濃い赤線、唇の赤からは、蛍光Ｘ線分析では鉛がほとんど検出されず、鉄分が強く検出されるので、これらは鉄に由来する赤であると判断することができる（表1、番号2、3）。三道を表わす二本の赤線からは、蛍光Ｘ線分析によれば、鉄と鉛が検出されており、鉄あるいは鉛のどちらの元素に由来するのかは判定しがたい（表1、番号5）。

　　2．体部

　　肌を白く塗り、赤い隈を施す。衣を赤色に塗り、その襞を黒色で表わし、襞に沿って淡い赤の隈を施している。裙は淡い緑色に塗り、腹前で結んだ帯は白色である。蛍光Ｘ線分析によれば、肌の赤い隈の部分から、少量の鉄と鉛が検出された。鉄あるいは鉛のどちらの元素に由来するのかは判定しがたい（表1、番号6）。赤い衣の部分からも鉛と鉄をともに検出するが、そのどちらに由来するのかは判定することができない（表1、番号4）。この部分を、蛍光を励起させて撮影すると、衣の地の部分は明るい色に、襞の線に沿った隈の部分は暗い色になるので、衣の地の部分と隈の部分とでは、赤色を使い分けていることがわかる。襞を表す黒線は、前述した通り、可視光をあてて蛍光を励起させて撮影するとやや黒っぽくなり、蛍光Ｘ線分析では鉛をほとんど検出しないので、墨（炭素）に由来するものであろうと判断した（表1、番号12）。また、蛍光Ｘ線分析によって、緑色の裙の部分から銅を（表1、番号15）、腹前の帯の部分からはカルシウムを検出した（表1、番号16）。

　　3．光背

　　頭光と身光は、内側より白色、濃い赤色、淡い黒色、淡い赤色の四重に塗り分けられている。身光の濃い赤色は、唇や眼窩の赤線と同様に、鉄に由来するものと考えられる（表1、番号14）。これに対し、頭光の濃い赤色からは、三道の赤線と同様に、鉄と鉛が強く検出されており（表1、番号7）。鉄あるいは鉛のどちらの元素に由来するのかは判定しがたい。淡い赤色は、肌の隈の部分や衣の場合と同様に、少量の鉛と鉄が検出されたが、そのどちらに由来するものかは判断しがたい（表1、番号10）。淡い黒色は、頭髪の淡い黒、鼻梁の内側の線、耳朶の濃い黒線などと同様に、蛍光を励起させて撮影すると、明るく発色する。鉛が検出されており、鉛の化合物に由来する黒色と考えられる（表1、番号8）。

　　以上が、壁画断片の図様、その彩色の状況、想定される材料である。この壁画仏坐像は、クムトラ石窟の第45窟から蒐集されたものである。現地に残る同石窟の壁画、ドイツ隊によって同石窟からベルリンにもたらされた遺例と比べても、その彩色の特徴は一致する。全体に損傷が著しく、また退色が甚だしいのは残念であるが、この壁画断片は、クムトラ石窟壁画の史的な展開を考える上で、貴重情報を与えてくれた。すなわち、この壁画断片は、クチャ地方に中国的な壁画様式が移入された時に、彩色技法と材料がどのように変化したかを考察する際に手がかりを与えると同時に、主題や様式の変化の具体例となるのである。

Ⅱ．キジル石窟盛期の壁画彩色材料との比較

　　今回の調査では、東京国立博物館が保管するキジル石窟壁画3点について、併せて蛍光X線分析を行い、その彩色材料を調査した　。壁画ドルナ像（TA168）、壁画釈迦像（TC467）、壁画菩薩像（TA169）の3点である。使用彩色材料を比較するために、クムトラ出土の壁画仏坐像と同じ画題である壁画釈迦像の顔料分析結果を以下に示す。（表2）

　　表2　壁画釈迦像（TC467）の蛍光X線分析結果

番号	測定個所	色	蛍光X線強度 (cps)						
			カルシウム (Ca-Kα)	鉄 (Fe-Kα)	ヒ素 (As-Kα)	銅 (Cu-Kα)	ストロンチウム (Sr-Kα)	水銀 (Hg-Lβ)	鉛 (Pb-Lβ)
1	頭光外縁	青	38.9	42.6			2.3		0.2
2	頭光外周	白	61.9	37.4					10.9
3	頭光	濃茶	3.8	8.2					143.0
4	螺髪	濃青	29.8	28.0			17.1		0.2
5	螺髪	青	44.6	41.9			3.1	2.3	
6	螺髪	青	35.3	26.5			4.4		0.2
7	頭頂の下地	—	33.6	99.7			2.1		
8	頭光内部	緑	34.6	50.8		238.1			
9	右目上	茶	16.7	11.1					49.5
10	左こめかみ	白	82.3	29.0					
11	唇	濃茶	61.5	52.1				2.3	4.5
12	首下の下地	—	40.6	67.3					

　　この3点についても、高精細のデジタル記録媒体によって、カラー画像の撮影、近赤外線画像の撮影、可視光をあてて蛍光を励起させた画像の撮影などを行った　。得られた画像の情報を要約すると、以下の通りである。

　　まず、共通する彩色材料としては、肌の白色と唇の赤色があげられる。キジル石窟壁画の白く塗られた肌からはカルシウムが検出された（表2、番号10）。唇の赤は、現在では茶色を呈しているが、おそらく鉄に由来する赤色である（表2、番号11）。また使用された個所は異なるが、緑色を呈する部分に、銅に由来する緑が使用されている点も共通する（表2、番号8）。

　　異なる彩色材料の第1は青色である。キジル石窟壁画では、頭部や頭光にあざやかな青色が使用されているが、それらはカルシウムや鉄を主成分とするものであり、材料としてラピスラズリを想定することができる（表2、番号1、4、5、6）。クムトラ石窟でも、中国的な様式の絵画が移入される以

前には、ラピスラズリの使用が認められるが、この壁画仏坐像には使用されていない。第2は鉛に由来する赤色である。キジル石窟壁画の頭光の外周にみられる濃い茶色、左目の上の眼窩を表す濃茶の線は、本来は赤色を呈していたと思われるが、これらが鉛に由来する赤である（表2、番号3、9）。壁画仏坐像では、鉄に由来すると思われる赤、鉄あるいは銅のどちらに由来するのか、判断しがたい赤が認められたが、鉛に由来すると積極的に判断できる銅はみられなかった。赤色の使用状況に変化がみられることが知られる。第3はヒ素である。ヒ素の使用は、キジル石窟出土の壁画釈迦像の場合には見られなかったが、壁画ドルナ像では、ドルナが持つ舎利を盛った壺の底面および舎利そのものにヒ素が検出された。また、壁画菩薩像では、菩薩が身につける耳飾りや胸飾りなど、おそらく金属製であることを意識させるものからヒ素が検出された。色味としては、当初は黄色あるいは赤色であったと思われるが、現在は退職して、灰色を呈している。クムトラの壁画仏坐像では見られない色である。

　　逆に、壁画仏坐像に見られた墨（炭素）に由来すると考えられる黒色は、今回分析したキジル石窟壁画の断片からは見いだされていない。壁画仏坐像は、後説するように、クチャ地方、とりわけクムトラ石窟に中国的な様式の絵画が移入された後に制作されたものである。中国的様式の移入は、主題の変容に留まるものではなく、使用する彩色材料にも変化があったことが、以上の分析から明らかである。

　　続いて、主題の変容という面から、この壁画を史的に位置づけなければならないが、それに先だって、この壁画の原所在場所とその制作年代について考察したい。

Ⅲ．クムトラ石窟の概況と壁画仏坐像の原位置

　　クムトラ石窟は、新疆ウイグル自治区の庫車（クチャ）の市街から、西南に約25キロメートルほどのところにある。石窟群は、東に向かって流れていた渭干河（ムザルト河）が丁谷山（チョール・タグ）の崖にぶつかって南に流れを変える個所に始まり、河の東岸の崖に合計112窟が穿たれている。最も石窟が集中するのは、上流にある窟群区である。大きな渓谷（大溝）の入口の北にある石窟群を谷北区、渓谷の中に散在する石窟群を谷内区、渓谷の入口の南に展開する石窟群を谷南区と呼び、谷北区に21窟、谷内区に18窟、谷南区に41窟があって、併せて80窟が残っている。ちなみにドイツ隊はこれら窟群区を主群と呼び、大溝を記銘谷と名付けている。

　　ムザルト河の下流域にある32窟は谷口区の石窟と呼ばれる。石窟群は、四つの小さな谷（溝）に散在する。「谷口」の略号であるGKを窟番号の前に付けて表記し、他の区域の石窟と区別する。ドイツ隊の呼ぶ第一峡谷、第二峡谷は、この谷口区の第一溝、第二溝に当たる。

　　クムトラ石窟の造営は、紀元5世紀頃に始まり、10世紀頃まで続いたと考えられている。造営が開始された時期は、キジル石窟とほぼ同じと考えられ、谷口区第20窟や谷口区第21窟など、方形の主室にクッペル天井（穹窿）を頂く形式の石窟が、古い時期（500年頃）に造られた。谷南区の第23窟などのように、ヴォールト天井を頂く主室と主室の奥に中心柱（方柱）を巡る回廊を有する形式の石窟は、キジル石窟でもっとも盛んに造営が行われた時期（600〜650年頃）に造られたと考えられている。キジル石窟

　では7世紀頃に石窟造営が終わったが、クムトラ石窟では、その後も、この地に進出してきた漢民族によって、造営が継続され、谷南区第16窟（ドイツ隊の命名ではキンナリ窟）のように、阿弥陀浄土変相図や薬師経変相図など、大乗経典に基づいた、大画面の経変を有する石窟が造営された。本壁画断片が出土した第45窟は、漢民族が造営に関わった石窟のひとつであると考えられる。

　　クムトラ石窟については、1903年に第一次大谷探検隊の渡辺哲信と堀賢雄が調査した　。大谷探検隊はさらに第二次の野村栄三郎　、第三次の吉川小一郎もここを訪れた　。大谷探検隊は、塑像の菩薩頭部などを収集し、また石窟に関する記述をそれぞれの日記のなかに残しているが、ドイツ隊の調査に比べると、あまり体系的ではなく、また学術的とも言い難い。

　　ドイツ隊は、クムトラ石窟を3回調査した。第1回目は、第1次探検隊のグリュンヴェーデルが1903年の4月に、トルファンの調査の帰途にここを訪れ、第二峡谷第1穹窿窟（中国の現編号によれば谷口区の第23窟）からクッペル（穹窿）内面の壁画　と、主グループ第33窟（別名は涅槃窟、現編号谷南区の第38窟）から後廊方柱後壁の涅槃図　を切り取って、ベルリンに持ち帰った。この時、主グループ第14窟（別名はキンナリ窟、現編号は谷南区第16窟）でも調査をおこなったらしい　。ちなみに、この時、大谷探検隊の渡辺哲信と堀賢雄がドイツ隊と遭遇している。第2回目は、第3次探検隊のグリュンヴェーデルとル・コックが、1906年の1月から2月にかけて調査した。彼らは、キジル石窟の調査に先だって行うクムトラ石窟の調査を、予行演習あるいは予備調査と位置づけていたが、結果的には、この回の調査がもっとも詳細なものになった　。第3回目は、第4次探検隊のル・コックが1913年10月に再びこの地を訪れ、石窟の調査や計測を行い、多くの壁画を切り取った。ここで問題となる第45窟も、この時にル・コックが発見したと言われている　。その他、フランスのペリオがクムトラ石窟の写真撮影を行い、銘文や落書きを記録し、塑像の頭部や木製の小さな光背、ブラーフミー文字や漢文の文書、壁画断片などを入手した　。また、ロシアのベレゾフスキー兄弟、イギリスのスタインもここを調査したらしいが、詳細はわからない。中瑞探検隊の黄文弼は、1928年にここを訪れた　。

　　本壁画断片が出土したと考えられる第45窟は窟群区の谷内区にある（図2）。この第45窟は、ドイツの第4次探検隊のル・コックが見いだし、飛天窟（アプサラ窟）と名付けた。黄文弼は河壩窟と命名している。石窟の形式は中心柱窟である。壁画の配置は以下の通りである　。平天井をもつ前室には壁画は残っていない。門道は、幅92㎝、奥行き105㎝、高さ275㎝である。壁画はない。ヴォールト天井をいただく主室は、幅286㎝、奥行き430㎝、床からヴォールト天井の頂までの高さは456㎝である。主室の前壁には現在は壁画がないが、ドイツ隊は、この壁の上部の半月形部分から弥勒菩薩の兜率天説法図　（図3）を切り取っている。正壁（奥壁）には舟形の龕を穿ち、その前に長方形の台座を置いているが、塑像はすでに無い。龕の上方の半月形部分には、華蓋や樹木、菩薩坐像などが描かれている。左右の側壁上部には、かつては、それぞれ3体ずつの塑像が貼り付けられていたが、現在は、塑像が失われ、その頭光と身光のみが残っている。この塑像の脇にも小さな塑像を配していた痕跡がある。各側壁の中央には壁画の仏坐像が描かれており、さらにその周りに小さな坐仏が表されている。小さな坐仏は、それぞれ五段ずつ描かれ、左壁に25体、右壁に23体が残っている。ヴォールト天井の中軸帯には、団花文が表されている。湾曲した天井面には、左右とも、4段にわたって坐仏が描かれている。坐仏は雲気の上の蓮華に坐す。本壁画断片はこの坐仏のひとつである。坐仏は皆、正壁の仏龕の方を向いているので、本壁画断片は、天井の右半面にあったことがわかる。ドイツ隊は、右半面から坐仏を1体 、左半面から仏坐像群から中軸帯にかけての部分 を切り取った。

　　回廊部分のうち、左右の側廊と後廊の天井には、蓮華と雲文が描かれている。また左右側廊の内側壁（方柱壁）と外側壁には仏、菩薩の立像が交互に描かれ、後廊の奥壁にも同様に仏、菩薩の像があった。左側廊の外側壁には、「南無□□□□（大勢至菩薩）」、「南無阿弥陀□（仏）」、「南無□□（観世）音菩薩」の傍題が、左側廊の内側壁には「南無釈迦牟尼□（仏）」の傍題が残っている。ドイツ隊はこの側廊や後廊からも壁画を切り取っている 。以上が、第45窟の壁画の配置状況である。

　　本壁画断片が、ドイツ隊もしくは大谷探検隊の将来品であるのかどうかは判断できない。ドイツの第4次探検隊のル・コックがこの洞窟の調査をし、ヴォールト天井の左右の湾曲面から多くの壁画を切り出しているが、本断片がそれらと一具であったかどうかは確証がない。ドイツ隊の収集品については、ル・コックによってギメ美術館に一部が寄贈され、あるいは報告書の刊行費用を捻出するために小断片類が売り払われたことなどがあるので、この壁画断片がドイツ隊の収集品であった可能性が皆無であるとは言えないが、やはり想像の域を超えるものではない。ドイツ隊の収集品は、左半面の坐仏に集中しており、右半面から得られた本断片はドイツ隊の調査とは無縁であると考えた方が妥当であろう。ドイツ隊が収集した壁画断片の裏側には、4度の探険に同行したバルトゥスによる釘書きの文字が残されていることが多いが、この壁画断片が東京国立博物館に収蔵された以降に、修理、改装が行われた際に、そのような痕跡があったとも報告されていない。

　　また、大谷探険隊は、先述した通り、日記にクムトラ石窟の調査に関わる記録を記載しているものの、第45窟、あるいはこの壁画断片に該当すると思われる情報は見いだされない。いつ、誰がこの断片を収集したかについては、やはり不明と言わざるを得ない。

IV．クムトラ石窟壁画に関わる年代観と壁画仏坐像の制作年代

　　戦前、クムトラ石窟を含むクチャ地域を重点的に調査したのはドイツ隊であり、彼らは、当然この地域の石窟や石窟壁画の様式分類について積極的に発言している。しかし、グリュンヴェーデル 、ル・コック 、およびル・コックの研究を補佐し、継承したヴァルトシュミット の考え方はよく似ているとはいえ、やはり微妙に違っている。ベルリン国立アジア美術館（旧名、ベルリン国立インド美術館）の見解は、基本的にはヴァルトシュミットの説を踏襲しており、一般にもその見解は認められているといえよう。その見解によれば、第一様式は、第一期インド・イラン様式と呼ばれる。ガンダーラ美術の影響を濃く受けた様式で、人物の肉体表現も自然で、さほど誇張が見られず、彩色も緑色を除いて、穏やかな暖色系の色を使っている。年代は500年頃とみられている。第二様式は、第二期インド・イラン様式と呼ばれ、第一様式がこの地域で独自に展開し、成立した様式と考えられているが、イランの美術とも、インドの美術とも関連をもっている。顔や肉身はやや観念的に表現され、とりわけ顔は目鼻が顔の中央に引き寄せられた独特のものになっている。またラピスラズリの青を主体

に、全体に寒色系の色を多用し、強い隈取りを施すなど、彩色技法にもこの地域独特のものがみられる。年代は600年頃から650年頃と考えられる。中国仏教様式と呼ばれる第三様式は、名前の通り中国的な様式で、クチャ地方ではキジル石窟には見られず、クムトラ石窟に多い。年代は8、9世紀と考えられている。

　このドイツ隊の様式分類は、壁画の様式的な特徴、好んで描かれる主題、表現形式、石窟形態などを基にして考えられたものであるが、やや概念化しすぎた感じは否めない。また、年代の推定も、伴出した文書の書体の年代から判断したとはいえ、やはり相対的なもので、充分な根拠は与えられていない。近年、ベルリン国立インド美術館の館長であったマリアンヌ・ヤルデッツ氏が、美術館所蔵の壁画断片を放射性炭素年代測定法によって調査し、その結果を同館の展示目録に掲出した 。そのデータは、これまでの年代観に再考を迫るものであるが、分析した試料数がまだ少なく、さらに新しいデータに基づいた統一ある年代観が示されたとは言い難い。さらなる試料の分析とその分析結果の評価に基づいた年代観が早く公表されることを願っている。

　これに対し、北京大学の宿白氏は、近年の詳細な調査の実績に基づき、1983年に刊行された『中国石窟　キジル石窟一』において、石窟の形式分類とその年代に関する新しい見解を出した。宿白氏は、石窟の形式、石窟と組み合わされた壁画や塑像の内容の二点から区分を行い、石窟形式を三つの段階に分けた。各段階の年代を決定するに際しては、壁土に混ぜられたスサを標本として、放射性炭素年代測定法を利用した。宿白氏は測定値に基づき、第一段階と第二段階がキジル石窟の盛時で、なかでも4世紀後期から5世紀の間がその最盛期である、第三段階は次第に衰微に向かう時期であるが、クムトラ石窟の盛唐、中唐の様式の壁画とはまだ時期的に隔たりがあるとした· 。その結果、キジル石窟において盛んに石窟が造営された時期を、ドイツ隊の見解よりも引き上げることとなった。しかし、宿泊氏の見解は、石窟の形式区分とその年代であって、決して壁画の様式区分ではないため、ドイツ側の編年と宿白氏の編年を同じ土俵で論ずることは目下のところできない。

　同じく北京大学の晁華山氏は、クムトラ石窟を論ずるにあたり、石窟の形式、画題、画風に見られる民族の系統を分析して、亀茲系石窟と漢系石窟とに分け、その年代を亀茲系は5世紀から8世紀中葉まで、漢系は7世紀下半期から8世紀にかけて造営されたと考えた。ただし、クムトラ石窟の開鑿開始の時期は、キジル石窟のそれに遅れ、亀茲系石窟の最終時期は、キジル石窟のそれと同じか、あるいはやや遅れるとした 。晁華山氏の見解も、石窟の形式分類に基づいたものであり、年代の推定も宿白氏の説を踏まえたものであるが、壁画の画題、画風に表われた民族的な系統を問題とする点に、様式史的な発想がうかがわれ、亀茲系の石窟をより細かく分類しさえすれば、ドイツ側の見解と充分に比較研究することが可能となるであろう。

　以上、クチャ地方の絵画の様式とその年代に関する諸説を概観した。クチャ地方の絵画の様式分類と年代推定は、未だに解決を見ない問題ではあるが、なかでも未解決であるのは、この地域に特有な様式をもった絵画の分類と年代の問題である。では、いわゆる第三様式について、三者の見解に相違はあるのだろうか。ドイツ側の見解に見られる、第一、第二様式に対する第三様式、宿白氏の見解に見られる、キジル石窟の第三段階とも時期的に隔たりのあるクムトラ石窟の盛唐や中唐様式の壁画、晁華山氏の見解に見られるクムトラ石窟における亀茲系石窟に対する漢系石窟は、表現こそ違ってはいるが、実は皆、同じものを指している。三者とも、いわゆる中国様式の絵画の存在を認め、この様式の絵画は、キジル石窟には見られず、クムトラ石窟に多いとする。そしてその事実が、キジル石窟に対して、クムトラ石窟を強く特徴づけていると考え、その年代を7世紀から8世紀、あるいは8世紀から9世紀とするのである。

　　本壁画は、上記の年代観に基づけば、中国様式の絵画と位置づけられ、7世紀から8世紀ころに制作されたと考えられるものである。クムトラ石窟第45窟は、キジル石窟やクムトラ石窟で頻繁に見られるヴォールト天井をもつ中心柱窟であるが、その窟内を装飾する壁画の画題や様式は、かなり漢民族のものに改められている　。第45窟で既に漢民族の様式に改められた画題は次の通りである。まず両側壁に描かれた仏坐像を囲む小さな坐仏群の表現である。キジル石窟では、左右の側壁に仏の説法図が描かれるこが多い。似た構図が多いために、説法場面を特定するための特徴的なアトリビューションが描かれていない場合には、一体いつ、どこで行われた説法なのかを特定することはむずかしいが、描かれた如来は釈尊に他ならず、釈尊と聴聞者は互いに向かい合っている。第45窟の場合、大きな坐仏も小さな坐仏も正面を向き、あたかも千仏であるかのような表現になっており、そこには説話的な要素はないと感じられる。次に、天井の中軸帯に描かれた団花文の表現は、漢民族の様式である。キジル石窟では、この中軸帯には天象図（日、月、ガルダ、白鵝など）か、あるいは須摩提女の因縁図が描かれることが多い。いずれも、そこが天空であることを示しているのであって、キジル石窟でこの部分に団花文を表す例はない。最後に、側廊や後廊の仏、菩薩の表現は漢民族の様式である、傍題に阿弥陀仏、観世音菩薩など、尊名が記されており、大乗経典に拠った表現である。

　　以上は、画題が既に漢民族のそれに変化した例であったが、第45窟には、まだ漢民族の画題に変化する以前の要素も残っていることも確かである。次にその例を見てみよう。まず、ドイツ隊が切り取った前壁の弥勒菩薩の兜率天説法図（図4）である。弥勒菩薩は、釈尊の入滅後、56億7000万年後に兜率天からこの世に下生し、釈尊の救いに洩れた衆生を救済すると言われている。クチャ地方は、弥勒菩薩に対する信仰が篤く、例えば、キジル石窟第224窟（ドイツの命名は第三区マーヤー窟）の主室前壁上方の半月形部分にもこの画題が描かれていた。中央に交脚して坐す弥勒菩薩がおり、左右に四体ずつの聖衆が聴聞している。第45窟の場合にも、まったく同じ位置に同じ画題が描かれていた。第45窟の場合には、中央の弥勒菩薩の左右に三体ずつの聖衆が描かれていた。現在ベルリンでは、向かって左端の二体の聖衆と右端の一体の聖衆を残すのみであるが、構図的にも第224窟のそれに近い。ただし、様式はかなり変化している。特に面貌表現のそれが顕著である。鼻や目、耳の部分は、あたかも二重の輪郭線が用いられているように見える（図4）。これは、本来ならば、ハイライトの効果を狙って、明るい彩色を輪郭線に沿って塗るべきところを、線を使って同じ効果を求めたものと考えられる。この表現は、本壁画断片にもまったく同様に観察し得るものである。

　　次は、まさに本壁画断片のもともとの所在場所であるヴォールト天井に描かれた坐仏群の表現である。現地に残る遺例やドイツ隊が収集した遺例をみると、左右の各壁面とも、仏坐像が四段ずつ描かれているが、各々の仏坐像は互い違いに重なり合っている。一見すると千仏ようにも見えるが、これは、むしろキジル石窟で頻繁に見られた因縁説法図、一種の釈尊説法図の変形と考えることができるのではないだろうか。

　キジル石窟やクムトラ石窟では、漢民族の様式が入る以前には、ヴォールトイ天井の湾曲面に、菱形の区画をもうけ、その一々の区画内に、本生図もしくは因縁説法図を描いた。因縁説法図とは、釈尊が様々な場所で説いた因縁、果報、譬喩の内容を画題として描いたものである。たいていの場合は、釈尊が聴聞者と向かい合って説法している。

　クムトラ石窟の第43窟の天井にも因縁説法図（図5）が描かれている。菱形をつくる界線は、キジル石窟の場合と同様に、山形の波状線である。仏は偏袒右肩に衣をまとい、二重の光背を負っている。身光の内側は、あたかも揺らめく炎のように彩色されている。向かい合う僧も同じく偏袒右肩に衣を着け、顔には生々しい髭が生えている。構図的には、菱形区画のなかの因縁説法図そのものであるが、次の点でキジル石窟に一般的なものとは異なる。第一点は肉身の表現が生々しいこと、第二点は袈裟の表現が現実のそれに似てリアルに、そして細密に表現されていること、第三点は光背があたかも繧繝風に多彩に彩られていることである。画題は同じでも、表現がやや漢民族風になっているのである。

　クムトラ石窟第10窟のヴォールト天井の因縁説法図には、さらに変化が見られる。菱形の区画は設けられていないが、仏が左右両面とも三段ずつ、互い違いに重なり合って描かれている。仏は雲気の上の蓮華に坐し、仏の前には聴聞者がいて、仏と向かい合っている。菱形の区画さえあれば、まったくキジル石窟の因縁説法図そのものである。

　クムトラ石窟第13窟では、左右壁とも、二菩薩を従えた仏が三段に重なって描かれている。仏は雲気の上の蓮華に坐す。因縁説法図としての意味がやや薄れかかっている。

　以上の例に見られるように、因縁説法図が段々と変容を遂げたと仮定すると、その変容は次のように言い表すことができよう。まず第1は菱形の区画を設けたキジルに一般的な因縁説法図、第2は菱形の区画は設けるが、様式的には漢民族のそれに変容した因縁説法図、第3は菱形の区画が消えた漢民族様式の因縁説法図、最後の第4は仏が脇に菩薩を従えた三尊形式で、もはや因縁説法図とは言い難い形式である。

　第45窟の因縁説法図は、このうち、第3の段階の因縁図と位置づけることができるだろう。表現の様式的な特徴は、先に見た弥勒菩薩の兜率天説法図と同じである。色の面ではなく、線によってハイライト効果を狙う、線描主義的な表現である。この点に、この壁画断片の様式的な特徴を見ることができる。本壁画断片は、クムトラ石窟が漢民族の様式を受け入れた際に、新しい様式をどのように理解し、伝統的な画題や様式にどう反映させたかを知る上で、貴重な資料であると言えよう。

V．共通する画題と変容する様式

　本壁画断片は、伝統的な画題を継承しつつ、様式的に変容した作例であった。一般的には、中国様式の絵画とは、経変を中心とした大乗教的な画題を取り扱い、中国的な様式で描かれた絵画であるため、様式的にも、画題面でも、第一様式、第二様式の絵画とは異なる。しかし、現実には、クムトラ石窟に描かれた中国様式の絵画のなかには、時期的には先行するクチャ地域独自の様式の絵画と同じ画題を扱ったものが少なからず見出される。本壁画断片はそのうちの因縁説法図の例であったが、両様式に共通して採用された画題としては、その他に、次の四つの画題を取り上げることができる。すなわち、涅槃図、仏伝図、降魔図、弥勒菩薩兜率天説法図である。

　1．涅槃図

　クムトラ石窟第16窟（ドイツ編号、主群第14窟、キンナリ窟）の主室前壁の上方には中国様式の涅槃図が描かれていた　。キジル石窟では、例えば第161窟のように前壁に涅槃図が描かれた例もあるが、一般的には、多くの涅槃図は中心柱窟の後廊部分に描かれている。クムトラ第16窟の方は、当然、会衆などの表現が中国風になっているが、図像構成はキジル石窟の涅槃図とほぼ同じといえよう。とくに、仏の足元にうずくまって、その足をさする老齢の僧侶の表現は、キジル石窟に多く見られ、またクムトラ石窟の第16窟にもある。また、クムトラ石窟第10窟の涅槃図の会衆は沈痛な表情を浮かべるが、これも基本的にはキジル石窟涅槃図の会衆の表情と大きな違いはない。この涅槃図の例は、様式のみ変化し、基本的な構図が踏襲されている例である。

　2．仏伝図

　キジル石窟壁画の画題の多くは仏伝図であると言っても過言ではない。正壁の帝釈窟説法図、側壁の説法図、天井の因縁説法図、側廊や後廊部分の涅槃関連の図像などは、広義にはどれも仏伝の一場面であると言えよう。しかし、ここでは、そのような広義の仏伝図ではなく、あたかも絵巻のように、連続する複数の場面によって、釈尊の生涯を表現する仏伝図を取り上げる。クムトラ石窟第14窟の主室右壁および左壁には一連の仏伝図が描かれている　。両壁とも、それぞれ区画を設けずに複数の場面を費やして仏伝図を描いているが、基本的には右壁の場合は入口側から正壁側へ、左壁の場合は正壁側から入口側へと、左回りに、時間の経過に即して場面を展開させている。このように、複数の場面を時間順に展開させて仏伝を表現する例としては、キジル石窟では第76窟（ドイツ編号、孔雀窟）と第110窟（ドイツ編号、階梯窟）がある。この二例が、クムトラ石窟第14窟と異なる点は、場面毎に区画が設けられていること、場面を右回り（時計回り）に展開させていることである。個々の場面をとってみると、基本的な構図はかなり似ていることが知られる。キジル石窟第76窟、第110窟は、キジルでは古い様式をもった石窟であり、また連続した場面によって説話を表現するのは、やはり古い様式の壁画に見られる特徴である。この仏伝図の例は、古い表現形式が継承されている例である。

　3．降魔図

　キジル石窟第110窟（階梯窟）の主室正壁の上部の半月形部分に描かれていた降魔図は、ドイツ隊によって切り取られ、今はその向かって右側のみがベルリンに残っているが、上部に、釈尊に向かって議論をしかける魔王、下部に議論に負けて、地に突っ伏した魔王が異時同図の方法で描かれている。魔王の背後には恐ろしい形相の魔衆が控えている。また、キジル石窟205窟（ドイツ編号、第二区マーヤー窟）の左側廊の内側壁の一部分には、阿闍世王に釈尊が涅槃に入った旨を知らせるために、行雨大臣が、釈尊の四つの大きな事跡（すなわち、誕生、降魔、初転法輪、涅槃）を絵に仕立てて見せている場面が描かれている　。この中の降魔の図は、第110窟の壁画ほど詳細ではないが、やはり議論に負けて地に伏した魔王や種々の武器を手にした魔衆が描かれている。第76窟（孔雀窟）の仏伝図の一場面として描かれた降魔図もほぼ同様の表現である。また、キジル石窟では、例えば第76窟に見られるように、降魔の場面として、三人の魔女による誘惑を退ける場面が描かれる場合もある。

　これに対して、クムトラ石窟の降魔図は、キジル石窟壁画とほとんど同じ構図を取っているにもかかわらず、一部に違いが見られる。魔王が表現されていないのである。第38窟（ドイツ編号、主群第33窟、涅槃窟）は中心柱窟であるが、この主室正壁からヴォールト天井にかけて降魔図が描かれていた　。塑像であった主尊の釈尊像は既に欠けているが、まわりから魔衆がいろいろな武器や、楽器を持って、襲いかかっている。しかし、魔王は描かれていない。また、先にふれたクムトラ石窟第14窟の仏伝図にも降魔図が含まれているが、同じく釈尊と魔衆しか表わされていない　。これは、構図の大枠を踏襲し、一部に変更を加えた例と言えよう。

　4．弥勒菩薩兜率天説法図

　弥勒菩薩は、釈尊の入滅後、56億7000万年を経て、この世に現れ、釈尊の救いに洩れた人々を救済するといわれ、それまでは、兜率天に住して、衆生の救済に思いを巡らしているという。クチャ地方は、弥勒菩薩に対する信仰が厚く、キジル石窟でも、例えば第224窟（ドイツ編号、第三区マーヤー窟）のように、主室前壁の上方の半月形部にこの弥勒菩薩兜率天説法図が描かれている。すでに述べたように、クムトラ石窟第45窟にも弥勒菩薩兜率天説法図があった　。キジル石窟第224窟と同様に、本来は、大きな構図をもった絵で、中央の弥勒菩薩の坐像をはさんで、左右に三体ずつの聖衆が配されていた。構図的には、全く同一と言っても差し支えない。ただ、様式が異なるのである。特に、顔貌表現において、鼻や眼、耳にあたかも二重の描線を用いたように見えるのは、色彩によるハイライトと同じ効果を、線によってねらったものと見られる。彩色もキジルのものより幾分淡く、どちらかと言えば、線描主体の表現になっている。

　以上、クムトラ石窟において、中国的な様式の絵画を移入する際に、様式的には変化を被ってはいても、画題的には、伝統的なものを継承しつつ、緩やかに変容した作例を見てきた。壁画仏坐像もまた、そのような変容の過程にある作品の典型例であることは明らかである。

VI.　むすび

　クムトラで、中国様式絵画の導入が始まったのは7世紀の末頃であると考えてよいだろう。しかしその初期段階ではキジル石窟に頻繁にみられる画題を中国的な様式で描いたものが少なからず見受けられた。これまで、壁画様式の変容の理由を石窟造営に荷担した民族の変化に求めていたが、果たしてそれだけであろうか。漢人がこの地に到ったからといっても、一般に言われるほどには、石窟造営に携わった者たちの交替が、そう早急に起こったとは考えられないのではないだろうか。様式の変容の次第をより精密に検討する必要がある。

　また今後、ベルリン国立アジア美術館（インド美術館）や現地において、ますます科学的な手法を

　使った年代測定や顔料分析等が進められると考えられる。科学的な手法から得られたデータを正しく評価し、それを踏まえた新たな西域壁画の年代観、様式史を早急に確立しなければならないだろう。

　　　　［註］

　『東京国立博物館図版目録大谷探検隊将来品篇』（1971年、東京国立博物館）。熊谷宣夫「西域彫塑雑記、主として恩賜京都博物館大谷伯蒐集品について」（『清閑』第19冊、1944年1月）。熊谷宣夫「クムトラ将来の塑像菩薩頭」（『大和文華』第12号、1953年1 2月）。中野照男「東京国立博物館保管クムトラ出土の塑像頭部」（『Museum』333号、1978年12月）。白須浄真は、これらの塑像頭部をクチャのトングス・バシ出土と考えている。『東京国立博物館図版目録大谷探検隊将来品篇』の載せる6点以外に、東京国立博物館には現在、同様の菩薩頭部が1点収蔵されているが、その菩薩頭部を、木下杢太郎が明治43年春に京都帝室博物館で見て、スケッチした際に、トングスバス出土と書き添えていること、同じく木下杢太郎が明治43年10月の『三田文学』に発表した「京阪聞見録」に、やはり「トングスバス発掘の塑像頭部」と書いていることなどが根拠である。（白須浄真『大谷探検隊とその時代』2002年、勉誠出版。）中野は、必ずしも白須説に与しない。大谷探検隊は、確かにトングス・バシの寺院址で胸から下の塑像を発見し、それは、現在龍谷大学が保管する写真にも記録されているが、堀賢雄の日記には、頭部のことには言及がない。（堀賢雄『大谷探検隊西域旅行日記』1987年、白水社、明治36年5月23日の記事。）これに対し、クムトラ石窟では、堀は、大谷の左岸にある大洞窟で、天人の顔を得たことを記している。（堀賢雄、同書、明治36年5月11日の記事、また渡辺哲信「西域旅行日記」『新西域記　上』所収、1939年、有光社、同日の記事を参照。）堀や渡辺のやや興奮した様子が、日記の記述からもうかがえることから、中野は、塑像の菩薩頭部はやはりクムトラ石窟から得られたであろうと推測している。

　　　城野誠治「大谷探検隊将来西域壁画における光学調査による考察」（『大谷探検隊将来西域壁画の保存修復に関する総合研究』報告書、平成14〜16年度科学研究費補助金基盤研究（B）、課題番号14380052、研究代表者青木繁夫、2005年3月）。

　　　早川泰弘「ポータブル蛍光X線分析装置による大谷探検隊将来西域壁画の彩色材料調査」前掲『大谷探検隊将来西域壁画の保存修復に関する総合研究』報告書。

　　　城野誠治、前掲論文。

　　　早川泰弘、前掲論文。

　　　城野誠治、前掲論文。

　　　堀賢雄「堀賢雄西域旅行日記（二）」（『西域文化研究　第四』1961年、法蔵館、44〜49頁）。堀賢雄『大谷探検隊西域旅行日記』（1987年、白水社、123〜135頁）。渡辺哲信「西域旅行日記」（『新西域記　上』、1939年、有光社、330〜338頁）。

　　　野村栄三郎「蒙古新疆旅行日記」（『新西域記　下』、520〜522頁）。

　　　吉川小一郎「支那紀行」（『新西域記　下』、650頁）。日記には、1913年3月19日にクムトラ石窟を訪れたという記載があるが、調査を行ったかどうかは不明。

　　　A. Grünwedel, Altbuddhistische Kultstätten in Chinesisch-Turkistan, Berlin, 1912., （以下、Kultst.

と略す。）S. 14. 穹窿内面の壁画（MIK. 9183a）、穹窿下縁の鋸歯文（MIK. 4447）。

　　Kultst. . S. 30. A. von Le Coq, Die Buddhistische Spätantike in Mittelasien, 7Bds, 1922-33, Berlin. （以下、Bd. と略す。）涅槃図（MIK. 4448）については、図版はBd. III, Taf. 12に掲出、記述は、Bd. III, S. 39-40, Bd. VI, Taf. 20B, Bd. VII, S. 64に見られる。

　　Bd. VII, S. 22.

　　Kultst. S. 4, 7-37.

　　Bd. VII, S. 23.

　　秋山光和「ペリオ調査団の中央アジア旅程とその考古学的成果（下）」（『仏教芸術』20号、1953年、57頁）。

　　黄文弼『塔里木盆地考古記』（中国田野考古報告書、考古学専刊、超種第3号、1958年、科学出版社）。

　　荘強華「クムトラ石窟総叙」（『中国石窟　クムトラ石窟』1985年、平凡社）。新疆亀茲石窟研究所編『庫木吐喇石窟内容総録』2008年、文物出版社。

　　Bd. VII, Taf. 26a, 27.

　　Bd. V, Taf. 18.

　　Bd. VI, Taf. 26.

　　Bd. VI, Taf. 27, 28a-d.

　　Kultst., SS. 5-6.

　　Bd. III., SS. 22-23.

　　Bd. VII., SS. 24-31.

　　Magische Götterwelten, Werke aus dem Museum für Uindische Kunst, Berlin, Staatliche Museen zu Berlin - Preußischer Kulturbesitz, Museum für Uindische Kunst.

　　宿白「キジル石窟の形式区分とその年代」（『中国石窟　キジル石窟一』平凡社、1983年）163頁。

　　晁華山「クムトラ石窟概説」（『中国石窟　クムトラ石窟』平凡社、1985年）211～216頁。

　　中野照男「クチャ地方の中国様式絵画」（『美術研究』364号、1996年3月）。

　　Bd. VII, Taf. 30.

　　『中国石窟　クムトラ石窟』（平凡社、1985年）図30～37。

　　Kultst. fig. 384.

　　『中国石窟　クムトラ石窟』（平凡社、1985年）図196～198

　　『中国石窟　クムトラ石窟』（平凡社、1985年）図35

　　Bd. VII, Taf. 26, 27.

　　【付記】本稿は、平成16～19年度科学研究費補助金（基盤研究（B））「交流と伝統の視点から見た仏教美術の研究―インドから日本まで―」研究成果報告書（研究代表者・宮治昭・龍谷大学文学部教授・2008年5月刊）に発表した「壁画仏坐像（東京国立博物館保管）を通して見たクムトラ石窟壁画の画題と様式の変容」（89～101頁）に修正を施し、加筆したものである、

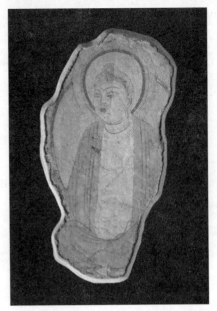

図1　壁画仏坐像　**クムトラ**第45窟出土　東京国立博物館
Photo by SHIRONO Seiji

図2　**クムトラ**石窟　大溝と第45窟

図3　弥勒菩薩兜率天説法図　**クムトラ**石窟第45窟出土
ベルリン国立アジア美術館（旧**インド**美術館）

図4　弥勒菩薩兜率天説法図部分
ベルリン国立アジア美術館

図5　釈迦説法　**クムトラ**石窟43窟出土
ベルリン国立アジア美術館

遺跡保存のための地盤技術

中澤重一

〔要旨〕本報告は、遺跡保存にかかわる技術に対して、地盤工学や地盤技術の関係を考察したものである。地盤技術の遺跡保存に対する役割、地盤技術の考え方を考察した後、具体的に、地盤調査結果をベースに修復保存法を立案・実施した事例や遺跡を取り巻く地盤の安定化のための保存材料の開発事例を記述している。

1．遺跡保存と地盤技術のかかわり

1-1．遺跡保存技術における地盤技術の位置づけ

多くの遺跡、特に遺構は地盤上や地盤中に存在している。そのため、遺跡の保存修復には地盤技術を抜きにしては考えられない。しかしながら、これまで地盤工学技術の分野では、遺跡保存に関してそれほど関心を引くことはなかった。保存科学者や考古学者を中心にした保存修復事業に関して支援の立場での協力であった。

地盤工学者や地盤技術者でなる国際土質・基礎工学会議（現在は国際地盤工学・基礎工学会議と称されている）で積極的に遺跡保存技術を取り上げるようになったのは、1981年第10回国際土質基礎工学会議ストックホルム大会に「セッション9」として「都市と古い構造物の救済」をとりあげてからであろう。この会議を契機に同会議内に遺跡保存委員会（テクニカル・コミッティー、TC19）を設立し（初代委員長：J. Kerisel）、今日に及んでいる。ついで、1988年に国際応用地質学会がアテネで「古代の工事、記念物、歴史的遺跡の地質工学シンポジウム」を開催した。近年のこの種の催しを列記すると、1992年第29回万国地質学会議（京都）のセッションⅡ-19-4「岩の長期的変化特性と記念物の保護」、1994年第13回国際土質基礎工学会議（ニューデリー）セッション2-2「古い構造物と記念構造物の基礎」、2004年岩石力学アジア会議ワークショップ（京都）、2005年第16回国際地盤工学会議（大阪）テクニカルセッション「文化遺産の保護」となる。

1-2．地盤工学

地盤技術は地盤工学をベースにした応用技術であるが、地盤工学そのものは本来土質力学や基礎工学から発展した工学分野である。地盤工学とは、現在以下のように捉えられている。

「土、岩および流体からなる地盤の工学的諸問題を扱う学問・技術分野であり、応用力学をベー

スにした材料力学、流体力学、土質力学、岩盤力学などの分野、および基礎科学である地球科学、化学、生物などの分野に立脚し、土質・基礎工学、岩盤工学、環境地盤工学、海洋地盤工学、地盤防災工学および地盤に関連する他の分野を含めた学問・技術分野を形成している。地盤材料を単なる力学材料としてみるのではなく、自然メカニズムに即して共生すべきものとしてみる自然観の転換と、方法論の転換として地盤力学に加え、地質学、地形学、環境地盤学、環境倫理学、生態学を地盤工学の基礎として位置づけた自然科学的方法万能主義から総合科学的方法への転換がある。」（地盤工学会ホームページより抜粋）。

1-3．Ground-Monument-System 1 ）

　　　前述のTC19では、Ground-Monument-System（以下GMSと略称）という概念を提起し、地盤に関連する遺跡保存技術のとらえ方や考え方を示している。この場合、Monumentを「人類の建設活動によって作られた工作物とその痕跡」と定義している。図1に提案されたGMSの概念を示す。

　　　すなわち、遺跡の挙動は、その地域の地盤、岩盤、用いた材料の性質に依存し、種々の作用の下で地盤の変形によって損傷を被っている。そして遺跡は築造後、多くの自然と人間の作用を受けて改変されている。技術的に見ると、遺跡は複雑な地盤工学的対象物であり、遺跡と地盤を含めた全体系（GMS）について考えなければならず、特に基礎と上部構造物、基礎と地盤の相互作用に重点を当てるべきであると主張している。

　　　具体的には「GMSは外的作用のもとで緩慢な応答を示すが、急激に安全率の低下を招くこともあるので、解析は歴史的経過のもとで連続現象とみなして行うべきである。設計法は場所場所によって異なっているべきであろう。たとえば、クリープ現象を取り上げると、その現象が過去のものか、将来にわたるものかの判定が必要であろう」と主張している。

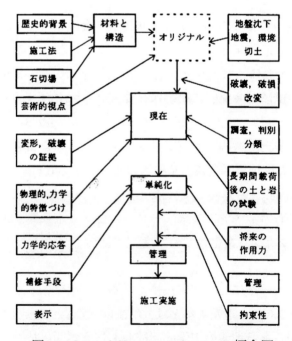

図1．　Ground-Monument-Systemの概念図

1-4. 地盤技術

　地盤技術は土木技術の主要な一分野であるが、この土木技術（土木工学）は、対象ごとで一つのシステムとして捕らえ、ある対象に対し必要な調査を実施し、どの程度の規模で（計画）かを割り出し、その上で対策、制御手法を考案しまたどのように必要施設を造り（設計、施工）維持するか（維持管理）などについて検討することとなっている。

　　地盤系の技術に関連するものは、土質力学（土構造物、斜面安定）、地質学、岩盤工学（岩盤、トンネル）、土壌汚染、地下水汚染、基礎工学、振動工学（土動力学、地震工学）、洪水、地震被害などあげられるが、総括すると地盤を加工、あるいは地中に構造物を構築する技術である。地盤技術は、そのための調査、解析、設計、施工、維持管理ということになろう。具体的な遺跡保護を目的にした地盤技術の内容を表1に示す。

表1.　プロジェクトの進展段階に応じた地盤技術の内容

調査	設計	施工	維持管理
分布形態	力学的応答（過去、現状、将来予測）	最適施工法（在来技術〜先進技術）	計測
地形・地質			地盤情報
水文	風化対策	品質管理	気象情報
環境	水環境対策	施工計画	形態変化
地盤状況	使用資機材	情報化施工	生物情報
劣化度	仮設計画	設計変更	微小変動対策
組成・材質	工期		再処理
年代	特記仕様書		日常管理（清掃など）
微気象	オーセンティシティ		

　これらの中で、特に地盤技術との関わりで遺跡保存を対象にした場合、留意すべき事項について以下に記述する。

　・オーセンティシティ：この問題は設計の段階で十分に検討されるべき事項であるが、現実には困難な問題を内蔵している。現段階では、時間軸（過去、現在、未来など）と評価項目（目的、環境、材料、用途、技術、感性など）で評価マトリックスを作成し、関係者のブレーンストーミング形式で問題点の抽出、計画案の順位付け、相互比較などで評価する方法がベターであろう3）。なお、地盤や基礎構造物のオーセンティシティに関する現段階での考え方について、前述の2005年第16回国際地盤工学会議（大阪）テクニカルセッション「文化遺産の保護」において論議されている。

　・最適施工法：遺跡保存のための最適施工法に関しては、前項のオーセンティシティの立場からは推定される建設時の施工法に準拠した方法を採用することが望ましいが、この場合、該当遺跡の長

寿化・延命化に必ずしも最適であるとは評価できないことが少なくない。それを補完するするために
は、現代工法や先端技術に頼らざるを得ない。したがって、遺跡保存工事を検討する段階で、在来技
術の推定ための感性や先進技術への感性を持たなければならないと同時に、これらに対する適切な評
価手法も必要となる。

　　・情報化施工と設計変更：遺跡の工学的調査の多くは、非破壊状態で設計のための物理定数を得
ている。しかも、点の情報であることが多く、この限られた条件で得られた情報で設計をせざるを得
ない。したがって、実際の保存工事中に判明する情報と得られていた情報との間に乖離のあることが
少なくない。この乖離をできるだけ早い段階で把握し、設計を見直すことが必要になってくる。この
ことを目的に情報化施工は遺跡保存工事に欠くことのできない作業となる。すなわち、各種センサー
を配置し、工事に伴う地盤条件の変化を時系列でとらえ、設計情報の見直し、設計変更等を速やかに
実施することが肝要である。また、工事の安全上、管理値を設定し、不慮の事故を事前に防止するた
めの手段ともなる。
　　以上の考察でも明らかなように、遺跡保存工事には設計変更は避けることのできない宿命を持っ
ているといえよう。

　　・計測と微小変動対策：施工中の計測に関しては情報化施工という観点で考察したが、工事後の
計測にも異なった大きな使命を持っている。これは保存工事結果の成否を時間軸でとらえることの他
に、遺跡の危機状態を事前に把握するといった重要な意味を持っている。表1にリストアップしてい
る地盤情報、気象情報、形態変化、生物情報の収集には、長期的な観点から、情報を収集する手段を
講じることが必要である。これらの収集データは、工事後の遺跡の変化とそれに伴う再保存工事計画
・設計に有用な指標となろう。

　　・再処理：遺跡を対象にした保存工事では、工事計画の時点で最適と評価される工法や材料で工
事されることは論を俟たないが、工事終了後に時々刻々に開発される新工法や新材料がより適切であ
るという事態になることは当然予想される。この場合、再処理によって代替することが、対象とした
遺跡の保存により有効であると考えられることが少なくない。この観点から、遺跡保存工事は将来の
再処理を見込んだ方法や材料を選定するといった特異な面のあることを考慮しておくことが必要であ
り、新素材へのアンテナを常に意識しておくことも必要となろう。

2．遺跡保存のための地盤関係の調査と解析・設計

2-1．遺跡に対する有害な要因
　　土や岩で構成される遺跡への有害要因には種々考えられるが、主なものを纏めると、表2に要約さ
れる2）。

表2.　遺跡に及ぼす主な有害要因

作用の大別	作　　　　用
主 と し て 力 学 的	・基礎の圧密または地盤沈下 ・連続性の破綻；ドームの一部欠如 　　　　　　　　　岩崖のひび割れ・岩塊の崩落 ・流水；地下水，表面流 ・熱応力 ・振動・衝撃 ・乾燥に伴う毛管水・塩類の移動 ・地震・活断層
主 と し て 物 理 的	・繰返しの湿潤・乾燥作用 ・繰返しの凍結・融解作用 ・風塵・雨滴の作用 ・日射による紫外線 ・結露水による作用
主 と し て 化 学 的	・酸性雨，酸性雪，塩の析出，塩害 ・大気・汚濁水汚染 ・生成物の膨張，酸性物質の生成，酸化還元作用
主 と し て 生 物 学 的	・菌類，藻類，地衣類，苔の発生・繁茂 ・樹木の成長・繁茂
主 と し て 人 　 的	・乱開発 ・保護意識の欠落

2-2.　調査手法

　　表2で示される有害要因を明らかにすることは、保存修復手法の検討のために欠かせない作業である。地盤に関係する調査手法を表3に示す2)。日本における遺跡の地盤調査手法の調査目的と適用事例を表4に示す2)。

　　この種の調査の原則は現状の記載、室内と現場実験でその物理化学的性質を評価することであり、基本的には非破壊試験を採用することが望ましい。また、段階的に精度を上げることや、継続的に実施する計画を立案する姿勢が必要である。他方、各種調査法や試験法の限界を認識しておくことも重要である。

表3.　遺跡保護を目的にした地盤調査技術

分　類	目　的	技　　　　　　　　術
総　合 判　断	文　献　調　査	古文書，古地図，文献
	総　合　検　討	土質力学，岩の力学，基礎力学，ジオアーケオロジー，地形学等を中心とした有害な作用の究明に必要な学問ならびに地質学，応用地質学，人類学，考古学
原　位　置 試　　験	分布・形態	測量（一般測量，写真測量） 写真・映像判読（熱赤外線映像，紫外線映像，立体写真） 　　　　　　（リモートセンシング，衛星赤外線画像） 物理探査（弾性波探査，電気探査，磁気探査，電磁波地中レーダー） 発掘調査（トレンチ調査）
	地形・地質	地表踏査（地形区分，地質区分） トレンチ調査（スケッチ） ボーリング調査（サンプリング，標準貫入試験） 物理探査（弾性波探査，電気探査，磁気探査，電磁波地中レーダー）
	水文・環境	気象データ調査（既存データ収集，観測） 地表水調査（観測，河況調査） 地下水調査（水位，流向，流速，帯水層，温泉，熱水） 水質調査（成分分析，酸性雨，酸性雪） 物理探査（弾性波探査，電気探査，磁気探査，電磁波地中レーダー） 物理検層（超音波検層，弾性波検層，電気検層，密度検層）
	強　　　　度	表面調査（貫入試験，反発試験） 層序別調査（貫入試験，抵抗試験，回転試験，載荷試験） 物理探査（弾性波探査，電気探査，磁気探査，電磁波地中レーダー） 物理検層（超音波検層，弾性波検層，電気検層，密度検層）
	劣　化　度	腐食調査（貫入，抵抗，pH，酸化，還元，塩分析出） 破損調査（目視，写真解読，貫入，反発，物理探査，生物による破損調査） 風化度調査（スレーキング，生物により生ずる風化調査）
サンプル 試　　験	物　　　性	物理試験，乾燥試験
	力　　　学	土壌力学的試験，岩石力学的試験，安定試験，強度試験
	化　　　学	耐光試験，耐熱試験
	土　　　壌	鉱物鑑別
	組成・材質	蛍光X線法，フィッショントラック法，定量分析
	年　　　代	C^{14}，テクロクロノロジー，地磁気法，熱ルミネッサンス法，ソリウム／ウラニウム法 その他（年輪年代法，氷縞法，層序年縞法，黒曜石水和層法）

表4. 遺跡を対象にした地盤調査例

調査・探査方法	遺跡所在地・時代・種類	調査・探査の適用事例
ボーリング調査	・大阪府・峯ケ塚古墳 　古墳時代 　墳丘	・墳丘の土質工学的特性をN値により明らかにした。砂と粘土の互層構造で築造され平均N値は砂質土33.5，粘性土14.9であった。
写真判読	・大阪府・河内平野 　弥生，古墳時代 　集落跡	・弥生時代以降，河内平野は多くの洪水に襲われている。 ・昭和22～23年に米軍が撮影した航空写真を判読。旧河川・河道を判読。遺跡の所在を確認する資料とした。 ・現在では，赤外線カラー航空写真が多く使われる。
ファイバースコープ	・奈良県・藤ノ木古墳 　古墳時代 　古墳石室	・盗掘されていない古墳の石室等，内部の状況調査に使われる。また，内部の気温・温度が極端に外部と異なると考えられる場合には有効な調査方法である。
熱映像	・奈良県・大野寺磨崖仏 　鎌倉時代 　崖に掘られた仏像 ・群馬県・黒井峰遺跡 　古墳時代 　集落跡	・崩落が激しいため，崩落原因を調査。 ・30分毎に表面温度の観測（非接触）。温度変化を測ることによって，岩盤の空隙場所を判読。 ・火山灰によって，一瞬にして埋まった遺跡。 ・航空機からの熱映像を使って，広範囲な判読。 ・地下2～3mまでの判読が可能。
電気探査 （高密度電気探査）	・千葉市加曽利貝塚 　縄文時代 　貝塚 ・川越市河越館遺跡 　鎌倉・室町時代 　館跡	・貝塚の分布範囲の調査 ・貝層の堆積している部分では，周辺地盤に比べてかなり低い低比抵抗を示す。これは土中の貝塚が徐々に溶脱し，イオン濃度が周辺の地盤より高くなる性質があるからである。 ・平面的に捉えることによって貝塚の分布域を推定する。 ・二次元探査は貝塚の厚さを把握する。 ・堀，溝などの掘割の分布範囲の調査 ・表土層（覆土）に覆われているため，表土層の堆積の変化を比抵抗の分布から把握する。 ・堀の幅3m程度で，基盤層のローム層を2m掘り込んでいる堀には高比抵抗の黒色土が堆積している。この高比抵抗部分を平面的に追跡した。
磁気探査	・群馬県・小泉古墳群 　古墳時代 　古墳群 ・山形県・鳥海山麓窯跡群 　奈良，平安時代 　須恵器窯跡群	・古墳群全体が後世の火山灰，土石流で埋没。 ・磁気探査計を使い，古墳の葺石を検出。 ・山林内の窯跡（地表からは確認できない）を探査。 ・窯跡の焼土は磁気反応が高い。 ・面的な探査も可能。
電磁波地中レーダー	・千葉県・加曽利貝塚 　縄文時代 　貝塚	・貝層の分布を探査。 ・地下の遺構を探査，複数のラインを設定することにより面的な探査も可能。
衛星写真・画像	・カンボジア 　アンコールワット	・周辺の密林から，水路を発見。 ・広範囲な遺跡状況を把握する場合に有効。

2-3. 解析手法

　調査結果を基に、遺跡の破壊要因を推定するために工学的な解析を実施するが、この場合の適用手法は、従来から地盤力学をベースにした地盤構造物に適用されている設計法に準拠することが多い。しかし、遺跡の挙動をシミュレートするためには最新の解析手法（たとえばFEMやDEMなど）や模型実験を採用することもある。

　いずれにしても工学的解析は構造物の挙動を予測することを目的とし、遺跡と地盤を一体なものとして考えて解析する必要がある。構造や物性のデータと対象物のモデル化すること、あるいは現場計測と逆解析の手法を適用することなど、予測精度をあげる努力が必要である。

　いずれにしても、遺跡対象の場合、地盤の外的作用に対する応答は長期にわたって現れることが多く、長時間に全体としての物性、強度の減少、変形の進行が進むことが特徴といえよう。この場合　遺跡の安定性は緩慢に、あるときは急激に変化する。安全率の増大、ある場合には減少といった結果になることが少なくない。

　現場計測と逆解析に関しては、1－4. 地盤技術「情報化施工と設計変更」の項で触れているが、遺跡を含む地盤の挙動をより正確に予測する解析手法としての逆解析についての考え方を以下に示す。

　順解析は原因（または入力）から結果（または出力）を求める伝統的な解析手法であるが、逆解析は結果（出力）から原因（入力）を求めるための解析手法である。遺跡保存工事において設計条件や施工条件に不確定要素があり、特に、遺跡を含む地盤に関する情報を事前に詳細に得ることには限界があることは既述の通りである。この限界のある情報を基に設計せざるを得ない。これを補完するために逆解析が有効な手段となる。すなわち、保存工事の所定の段階、あるいは連続的に発生する事象を観察・計測しながら、その結果が得られる設計入力条件を再吟味し、再設計して、設計条件や施工条件を明確にするためのツールである。このことにより、得られた情報をもとに、当初の設計条件との相違や事後の安全等を評価し、適宜設計の修正、施工法の修正を実施して、より合理的な遺跡保存工事を達成することができよう。順解析と逆解析の考え方を図2に示す。

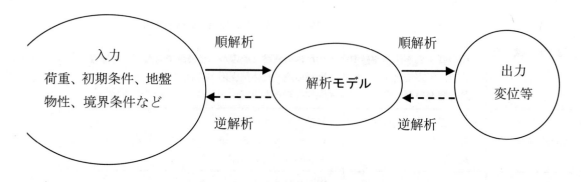

図2. 順解析と逆解析

3．遺跡保存のための地盤工の施工と維持管理

　遺跡保存の処理は保存目的・保存手法と遺跡の破壊の程度を保存の程度を図3に示す。

　遺跡保存のための地盤技術は各種挙げられるが、本来遺跡保存を目的にしたものではなく、保存対象となる遺跡の保存要求に合わせて、適宜選択されている。具体的には、①加わっている作用力を軽減させる、②周辺の水環境を整備する、③力学的バランスを整合させる、④アンダーピニング等で補強する、⑤結合・充填・接着等の処理をする、⑥遺跡に及ぼす有害動物や植物の除去や生育環境の制限、⑦表面被覆、⑧防護施設の建設、⑨人工的な環境制御などが挙げられる。

　表5は遺跡保存概念の分類とその特徴、適用される地盤工法の例を示している。

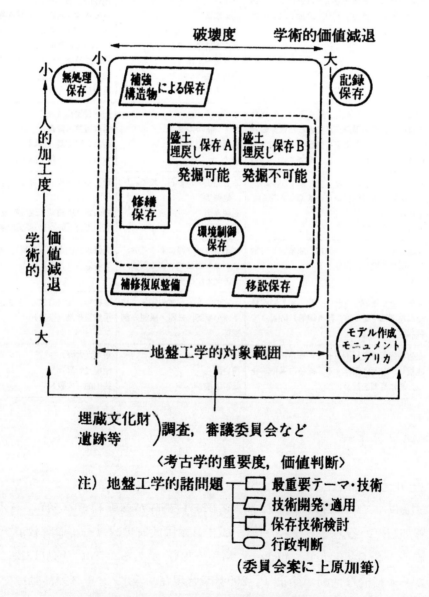

図3．遺跡保存手法と遺跡の破壊度の概念図

　　工事中には施工中の不慮の事故に対する危機管理を目的として、応急対策を計画しておくとか、観測施工を実施することが望ましいことは前述した。

　　　完成後の維持管理は当然必要とされるが、特に長期間のモニタリングは不測の事態発生を予見したり、再工事の必要性あるいはそのための基礎データとなるので、これも欠かすことが出来ないことも同様である。

表5．保存手法とそれに対応する地盤技術

分　類	特　　徴	工　　法	事　　例
現 状 保 存	遺跡をそのままの状態で保存するもので，構造部材による補強や盛土などにより遺跡周辺の整備は実施するが，遺跡そのものには人的加工を施さない。	パイプルーフ工法 パイプルーフ・トンネル工法 高架構造 カルバート ボックス 地中連続壁・アンカー 鉄板被覆工法 逆桁工法 盛土工法	荒屋敷貝塚遺跡（千葉） 地頭山古墳（神奈川） 有安古墳（兵庫），光厳寺裏遺跡（群馬） 小谷遺跡（兵庫），安志遺跡（兵庫） 八多 No.2 遺跡（兵庫） 柳田館遺跡（岩手），阿久遺跡（長野） 四つ池遺跡（大阪） 難波宮跡（大阪）
修 理 保 存	破損，損傷が激しく，放置すると元の状態が維持できない遺跡を，できるだけ元の状態・材料を保ったままで修理するもので，遺跡に最小限度の人的加工を施す。	ロックボルト・アンカー セメントモルタル 各種の樹脂の注入	臼杵磨崖仏（大分） 垂柳遺跡（青森） 西新元冠防塁（福岡） 今市大念寺古墳（島根）
復元整備保存	元の構造，形態はできるだけ残すが，市民への公開等を目的にかなり大幅な人的加工を加え補強する。	ふき石工・ふき石下地の石灰処理工 石積み工 盛土・切土工	森将軍塚古墳（長野），五色塚古墳（兵庫） 福山城（広島），三原城（広島） 登呂遺跡（静岡），多賀城跡（宮城）
移 設 保 存	遺跡をそのまま，あるいは　部補強して別の場所に移設し，保存する。	パイプルーフ等による補強，ウレタン樹脂等による補強，セメント，石灰による処理	久保泉丸山遺跡（佐賀），泉北ニュータウンの窯跡（大阪）
環境制御保存	発掘された遺跡，または劣化の激しい遺跡を環境制御（温湿度，紫外線等）によって保存する。	石室の温度・湿度の制御，地下水の制御，日照・風速の制御等	高松塚古墳（奈良），王塚古墳（福岡），平城京跡地（奈良） フゴッペ
展 示 保 存	遺跡の展示を主目的として，展示用建屋を建設し，室内に保存する。遺跡の劣化防止のために処理を行う。	樹脂含浸工法 覆い屋 転写工法	新地（大阪） 藤橋（新潟） 狭山池（大阪）

4．ケーススタディー

4-1．アンコール遺跡の場合4）、5）、6）

　　アンコール遺跡の保存・修復事業には世界各国の技術陣が参画しているが、日本からも2つのチームが同事業に参加している。そのうちの1チームに日本国政府アンコール遺跡救済チーム（Japanese Government Team for Safeguarding Angkor, 略称：JSA）がある。JSAの活動は3次にわたる事前調査を経て、1994年から本格的な活動が始まり、2008年8月現在、第3フェーズの活動中である。基本的には調査・計測結果を基に、第1フェーズではバイヨン内北経蔵の修復事業を完了（1999）、第2フェーズではプラサート・スー・プラ塔群の一つ（N1塔と略称）の修復事業を完了(2005)、第3フェーズではバイヨン内南経蔵の修復事業を継続中である。本件は第2フェーズのN1塔修復事業で検討した地盤工学的調査とその結果に基づく修復方法に関するものである。

1）対象建造物

本プロジェクトは12世紀末から13世紀初に建立されたと推定されるアンコール遺跡のうちのプラサート・スープラ塔群（「踊り子の塔」と称される12基の塔状構造物）の一つ（N1塔と略称）を解体・修復・復元する目的で実施された。N1塔は過去の実態調査結果、塔の沈下・傾斜が著しく、早急に対策が必要であると判断された。修復に当たっては塔の傾斜沈下の原因を明らかにし、それに応じた対策を検討する必要があった。

2）建築構造物と基礎地盤の特性

N1塔は図4に示すように9.2m×10.5mの基壇の上に高さ約21mの塔状構造物（ラテライト組構造）で、測量結果によると4.96%北西に傾斜していた。

対象としたN1塔の構造物特性は、版築盛土を囲むようにラテライト・ブロックを組み上げて基礎（基壇）とし、その上に同様にラテライト・ブロックと砂岩ブロックを組み込んで積み上げた石積構造で、これらの石材を少しづつずらして積み上げる迫り出し構造によって塔の尖塔部が構築されている。各石材間には何ら接着剤等の使用は認められず、空積みによる積層構造であった。基壇を構成しているブロックは内側に傾斜しているものや前方にはみ出しているものなどが認められた。また、上部構造物のブロックは特に開口部上部の部材にはせん断亀裂が生じているものも少なくない。

塔建築物の解体に伴い、その基礎地盤も掘削調査した。その結果によるとラテライト・ブロックに囲まれた基壇内部は砂質土と数cm厚さのラテライト・チップの互層でなる版築層（写真1、上部版築層と略称）、その下部に約1.5mの深さまで地山を掘削置換した砂質土でなる版築層（写真2、下部版築層と略称）が認められた。地山層は比較的硬質な粘性土でなっている。

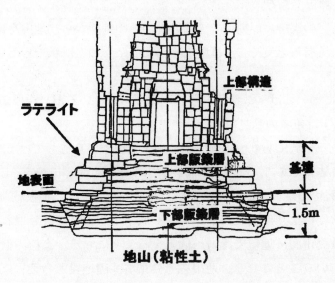

図4．N1塔の基礎構造

写真1．上部版築層　　　　　　　　　　　　写真2．下部版築層

　3）N1塔傾斜・沈下の原因推定とその結果に基づく対策案

　　N1塔基礎の調査結果、2種類の版築層が認められたが、この版築層の役割を以下のように推定している。

　　上部版築層：外周を石積みとし、内部に排水機能を持たせた版築層で構成される強固な基礎構造物（ベース）であろうと解釈できる。

　　　　下部版築層：所定の支持力が期待できない地山との判断から、地山を掘削・排土し、
　　　　　　　　　　N1塔荷重を支持する基盤層を構築したものと解釈できる。

　　N1塔の傾斜原因については、数種類の要因が挙げられているが、現段階では明確なコンセンサスは得られていない。以下は筆者の私見である。

　　現地は亜熱帯モンスーン域にあり、半年間隔で雨季と乾季が存在している。図5は雨季と乾季に実施した簡易動的貫入試験結果である。GL−2m程度まで雨期に貫入抵抗値が著しく低下していることが認められる。図6は地山層での平板載荷試験結果である。この結果は、平板載荷試験中に水侵させた結果も併記しているが、水侵により地盤支持力が著しく低下することが読み取れる。以上より、雨季の降雨により地山地盤が軟弱化し、地盤支持力が低下することになる。支持力低下の地山層は地表面下1.5mから2.0mであるということになる。地山をそのまま基礎地盤と考え、直接地表面に基礎を据え

た場合には、雨季の地盤の軟弱化により地盤は支持力が低下し、その基礎上の構造物は沈下・傾斜することになる。その対策として、雨季に軟弱化する地表面から－1.5mを掘削排土して、良質土と置換し、埋め戻しの過程で版築作業を実施した結果が下部版築層と解釈できよう。また、このような意図で構築された下部版築層であるにもかかわらず、支持力の低下した状態（下部版築層の雨季の計算上の安全率はほぼ1.0）の雨季に上部構造物に少しの外力が作用すると断続的な傾斜や沈下が生じ、そのの累積が現在の塔の状態を現しているといえよう。

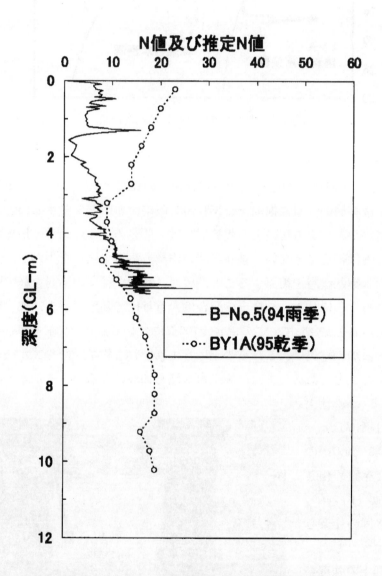

図5. 乾季と雨季の簡易動的貫入試験結果

　以上の考査から、N1塔の解体・復原工事の場合、基礎地盤や基壇構成要素となっている版築層の地盤強さを増加させる方法で基礎部分を復原し、雨季の安全率が低下しない版築層の構築が求められた。

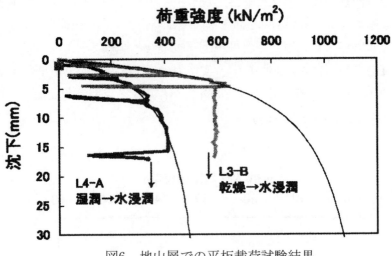

図6．地山層での平板載荷試験結果

4）版築層の再構築

　　N1塔の再構築の基本方針は、創建時（12〜13世紀）の作業方法・工法を可能な限り採用して復原することであった。版築層の復原に掘削土を再利用し版築することが望ましいことは自明である。しかし、創建当時の材料土と作業方法による版築層では、前述のように雨季の地盤軟弱化で再度傾斜・沈下が発生する可能性は否定できない。創建当時の作業方法（工法）を生かしながら、前述のように、より強度の大きな版築基盤層を復原することが要求された。種々の検討を経て版築用材料土に消石灰安定処理土を用いることにした。材料土の配合は、重量比で基壇掘削土70部、現場発生粘性土15部、ラテライト質赤土15部を混合して、この混合土100部に対して消石灰10部を添加混合した。粘性土やラテライト質赤土の添加の意義は、これらの土に含まれている鉄イオンやアルミニウム・イオンのポゾラン反応を期待したことである。また、施工含水比を10%になるように加水・調整した。版築施工は、巻き出し厚さ15 cm、仕上がり厚さ7〜8 cmを目標にし、一次突き固め作業を直径3 cmの樫の棒（写真3）、二次突き固め作業を金属製平板状転圧版（15 cm×15 cm）、仕上げ突き固め作業をエンジン駆動のランマーとした。なお、消石灰安定処理土の強度発現には、比較的長時間（数ヶ月程度）要するところから、初期強度補填を目的に、一部の層（中間部）にジオテキスタイル（ビニロン製）を挟み込んでいる。

4-2. 土や岩で出来た遺跡の亀裂充填材

1) 土や岩で出来た遺跡の亀裂充填材の性能

土や岩で出来ている遺跡・遺構の保存修復工事において、亀裂充填材や修復補助材として、高分子系材料を中心に使用されている。これは、接着力が高く、また粘度調整が容易であり、使いやすいといった点が挙げられる。しかし、欠点として、①長期耐久性に疑問がある、②透湿性が小さいため、可溶性塩類の析出による表層剥離が助長される、③将来の再メンテナンスの障害となる、などが指摘されている。他方、ポルトランド・セメントで代表される無機系材料が使用されることも少なくないが、①エフロレッセンス（白華現象）が生じやすい、②ドライアウトにより接着不良が生じやすい、③靭性や弾性・柔軟性に乏しくブリットルな性状をもつ、などの問題点が挙げられている。

以上2種類の一般的な材料の欠点を改善することを目的に、両者の特徴を生かした「ポリマーセメント系修復・充填材料」の開発を試みた。

材料開発のための基本コンセプトは以下の通りである。

① 遺跡を構成する土や岩に対して悪影響を及ぼさず、エフロレッセンス等が発生しない。

② 透湿性があり、土や岩の呼吸性を阻害しない、

③ 接着性や曲げ性能に優れている、

④ 静弾性係数が小さく、母材の変形に追従する、

⑤ 土や岩と同程度の物性（強度、熱膨張係数）を持つように調整できる、

⑥ 長期的耐久性を持つ、

⑦ 施工中に遺構等の周辺を汚染しないとか、遺構が湿潤状態にあっても施工できる、

⑧ 再メンテナンスの時、施工の障害にならない。

表6は開発したポリマー・セメント系材料と高分子材料の代表としてエポキシ樹脂を例に取り、材料特性を比較したものである。

表6. ポリマー・セメント計材料とエポキシ樹脂の材料特性の比較表

Items	Polymer-cement	Epoxy resin
Manageability	Easy	Difficult
Groutability	1.0 mm width >	0.5 mm width >
Deformability	Adjustable	Not adjustable
Adhesive force	Good	Good
Breathability	Good	Rare
Thermal expansion	Equal to rock	Larger than rock
Durability	Excellent	Good
Relative cost	0.2~0.35	1.0

2)　開発材料の適用例Ⅰ7)

　　開発したポリマー・セメント系材料を適用した保存工事例として元箱根石塔・石仏保存修復工事が挙げられる。本例は神奈川県箱根町に位置し、多孔質安山岩でなる崖面に大小種々の26個の石仏があり（13世紀に築造）、これらの風化損傷が懸念されていた。特に、写真4に示すように多数の亀裂が発達し、この亀裂の充填し岩盤全体の補強が求められた。

　　適用したポリマー・セメント系材料の配合とその工学的特性を表7、8にしめす。

写真4.　対象岩盤の亀裂状況

表7.　配合表

Materials	Mixing rate by weight
Blast-furnace cement	
Silica sand	100
Acrylic polymer	150
dispersion agent	11
Water	33
Admixture (Plasticizer, etc.)	Proper quantity

表8.　ポリマー・セメントの工学的特性

Items	Value by test
Coefficient of elasticity	21 GPa
Specific gravity	1980 kg/m^3
Compressive strength	23.8 MPa
Tensile strength	2.44 MPa
Angle of internal friction	36°
Adhesive force	3.7 MPa

実際の工事のフローを図7に示す。

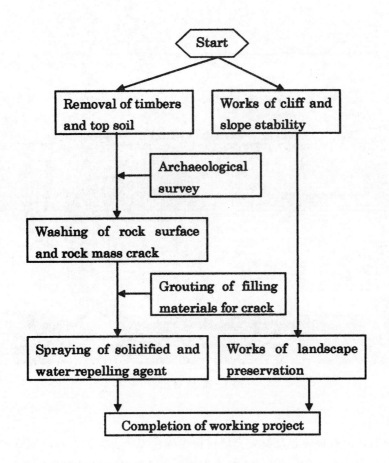

図7. 亀裂充填工事のフロー

工事上の仕様を以下に示す。

〔岩盤の洗浄作業〕

洗浄作業は洗浄剤を含有する水ジェット（圧力：3.0〜5.0 MPa）とし、水量は10 1/min以下と調整した。この洗浄作業で除去しきれない沈殿物や切削屑はブラシやピンセットを用いた手作業で除去した。

〔亀裂への充填作業〕

亀裂には30cmピッチで注入管を設置し、注入管周りの開口部にはプラスターによるシール処理を施した。注入用ポンプはペダル式ポンプを用い、注入圧力は1.5 MPa以下になるようにコントロールした。また、注入順序は下部の注入管から実施し、上部注入管から充填材の流出が認められるまで、作業を継続した。

完成後の状況を写真5に示す。工事は1993〜1994年に実施したが、現状には変化が認められない。

写真5. 完成状況

3)　適用例Ⅱ8)

　　適用例Ⅰは安山岩を対象にした亀裂充填材料の場合であるが、さらに軟質の凝灰岩の亀裂充填
の必要性が生じた。それに対応するために、配合を変えて合目的な材料開発を進め、適用した。

　　3-1）開発目的

　　対象と考えた遺跡は約400年前に築造された農業水路で、弱熔結の凝灰礫岩で構成され、数多
くの亀裂が発達し、最大幅20cm以上あるものから数mm程度と亀裂幅に変化があり、また、遺跡表面も
風化による脆弱化が進み崩壊の危険に曝されていた。対策には、先ず、亀裂充填が必要と考えられた
が、亀裂幅に応じた充填材料が必要とされた。前述のポリマーセメントの配合を変えることによっ
て、この要求に応えられるであろうとの見通しから材料試験を実施した。使用材料を表9、その配合を
表10に示す。

表9. 使用材料

粉体	セメント	高炉セメント
	骨材	特殊軽量骨材、他
	混和剤	保水剤、消泡剤、分散剤、他
混和剤	ポリマー	アクリル系ポリマーディスパージョン
	希釈水	水

表10．配合表（質量比）

種類	セメント量	骨材量	混和材他	P／C	W／C
A	100	90	適量	7.5	57.0
B	100	110	適量	7.0	54.0
C	100	120	適量	6.5	50.0

(注) P／C：ポリマーセメント比、W／C：水セメント比

上表でのAは対象亀裂幅5.0mm以下の微小亀裂、Bは同じく5.0mm以上を対象とし、注入ポンプでの注入作業用、Cは同じく5.0mm以上を対象にし、漏斗などによる直接流し込み作業用と考えた。

3-2) フレッシュ時の性状

フレッシュ時の性能は、その施工性に関連している。測定値はフロー値と流下時間で評価した。その結果を表11に示す。混和液の影響により、材料の粘性が高くなり、P漏斗による流下時間は60秒を越えたが、フロー値は200 mm以上となり、フロー後の材料分離は生じなかった。

表11．充填材料のフレッシュ時の性状

種類	単位体積質量(kg/1)	空気量(%)	フロー値(mm)	流下時間(sec)
A	1.70	2.6	235×235	64.56
B	1.70	2.7	228×230	72.64
C	1.71	2.7	235×238	77.20

3-3) 硬化後の性状

硬化後の性状を表12に示す。これらの結果の要約を箇条書きすると、以下となる。

① 標準養生の曲げ強さは6.67〜8.71N/mm2であり、P/Cが大きいほど曲げ強度が大きくなっている。

② 圧縮強さは35.7〜38.0N/mm2であり、3種類の配合ともほぼ同程度の強さであった。

③ 養生条件の差は、低温養生では曲げ強さ、圧縮強さともに標準養生に比較して、曲げ強さで10％程度、圧縮強さで30％程度低くなっている。温冷繰り返し養生では、曲げ強さ・圧縮強さともに大きくなっている。

④ 静弾性係数は9,809〜12,040N/mm2となり、通常のセメントモルタル（23,000N/mm2）の1/2〜3/5程度になっている。

⑤ 接着下地がモルタルの場合、3.83〜3.94N/mm2で、下地が石材の場合には0.43N/mm2となったが、破壊はすべて母材内に生じていた。

⑥ 長さ変化率は平均−12.2×10−−4であり、C/S、W/Cが大きいほど、長さ変化率は大きくなる。

⑦ 熱膨張係数は18.1〜20.1（×10-6/℃）で、エポキシ系注入材（10.0×10-4）の1/50程度で、土遺構や岩体と同程度である。

⑧ 吸水率は2.4〜3.0％で、セメントモルタル（約10％）より防水性が向上している。

⑨　凍結融解抵抗性試験200サイクル終了後においてもほとんど変化はなかった（測定値は省略）。

表12.　充填材料の硬化後の性状

種　類	曲げ強さ (N/mm²)			圧縮強さ (N/mm²)			静弾性係数	接着強さ (N/mm²)		吸水率	長さ変化率	熱膨張係数
	標準 [1]	低温 [2]	温冷 [3]	標準 [1]	低温 [2]	温冷 [3]	(N/mm²)	モルタル [4]	石材 [5]	(%)	(×10⁻⁴)	(×10⁻⁶/℃)
KJ101	8.71	7.35	9.01	36.8	25.8	43.1	9,809	3.94	——	2.9	-14.1	20.1
KJ201	8.07	7.27	8.69	35.7	24.3	42.0	11,148	3.83	0.43	3.0	-12.2	18.1
KJ301	6.91	6.01	8.02	38.0	27.7	43.6	12,040	4.53	——	2.4	-11.0	18.2

1) 標準：標準養生、2) 低温：低温養生、3) 温冷：温冷繰り返し、
4) モルタル：JISR5201準拠したモルタル、5) 石材：凝灰礫岩

上記配合のポリマーセメント系材料を使用して、熊本県に存在する弱熔結の凝灰礫岩でなる遺跡に適用し、施工後5年経過しているが、なんら変化は観測されていない。

5.　まとめ

　　本論では遺跡の保存修復技術に占める地盤技術の関わりを考察した。両者の共同作業は緒についた段階といえるが、その両者の関係の進展には目覚しいものが認められる。地盤技術分野でも積極的に遺跡の保存修復技術へ展開・貢献している状況が汲み取れる。今後は、互いに情報を共有化するとともに新しい情報へのアンテナを確保していくことが求められよう。本論がそのための一助になれば幸甚である。

参考文献

1) International Society for Soil Mechanics and Foundation Engineering：Report of Technical Committee on Preservation of Historic Sites, 1993.

2) 地盤工学会：地盤工学ハンドブック、第6章（中澤重一他4名）分担執筆、1999.3

3) 中澤重一：歴史的土木構造物の保存・活用とオーセンティシティ、土木学会全国大会第53回年次学術講演会講演概要集、共通セッション、1998.

4) JSA & UNESCO：Report on the Conservation and Restoration Work of the Prasat Suor Prat Tower, Royal Plaza of Ankor Thom, Kingdom of Cambodia, 2005.

5) 赤澤泰、中川武、溝口明則：プラサート・スプラ塔の基礎・基壇の構成と技法、日本建築学会計画系論文集、No. 613、pp. 189～196、2007. 3.

6) 中川武、赤澤泰、中澤重一、岩崎好則、福田光治：カンボジアのアンコール遺跡の修復と地盤工学の役割、地盤工学会誌「土と基礎」、53-3、pp. 11～14、2005.

7) Nakazawa, J., Yano, K., Watanabe, Y.,：Geo-technical preservation work for the

historical remains made of stone, Proceeding of 7th Japanese-Korean-French Seminar on Geo-Environmental Engineering, pp.319～324, 2007.5

8) 渡辺康則、高松誠、澤田正昭、中澤重一：歴史的遺構保存のためのポリマーセメント系修復・充填材料の開発、日本材料学会第6回地盤改良シンポジウム論文集、pp.153～158、2004.9.

〔参考資料〕ボーリング作業のための掘削用流体の比較

　　多くの遺跡保存工事のために地盤調査や施工にはボーリング作業が必要とされている。ボーリング・マシンはその掘削方式と穿孔装置の形式によって打撃式、回転式、回転打撃式に大別されているが、いづれの場合も削孔作業中は一種の循環流体を孔内に送って掘進する（以下「掘削用流体」と記述）。この掘削用流体を使用する目的は、掘削屑（スライム）の排出、掘削用ビット刃先の洗浄と冷却、掘削ロッドの回転抵抗の減少、掘削孔壁崩壊防止などである。一般的には、この目的のためにベントナイト泥水が用いられているが、遺跡・遺構のための調査や施工にためには、その使用が好ましくない結果をもたらすことが懸念されている。すなわち、作業中の掘削用流体の漏出による遺跡表面の汚染が最大の懸念事項である。また、打撃式削孔掘削機や回転打撃式削孔掘削機の場合、発生する振動が遺構の崩壊を助長するのではないかという懸念も考えられる。具体的に遺跡を対象にした掘削用流体や削孔掘削機は開発されていないが、現在利用されている掘削用流体についての知見を以下に取りまとめ、参考に供したい。

　1) ベントナイト泥水1)
　　ベントナイト泥水は古くから掘削用流体として利用されているもので、水・ベントナイト懸濁液を主体とし、必要に応じて分散剤、ポリマー類、潤滑剤、界面活性剤、加重剤、その他各種泥水調整剤を加え、掘削状況に適するように調整された非ニュートン流体である。しかし、いづれにしても主成分が粘土鉱物であるので、作業中に漏出すると、例えば保存対象とした壁画や彫像を汚染させる懸念がある。この場合は、あらかじめ保存対象物を保護・養生するとか、対象地盤の亀裂等を事前に処理しておく必要がある。
　　また、井戸掘削などの場合、掘削孔の透水性を確保することを目的に泥水使用にかえて、清水を掘削用流体に使用することもあるが、ベントナイト泥水のような掘削孔壁に対する泥壁造成機能を持たないので、孔壁の崩壊や流体の漏出の懸念がさらに大きくなる。

　2) ポリマー泥水1)
　　前述のベントナイト泥水のベントナイト濃度を低く抑える、あるいは耐塩性や耐アルカリ性を持たせる目的で、ポリマー類（例えば、ポリアクリレート系ポリマー、CMC、ポリサッカロイドなどの増粘剤）を主体にし掘削用流体機能を持たせたものがポリマー泥水である。造壁性を保持させるためには懸濁状態にあるベントナイトとさらに掘削土を積極的に混入させる方法で対処している。しかし、

1）項の漏出という懸念は依然解決されない。

　3）圧搾空気

　　液体を使用しない掘削用流体に主としてコンプレッサーを使用した圧搾空気が多く利用されている。ボーリング作業の他にロックボルトやグランドアンカーの施工では極めて有効である。掘削屑の排出が効率的で、掘削ビットの磨耗も少ない。ボーリング作業中の掘削用流体の漏出による遺構面への汚染という問題も少ないと考えられる。しかし、圧搾空気がもたらす粉塵の発生や打撃式掘削機に多用されているところから作業中の遺構に対する振動障害が懸念されている。この問題を解決するために、開発されたエアーボーリングが以下であり、この方法は奈良県高松塚古墳墳丘調査に利用され、成功をおさめている2)。

　　この方法では、①コンプレッサーを用いた圧搾空気を掘削用流体とする、②ボーリング機械の原動力に電動モーターを採用する、③送り込まれた圧搾空気の通気を確保するためにインナーチューブとアウターチューブのクリアランスを確実に確保する、④削孔にはメタルクラウンビットを使用する、⑤圧搾空気によって排出される掘削屑は地表に設置した集塵装置を介して分離・廃棄する等の工夫が施されている。

　　実施例では、掘削孔壁が比較的自立性のよい版築盛土であったため、孔壁崩壊というトラブルは発生しなかったと報告されているが、対象とする構成地盤によっては検討を要するであろう。

　4）気泡

　　圧搾空気を遺跡対象のボーリングに掘削用流体として利用する利点は前述の通りであるが、掘削対象地盤に湧水等が発生する場合には、掘削孔壁に掘削屑が必要以上に付着し掘削作業そのものを困難にすることがある。この解決として、圧搾空気に発泡性界面活性剤を混入させ、界面活性剤による泡の表面にスライムを付着させて掘削屑を排出させるフォームドリリングも利用されている。この方法は本来高品質はコア試料を採取することを目的に開発されたものであり、地辷り地の調査や硬軟の混合した地質のコア採取に良好な成果をももたらしているが3)、気泡は掘削孔壁の崩壊防止機能を持っていないことは、3)項と同様である。

　5）吸水性樹脂4)

　　新しく開発された掘削用流体に高分子材料の吸水膨張性樹脂を利用したものがある。これは清水に少量の高分子吸水性樹脂（アクリル酸塩・ビニルアルコール共重合体）を添加混合したもので、その特性は掘削用流体の比重が小さく掘削中に取り込んだ掘削屑（スライム）の分離が容易であるという点にある。また、添加量の調整によってファンネル粘性やプラスチック粘度を調節することが可能であり、この調整は掘削作業中に掘削状況を把握しながら可能となっている。さらに、この掘削用流体はゲル状であるために、対象地盤への浸透がないという利点を持っている。崩壊性のある砂礫地盤での実施例によると削孔壁の自立性がよく、漏水や孔壁崩壊がなかったと報告されている。

6）まとめ

　現在主に使用されている掘削用流体についての長短所を考察したが、いづれにしてもこれらは遺跡や遺構の調査・施工を意識していない。掘削用流体の保存工学的立場での評価や相互比較が必要であり、掘削方式との関係も把握しておくことが認められる。このことが、新素材開発や新工法開発への動機付けになるであろう。

参考文献

1）例えば、社団法人全国地質調査業協会連合会編：新編ボーリングポケットブック、オーム社、1983.

2）奥田悟、三村衛、石崎武志：エアーボーリングによる高松塚古墳墳丘の地盤調査と資料採取、地盤工学会誌「土と基礎」、54-4、pp. 10〜12、2006.

3）例えば、武田伸二、小宮国盛、竹内一郎：気泡式ボーリングから高品質コア採取システムへ、地盤工学会誌「土と基礎」、54-4、pp. 16〜18、2006.

4）福富幹男、東岡耕輔：比重の小さい掘削流体のよるボーリングスライムの排出について—機構と適用事例、応用地質、33-1、pp. 34〜42、1992.

参考资料

钻孔作业所需的各种挖掘用流体的对比

　对于许多遗迹保存工程来说，地质调查或施工等过程中挖掘作业是不可缺少的一环。根据挖掘方式及钻孔装置的不同，钻孔机械划分为冲击式、回转式、回转冲击式等类别，但是任何一种钻孔机械在其削孔作业中都需要在孔内注入某种循环流体（以下称为"挖掘用流体"）以进行掘进。使用这种挖掘用流体是为了实现排出废屑、钻头的清洗及冷却、减少钢钎旋转时的摩擦力、防止钻孔内壁的损毁等目的。在一般的钻孔作业中通常会使用班脱岩（皂土）泥水来达到这些目的，但是遗址及古建筑的调查、修缮施工过程中使用班脱岩泥水有可能带来负面影响。也就是说，令人最为担心的是在作业过程中挖掘用流体的泄漏可能会对遗迹表面造成污染。此外，冲击式钻孔机或回转冲击式钻孔机运转时的震动也很有可能加剧古建筑物的崩毁。虽然目前还没有开发出专门针对遗迹作业的挖掘用流体和钻孔挖掘机械，但是在以下部分我想就现在广泛应用的挖掘用流体的相关知识进行总结，以供参考。

1. 班脱岩泥水

班脱岩泥水是一种利用较早的挖掘用流体，它以水、班脱土悬浊液为主体，根据需要添加适量的分散剂、聚合物、润滑剂、界面活性剂、加重剂以及其他水质调整剂，并依据挖掘状况的变化不断进行调整的非牛顿流体。但是因为其主要成分是黏土矿物，所以一旦其在作业中泄漏的话就有可能带来如污染壁画、雕像等保存对象的严重后果。鉴于此，有必要在事前对保存对象进行防护、保养，对遗迹所在地的地基采取防劈裂处理等措施。

另外，在打井时为确保钻孔的透水性通常会用清水代替泥水充当挖掘用流体，但是因为清水不具有班脱岩泥水等流体的自动生成泥壁这一功能，所以会加大孔壁崩毁和流体泄漏的危险。

2. 聚合物泥水

为降低上述班脱岩泥水的班脱岩浓度，提高流体的耐盐性或耐碱性，以聚合物（例如聚丙烯腈系聚合物、CMC、多聚糖等增粘剂）为主要成分的具有挖掘用流体作用的物质被称为聚合物泥水。为保持自动生成泥壁的功能，聚合物泥水是在处于悬浊状态的班脱岩里进一步添加挖掘用的矿物质而成的。但是，同第一项所提及的班脱岩泥水一样它也不能解决液体泄漏这一问题。

3. 压缩空气

常用的非液体挖掘用流体主要是指利用压缩机而得到压缩空气。压缩空气在锚杆冲击机及大型猫拴的施工中极为有效，既可以有效地排出废屑，又能减少挖掘机械钻头的磨损。另外，普遍认为，在挖掘作业中采用这种方式也可以大幅度改善由于挖掘用流体泄漏而造成的对古建筑物墙面等的污损这一问题。但是压缩空气会引起粉尘的大量产生，施工过程中较多使用冲击式挖掘机械也会对古建筑物造成震动损伤。为解决这一问题，新近研发了一种新的气体钻，在奈良县高松冢古坟坟丘调查中成功的运用了这种方法。

应用这种方法需要注意以下几点：①以经压缩机处理得到的压缩气体充当挖掘用流体。②采用电动马达充当钻孔机械的动力系统。③为确保充入的压缩气体的较顺畅的流通性，必须保证内部管道及外部管道清洁。④使用金属钻头进行削孔作业。⑤由压缩气体排出的废屑需要通过设置在地表的集尘装置进行分离、废弃。

在奈良县高松冢古坟坟丘调查中实际应用时，由于钻孔部位是堆积起来土层，比较牢固，所以没有发生钻孔内壁崩毁的情况。但是，在操作中需要根据对象的具体情况进行地基调查。

4. 气泡

以压缩空气作为遗迹钻孔作业中的挖掘用流体虽然有很多优势，但是如果钻孔对象的地基发生渗水时就需要对钻孔内壁进行繁琐的修复作业，而所需的附着物往往大于挖掘过程中产生的废屑量，这是其致命的弱点。为解决这一问题，通常使用成形孔钻削机以在压缩空气中加入发泡性表面活性剂，并使废屑附着在表面活性剂产生的囊泡上从而把废屑排出。这种方法本来是为了采集核心处的样品而开发的，在塌方地的调查或软硬混杂的地质条件下采集核心处样品中有较好的表现。但是与第（3）项相同，气泡并不具有防止钻孔内壁崩毁的功能。

5．高吸水性树脂

最新开发出的挖掘用流体是用高分子材料制成的吸水膨胀树脂。这是把少量的高分子吸水性树脂（苯乙烯-烯丙醇共聚物）添加到清水中并均匀搅拌而获得的，作为比重较小的挖掘用流体，其特性是可以很容易地实现挖掘过程中堆积的废屑的分离。另外，通过调整添加量也可以实现注入液体的黏度和塑料黏度的调节，并且可以在挖掘过程中可以一边把握挖掘状况一边调整添加量。更为重要的是，由于这种挖掘用流体呈胶状，所以具有不会渗透到挖掘对象的地基的优点。在易崩塌的沙砾地基的实际应用证明，钻孔内壁稳固性较好，没有发生渗水或内壁崩毁等意外情况。

6．结语

以上对现在广泛应用的各种挖掘用流体的利弊进行了系统分析，但是无论哪一种都不是专门为进行文物古迹或古建筑的调查、修缮施工而开发的。鉴于此，我认为从保存工学的角度对挖掘用流体进行评估和相互比较是十分必要的，也应该注意把握挖掘用流体与挖掘方式之间的关系。我想这也许会成为促进新素材开发、新工学开发的动机。

参考文献

①例如，财团法人全国地质调查业协会联合会编 ：新编钻孔实用便携手册》、欧姆社、1983年

②奥田悟、三村卫、石崎武志：《运用气体钻孔所得的高松冢古坟坟丘的地基调查与资料采集》、地盘工学会志《土与基础》、54-4、pp.10～12、2006.

③例如，武田伸二、小宫国盛、竹内一郎：《从气泡式钻孔到高品质核心采集系统》、地盘工学会志《土与基础》、54-4、pp.16～18、2006.

④福富干男、东冈耕辅：《关于比重较小的挖掘流体所产生的钻孔废屑的排出——构造、适用事例及应用地质》、33-1、pp.34～42、1992.

库木吐喇千佛洞危岩体稳定性三维
有限元仿真模拟研究

马淑芝 方 云（中国地质大学）

乌布里·买买提艾力 杨 文（新疆维吾尔自治区文物局）

王建林 叶 梅（新疆龟兹石窟研究所）

前 言

开凿建造一千多年来，库木吐喇千佛洞遭到了自然营力的长期侵蚀和破坏（地震、雨水冲刷、洪水侵蚀、岩体开裂垮塌等）。研究表明目前石窟区内分布的众多危岩体时刻威胁着洞窟和游客的安全。库木吐喇千佛洞的岩体稳定性问题是区内最严重的环境地质病害，使石窟面临被毁坏的危机。必须尽快采取紧急的抢救性保护措施，保护这一在中国和世界历史上具有重要意义的历史文化遗存。

库木吐拉千佛洞有8个区域（块）的危岩体存在滑动、崩塌、倾覆破坏的危险，威胁着石窟的安全。针对库木吐拉千佛洞岩体结构条件、岩性特征和干燥的环境条件，危岩体的加固拟采取锚杆岩体加固和裂隙灌注（加固和隔阻裂隙水的渗流）相结合的治理措施。本项研究采用ANSYS有限元分析软件对新1、2窟危岩体的锚固和灌注进行了三维弹塑性有限元数值计算，以模拟治理前后的应力场、位移场等的变化，分析锚固机理，配合岩体加固和裂隙灌注的试验，为库木吐喇千佛洞保护工程设计和施工提供科学依据。

第一章 三维弹塑性有限元分析基本原理

有限元法是近几十年来随着计算机的广泛应用而发展起来的一种数值方法，能够定量地分析计算石窟在各种环境因素作用下内部各点的应力、应变、位移等指标，反映石窟的变形破坏规律。有限元法为分析石窟的力学行为和变形破坏机理提供了一个有力的手段，目前在岩土加固工程中得到了广泛应用。

第一节 岩土体弹塑性本构模型

一、屈服准则

屈服准则可用来确定石窟岩体开始塑性变形时的应力的大小。本次研究的有限元数值模拟选取适用于石窟材料的Drucker–Prager屈服准则，其公式如下：

$$F\left(I_1, J_2\right) = \alpha I_1 + \sqrt{J_2} - K = 0 \tag{1}$$

式中：I_1、J_2分别为应力第一不变量与偏应力第二不变量；

α、K为 D—P 模型（Drucker—Prager 模型）的材料常数，按照平面应变条件下的应力和塑性变形条件，可分别表示为：

$$\alpha = \frac{\sin\varphi}{\sqrt{3} - \sqrt{3 + \sin^2\varphi}}$$

$$K = \frac{\sqrt{3}C\cos\varphi}{\sqrt{3 + \sin^2\varphi}}$$

（2）

式中：C、φ分别为石窟岩体的内聚力和内摩擦角。

二、弹塑性应力与应变关系

弹塑性体的本构关系可表示成如下增量形式：

$$\{d\sigma\} = \left([D] - [D]_p\right)\{d\varepsilon\} = [D]_{ep}\{d\varepsilon\}$$

（3）

式中：$[D]_{ep} = [D] - [D]_p$为弹塑性矩阵；

$[D]$为弹性矩阵，用弹性模量 E 和泊松比 ν 表示有：

$$[D] = \frac{E(1-\nu)}{(1+\nu)(1-2\nu)}\begin{bmatrix} 1 & \dfrac{\nu}{1-\nu} & \dfrac{\nu}{1-\nu} & 0 & 0 & 0 \\ & 1 & \dfrac{\nu}{1-\nu} & 0 & 0 & 0 \\ & & 1 & 0 & 0 & 0 \\ & \text{对} & & \dfrac{1-2\nu}{2(1-\nu)} & 0 & 0 \\ & & \text{称} & & \dfrac{1-2\nu}{2(1-\nu)} & 0 \\ & & & & & \dfrac{1-2\nu}{2(1-\nu)} \end{bmatrix}$$

（4）

$[D]_p$为塑性矩阵，假定采用相关联流动法则，则弹塑性本构关系矩阵关系为：

$$[D]_p = \frac{[D]\left\{\dfrac{\partial F}{\partial \sigma}\right\}\left\{\dfrac{\partial F}{\partial \sigma}\right\}^T[D]}{\left\{\dfrac{\partial F}{\partial \sigma}\right\}^T[D]\left\{\dfrac{\partial F}{\partial \sigma}\right\} - A}$$

（5）

式中：$A = \dfrac{\partial F}{\partial \kappa}\{\sigma\}^T\left\{\dfrac{\partial Q}{\partial \sigma}\right\}$，对于理想塑性材料，$A = 0$。

第二节　有限元模拟的基本步骤

一、工程地质环境的调研

查明石窟所赋存的工程地质环境是数值分析的基础和前提。对于工程地质环境的调研，不仅限于地质测绘，钻探、物探、试验和长期观测也是常用的手段。工程地质环境的调研应着重研究岩土体物理力学参数，地质构造、地层岩性和相关的水文地质条件等。

二、地质模型的抽取

地质模型是在工程地质环境综合分析的基础上，对石窟所赋存的地质体的概括或简化，是定性研究结论的归纳，故也称为"概念模型"。这种对地质体的认识必须是全面的、总体的。模型的抽取就是在工程地质调查的基础上，建立与实际情况相近的地质模型，用来解决石窟保护的岩土工程问题。

三、力学模型的建立

在地质模型的基础上，通过合理的抽象、简化和概括，便可建立数值分析的力学模型。力学模型是直接用作数值计算的，因此它必须突出控制工程问题的主导因素，既能准确地反映地质体的客观实际，同时又具有力学分析的可能性和计算机分析的可行性。与力学模型建立直接相关的几个问题包括：对独立的力学结构范围的选取、地质条件的确定以及计算边界条件（位移边界条件、应力边界条件和混合边界条件）的选取。

四、数值模拟计算

五、模拟结果的分析与检验

数值计算应当满足一定的精度和可靠度。除了通过适当的数学手段进行检验外，最根本的方法是将计算结果与实际工程地质条件相对比。即，针对具体的问题，进行对比分析，取得真正符合实际的检验效果。

第二章　ANSYS有限元分析软件简介

本次有限元分析采用专业的ANSYS软件，它是美国SASI公司开发研制的大型通用有限元软件。该软件功能强大，界面友好，现已被广泛应用于航天航空工业、汽车工业、化工、该工业、电子工业、船舶、土建、地质、水利、电站等行业。它除了具有强有力的结构分析功能外（线性静力分析、非线性静力分析、线性动力分析、非线性动力分析），还针对一些特殊的领域如电场、磁场、热场、声学及流体场等提供了专门的算法与分析功能，尤其是它还能进行多物理场的耦合分析。

ANSYS程序包括三个功能模块，即前处理、解算、后处理。下面分别介绍这三个模块的功能与特点。

第一节　前处理模块

这个模块主要功能是实体建模和网格划分。

一、实体建模

ANSYS程序提供了两种实体建模方法：自顶向下与自底向上。自顶向下进行实体建模时，用户定义一个模型的最高级图元，程序则自动定义相关的面、线及关键点。用户利用这些高级图元直接构造几何模型。无论使用自顶向下还是自底向上方法建模，用户均能使用布尔运算来组合数据集，从而雕塑出一个实体模型。ANSYS程序提供了完整的布尔运算，诸如相加、相减、相交、分割、黏结和重叠。在创建复杂实体模型时，对线、面、体、基元的布尔操作能减少相当可观的建模工作量。ANSYS程序还提供了拖拉、延伸、旋转、移动、延伸和拷贝实体模型图元的功能。附加的功能还包括圆弧构造、切线构造、通过拖拉与旋转生成面和体、线与面的自动相交运算、自动倒角生成、用于网格划分的硬点的建立、移动、拷贝和删除。自底向上进行实体建模时，用户从最低级的图元向上构造模型，即：用户首先定义关键点，然后依次是相关的线、面、体。

二、网格划分

ANSYS程序提供了使用便捷、高质量的对CAD模型进行网格划分的功能。包括四种网格划分方法：延伸划分、映像划分、自由划分和自适应划分。延伸网格划分可将一个二维网格延伸成一个三维网格。映像网格划分允许用户将几何模型分解成简单的几部分，然后选择合适的单元属性和网格控制，生成映像网格。ANSYS程序的自由网格划分器功能是十分强大的，可对复杂模型直接划分，避免了用户对各个部分分别划分然后进行组装时各部分网格不匹配带来的麻烦。自适应网格划分是在生成了具有边界条件的实体模型以后，用户指示程序自动地生成有限元网格，分析、估计网格的离散误差，然后重新定义网格大小，再次分析计算、估计网格的离散误差，直至误差低于用户定义的值或达到用户定义的求解次数。

第二节　求解模块

求解模块用于定义分析类型、分析选项、载荷数据和载荷步选项以及有限元求解。在这个模块里，用户可以作如下类型的分析：

一、结构静力分析

用来求解外载荷引起的位移、应力和力。ANSYS程序中的静力分析不仅可以进行线性分析，而且也可以进行非线性分析，如塑性、蠕变、膨胀、大变形、大应变及接触分析。

二、结构动力学分析

结构动力学分析用来求解随时间变化的载荷对结构或部件的影响。与静力分析不同，动力分析要考虑随时间变化的力载荷以及它对阻尼和惯性的影响。ANSYS可进行的结构动力学分析类型包括：瞬态动力学分析、模态分析、谐波响应分析及随机振动响应分析。

三、结构非线性分析

结构非线性导致结构或部件的响应随外载荷不成比例变化。ANSYS程序和求解静态和瞬态非线性问题，包括材料非线性、几何非线性和单元非线性三种。

四、动力学分析

ANSYS程序可以分析大型三维柔体运动。当运动的积累影响起主要作用时，可使用这些功能分析复杂结构在空间中的运动特性，并确定结构中由此产生的应力、应变和变形。

五、热分析

程序可处理热传递的三种基本类型：传导、对流和辐射。热传递的三种类型均可进行稳态和瞬态、线性和非线性分析。热分析还具有可以模拟材料固化和熔解过程的相变分析能力以及模拟热与结构应力之间的热—结构耦合分析能力。

第三节 后处理模块

ANSYS的后处理包括对结果进行数据处理和图形显示两个方面。

数据处理方面功能主要有：结果的分类、选择、打印。对数据作线、面、体积积分，对数据作四则运算和微分运算，对向量求标量积和矢量积。处理随时间变化的结果。对工况比较、组合等运算和分析，并对各个耦合步的结果文件进行处理。

图形显示方面的主要功能有：作等值线显示，作云图显示，作变形显示，且可与变形前图形作比较可产生各种曲线图，如某量沿某个路径的分布曲线，及某点某量随时间变化曲线等；可产生结构所受的力矩、剪力、拉力图；可显示一个截面上的应力分类曲线。

第三章 新1、2窟危岩体三维有限元仿真模拟分析

第一节 三维模型的建立

一、计算模型

依据新1、2窟（3-2#危岩体）的现状调查和加固要求，根据有限元数值模拟的需要，建立计算模型。

计算模型沿危岩体所处陡壁的延伸方向取16米；上至陡壁上平台处，下至危岩体下方平台以下，整个模型竖直方向约40米；考虑到锚杆长度的影响，垂直陡壁方向取25米。

建立的坐标系为：陡壁的延伸方向为x轴，垂直陡壁方向为y轴，竖直向为z轴。

在建立计算模型时，将整个模型划分为三种介质类型，一种是砂砾岩，一种是裂隙（灌浆时采用灌浆材料的参数，其影响范围不改变），另一种是锚杆（锚固长度在模拟时有变化，锚筋采用弥散单元形式分布于整个锚杆模型中）。

模型的边界条件定义为：底边界全约束，左右边界x方向约束，危岩体陡壁后缘边界y方向约束；顶边界和陡壁临空面为自由边界。

按照以上设置、约定及简化，可建立计算区域的三维地质模型，如图1。

对地质模型进行有限元计算网格剖分，砂砾岩和裂缝采用实体单元，锚杆采用砼块单元，不同锚杆长度的模型网格剖分的单元数和节点数不同。以3.5米长度的锚杆为例，整个计算模型共剖分5221个节点，27921个单元，网格剖分结果如图1。

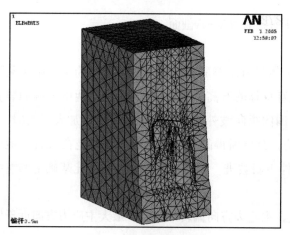

a）整体网格图

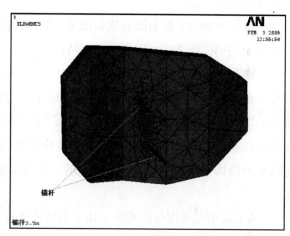

b）裂隙和锚杆单元网格图

图1　三维有限元模拟的剖分网格

二、计算参数

对于计算模型中的三种介质类型，根据试验、经验、反算对比等综合确定其物理力学参数，列于表1。

表1　库木吐喇锚固岩体有限元计算参数

材料类型		弹性模量（MPa）	泊松比	内聚力（kPa）	内摩擦角（度）	天然密度(kg/m³)
砂砾岩		94.0	0.272	45	24	2000
裂隙		18.0	0.32	15	20	1960
锚杆	锚孔灌注材料	658.0	0.169	——	——	2450
	钢筋	2.0×10^5	——	——	——	2450

第二节　天然状态下的模拟结果及分析

在未安设锚杆的天然状态下，只考虑裂隙和砂砾岩两种介质类型，作用荷载为自重应力场，进行三维有限元计算。

在计算结果中，拉应力、拉应变为正，压应力、压应变为负，与岩土工程定义相反。为了和岩土工程领域一致，在本文的讨论中，所提及的最大、最小主应力均按岩土工程领域的确定方式描述。可以得出如下模拟成果：

1．整个模型的模拟结果

2．裂隙带上的模拟结果

3．剖面模拟结果

为了更好地分析三维有限元模拟结果，沿预设锚杆切纵剖面A－A剖面。

根据上述模拟结果，可以得到以下结论：

1．在仅考虑自重应力的作用下，初始应力场为岩体自重所形成，位移以竖直向下为主。由于裂隙带向外松弛的影响，在靠近裂隙带附近形成了一个竖直位移的升高区（图3），裂隙带两侧岩体的竖直位移不协调（图4、图5）。在裂隙带中部以下一定范围内指向坡外的水平位移分量明显加大（图6）。位移等值线基本沿X方向延伸（图7）。但应指出的是，分析所得的位移量中绝大部分是在成岩、地壳隆起以及河流切割等一系列过程中完成的，在现状条件下斜坡进一步的变形或破坏是在此基础上的继续发展。

2．从主应力矢量图可以看出，由于斜坡近于直立，主应力方向偏转不明显，最大主应力方向近于竖直，中间主应力、最小主应力方向近于平行（图8）。

3．在坡脚部位，最大剪应力升高明显（图9），并且局部位置出现塑性屈服区（图10）。

4．在裂隙带附近，最大主应力与铅直应力都明显比周围的小（图11），且最小主应力在该部位出现拉应力。说明裂隙带的存在对斜坡应力场的分布有明显的影响。在裂隙带上，位移以斜向坡外下方为主。在中心位置出现两向受拉的情形，极不利于危岩体的稳定（图12、图13、图14）。下部最大剪应力较大。

5．裂隙带处的应力分布明显与斜坡内部不连续，一般情况是应力显著降低，尤其是裂隙带上降低最为明显。在裂隙带内侧的山体存在应力集中现象，竖直应力和最大主应力明显高于裂隙带外侧的危岩体（图15、图16）。裂隙带内侧的最大剪应力也明显高于外侧（图17）。

（6）裂隙带部位存在塑性屈服区（图18）

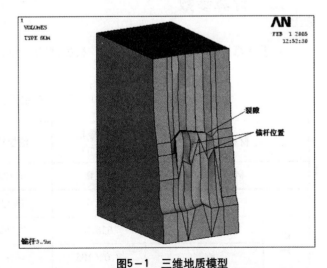

图5－1　三维地质模型

Fig.5-1　Three-dimensional (3-D) geological model

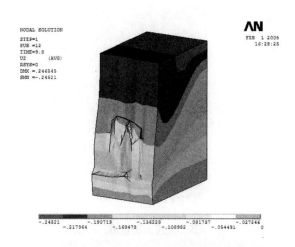

图3　竖直向（z方向）位移等值线图

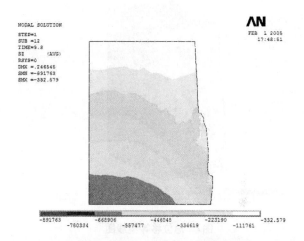

图4　竖直向（z方向）位移等值线图

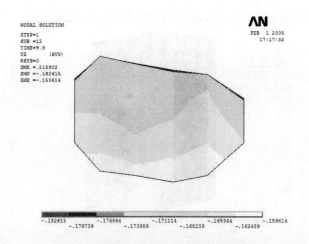

图5　竖直向（z方向）位移等值线图

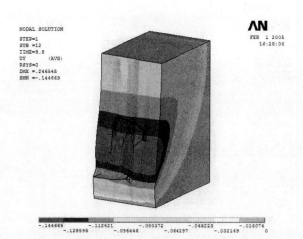

图6　垂直陡壁方向（y方向）水平位移等值线图

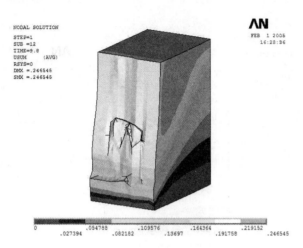

图7 总位移等值线图

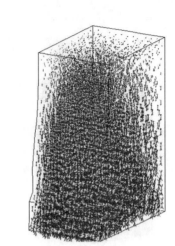

图8 主应力矢量图

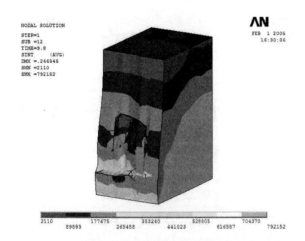

图9 最大剪应力等值线图

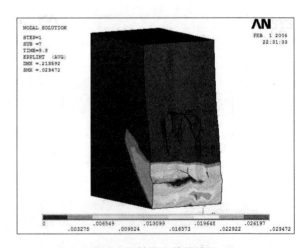

图10 塑性应变等值线图

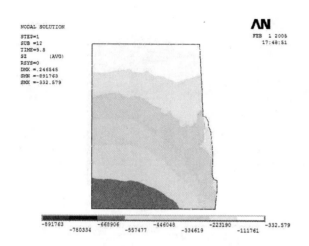

图11　竖直向（z方向）应力等值线图

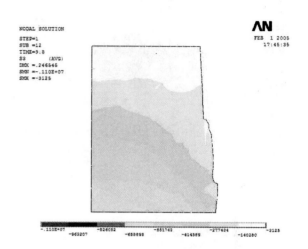

图12　最大主应力等值线图

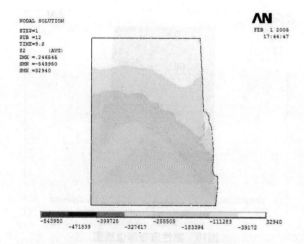

图13　中间主应力等值线图

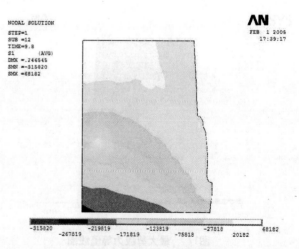

图14　最小主应力等值线图

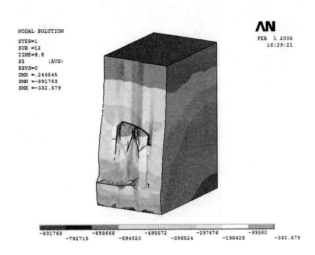

图15　竖直向（z方向）应力等值线图

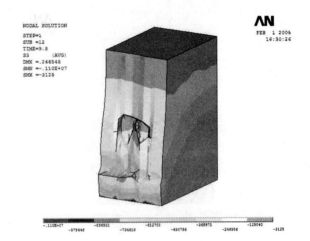

图16　最大主应力等值线图

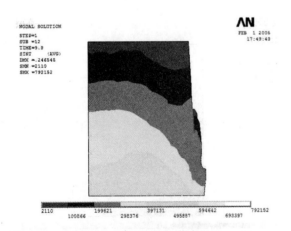

图17　最大剪应力等值线图

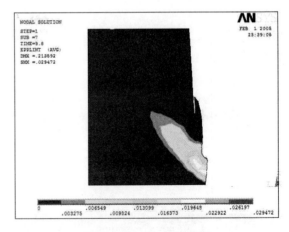

图18　塑性应变等值线图

第三节 不同锚杆长度的加固效果分析

为了考察锚杆对斜坡裂隙带的加固，以及不同锚杆长度的锚固效果，按图1所示的锚杆位置，锚杆长度分别按1.6米、2米、2.5米、3米、3.5米、4米、4.5米、5米、5.5米、6米、6.5米、7米等进行了模拟。

一、安设锚杆时的模拟

限于篇幅，以3.5米锚杆的模拟结果为例， 所得的模拟结果如下：

1．整个模型的模拟结果

2．裂隙带上的模拟结果

3．剖面模拟结果

对锚杆的锚固效果介绍如下：

对比有无锚杆两种情况可知，由于安设了锚杆，斜坡应力、位移等发生了改变：

1．Y方向最大水平位移出现的位置下移，移到了裂隙带的下方，由于锚杆的锚固作用，裂隙带部位岩体向外的水平位移量减小（见图19）。

2．对比图7、图20可以看出，由于有锚杆作用，裂隙带的侧向松弛减小，裂隙带里面位移增高区明显上提，等值线接近于平直。裂隙带两侧位移不协调的现象消失（图21）。

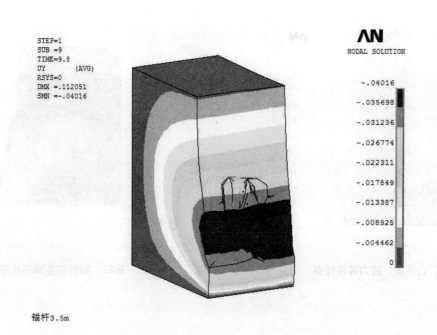

图19　垂直陡壁方向（y方向）水平位移等值线图

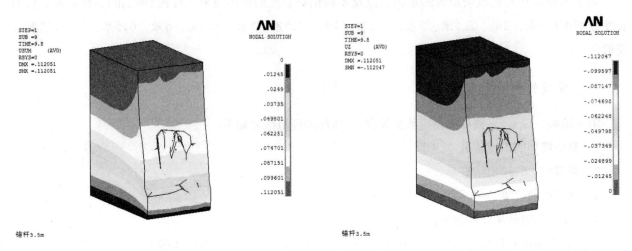

图20　总位移等值线图　　　　　　　　　　　　　　图21　竖直向（z方向）位移等值线图

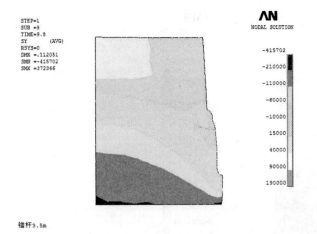

图22　水平向（y方向）应力等值线图

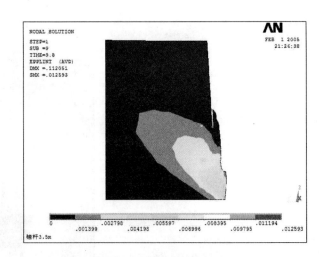

图23　塑性应变等值线图

3．由于锚杆的悬吊作用，在锚头附近很小范围内应力明显集中，主要以拉应力的形式出现，在此外侧应力多为压应力，并且应力值有所提高。应力差明显减小，最大剪应力显著降低。Y方向的水平应力变化最明显（图22）。

4．安设锚杆后，裂隙带最大主应力依然为压应力，但数值增大。最小主应力的拉应力区减小，拉应力主要集中在锚杆上。

5．塑性应变区范围增大，向锚杆位置扩展（图23）。

6．总体对比，锚杆的加固效果明显。

二、不同锚杆长度的加固效果分析

本次有限元模拟共设置上下2根锚杆，为了考察不同锚杆的加固效果，选取3个考察点进行比较，1号点位于下锚杆处，2号点位于上锚杆处，3号点位于两锚杆之间。3个考察点的有关几项指标与锚杆长度的变化曲线分别见图24至图29。可以得出如下结论：

1．未安设锚杆（锚杆长度为零）和安设锚杆时，主应力、位移等变化很大。

2．锚杆长度在1.6米～7米范围发生改变时，主应力和位移变化较小。特别是位移几乎不发生改变。

3．3个考察点的最大主应力和中间主应力均为压应力，且安放锚杆后增大，在锚杆长度超过2.5米～3.5米以后，基本不再变化。

4．3个考察点的最小主应力均为拉应力，安放锚杆后数值有明显减小，但依然为拉应力。同样在锚杆长度超过2.5米～3.5米以后，基本不再变化。尽管安放锚杆后最小主应力依然均为拉应力，但拉应力值很小。

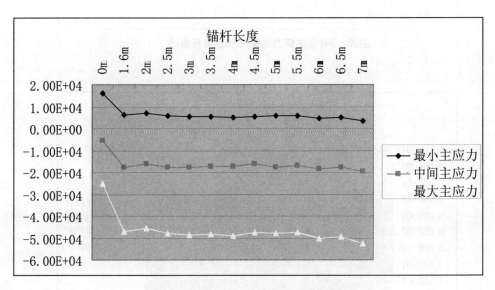

图24　1号点主应力与锚杆长度关系曲线

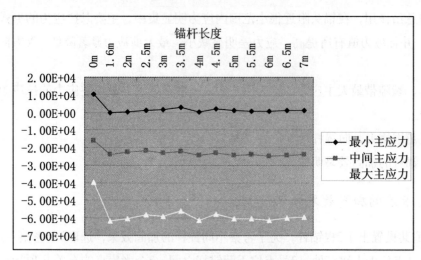

图25　2号点主应力与锚杆长度关系曲线

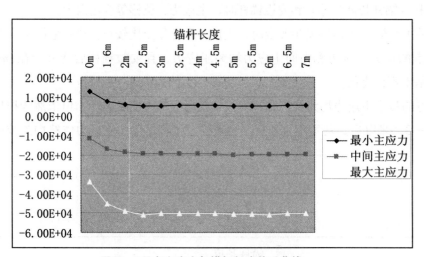

图26　3号点主应力与锚杆长度关系曲线

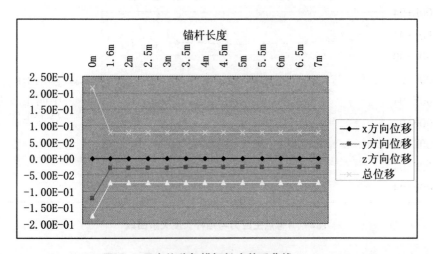

图27　1号点位移与锚杆长度关系曲线

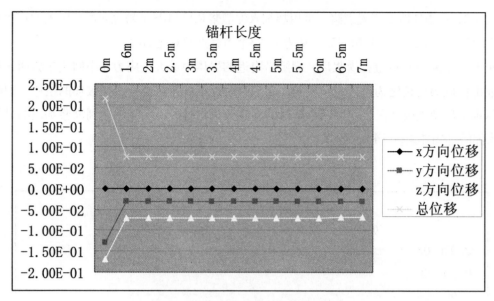

图28 2号点位移与锚杆长度关系曲线

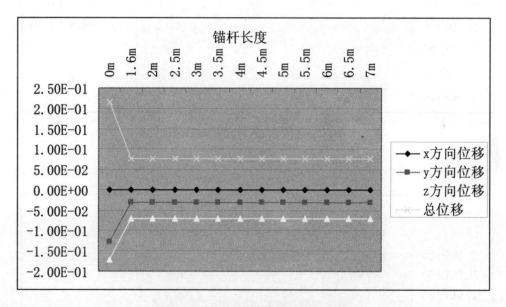

图29 3号点位移与锚杆长度关系曲线

综上所述，可以认为，当锚杆长度较短时，随锚杆长度的增加加固效果明显，若锚杆长度超过3.5米时，改变锚杆长度基本上对锚固效果变化不大。

第四节 不同灌浆材料的加固效果分析

如果对于裂隙带进行灌浆处理，选用不同的浆材对灌浆加固效果可能不同，下面分别模拟超细水泥和PS＋粉煤灰两种浆材的灌浆加固效果。

对比安设3.5m锚杆情况下无灌浆、采用超细水泥灌浆和采用PS＋粉煤灰灌浆时的主应力变化情况可以说明灌浆的效果。图30、图31和图32分别为上述3个考察点的对比曲线。

由此可知，用两种浆材进行灌浆后，裂隙带附近的岩体中最大主应力和中间主应力明显增大，而最小主应力则由拉应力均转化为压应力，说明在裂隙带附近不再存在进一步拉破坏的条件。同时灌浆后裂隙带附近不再出现塑性破坏区，说明两个浆材的灌浆效果均较好，均能够达到灌浆加固的目的。相比而言，超细水泥的加固效果优于PS＋粉煤灰。

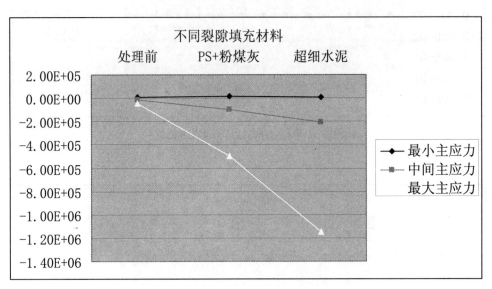

图30　1号点不同材料主应力的比较

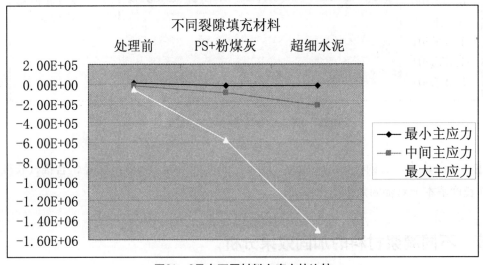

图31　2号点不同材料主应力的比较

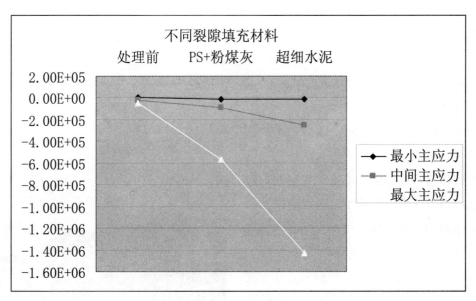

图32　3号点不同材料主应力的比较

第五节　基本结论

1．三维有限元模拟的结果表明：锚杆的加固效果明显。由于锚杆的悬吊作用，在锚头附近很小范围内应力明显集中，主要以拉应力的形式出现，在此外侧应力多为压应力，并且应力值有所提高。并且应力差明显减小，最大剪应力显著降低。由于锚杆的锚固作用，裂隙带的侧向松弛减小，裂隙带部位岩体向外的水平位移量减小。裂隙带两侧位移不协调的现象消失。

2．当锚杆长度较短时，随锚杆长度的增加加固效果明显，若锚杆长度超过3.5米时，改变锚杆长度基本上对锚固效果变化不大。

3．采用超细水泥和PS＋粉煤灰进行裂隙灌浆的有限元模拟结果表明：用两种浆材进行灌浆后，裂隙带附近得岩体中最大主应力和中间主应力明显增大，而最小主应力则均转化为压应力，说明在裂隙带附近不再存在进一步拉破坏的条件。同时灌浆后裂隙带附近不再出现塑性破坏区，说明两个浆材的灌浆效果均较好，均能够达到灌浆加固的目的。

第四章　五连洞窟围岩稳定性与支护治理效果有限元仿真模拟

库木吐喇千佛洞中的68＃、69＃、70＃、71＃和72＃为五连洞，位于千佛洞的北端，由5个互相贯通的大型洞窟连接而成(图33)，窟形保存完整，对研究古代砂砾岩洞窟雕琢艺术具有重要意义。

库木吐喇千佛洞自开凿至今，已有1500余年的历史。一千多年来，库木吐喇千佛洞在自然营力（地震、雨水冲刷、洪水侵蚀等）的长期侵蚀作用下，产生了各种环境地质病害，如崩塌、淘蚀、风化等。人类活动对千佛洞石窟造成了严重的破坏，如公元9世纪伊斯兰入侵西域对佛教文化的大肆破坏；牧人、游客将石窟当作临时生活场所造成的烟熏破坏；20世纪60～80年代在石窟所处的渭干河上下游修建的水电站，改变了石窟原来的赋存环境，库水倒灌和毛细作用对石窟、壁画造成的严重损害等。自然环境和人类活动的破坏使现存的洞窟无论在外部结构，还是内部形制、壁画、塑像等方面，均遭受了不同程度的破坏。

五连洞所在崖壁位于渭干河主河道的冲蚀凹岸（图33）。由于岩体结构疏松，抗冲蚀能力低，在河水长期的侵蚀作用下，崖壁底部形成了一个巨大的冲蚀凹槽。据勘察资料，该冲蚀凹槽水平方向上深16.5米，凹槽的最大高度达12米。目前五连洞洞口以下的崖壁呈倒坡状。过去曾采取人工砂石回填方法对该处的岩体进行过加固。本次调查查明，回填的砂石土已在自重作用下产生了沉降，与岩体凹槽顶部脱开，未起到任何支撑作用。上部岩体在自重作用下，发生朝向临空面的位移和朝下的位移，使岩体变形拉裂，调查发现，五连洞相邻的几个洞窟内壁和中间3个窟的窟顶均产生了贯通的张拉裂隙（图34），窟前部位长期处于蠕动变形状态（图35），若不采取抢救性保护工程措施，五连洞有毁灭的危险，亟须进行加固治理。

图33　五连洞外景

图34　五连洞69#窟顶部和侧墙拉裂

图35　五连洞70#窟前部拉裂

在前期调查研究的基础上。2005年中国文化遗产研究院完成了《库木吐喇千佛洞修复方案设计》，2007年辽宁有色勘察研究院完成了五连洞支撑基础和锚杆加固工程。

中国地质大学(武汉)文化遗产与岩土文物保护工程中心和龟兹石窟研究所于2008年4月赴库木吐喇石窟区对五连洞进行了现场勘察，建立了五连洞石窟地质模型，采用ANSYS大型通用有限元程序，对五连洞洞窟雕琢前后的山体进行三维有限元仿真模拟分析，模拟了河流掏蚀作用的破坏机理和回填土沉降的影响，评价了工程加固效果。其主要目的是为库木吐喇千佛洞石窟区的保护规划和抢救性加固保护工程设计提供科学依据。

第一节 地质模型

有限元分析的地质概念模型应建立在地质原型的基础上，合理地确定模型的范围和边界是保证有限元分析精度的前提。理论分析和实践表明，结构或工程开挖对周围岩体的应力及位移有明显影响的范围大约是开挖或结构与岩体作用面约尺寸的3~6倍。此范围之外，影响较小，可忽略不计。

考虑到五连洞窟各窟距离很近，因此作为一个整体构建计算模型。根据具体的条件，沿五连洞坡面走向取长53米，从坡面向石窟内取约70米，窟底平台向窟外取约26米，从窟底向下取35米为底边界，以自然坡顶为顶边界构建分析模型，见图36。

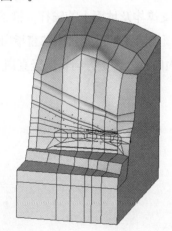

图36 计算模型

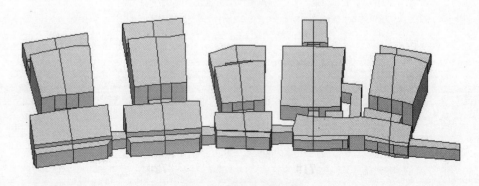

图37 五连洞洞窟模型

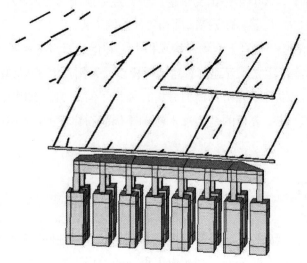

图38 支撑体系模型

　　五连洞洞窟采用生死单元进行处理，在早期自然坡自重计算时为生单元，后续各种工况计算时采用死单元处理，五连洞洞窟模型如图37所示。

　　支护结构模拟考虑承台下桩和桩周土的复合地基效应，桩按承台截面分析，其材料属性由桩体与土体材料按面积等效赋值，冲蚀凹槽中的支撑体及坡面上的锚杆、锚梁模型见图38。

　　选取的坐标系如下：x轴平行于坡面走向，且正方向由72窟指向68窟，即由左向右为正方向；以水平面内垂直坡面走向的方向为y轴，以窟内向窟外为正方向；以竖直向上为z轴正方向。

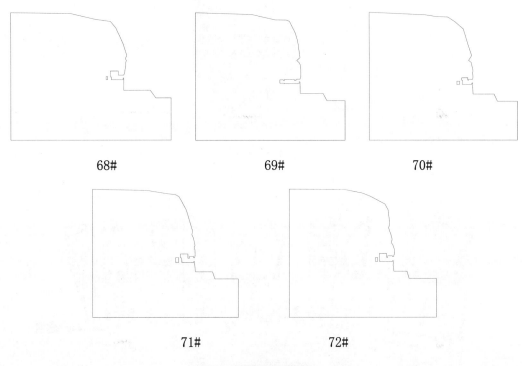

图39 石窟横剖面模型

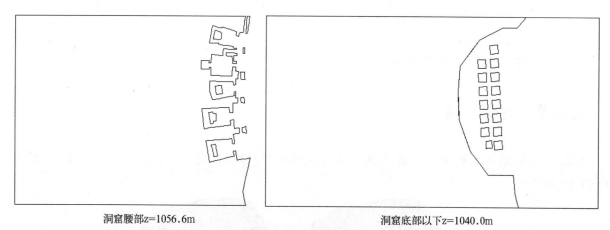

洞窟腰部z=1056.6m　　　　　　　　洞窟底部以下z=1040.0m

图40　水平剖面模型

为了更好地进行有限元结果的显示与分析，在5个窟（68-72）的中轴线处切了5条横剖面，见图39。

为了更好地进行有限元结果的显示与分析，在5个窟（68-72）的中轴线处切了5条横剖面，分别见图40。

第二节　边界条件

针对石窟的具体特征和所处的地质环境，边界条件确定如下：底面为z方向约束，两侧面为x方向约束，后侧面采用应力边界，模型前部平台前侧面采用y方向约束，其他边界（包括窟顶面地面、石窟前壁、内壁以及石窟前平台地面等）取为自由边界。

第三节　计算工况

五连洞区域崖壁岩体的稳定状态与地形特征密切相关，并受到后期的各种因素的影响。从石窟开挖至今，大体经历这样几个阶段：

1．石窟开挖之前，应为一陡峭岩壁；

2．开挖石窟；

3．渭干河不断侧蚀，形成淘蚀凹槽；

4．对凹槽进行了人工回填,但回填砂石土下沉与上部岩体脱离，并未起到支护作用，上部岩体仍处于失去支撑的悬空状态；

5．采用框架支撑和锚杆支护。

为了系统分析洞窟围岩稳定性稳定性的变化特，在有限元分析中考虑以下七种工况条件（由于侧向淘蚀持续时间长，速度慢，在模拟中简化为三步完成，分析不同淘蚀对围岩稳定性的影响的变化过程）：

1．成窟前的初始状态；

2．开挖成窟的状态；

3．一级冲蚀凹槽卸荷；

4．二级冲蚀凹槽卸荷；

5．三级冲蚀凹槽卸荷；

6．人工回填后的状态；

7．框架支撑和锚杆支护后的状态。

第四节　计算网格

本次三维有限元分析中岩土等介质均采用实体SOLID45单元，砂砾岩和土体等接触面采用CONTAC49单元。

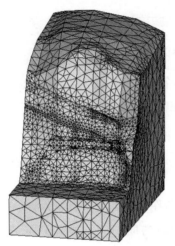 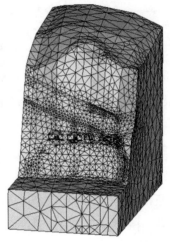

图41　成窟前的计算模型和网格　　　图42　成窟后的计算模型和网格

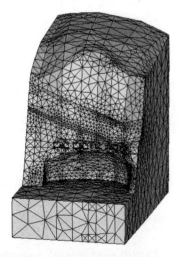 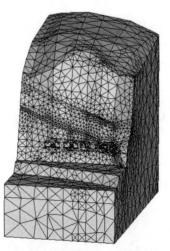 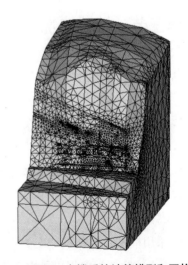

图43　三级冲蚀凹槽卸荷后的网格　　图44冲蚀凹槽回填土后的网格　　图45　支撑后的计算模型和网格

综合上述建模条件，按有限元分析的要求对模型进行网格剖分。图41为成窟前的计算模型和网格；图42为开挖石窟后的计算模型和网格；图43为三级冲蚀凹槽卸荷后的计算模型和网格；图44为前期冲蚀凹槽回填土后的计算模型和网格；图45为支撑加固后的计算模型和网格。

第五节 计算参数

模型中所涉及的岩土体基本类型可归纳为4种：砂砾岩、填土、混凝土、钢筋，根据辽宁有色勘察研究院的"库木吐喇千佛洞工程地质报告"及相关资料，综合确定其物理力学参数，见表2。桩、柱、锚杆等支护体均按钢筋、混凝土和土体按面积等效赋值。

有限元分析中岩、土的接触面采用接触单元进行模拟，接触面单元模拟参数如表3。

表2 物理力学参数表

介质类型	变形模量 (MPa)	泊松比	内聚力 C (kPa)	内摩擦角 φ (度)	容重 γ (kN/m³)
砂砾岩	200	0.27	200	43	2000
填土	3.0	0.35	20	35	1900
钢筋	180000	0.30	——	——	7800
混凝土	26000	0.20	2000	50	2600

表3 岩、土接触面模拟参数

介质类型	法向刚度 (kPa/m)	粘合接触刚度 (kPa/m)	最大穿透容差
岩土接触面	30	10	0.001

第六节 有限元模拟结果分析

对比工况1至工况7的模拟结果，可以看出在整个演化过程中，斜坡应力状态变化十分明显，其稳定性也发生了较大的变化。现总结如下：

1. 为了探讨五连洞洞窟围岩应力状态的变化规律，以成窟前状态为基点进行模拟。成窟前崖壁根据资料按现有坡面形态进行恢复，整个模型为天然的陡峭崖壁山体。模型介质为砂砾岩，作用荷载为砂砾岩自重，应力场为在自重荷载作用下的天然应力场，在此基础上进行有限元仿真模拟计算。

成窟前，斜坡内部总体上仍以自重应力场为主，最大主应力方向接近竖直，其他两个主应力方向近于水平。由于斜坡近直立，在坡脚位置主应力方向发生明显偏转，如图46、图47和图48。坡面上的卸荷所造成的应力松弛比较明显，局部还形成小范围的拉应力区。

2. 成窟前，斜坡内的三种主应力总体上是随深度增加均有不同程度的增加，这是斜坡岩体自重应力场的典型特征。1均为压应力，其最大值出现在模型内侧底部，最大达1.9MPa，与按照自重应力的计算得到的结果十分接近。同时，坡脚处的1也有明显增加。3受临空面的影响，部分位置出现拉应力，但仍以压应力为主，最大值出现在坡脚下方，该处是应力突变的关键部位，右侧最大主应力近水平，最小主应力近直立，而左侧正相反，因此该处更接近三向等压状态，最大剪应力也明显偏低，正反映了左侧高陡的坡体的巨大重力对坡底的侧向挤压作用。2也出现少量的拉应力，但与3的拉应力相比，其值很小，

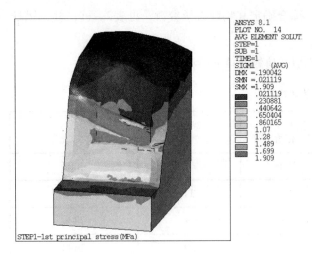

图46 σ₁等值线图

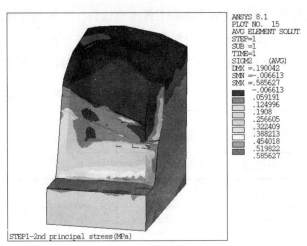

图47 σ₂等值线图

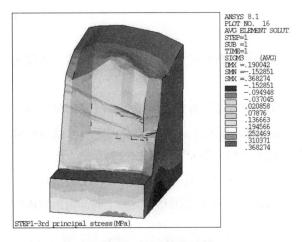

图48 σ3等值线图

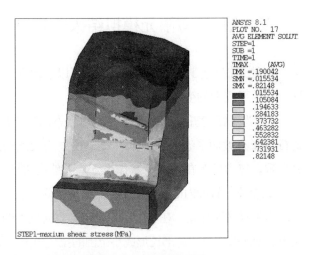

图49 τmax等值线图

主要位于模型边界附近，是受边界影响而出现的。

3．由于斜坡陡峭，多数部位的主应力偏转都不明显，因此最大剪应力max等值线也多呈水平分布（图49），但在坡脚附近为倾斜方向，且坡脚部位　max明显集中，到达其最大值，该处最大值超过0.82MPa，向坡内部和上部都明显减小，这与其他方法得到的斜坡应力分布规律是一致的。

4．成窟前，在坡体自重应力的作用下，位移以竖直向下为主，但靠近坡面有一定的向外的水平分量存在，特别在坡体中部以下，水平分量比较明显，但仍小于竖直向的分量，坡脚处达到最大值（图50）。有限元分析表明，整个模型区内未出现塑性变形，整体稳定的（图51）。

5．石窟的开挖对斜坡应力场所引起的影响十分巨大，应力改变较大之处主要集中在石窟附近，该处最大主应力增加明显，最大值接近4MPa，远大于成窟之前（图52），而最小主应力有一定的降低，在石窟顶部和底部的一定范围内最小主应力为负，转化成拉应力。同时，在石窟四周一定范围内，最大剪应力也比以前有所增加，最大值接近2MPa，并且最大剪应力集中的位置也由原来的坡脚处集中转移到石窟壁位置集中最明显，集中程度更高，因此不利于石窟围岩的稳定（图53）。拉应力的出现也不利于窟壁的稳定，易于产生拉裂等变形破坏。

6．石窟开挖后，岩体位移主要是窟顶部和底部向窟内的回弹，即窟底斜向窟内的上方回弹，窟顶斜向窟内的下方回弹，窟口的位移量最大，往窟内位移量减小，受窟顶、底向窟内回弹的影响，石窟里壁向围岩内部有少量的挤压位移（图54）。

7．石窟的开挖使围岩稳定性受到影响，石窟顶部和底部会出现小范围的塑性破坏，但范围很有限，预示该处已欠稳定（图55）。从应力集中的分布范围、位移的发生范围、塑性区出现的范围可以看出，石窟的开挖对石窟周边围岩的影响十分明显，但其范围仅限石窟周围一定的范围和石窟上部，较远的位置，受石窟开挖的影响很小。

8．河水的侧向淘蚀，在石窟底部形成凹槽，对比淘蚀前后以及不同程度的淘蚀对石窟岩体的影响模拟结果可以看出，凹槽的形成使附近岩体内应力状态发生较大的改变，它在一定程度上缓解了石窟周围的应力集中程度，最大主应力有一定程度的降低（图56）。但是石窟周围拉应力出现的区域增多，且最大的拉应力也增大明显，这很容易导致围岩的拉破坏。

9．随着淘蚀的进展，在淘蚀凹槽底部应力集中更加明显，最大剪应力急剧增高，因此不利于该部位的稳定性（图57）。模拟也显示该处出现一定程度的塑性破坏，使岩体进一步破碎，从而也使得淘蚀更容易进行。因此，防止该处的淘蚀是当务之急。

10．随着淘蚀的进展和凹槽的不断加深，上部岩体会产生向下的位移，最大值位于凹槽顶部，但于自重应力导致的沉降位移不同的是，越往上部位移越小，而非越大，这反映了淘蚀对围岩的影响是有一定范围的。随淘蚀程度的加深，影响范围越大（图58）。

11．通过对淘蚀凹槽土体回填前后不同工况的模拟结果对比可以看出，对淘蚀凹槽进行回填后，对石窟围岩中的应力状态基本上没有发生太明显的改变，除填土本身的沉降变形之外，石窟围岩并没有明显的位移发生，稳定性状态也未发生明显的改变（图59）。填土本身的沉降较大，基本上与凹槽顶面脱开，所以从这个角度看也不会对石窟围岩的应力分布和稳定性带来多大影响，主要还是对填土下面的岩体产生一些影响，但也比较轻微，不会产生破坏，无新的塑性区出现（图60）。但是，填土会改变原来

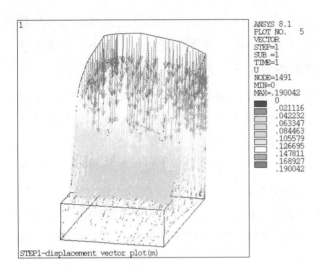

图50　位移图

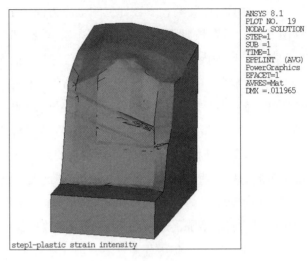

图51　无塑性变形区域

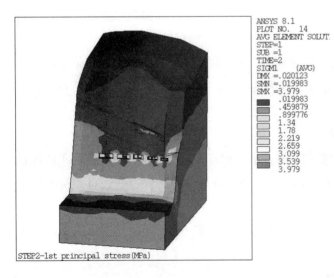

图52　σ₁等值线图

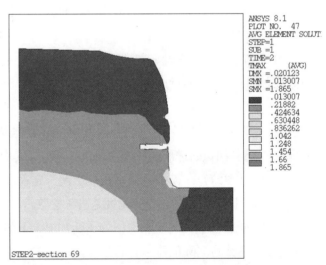

图53　69#窟部面 τmax等值线图

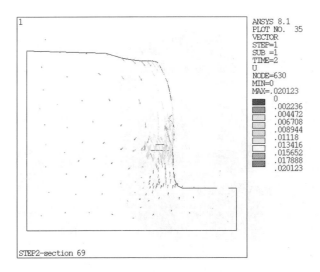

图54 69#窟剖面位移矢量图

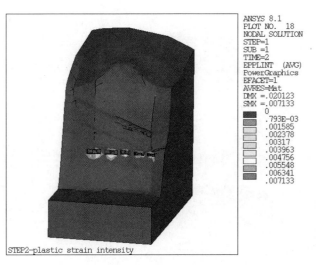

图55 塑性变形区域

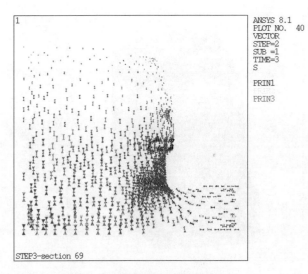

图56 69#窟剖面主应力矢量图

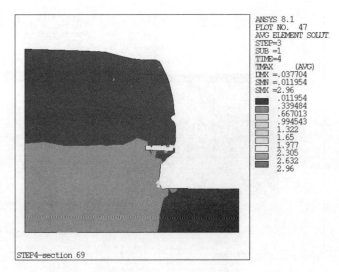

图56 69#窟剖面 τmax 等值线图

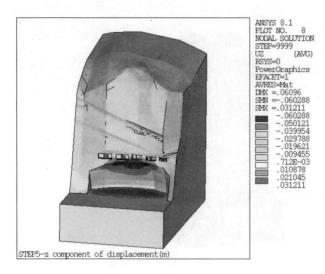

图58　Uz位移等值线图

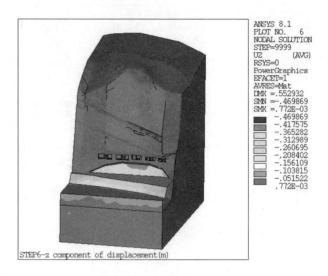

图59　Uz位移等值线图

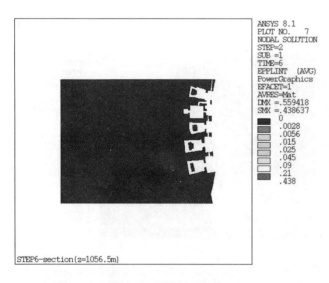

图60　z=1065.5m剖面塑性变形范围

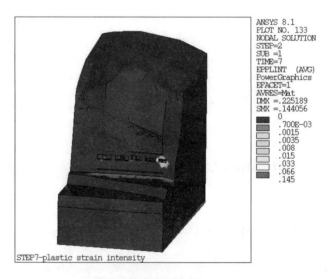

图61　加固后塑性变形区域

的河流水动力条件，不再对凹槽继续淘蚀，因此阻止了因进一步淘蚀对石窟围岩稳定性恶化的继续。

12．对石窟围岩进行工程措施后，其应力分布和稳定性状况均会发生一定程度的改变，石窟周围及上部最小主应力为拉应力的范围明显减少，最大的拉应力值也有所减小，卸荷作用有所缓解，这特别有利于危岩体的稳定，不至于再进一步拉裂扩展而垮塌（图61），说明排桩的支撑作用和锚杆的支护作用十分明显，可以达到预期目的。同时，由于排桩的侧向挤压，使内侧填土与凹槽顶部的接触变的密实。但，排桩桩周土体在桩身作用下会小范围内出现塑性变形。

13．由以上分析可以看出，石窟开挖后，窟顶底局部有塑性变形，窟壁局部有开裂发生，河水的淘蚀会使开裂加剧，稳定性进一步变差，回填土体不能直接改善围岩的稳定性，而采用框架支撑和锚杆支护的工程措施后，其整体稳定性得到改善，基本上能够起到加固的效果。

致　谢

本项目的研究过程中，得到了UNESCO驻北京办事处项目官员杜晓帆博士的热情帮助和指导，得到了新疆维吾尔自治区文物局盛春寿局长、新疆龟兹石窟研究所王卫东所长的关心和指导。中方专家黄克忠、马家郁、兰立志等、日方专家泽田正昭、矢野和之、中泽重一、甲斐章子和中野照男对项目进行了具体细微的指导，中日专家的学术交流和密切配合是项目顺利进行的保证。新疆龟兹石窟研究所的技术人员对研究项目给予了支持和帮助，使项目得以顺利完成。仅此一并致以深切的感谢！

龟兹石窟壁画晕染法探微
——以库木吐喇石窟为中心

赵丽娅（新疆龟兹研究院）

一、晕染法的来源与发展

我国绘画史上对赋色是十分讲究的，南齐的谢赫在其《古画品录》中提出了较为完备的绘画理论，史称"六法论"。它包括气韵生动、骨法用笔、应物象形、随类赋彩、经营位置、传移摸写六个方面。在南北朝时期的绘画理论中就提出了随类赋彩，可见赋色在中国美术史上的重要作用。赋色的方法也是多种多样的。其中晕染法可以说是很重要的一种赋色技法。"天竺遗法"即"凹凸画法"，也就是今天所说的晕染法。所谓晕染法：是指用水墨或颜色渐次浓淡地烘染物象，使其分出阴阳向背并产生立体感的一种画法。这种画法由印度画师创造，随着佛画传入中原，此绘画技法的传入对中国传统绘画的变革起着非常重要的作用。晕染法随着佛教及其艺术的传播，又在各地得到了发展。本文就以龟兹地区的库木吐喇石窟为中心来探讨龟兹石窟壁画中晕染法的特点及其源流。因本人才疏学浅，望有识之士给予批评指正。

二、龟兹石窟晕染法之运用

印度的凹凸画法随着佛教及其艺术的传播传到龟兹，被当地画师吸收并改造成一种新的表现形式，那就是叠晕法。

叠晕法：是指用同一色彩的不同明度，由浅入深或由深渐浅，层层重叠，层次分明的对物象加以晕染。用色阶的浓淡形成明暗，使所染物象具有立体感。

龟兹地区开凿年代最早的石窟就数克孜尔石窟了。印度的凹凸画法在克孜尔石窟初创期（公元3世纪末～4世纪中）[1]的洞窟中有所体现，如77窟、92窟、118窟等。克孜尔118窟主室券顶的一个菱形格内绘弹奏阮咸的天人，给天人的肌肤着色时，轮廓边缘的朱砂色较深，向内渲染逐渐变淡使其于底色衔接，不留痕迹，显得非常自然。（图1）这一时期还有两个重要的洞窟即第47、48窟，根据碳14测定的数据，这两窟都属于早期洞窟。47窟存在重绘、改建现象，所以比较复杂。主室左、右甬道外侧壁和后室正壁、前壁及券顶的壁画绘画风格一致。人物肌肤部位使用熟褐色或朱砂色沿人体外轮廓两侧一笔涂抹，与底色形成色阶，看起来非常粗糙。（图2）这可以看做是叠晕法的雏形。主室左、右甬道内侧壁 包括佛龛 及券顶的壁画是另一种绘画风格。在人物肌肤部位以平涂法为主，只是在表现人体结构的关键部

---

[1] 霍旭初 王健林《丹青斑驳 千秋壮观—克孜尔石窟壁画艺术及分期概述》，《龟兹佛教文化论集》，新疆龟兹石窟研究所编，1993年，204页。

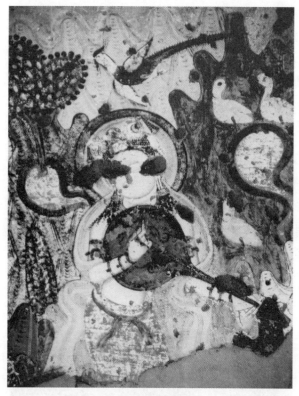

图1　克孜尔石窟118窟券顶的伎乐天人

图2　克孜尔石窟47窟右甬道外侧壁的摩诃萨太子舍身
饲虎本生故事

图3　克孜尔石窟171窟券顶的沙弥勤颂经本生故事

图4　克孜尔石窟171窟主室右侧壁的说法图局部

位略施渲染，看起来似染非染。48窟各壁主要采用叠晕法来表现物体体积，可以看出明显的色阶痕迹，也运用印度的凹凸画法描绘物体。这一时期人物衣纹、动物画都采用了上述两种晕染法描绘。水、树和图案主要用平涂法描绘。山以平涂为主，有些地方略施渲染的方法描绘。

公元4世纪中～5世纪末，克孜尔石窟进入发展期，[1]代表洞窟有：13窟、38窟、114窟、171窟、172窟等。这一时期有些洞窟继续采用印度的凹凸画法绘制，但是一些洞窟已尝试使用叠晕法绘制。用朱砂色沿着外轮廓单侧或双侧一笔涂在肌肤上，出现色阶。不再使用蘸水的毛笔将色晕开。用这样的方法使壁画中人物的立体感增强。上述两种晕染法在克孜尔171窟中都运用了。在171窟券顶菱形格画中运用叠晕法绘制。在人物肌肤部位用鲜艳的朱砂色顺着人体结构提染，与底色明显产生色阶，十分具有装饰效果。（图3）左右侧壁则用印度的凹凸画法绘制。在说法图中佛及闻法菩萨的肌肤部位使用水晕色的方法晕染，没有色阶痕迹，显得非常自然。（图4）这一时期动物画采用叠晕法、渲染法和平涂法描绘。人物衣纹、水和图案用平涂法绘制。山用平涂法和叠晕法描绘。

克孜尔石窟的繁盛阶段在公元6～7世纪，[2]这一时期的代表洞窟有：17窟、175窟、189窟等。这一时期壁画除继续使用印度的凹凸画法外，叠晕法得到了进一步发展。这种晕染法已不再是阿旃陀石窟和克孜尔石窟早期洞窟中用水晕色的方法，而是用朱砂色沿着人物外轮廓单侧或双侧一笔涂在肌肤上，再在上面用深朱砂色提染在人体的结构部位。用层层叠染的方法表现人物的体积感，显得十分厚重。有单面染也有双面染，还有前人文章中提到从四面进行晕染的"圈染"。叠晕法的发展进入了成熟期。如189窟前壁下方绘制的龟兹供养人，在给供养人肌肤着色时，先用浅朱砂色画在人体的外轮廓上，再在上面用深朱砂色提染人体结构的关键部位，形成色阶，从而使人体具有很强的体积感。（图5）这一时期的动物画主要采用叠晕法描绘，其他题材继续沿用发展期洞窟中的画法。

图5　克孜尔石窟189窟前壁的龟兹供养人局部

公元8-9世纪中是克孜尔石窟的衰落阶段，[3]此时期的代表洞窟有：129窟、135窟、180窟、197窟等。这一时期的壁画题材单调。以千佛题材为主，其他题材逐渐消失。人物造型千篇一律，绘制粗糙，色彩单一。人物主要运用叠晕法描绘，但显得过于程式化和呆板。

叠晕法在克孜尔石窟的创造和发展脉络非常清晰，它影响了比克孜尔石窟年代晚的龟兹地区其他石窟和佛寺壁画的绘制。在库木吐喇石窟5～8世纪的龟兹风洞窟中就大量运用了叠晕法。如库木吐喇石窟窟群区46窟，叠晕法的运用和克孜尔17窟非常相似，在人物肌肤部位先用浅熟赭色画在轮廓四周，再在上面用深熟赭色对结构的关键部位进行提染，形成色阶痕迹。在克孜尔尕哈石窟16窟后室顶部和46窟主室顶部

[1] 霍旭初、王健林《丹青斑驳　千秋壮观—克孜尔石窟壁画艺术及分期概述》，《龟兹佛教文化论集》，新疆龟兹石窟研究所编，1993年，207页。
[2] 霍旭初、王健林《丹青斑驳　千秋壮观—克孜尔石窟壁画艺术及分期概述》，《龟兹佛教文化论集》，新疆龟兹石窟研究所编，1993年，213页。
[3] 霍旭初、王健林《丹青斑驳　千秋壮观—克孜尔石窟壁画艺术及分期概述》，《龟兹佛教文化论集》，新疆龟兹石窟研究所编，1993年，221页。

的飞天上就明显有运用叠晕法的痕迹。给飞天肌肤着色时用朱砂色由浅渐深、层层叠染在肌肤部位，使形体十分具有立体感。在森木塞姆石窟32窟后室顶部上也描绘着飞天，在飞天的肌肤部位用深熟赫色染在轮廓四周，与底色形成明显色阶。这种晕染法就是我们前面提到的圈染。

叠晕法还影响了丝绸之路东面的吐鲁番地区早期石窟、敦煌莫高窟的早期洞窟、炳灵寺西秦时期的洞窟和天梯山早期石窟壁画的绘制。

通过上面的考察我们可以看出，叠晕法是龟兹画师在接受了印度凹凸画法表现明暗体积的观念后结合当地人的审美观念经过反复推敲而创造的。主要用于人物画中。

在龟兹石窟除了大量运用叠晕法外还会运用印度的凹凸画法绘制壁画，在龟兹地区大体运用这两种晕染法来描绘物体。库木吐喇石窟沟口区20窟、21窟和22窟人物造型是典型的键陀罗风格，晕染技法和印度的阿旃陀石窟如出一辙。给人物肌肤着色时用朱砂色沿着轮廓边缘部分逐渐向内渐淡的晕染，与底色相融接，效果自然清透，使所染形象具有一定立体感。托乎拉克艾肯石窟15窟后甬道券顶绘的扛木比丘图中，在比丘的肌肤部位用朱砂色晕染，轮廓边缘部分颜色较深，向内晕染渐淡，使形象具有一定立体感。在玛扎巴赫1窟穹隆顶的角隅绘一幅初转法轮图。图中佛祖、飞天和众比丘的肌肤部位用印度的凹凸画法绘制，肌肤轮廓的边缘颜色较深，逐渐向内减淡，使形体的立体感增强。

三、库木吐喇石窟中晕染法之特色

库木吐喇石窟是龟兹石窟9处石窟中最有特色的一处石窟，它的规模仅次于克孜尔石窟。库木吐喇石窟不仅保留有较多的龟兹晚期石窟还遗存有一定数量的汉风洞窟、回鹘风洞窟。

库木吐喇石窟壁画主要运用两种晕染法绘制：一种是叠晕法，一种是渲染法。这两种晕染法因为绘制方法不同，所以产生的视觉效果也截然不同。

渲染法：是我国汉晋以来传统的绘画技法。指用一支毛笔把颜色或墨涂在物象上，再用一支蘸清水的毛笔将其晕开，使色彩由浓渐淡，逐渐与底色浑化而不存在色阶痕迹，使物象具有立体感，这种以水晕色的方法通常称为渲染，也有人称之为烘染。宋代的郭熙在《林泉高致　画诀》里说："以水墨再三淋之谓之渲。"王颂余在《中国画技法述要·染法》中说："烘染是一支蘸有墨或色的笔，涂在需要浓重的部分，随以另一支含着清水的笔，向需要浅的部分润开，使这块墨或色随笔的走向由深而浅，逐渐消失，或与另外颜色相融接。"

库木吐喇石窟按洞窟地理位置的不同可分为两个区：沟口区和窟群区，石窟数量共计112个。虽然洞窟数量不多但是库木吐喇石窟中晕染法的种类之多可是龟兹其他几处石窟所不及的。由于部分洞窟因年代久远壁画已十分模糊，有些洞窟因功能所限从未绘过壁画，所以笔者挑选了壁画保存状况良好的洞窟，首先把它们按照艺术风格的不同进行分类，然后将不同艺术风格中人物、动物、山、水、树木、图案晕染法的运用情况分别列表介绍。

1. **龟兹风洞窟：存在年代约公元5—8世纪**

龟兹风是指在本地传统文化基础上吸收印度、中亚艺术的特点，逐渐产生和发展起来的佛教艺术风格。是经过长期发展而形成的相对稳定的具有鲜明的民族和地域特色的一种艺术模式。

下面把龟兹风洞窟壁画中晕染法的运用情况列表如下：

洞窟名	人物	衣纹	动物	山	水	树木	图案
窟群区2窟	叠晕	平涂	叠晕	平涂	平涂	平涂	平涂
窟群区23窟	叠晕	平涂	叠晕	叠晕	平涂	平涂	平涂
窟群区31窟	叠晕	平涂	叠晕	叠晕	平涂	平涂	平涂
窟群区34窟	叠晕	平涂	叠晕	无	平涂	平涂	平涂
窟群区46窟	叠晕	平涂	平涂	叠晕	平涂	平涂	平涂
窟群区50窟	叠晕	平涂	无	无	无	平涂	平涂
窟群区58窟	叠晕	平涂	叠晕	叠晕	平涂	平涂	平涂
窟群区63窟	叠晕	平涂	平涂	叠晕	平涂	平涂	平涂
沟口区17窟	叠晕	平涂渲染	叠晕	平涂	平涂	平涂	平涂
沟口区20窟	渲染	平涂	无	无	无	平涂	平涂
沟口区21窟	渲染	渲染	无	无	无	无	平涂
沟口区22窟	渲染	平涂	无	无	无	无	平涂
沟口区23窟	叠晕	平涂	无	无	无	无	平涂
沟口区27窟	渲染	平涂	无	无	无	无	平涂

备注：表格中填"无"，表示洞窟中没有这个题材或洞窟中此题材壁画没保存下来。

2. 汉风洞窟：存在年代约公元7—8世纪

汉风洞窟是指在龟兹地区出现的带有强烈的中原汉族文化色彩的洞窟。中原政权在西域实行管辖时，大批中原汉人迁移龟兹，他们带来了中原大乘佛教及其艺术形式。

汉风洞窟壁画中晕染法的运用情况列表如下：

洞窟名	人物	衣纹	动物	山	水	树木	图案
窟群区11窟	渲染	渲染	无	无	无	渲染	平涂
窟群区14窟	渲染	渲染	无	渲染	渲染	渲染	叠晕
窟群区15窟	渲染	平涂	无	无	无	无	叠晕
窟群区16窟	渲染	渲染	渲染	渲染	渲染	渲染	叠晕

窟群区30窟	渲染	平涂	无	无	无	无	勾线
窟群区73窟	渲染	平涂渲染	渲染	无	渲染	无	平涂

3. 回鹘风洞窟：存在年代约公元9世纪及以后

回鹘风是龟兹地区回鹘人宗教信仰和艺术风格的体现。840年回鹘西迁，在龟兹建立政权。西迁后的回鹘人改信佛教，吸收中原和龟兹佛教艺术，开凿并改建洞窟，很快便形成了具有自己民族特色的佛教艺术。

回鹘风洞窟壁画中晕染法的运用情况列表如下：

洞窟名	人物	衣纹	动物	山	水	树木	图案
窟群区10窟	渲染叠晕	平涂	无	无	无	无	叠晕
窟群区12窟	渲染叠晕	平涂渲染	无	无	无	无	叠晕
窟群区38窟	渲染	平涂	无	无	平涂	无	叠晕
窟群区45窟	渲染	渲染平涂	渲染	无	无	渲染	叠晕
窟群区75窟	平涂	平涂渲染	平涂	无	无	平涂	平涂
窟群区79窟	渲染平涂	平涂渲染	平涂	无	无	勾线	平涂

通过以上列表，我们可以看出：

(1)龟兹风洞窟：人物、动物和山主要以叠晕法描绘，人物衣纹、水、树木和图案则以平涂法描绘为主。

(2)汉风洞窟：人物、衣纹、山、水、树木主要以渲染法描绘。动物画在汉风洞窟中出现很少。图案主要用叠晕法描绘。

(3)回鹘风洞窟：人物及衣纹主要以渲染法描绘，也有渲染法和叠晕法同时运用在一个洞窟中的情况。动物画和山水画在回鹘风洞窟中很少出现。图案主要以叠晕法描绘。

通过以上调查可以看出库木吐喇石窟壁画题材、内容是丰富多彩的，晕染法在各个时期各种风格洞窟中也呈现出不同的特色。它的传入、发展和传播正是龟兹历史上多种民族、多种文化、多种佛教及佛教艺术并存，互相借鉴，互相融合的缩影。其中库木吐喇石窟最主要的特点就是龟兹本土文化和中原文化的交流融合。

慧超在《往五天竺国传》中记载："又从疏勒东行一月，至龟兹，即是安西大都护府，汉国兵马大都集处。" 慧超去天竺是取陆道于开元十五年（727年）还至中原的。慧超在同书中记载说："此龟兹国，足寺足僧，行小乘法，食肉及葱韭等也。汉僧行大成法。"慧超《往五天竺国传》又云："开元十五年（727年）十月上旬至安西，于时节度大使赵群，且于安西有两所汉僧住持，行大乘法，不食肉也。大云寺主秀行，善能讲说，先是京中七宝台寺僧。大云寺□维那，名义超，善解律藏，旧是京中七宝台寺僧也。大云寺上座名明恽，大有行业。亦是京中僧。此等僧大好住持，甚有道心，乐崇□德。龙兴寺主名法海，虽是汉儿生安西，学识人风不殊华夏。"

通过以上记载我们可知：慧超去印度，于727年回到中原。慧超来到龟兹，当时的安西都护府设在龟兹，他看见大量的汉人、兵马都聚居在此。在这里，当地的龟兹僧人食肉及葱韭，信奉小乘教。在龟兹的汉僧信奉大乘教。他们各行其法，各守其道。他在书中还明确记载了两所汉寺的名字以及住持和高僧的名字。

《旧唐书·西戎传》云："武威军总管王孝杰、阿史那中节大坡吐蕃，复龟兹、于阗等四镇，自此复于龟兹置安西都护府，用汉兵三万人以镇之。既证内地精兵，远逾沙　，并资遣衣粮等，甚为百姓所苦，言事者多请弃之，则天竟不许。"

开元十四年（726年）亦曾有"以唐兵三万戍之，百姓苦其役"的记载。

从以上记载可以看出当时在安西境内的士兵和分担军务的百姓至少有三万人。他们远离故乡需要精神寄托，所以汉僧住持的寺院大量在龟兹修建，一部分汉僧就从中原来到龟兹。

库木吐喇公元7～8世纪的汉风洞窟就是这一时期的产物。来自中原的汉僧把大乘佛教和佛教艺术带入龟兹，所以库木吐喇石窟汉风洞窟中的人物造型、绘画技法就与同时期中原的佛教绘画相类似。大量运用渲染法描绘事物。窟群区11窟、14窟、15窟、16窟都是汉风洞窟的代表。如窟群区11窟前壁右端的礼佛图局部（流失国外）中的人物肌肤运用中原的渲染法描绘，显得清透自然，十分写实。在人物服饰的结构处运用渲染法描绘，使得服饰十分具有层次感和质感。如窟群区14窟主室右侧壁的佛传图，图中的山水画用渲染法描绘，而且已作为整幅画的背景来表现。再如窟群区12窟后甬道券顶上的莲花图案和宝相花纹都是采用叠晕法来描绘的，层层重叠，非常具有装饰效果。上述各窟晕染法的运用都是遵从中原同时期壁画的绘画法则来绘制的。这是中原晕染法回流的最好体现。

具有汉风特点的晕染技法不仅大量运用于汉风洞窟中，而且也出现在其他风格的洞窟中。

如：库木吐喇石窟58窟，这个洞窟就属于上述的龟兹风洞窟。但是这个洞窟主室正壁上绘的伎乐天人的肌肤和衣纹却是运用中原传入龟兹的渲染法来描绘的。在给伎乐天人的肌肤着色时，只在表现人体结构的关键部位略施渲染，颜色由深渐浅逐渐与底色相融接。天人的衣纹和身上的飘带也随着人体结构进行渲染，使服饰非常有质感和动感。唐王朝在龟兹设置的安西都护府对龟兹施行的统治前后约100多年。在这期间当地的人民和汉族人民友好相处，互相借鉴学习。上述洞窟壁画的绘画特点就是当时各族人民间互相借鉴学习的最好例子。

840年回鹘西迁，在龟兹建立政权。西迁后的回鹘人改信佛教，吸收中原和龟兹佛教艺术，开凿并改建洞窟，所以从回鹘风洞窟中可以看出回鹘人的造型特征，但是绘画题材、绘画技法都是吸收中原和龟兹的特点。如：窟群区79窟，它是这一时期最典型的洞窟。在79窟方形坛基的正壁上绘7身僧俗供养人像，第二身立姿比丘的左侧有汉文榜题："法行律师"，在头部上方残存有一行龟兹文题记；第四身跪姿童子左侧有汉文榜题："童子搜阿迦"，头部上方有一列墨书回鹘文题记。仅在这一幅图中就有汉文、龟兹文、回鹘文三种文字，还有汉僧和回鹘世俗人的画像。在主室右侧壁的下方绘一行地狱行刑图，此绘画是龟兹风格的。有些人物肌肤运用了叠晕法。还有些洞窟在一个洞窟中采用渲染法和叠晕法两种绘画技法。如窟群区10窟，在主室券顶的人物肌肤部位运用叠晕法描绘。在后甬道前壁的举哀天人像运用渲染法描绘。

四、龟兹石窟与西域、敦煌各地晕染法之异同

因为古代的西域有着非常广泛的区域，依据其地理，民族、历史联系等因素又可细分为许多不同的区域，这些不同区域由于各自的人种、民族和历史原因，在具体的艺术实践中采用着不同的绘画技法，这些不同将在下面的论述中依次提到。

我们首先要对丝绸之路及丝绸之路上的佛教及其艺术的传播和发展情况有所了解。

我们今天所说的丝绸之路是指西汉时，由张骞开辟的一条陆上中西文明交流之路。因为由这条路西运的货物中以丝绸制品的影响最大，故得此名。丝绸之路一般可分为三段：东段、中段、西段。中段在西域境内主要有沿塔里木盆地北缘的北道和沿塔里木盆地南缘的南道这两条线路。

通过近现代的考古调查和发掘，在古代丝绸之路两旁发现了很多佛教遗址群。现存的这些遗址，说明了丝绸之路和佛教之间密不可分的关系。丝绸之路是国际贸易商路，也是佛教向外传播的道路。东来西往的僧人和商人们，对于佛教、佛经和佛教艺术的传播起到了非常重要的作用。正是这些僧人和商人传播了晕染法，从而促进了它的发展。

印度唯一以壁画为主的石窟是阿旃陀石窟，这个石窟的壁画直接体现凹凸画法的运用情况。阿旃陀石窟第1窟后壁佛龛两侧描绘着两幅巨大的菩萨画像，在给菩萨的肌肤和手持的莲花着色时，轮廓边缘部分颜色较深，向内晕染渐淡或加以白色提高光，使形象具有一定立体感，这种凹凸画法是阿旃陀石窟壁画的特技之一。（图6）在阿旃陀石窟这种画法也运用于动、植物画和图案画中。

随着丝绸之路的开通，印度的凹凸画法也随着佛教的传播而向东传播着。阿富汗（大月氏）处于佛教传播的最西端。佛教从这里折向北面向东面发展。巴米扬石窟是阿富汗最有名的石窟。它位于喀布尔西北的兴都库什山中。在巴米扬石窟620窟券顶下披的壁面上描绘着美丽的飞天。每3身为1组，其中1身飞天手托花盘，另外1身飞天在散花，姿态优美。古代的画师在给飞天肌肤着色时用朱砂色沿着轮廓边缘部分逐渐向内晕染渐淡，使形象具有一定立体感。（图7）这里的壁画与阿旃陀石窟壁画中的晕染法相似，但不像阿旃陀石窟那样强调物体的立体感。

佛教及佛教艺术随后通过丝绸之路向东传入西域，又通过西域传到河西走廊，并继续向东传入中原地区。西域地区是佛教艺术传播的重要中转站。首先让我们看看印度的凹凸画法在西域南道的传播情况。

图6　阿旃陀石窟1窟的菩萨

图7　巴米杨石窟620窟的飞天　　　　图8　热瓦克佛塔遗址的于阗世俗人像　　　图9　丹丹乌里克遗址的佛像

图10　丹丹乌里克遗址的坐佛像　　图11　巴拉瓦斯特遗址的卢舍那佛像　　图12　巴拉瓦斯特遗址的供养菩萨像

　　佛教及佛教艺术经过南道的第一站莎车传到于阗（和田）。现今的和田地区佛教遗址最多，但保存状况不佳。

　　热瓦克大塔是和田地区地面仅存的佛教建筑。在院门两旁绘于阗世俗人像，人像是以线描描绘为主，人物面部结构处略施渲染。（图8）

　　老达玛沟位于策勒县，这一带的保留下来的佛教遗址很多。有丹丹乌里克遗址、巴拉瓦斯特遗址、亚依拉克遗址等。丹丹乌里克遗址的壁画丰富多彩。大部分壁画不像阿旃陀石窟那样强调人物的体积感，主要以平涂勾线法描绘，在人体结构部位略施渲染，感觉似染非染。（图9）但也有个别壁画是用朱砂色绕着人物面部一笔涂抹，试图用这种方法表现人物的体积感。（图10）

　　巴拉瓦斯特遗址的壁画已公布的不多，英国探险队在此处割取了一幅最有名的卢舍那佛像壁画，约公元7~8世纪。壁画和丹丹乌里克遗址壁画中的晕染法相似，只是卢舍那佛像的鼻子两侧和眼睑处用红色淡淡染了一下，可能是要表现佛陀面部的红润。（图11）在这个遗址还出土了一幅帝释天像壁画，约公元7~8世纪。晕染法与阿旃陀石窟壁画中的凹凸画法十分相似，突出人体的立体感，在肌肤部位用朱砂色沿人体轮廓线逐渐向内减淡，在人体突起部位用白色提出高光。（图12）

图13 亚依拉克遗址的鬼子母图

图14 喀拉墩佛寺的佛头像

英国探险队在亚依拉克遗址中割取了一幅鬼子母像壁画，约公元6世纪。壁画中，在人物肌肤部位用朱砂色由深渐浅渲染人体结构，但在主要人物鬼子母两颊的最高处用深红色逐渐向四周渐淡的渲染，看似后来中原地区的高染法。（图13）

喀拉墩佛寺位于于田县北约220公里克里雅河下游的塔克拉玛干沙漠中。喀拉墩佛寺中有一幅佛头像壁画，在佛面部用浅朱砂色晕染结构，与土黄色的底色衔接非常自然。（图14）

尼雅佛寺位于和田地区民丰县城西北部100多公里的沙漠中，在此出土的佛像壁画，主要使用线条勾勒，平涂着色的方法描绘人物。（图15）

安迪尔佛寺位于民丰县城东安迪尔牧场。此处出土象头神木板画，约公元10世纪。人物肌肤主要以使用渲染法描绘，充分表现了人物的立体感和肌肤的质感。（图16）

在于阗的下一站若羌（鄯善），这也是西域境内南道上的最后一站。主要有楼兰故城佛教遗址、米兰佛寺、且尔奇都克佛寺遗址等，米兰佛寺的"带翼天人"是这几处遗址最有代表性的壁画。壁画中的飞天眼睛大而有神，长长的鼻梁，身后高高张开的双翅，有着浓郁的西方风格。在带翼天人的肌肤上主要运用平涂法描绘，在突出人体结构的部位随着光线变化略施渲染，效果十分清透。但在翅膀的上方用朱砂色一笔涂过，出现色阶痕迹，十分具有装饰效果。（图17）还有一幅佛与弟子图中人物肌肤有运用叠晕法的痕迹。（图18）

通过以上佛教遗址壁画中晕染法的运用情况可以看出，印度的凹凸画法在丝绸之路南道传播过程中被当地画师吸收并结合当地人的审美习惯有所发展。不像阿旃陀石窟那样强调物体的立体感，大部分地区是使用平涂勾线的方法，只在物体结构部位略施渲染。

图15　尼雅佛寺的佛像

图16　安迪尔佛寺的象头神木板画

图17　米兰佛寺的有翼天使

图18　米兰佛寺的佛及弟子像

下面我们再来看看凹凸画法在西域地区北道的传播情况。

佛教经费尔干纳盆地（大宛）传到喀什（疏勒）。在疏勒境内有莫尔佛教遗址、达克雅鲁斯夏雷寺院遗址、托库孜卡那克寺院遗址等，还有喀什地区现知唯一的石窟三仙洞。在这几处遗址中仅有三仙洞石窟尚保存壁画。

在三仙洞东窟前室纵券顶中央绘天象图，天象图两侧，描绘了约14尊佛像，有的呈坐姿，有的为立姿。壁画的时代可能迟至公元8世纪或以后。因壁画残破、凹凸画法的运用情况不是很明确，看似平涂。（图19）

佛教及其艺术再向东面经阿克苏（姑墨）传到龟兹。龟兹石窟晕染法是在吸收印度凹凸画法的精髓后又创造出了叠晕法。在这必须要说明一点，在丝绸之路南道的丹丹乌里克遗址和米兰佛寺中都出现了用叠晕法绘制的壁画，是因为在西域境内的各绿洲间，一直存在着联系和交流。叠晕法被传到丹丹乌里克和米兰佛寺也是情理之中的事，但叠晕法并没有在丝绸之路南道上传播开。这种画法不仅在龟兹的各

图19　三仙洞石窟的佛像及天象图

图20　吐峪沟石窟第41窟覆斗顶北披的立佛

图21　吐峪沟40窟东壁中部的菩萨

图22　奇康湖石窟4窟的闻法菩萨

个石窟广泛运用还对龟兹以东地区的佛教艺术产生了深远影响。

　　古代高昌，即今吐鲁番地区。吐峪沟石窟位于鄯善县吐峪沟乡的火焰山沟谷内，是吐鲁番地区东面时代较早的石窟群。吐峪沟石窟第41窟，约公元5世纪，为覆斗顶方形窟。在覆斗顶的北披上描绘着人立佛，佛上方绘一伞盖。在大立佛的肌肤部分用叠晕法绘制，与克孜尔同一时期的壁画十分相似。（图20）吐峪沟石窟第40窟，东壁中部菩萨及舍身饲虎图中，两个菩萨似乎在交谈。在菩萨的肌肤部分使用叠晕法描绘，在人体的结构部位用深色重叠在浅色上的方法晕染，形成色阶，使人体结构十分突出。（图21）

　　奇康湖石窟位于火焰山北坡的一条沟壑内。奇康湖第4窟，约公元6世纪。侧壁绘说法图，佛坐在中间，两侧各绘一身立姿菩萨在听法。在人物的肌肤部位用浅土红色沿人体结构一笔画过，与白色肌肤形成色阶。这种叠晕法与克孜尔4～5世纪的壁画非常相似。（图22）

　　离开高昌，沿着丝绸之路继续向东就到了敦煌。人们通常说敦煌石窟就是指莫高窟。

　　本文主要介绍莫高窟各时代晕染法的运用情况。

　　莫高窟的人物画：自十六国末至北周时期，主要采用龟兹的叠晕法表现人物的立体感。如北魏时期的248窟北壁上绘的天宫伎乐图，在伎乐天人的肌肤部位用浅熟褐色画在人物的外轮廓上，再在上面用深熟褐色画一遍，产生重叠效果，用此法表现人体的立体感。与克孜尔石窟繁盛时期的叠晕法一样。（图23）至西魏时为了表现人物面部红润的效果，用颜色染眼睑和脸颊处。隋代则融合了两种晕染法。如：隋代的420窟，在西壁北侧的菩萨的眼睑、脸颊、手臂部位用高染法描绘，其余部位用龟兹的叠晕法绘制。（图24）初唐除保留原有的两种晕染法外还运用了平涂勾线法和渲染法表现人体的立体感。如71窟北壁的思维菩萨图，人物肌肤部位主要运用平涂勾线的方法，只是在人体结构部位略施渲染。（图25）中唐以后晕染稍有变化，如表现力士肌肉筋骨又重新运用了叠晕法。晚唐以后，晕染形式随着佛教艺术的衰退而逐渐走向公式化。五代宋以后，山水画成为中国画的主流。人物画内容逐渐贫乏，造型千篇一律。晕染形式沿袭前代而显呆板。西夏时期出现与高昌晚期壁画相似的染法，以红色晕额，染上眼睑、两颊和下颌部位。元代采用混合染法，但此时已处于衰落阶段。

　　莫高窟的图案：北凉北魏时期，图案主要运用平涂法描绘，和龟兹石窟的图案画法一样。到了西魏、北周时期，除了运用平涂法外还运用一种画法，就是用青、绿两色接染。隋代的装饰图案很丰富，有时一个藻井会同时运用平涂法、叠晕法和渲染法来描绘。唐代是装饰图案发展的最高峰。如盛唐时期的66窟，在龛顶的华盖中一个莲瓣，用朱、绿、青等色叠晕的色阶竟然达到21层之多。

　　可以说，敦煌莫高窟自十六国末至北周时期对龟兹的叠晕法有了很好的继承，它对叠晕法继续向东传播起到了很重要的作用。但它不是一味的吸收，在叠晕法的基础上尝试运用了高染法，还结合当地人的审美习惯运用了汉晋以来传统的渲染法。值得一提的是这里的画师把运用于人物画上的叠晕法运用到装饰图案中，在此之前图案画都是使用平涂法绘制的，这给图案画创造了一种新的语言形式。这也是他们最大的贡献。

图23　莫高窟248窟北壁的天宫伎乐　　　　图24　莫高窟420窟西壁北侧的菩萨

图25　莫高窟71窟北壁的思维菩萨　　　图26　炳林寺石窟169窟的菩萨

炳灵寺石窟位于甘肃省永靖县城西南约35公里黄河北岸的小积石山中。西秦时期169窟壁画中人物的肌肤部位运用叠晕法绘制，显示出龟兹壁画对它的影响。在人物的眉弓骨、鼻子、人中、下巴的突出部位用白色提高光，以表现脸部的立体感和皮肤光亮的质感。（图26）

天梯山石窟位于甘肃省武威市城南50公里处，地处中路乡灯山村。在北凉时期4窟的供养菩萨壁画上用朱砂色染菩萨的肌肤部分，可以看出色阶痕迹，明显受到了龟兹叠晕法的影响。（图27）

五、结　论

凹凸画法随着佛教的传播传入龟兹。龟兹画师在接受了印度凹凸画法表现明暗体积的观念后，吸收并结合当地的审美习惯创造出了新的绘画技法－叠晕法。叠晕法的初创地在克孜尔石窟，克孜尔石窟是龟兹地区开凿最早的石窟群。这一种绘画技法不仅影响了龟兹地区的其他石窟和佛寺，还影响着丝绸之路北道上龟兹以东地区的佛教石窟和佛寺。隋唐以前它主要运用于人物画的描绘上；隋唐以后，叠晕法主要运用于装饰图案的描绘上，这一绘画技法给中原传统的绘画技法增添了新的表现形式，使得佛教艺术如此绚丽多彩。在中国美术史上留下了深深的印记。叠晕法至今还在装饰图案、建筑图案上得到运用。

库木吐喇石窟中晕染法的传承、发展反映了中华文化的变迁和传播过程。它的价值是无可估量的，它是一个缩影，是一个巨大的文化宝库。希望更多的学者来研究它，发掘它。

The Study of Sfumato Technique of Western Region, Focused on Kumutura Grottoes

Zhao Liya (Xinjiang Kucha Academy)

Abstract

The embossing technique spread into Kucha, following the spread of Buddhism. After accepting this kind of concept that represents volume from India, absorbing and combining the local artistic heritage, the local painter created the new painting skill and technique, the color-gradation technique, which appeared in Kizil Grottoes, the earliest Buddhist grottoes of Kucha area. This kind of painting skill and technique has only influenced the grotto frescoes of other Buddhist grottoes and temples of Kucha area, but one of other Buddhist sites to the east of Silk Road.

Transmitting, development and diffusing of the color-gradation technique of Kumutura Grottoes, which is divided into two kinds of types: color-gradation technique and ink wash technique, proves Coexistence, influence and hybrid of all kinds of nationalities, cultures and Buddhist arts.

库木吐喇石窟揭取壁画原因及保存情况

吾机·艾合买提（新疆龟兹石窟研究所）

　　库木吐喇石窟位于库车县城西约25公里处，胃干河流经的确尔达格山口出的东崖上，现有编号洞窟112个。保存着（5～11世纪）古龟兹地区及其他石窟群内所罕见的数量可观的汉风洞窟，在1961年就被国务院公布为全国第一批重点文物保护单位，它是研究我国新疆地区龟兹文化的重要珍贵资料。

　　为了解决库木吐喇石窟的保护问题，新疆维吾尔自治区人民政府，在于1989年4月7～8日库车县召开了抢修库木吐喇石窟的现场会议。会议由新疆维吾尔自治区人民政府副主席、自治区文物管理委员会主任毛德华同志主持，自治区有关部、委、厅、局、处和阿克苏地区的领导，及文物保护专家共30余人应邀参加。会议期间大家亲临现场察看了库木吐喇石窟临河洞窟，听取了文化厅主管文物的副厅长解耀华同志、文化厅文物处处长韩翔同志就有关库木吐喇石窟的保护问题保护问题的汇报。通过论证，对库木吐喇石窟的保护问题提出了一些具体措施和对策。毛德华副主席作了总结发言，他提出"保证重点、突出抢字，先抢后改、分步实施"，并对今后库木吐喇石窟的保护问题作了具体部署。

　　按《文物保护法》实施细则规定，文物应原址保存，但因现场的环境条件无法保护文物，同时恶劣的环境条件人工无法改变，在这种情况下，为了抢救和保护文物，可以将文物搬迁到较好的环境中保存。因此决定对库木吐喇石窟下层洞窟壁画进行局部揭取搬迁保护，自治区文化厅委托敦煌研究院保护研究所承担此项工作，龟兹石窟研究所技术保护室协助了此项工作。当时的壁画揭取时间为：1991年7月-9月，揭取单位是：敦煌研究院保护研究所，参加人员有：李云鹤、孙洪才、付有旭。龟兹石窟研究所技术保护室协助揭取壁画参加人员有：买买提·木沙、吾机·艾合买提、刘勇、吐洪江、李明东、木合塔尔。壁画揭取下的下层洞窟有10个，分别是10、11、12、13、14、16、25、27、38、60窟，壁画面积总计约112平方米左右，现存放在库木吐喇石窟比较干燥的第42号窟、43号窟内保存着。

　　最近到现场检查发现一部分壁画表面模糊不清，壁画内容难以辨认。原因之一、是当时由于壁画长期处于高湿度的环境中，颜料层粉化，加固时没有做灰尘清除处理。之二、当时为了增强被揭取壁画表面的整体性，以防揭取施工过程中将壁画震裂、震碎，用精粉（小麦粉）自制糨糊，将医用脱脂纱布贴在壁画表面。壁画被揭取下后在将脱脂纱布上喷温水待糨糊软化后取下。在进行上述的工序中粘掉或洗掉颜料所造成。之三、在加固被揭取下的壁画背面时，抹了一层草泥加固整个壁画被打湿，水、泥、草、老壁画泥层、矿物质颜料等中的盐碱随水汽蒸发从内部转移到壁画面上，等晒晾干后颜料成粉末状，风一吹就把颜料吹掉或清理画面时随尘土扫掉。

　　现在揭取下的壁画出现的病害主要有酥碱、掉色、生物（小虫）粪便、尘（土）埃以及在搬迁运移当中磕磕碰碰撞掉壁画四周边缘出现的残缺、开裂等病害。揭取下的壁画出现以上病害的主要原因有以下几点：一、揭取下的壁画现存放的第42号窟、43号窟门缝大、门上带通风口，刮大风时将带有盐碱的尘土浮落在壁画表面。二、下大雨时将带有盐碱的水湿气也带入洞窟，经壁画吸收带有盐碱的水汽，就开始粉化、颜料成粉末状，经多次反复造成壁画酥碱、掉色、脱落等病害。

要想更好地保护好被揭取下的壁画、延长其寿命，必须要保证将再次修复加固后的壁画，存放到有恒温条件、无灰尘飞扬、尘土起落的文物库房、陈列室或展厅中保存。

Reasons of Taking off Murals at Kumtura Thousand Buddha Caves and the Conservation Status

Aihemaiti Wuji （Xinjiang Kucha Academy）

Abstract

The construction of Dongfanghong hydroelectricity power station has changed greatly the surrounding environment of Kumtura Grottoes, especially to those grottoes along the river. The problem of leaking water in the grottoes has threated the murals in the caves. Therefore, with the help of Dunhuang Academy, the staff of Xinjing Kuqa Academy has taken off some murals of totally 112 square meters in serious condition, and moved them to Cave 42 and 43, which are relatively drier. After the move, the issues on disease of the murals need to be addressed urgently.

后　记

　　联合国教科文组织文化遗产保护日本信托基金援助项目库木吐喇千佛洞保护修复工程，于2008年完成了项目要求的主要任务后，2009年2月在中国文化遗产研究院举行了成果汇报会，会议的成果就是这个报告的基础。本来，报告应该在项目结项时的2009年9月出版，但是由于各方面的原因，拖延至今才得以面世。在此，我谨代表本报告编委会向项目参与单位、个人以及专家们表示歉意，同时也为自己的懈怠而愧疚。

　　库木吐喇千佛洞保护修复工程从2000年立项考察到2009年9月项目结束，经过了近九年的漫长历程。由于"非典"、第二期项目计划书的审定等原因，工程比立项之初所设定的时间延长了近三年，其间，项目执行单位和日本信托基金都曾有过疑虑，特别是对于前期的调查和研究，是否花费了过多的时间与人力？是否有必要？现在看来，前期研究对于项目的成功起到了重要的作用。同时，前期研究的成果也正是今天能够出版这个报告的基础。

　　在本书的编辑过程中，除了报告和论文的作者外，我们得到了国家文物局、新疆维吾尔自治区文物局、日本国驻中华人民共和国大使馆、中国文化遗产研究院、新疆龟兹石窟研究院、日本文化财保存计划协会等单位的大力支持。文物出版社总编辑葛承雍教授从报告的策划到编辑出版，自始至终给予了全力的支持，同时还容忍了我们编写进度的拖沓。联合国教科文组织驻华代表处文化官员卡贝丝小姐，项目助理耿雁女士，实习生刘先福先生、郑一真小姐等为报告的编辑以及英文校对尽力甚多。在此，向所有为本报告的出版做出贡献的单位与个人表示最诚挚的谢意。

　　联合国教科文组织文化遗产保护日本信托基金援助项目库木吐喇千佛洞保护修复工程，与龙门石窟保护修复工程一样，是21世纪初中国文化遗产领域国际合作项目中的重要工程之一，同时，恰逢世纪交替，文化遗产保护的理念与技术也处于一个发生着重要转变的时期，因此，这本报告应该也是21世纪初中国文化遗产保护工作的一个见证，如果读者能够从中体会到世纪交替初始，中国文化遗产领域在保护理念与技术上的显微变化的话，也就是我们编辑这本报告的最大心愿了。

杜晓帆

2011年11月